中国近代人物日记丛书

林一厂日记

林一厂 著

李吉奎 整理

上

中华书局

图书在版编目（CIP）数据

林一厂日记/林一厂著;李吉奎整理. - 北京:中华书局,2012.6
（中国近代人物日记丛书）
ISBN 978 - 7 - 101 - 08495 - 5

Ⅰ. 林…　Ⅱ. ①林…②李…　Ⅲ. 林一厂（1882 ~ 1952）- 日记　Ⅳ. K827 = 5

中国版本图书馆 CIP 数据核字（2012）第 009631 号

书　　名	林一厂日记（全二册）
著　　者	林一厂
整 理 者	李吉奎
丛 书 名	中国近代人物日记丛书
封面题签	张伟然
责任编辑	欧阳红
出版发行	中华书局
	（北京市丰台区太平桥西里38号　100073）
	http://www.zhbc.com.cn
	E - mail:zhbc@ zhbc.com.cn
印　　刷	北京瑞古冠中印刷厂
版　　次	2012 年 6 月北京第 1 版
	2012 年 6 月北京第 1 次印刷
规　　格	开本/850 × 1168 毫米　1/32
	印张 28⅝　插页 8　字数 700 千字
印　　数	1 - 3000 册
国际书号	ISBN 978 - 7 - 101 - 08495 - 5
定　　价	88.00 元

總理年譜長篇稿原計劃上半年應增
修二十六萬五千字是否按進度完成
這政工作考核請又會朱啟後先生到
會考查一請將辦理情形開示以便轉
達此上
林一厂先生

敬學安懷音謹啟
畜九廿六

示生查上半年远塘修缮理年谱长编稿
未能按进度完成原拟十七万五千字仅已
成十七万字左右惟有预备增修而杼各
程史料中摘录之件（此係电碎清未仰入稿）
安秘书将五六万字经缮辑好嘱助理辑予补义送商善
怀喜之至　予林厂　九十二

稽首記此矣早近承諸務未有�難還
些廑事此蒼況甚而筆硯由供仰數筆事寅辰卯粮
出有所數于維作喜句以鼓已闊並家庭他並子闊
也近身多為日盖甲曹筆路又新傅有限出信闊
若已感為遠代此有高所居所有過其迎而近來
此有中存及使諸壽示二佛送領畫為業此候

狼和

卯少田柏履 並 四十

二人齐�…兹系属调查，经办理先此陈明之…损此…

夷…爰三门忠慎勤能，绿祠条名黄士挨廪祠…亦正候肯之右

玩己册揭…候肯…之条孙推连随候之肯…村店地…馆肯之右名

以上…尚有…何二三十人…年绅士友读书人…读祠…

溪宽…道…府及地方人士…成立…经办理先代连昌…筹…

…文黄士挨廪…祠付十三大房…有…人…

…田华…林…而…此未知有…

是團慶以滿不經往會參加興禮　上午在廣東閱丘倉海先生之革命事業稿畧

跋敬字印將昨夜政業中代考覽　下午與友來屬信不能覆姑手録存此左

丘倉海先生名逢甲原籍廣東嘉应州鎮平生員台灣自幼穎異五歲能詩有神童之目十

五歲卦台中府彰化縣學生員父潛帝先生為台中府學廩生白幼問母言書嘗中式舉人

赴北京會試聯捷成進士殿法三甲授職工郎生居學便署假以歸其父乃居鄉城中式舉人

五歲世充福建省鄉城中式舉人乃例以祝老告歸主語先生主語學俊甲午秋中日戰起朝鮮似日本兵先

清廷百政紊亂不樂仕官授例以祝老告歸主語先生主講玉樹海博士十

崇文著院蓋研究東西各種翻譯國籍朋時中外勢力消長提掌便名景祖

台灣先唐撫速詩戰備累桃撼恐奏奉旨特設全台國練並調廣東南澳総兵劉永福

處習為軍援會辦上海設立團慶簡選丁壯為全台國練練軍作制冊編練軍一百廿餘管

乙未春日海軍果復遍灣退回台清廷對日求和有割台灣議先生議先生倡議台灣復先生倡

朝為大統練原駐清決軍守台北那福而都守台南安先生乃親率我軍卦台中改練軍為義軍

字君集集台伸聯合電奉軍電送上清廷五連共和國合士伸公雅景

台君集集台伸聯合電奉軍雷送上清廷大將軍守台中政軍守義軍

二月日海軍陸戰隊進犯台北不遠對犯台北守軍包詳安丘南安兵堯火焚掠全城唐統練踞逃不明

日軍已至新竹苦戰廿餘日發開台北陸安兵焚火焚掠全城唐統練踞逃不明我軍乃無門委焉

上午將眼鏡校對稿畢　路次潘絅四譜　七律有五陸橛十年偕楊氏抗典出街而發

無人理之　下午吳鈞才以事邀去楚僧史蹟稿

辛卯陰　光旨舊曆五月　若卯暗十月廿八

下午偕抗女氣抗史出街散步至太平門街折還　梅次經訪稿托夢錦先持段

四月二日陰　辛卯舊曆　暑爲舊三月朔

上午欲游中央公園不果任唐自錄替餘史蹟少左

葉替儔先生史蹟未能全段　原依吳鈞才此摘成暨八任池發而報及民之瓠　粤參加軍楊不作憶汲爲其他絰諮

楚僧先生托民國紀元前四年戊申秋赴山吳任中華新枝手筆時年妙二歲里

歲暑優在蘇州高等學堂畢業滿清政府勅兄各省高等學堂舉業生准

以舉人五貢出身分別給予七品小京官等職　外間諧傳學堂即局有舞弊雲雲

是日為 父九十壽誕 晨 謁祖壽 設祭 膺富講經籍 下午 改錄廷傑史跡稿至完

傳述凱与雲岩同飯 夜偕 棒嘯北先生抄香譜遂寢 零富作史料 晚

三月廿八日 晴

上午往馬續整檔至臻一畢至續紀畢 文晚同两家偕稿至完

三月廿九日 晴

上午往溫雪堂華来訪邀往紀念館次溫堂三千餘文陸科李齊諸佳上觀畫陳惟来拓勤性 午與續 廿之東彩出品觀素約的明日捉鑿隄又拍坪坡及王民梓砌用二要

餓村人与可救月事今日砌营期拔香渝 村期說經隆路由湘往漢轉北站往南京五 来鬯暢 說五午始去 下午北先清稿墨摹

甘与良棒三經領義避 往大文儿詰食饭畫偕楊氏抗宅徒甚甚佳 唐中有梓禪一與成

三月卅日 星期 陰晴 辛畫見日

味田詩日到渝来仍食也 夜医膺 閑兆先両清之稿文續作一畢成 可能宇宇載禮

整　理　说　明

　　1934年，广东梅县人林百举（字一厂，以字行。厂音ān，同庵）调入中国国民党党史会任编纂，一直工作到1947年年底病退。南京沦陷后，他在京郊山中躲了一年多，辗转经海路至越南入内地，赴重庆归队，任纂修。从1942年7月12日开始，主管总纂办公处工作，并兼任秘书。因工作关系，他逐日写"工作日记"。1943年9月21日，"工作日记"改称为"日记"。"日记"一直写到1947年12月5日。这两种名目不同的日记，所记范围可说并无差异，除了记述林氏个人琐事、家庭生活、生活情趣、同事同乡来往外，更多的、也就是该日记主要价值所在，是记录党史会日常工作、史料鉴定签注与引录。这部日记，取名《林一厂日记》，以名从通用也。

　　中国国民党党史史料编纂委员会（以下简称党史会）是国民党中央的直属机构，正式成立于1931年。开始由邵元冲任主任委员，"西安事变"时邵元冲中弹死亡后，张继接任，迄1947年12月张去世，由戴季陶主持。国民党搞党国体制，党史会经费属国库开支。它的设立，固然是为了收集（收藏）与研究党史，但也是为了收容（安置）一批革命资深而又不适宜于从政的老党员，让他们担任编纂（后改纂修）、采访一类的工作。这个机构有一个创始和完善的过程,到抗战前夕,已经大体上形成制度。

在重庆时期的党史会中,林一厂是公认的孙中山研究专家。因为他在1925年冬将孙中山在1924年的三民主义演讲(十六讲)中最精要的话,按原来的讲授次第"未改一字一句,也不添一字一句"缀编成为一气连贯、简赅而流畅的一部书《三民主义简本》,并于1927年分别由国立第一中山大学政训部及国民革命军第一集团军军政学校印行,影响颇大;故到了重庆,党史会主任张继专门指定林一厂编纂《总理史迹》一书,并要他对《总理年谱长编初稿》(油印签注本)进行增订。这两部书稿,国民党迁台时随迁。其中,《总理史迹》稿在台北出版的《国父年谱》(初版及后几次增订本)中曾多处加以引录。

《林一厂日记》有下述四点,值得注意。

(一)在《林一厂日记》中,记述了上揭两部书稿的编、订过程。与之相关连,该日记记录了党史会征集到的有关孙中山大量的资料,其中最有价值的是关于孙中山祖籍问题的争议。这些争议分两部分。第一部分是东莞孙氏两支(分别以孙耀廷等和孙绳武等为代表,对由东莞迁香山究属哪一支派)员头山抑上沙乡的争执,为此争执而于1933年前后上国民党西南执行部的呈文及该部谕令调查的批文。第二部分是1942年罗香林《国父家世源流考》刊世后,引发紫金、东莞祖籍两歧之说的争论与调查资料,以及林一厂嘱其友人饶小田调查的函件。饶小田其时供职陆军第五十三旅,驻扎河源地区,1944年4月10日,复函由兴宁发出,内称:"前承嘱调查总理先世源流事,现据紫金友人函复云,'忠坝孙氏总祠系名黄牛挨磨,祠址在公馆背之右,现已坍塌。公馆背乃系孙姓连陞馆之背,非村名也。公馆背之左名为上孙屋,有孙姓约二三十人,并无绅士及读书人可以咨询其先世源流。最近县府及地方人士拟成立纪念总理先代连昌公筹备委员会。又黄牛挨磨总祠传下三大房共有百馀人,散居袁田等处,多数业农'云。据调查所得如此,未知有足资考证者否?"(见《林一厂日记》1944年5月2日记事)饶小田以客观立场转述紫金友人的调查报告,对于澄清孙中山祖籍的所谓紫金说,应是有价值的。

(二)《林一厂日记》注重中国国民党早期历史资料的收集。党史会编辑处撰拟科科长贾道曾,根据《大风》杂志所载冯自由著《兴中会时期总理之好友及革命同志》一文,杂以他种资料,编成一册《兴中会史料汇编》,日记抄录了其中《兴中会人物志》的会员传、会员表、会员录、会员名册、革命同志表、革命同志名册、外籍会员及革命志士名表等。林一厂认为,该资料虽"错舛者往往而有",但若加以补订,还是可用的。他还长篇摘录了苏鹏的《柳溪忆语》、曹朴的《辛亥革命漫忆》、胡去非编《总理事略》、陈功甫撰蔡元培校阅《中国革命史》、田桐撰《革命闲话》、郑祖荫著《福建辛亥光复史料》、杨虎著《革命缀言》、陕西革命先烈褒恤委员会编《西北革命史征》、党史会编《蔡元培传》、严恩纹撰《中国国民党通俗党史》(第一辑)、杨铎编《辛亥建国大纲史稿》、曾省三编《武昌首义之缘起》、另摘录戈公振《中国报学史》等。在日记中,还收入了他撰写的《叶楚伧革命事迹》及代曾养甫撰写的《丘逢甲先生革命事略》。上述史料,未经刊用者颇夥,于研究近代中国历史,当不无参考价值。

(三)日记从个人所处地位,就其所知所事,记述了党史会的迁渝过程、内部运作、人事纠纷,以及史料收存、审查、编纂与当下编写为现实服务的状况。例如,党史会所藏史料内迁的经过,现在能看到的唯一记载,便是《林一厂日记》中抄录的当事人龙铁元(毓峻)的手稿《鳞爪集》内之所记。据龙铁元日后自述,他原意是将此稿录若干事,取名《鳞爪录之鳞爪》,编入党史会备出之纪念特刊,但被人摈弃,他气愤之下自行印刷。这个自费印刷品今日仅在北京某图书馆存有孤本,不易见到了。日记所记,系录自手稿,它为后人保存了该篇的主要内容。又如林一厂是《中国国民党五十年大事记》一稿的总编辑。他记述了编写的全过程。这个材料编成后被国民党中常委否决,从日记本身看不出否决是出于什么原因,但副总编辑龙铁元在其《党史史料编纂委员会纪事》中却说出了原委:因为该稿"避免丑诋异党之语,此不合用之总因也"。党史会的工作安排,日常活动,虽事涉琐碎,要亦一中央单位流水作业,不可或缺者,日记则逢事必录,细大不捐,不仅是研究国民党党史会之有用资料,亦可以从一角度概见抗战中后期及南京国民政府末期之社会万象,存史资研,未可忽视。

(四)日记主人早年办报,故对时事新闻,极为重视,至阅报一项,几成每日功课。在日记中,不断记录来源于报章的战事进展,国际关系,党派斗争,就其所见所闻,均予记录。他还抄录了其他一些有关政闻资料,如记述"五五宪法"的拟制过程及全文,显示出对宪治的重视。作为一位普通的老国民党员,他对国共两党关系采取平和心态。日记中记述了不少国民党基层组织活动的状况,包括徒具形式的"总理纪念周"(及每次纪念周念"党员守则"一类的事)。从日记内容可以看到,国民党由于缺乏坚强的基层党组织,也就丧失战斗力,加上随之而来的政治腐败、经济崩溃,国民党政权的灭亡已经是指顾间的事了;战场上的溃败,不过是加速这个日子的到来而已。日记记述了种种社会乱象,但他对政府当局并未出恶言,这可能是因为他感到自己的荣枯与党国命运一致的缘故，或者，白纸黑字，不愿自贻其戚。也许，两者兼而有之。

《林一厂日记》凡二十二册，竹纸，线装，直行，蓝线。上下页各十行，毛笔手稿。骑缝下端印"中国国民党中央执行委员会党史史料编纂委员会"字样。全稿虽显破损，但内文保存大体完好（极少页有虫蛀），字迹基本上可以辨认。日记起 1942 年 7 月 12 日，迄 1947 年 12 月 5 日。全卷有数处中断（或由其女代笔），除 1943 年 4 月 14 日至 9 月 20 日一段缺记原因不详外，其馀所缺均因病痛所致。

日记在各该月日之下，记天象气候温度。栏内往往有双行小字。各页天头或有眉注。此次整理出版为横排，用五号字。天象气候温度、双行小字及眉注，用新五号字。日记眉注移入正文相应之处，并用圆括号标示。个别由整理者所作注文，同样处理，以示区隔。整理时订错用〔 〕号，增脱用〈 〉号，衍文用【 】号，缺字用□号。为保存原貌、便于使用者征引，整理时对原文未加改动。全编加以标点，记事过长者，或酌分段。原卷中保存多份剪报，因文字过长且非日记所记，仅留标题，内文均略去，在略去处注明所省略者为何日何报，俾使用者查考。

曾任党史会采访的龙铁元，是党史会迁台时留在大陆的又一人。抗战前夕，他受命押运党史史料内迁，经历千辛万苦，完成任务；但"惨胜"后还都，却迟迟不能成行。1973 年，他写成《党史史料编纂委员会纪事》一文，刊在全国政协所编印的《文史资料存稿选编》第 12 卷（2002 年，中国文史出版社出版）上。这是一篇党史会大陆时期成员介绍该会内情的文章。其中所述，在《林一厂日记》里均有所记，但比较零散，而龙文则作专题介绍，二者可互相补充。因此，此次日记整理出版，将龙文作为附录一收入，以飨读者。

一厂先生是一位诗人,在一些有关南社的出版物中,或有简介。罗可群教授的《客家文学史》(2000年,广东人民出版社出版)曾作专篇叙述。先生的后人林抗曾君为乃父编了一篇年表,叙先生生平行谊,较为翔实。此次整理出版日记,一并将该年表稍加增订,作为日记附录二收入,对日记既及而纪事所载未明之处,或可资参考。

林君交给整理者的资料,还有一厂先生在其母去世后向友朋发出的讣告、林梦芗先生讣告、林氏家族五服内直系简谱、广东省政协文史资料委员会为征取日记稿本所开具的材料,以及照片数帧。故日记之所以能整理出版,实有先生后人之一份功劳。

中山大学林家有教授热情支持日记的整理出版。广东省立中山图书馆倪俊明研究馆员热诚地提供了林一厂先生早年所编的《三民主义简本》的软盘。中华书局责任编辑欧阳红女士为日记出版付出了大量心血。对于所有为日记的保存、整理、出版予以关注和付出辛劳的朋友,在此表示诚挚的谢意。

存史资政,教化育人,是政协文史工作的重要任务。《林一厂日记》曾由广东省政协文史资料委员会庋藏多年;今兹出版,复蒙省政协文化与文史委员会王克曼先生、梁川先生等各位的大力支持。高义可风,感佩无似。

一厂先生是我的乡前辈。套用一句俗话:余生也晚,未能亲接謦欬。然而,研究孙中山的共同业务,却使我这名后学在先生弃世六十年之际,为之整理日记遗稿,人世浩茫,冥冥中似有定数。日记手稿留在大陆并为之出版,这大概也是先生始料不及的事。据悉,台北党史会由陈鹏仁教授任主委的时候,是从邵元冲开始的第九任,也是最后一任了。其后,只剩下中国国民党中央文化传播委员会党史馆。党史馆全馆仅有一个编制，现下任馆长的是邵铭煌教授。今昔异势，夫复何言。天下未有忘史而其党国不亡者，盖忘之于亡，惟丧"心"之一字而已。谨以此意纪念辛亥革命百年，并借此推介《林一厂日记》。

李吉奎

二〇一〇年八月十五日

于中山大学孙中山研究所

目　　录

整理说明

中华民国卅一年(1942)

七月十二日　　　星期　晴,热甚。晚,李振宽言,山上寒暑表一百零五度。

上午,校勘《史迹》稿。第六章第十四节,十页。下午,续校。十四页。完。

七月十三日　　　晴。微阴似雾。午十一时半,总纂办公处寒暑表九十六度。下午六时九十一度。夜十时许闪电,但未闻雷雨。

晨往会,参加纪念周。接张主任批回《总纂办公处办事细则》,以既不设总干事,须加增减。当与孙纂修商改数处,加签再呈。在会向许师慎借得《中国革命史》一册,拟补入《史迹》中。详阅一过。下午三时半,到总纂办公处,补纂《史迹》稿第六章第十三节。即将《中国革命史》纂入之。三页。未完。

七月十四日　　　晴,微阴。午十二时总纂办公处寒暑表九十二度。午后日光转烈。晚六时仍九十二度。

上午往会,参加业务会议,至十一时馀始散。返至总纂办公处,人已散矣。与孙纂修谈话,即返寓午饭。下午三时半,到总纂办公处阅文件数件。此后另立簿记并秘书之工作。纂《史迹》稿第六章第十三节。三页。未完。

七月十五日　　　阴雨。晴。晨五半后骤雨一阵,颇大。八时半后阴云渐散。十时转晴日出。十二时总纂办公处寒暑表九十度。下午三时天色又变,大雨二阵,且雷鸣。六时表七十八度。

昨夜闷热,三时后始睡。五时半后醒,听雨,后复睡,至七时半乃起床。九时到总纂办公处纂《史迹》第六章第十三节。三页。未完。下午纂《史迹》，一页半。未完。五时到总纂办公处，仅录事严子骅一人在，阅报而返。

七月十六日　　　晴。雨后天青，白云散布，至美丽。午十二时总纂办公处表八十八度。

上午纂《史迹》稿第六章第十三节，二页。完。将原稿拆开另订一本。在原稿35页下增十三页。改题为《改组中国国民党与再倡兵工政策》。十一时到会，将此本交睦云章俾，饬油印送还校对。旋到秘书办公室，钟孝先兄交来编辑处重订《同盟会史料汇编编辑纲要》一本。下午阅《同盟会史料汇编编辑纲要》，略为修正。又将原第六章第十三节《史迹》稿下半订成一本。改为第十四节，题为《委任海外党部职员与离沪回粤》。

七月十七日　　　晴。午总纂办公处寒暑表八十八度。晚六时八十四度。

晨修正《史迹》稿第六章第十二节数行。添入总理致蒋中正函一段（民十一年八月卅日）。九时到总纂办公处，开小组会议。十一时散。下午续修正数行。民十二年关于许崇智收复泉州时，张毅就抚，何成濬守泉等事。四时半到总纂办公处阅报，无公事。

七月十八日　　　晴。午寒暑表九十度。

晨查阅已成《史迹》稿第六章第十一节。似尚须多分一节。八时到总纂办公处再修改办事细节。九时到会，欲见张委员，乃询既来总纂办公处矣。回处片刻，张委员始到。然途中来往均不值，可怪。旋将办事细则面呈，并说明求减轻秘书责任起见，拟将史稿史料主持人，前称负责召集人，今改此称也。权责加重。即史稿审查完毕，史料复核完毕以后，径由各主持人用总纂名章，饬送还秘书办公室，不须经由秘书手。张委员不允，谓不是如此办法，本来是总纂决定判行，因本人事忙，不得不请代为决定，并盖名章。即请孙纂修来面谈，亦告孙以此意，孙不反对，谓闻中央秘书处有指驳，本会不应添设两秘书说。余闻即谓，既系如此，即可将余名撤销，专由钟孝先兼任秘书。张又不允，勉余兼任，并谓中央指驳，另有办法。连日察觉孙亦不愿余并任秘书也。十一时张到处，余询以许崇灏所著回忆录内，载民十二年张毅受黄大伟运动事。谓张毅为其堂兄弟，已死，至受运动事，不知。下午，阅《军人精神教育》演讲一篇。五时到总纂处阅报。

七月十九日　　星期　晴。热。李振宽言，山上寒暑表百零一度。

未出门，在寓写信四封。热甚。下午李振宽来，言报纸未到。

七月二十日　　晴。午十二时寒暑表九十二度。下午六时九十五度。

晨到会参加纪念周。上午到总纂办公处处理秘书事件。下午五时到总纂办公处阅报。又阅《军人精神教育》演讲。完。但多错字。上午向许师慎借较好之刊本，未得。晚间催他，答俟明早。

七月廿一日　　晴。午十二时寒暑表九十六度。晚六时九十四度。

上午八时到会，开业务会议。十一时到总纂办公处处理秘书文件二件。下午纂《史迹》稿第六章第十一节。即将《军人精神教育》一文补纂入内。三页。未完。五时到总纂办公处阅报。闻张委员今日条谕，派钟孝先为秘书，不知是何用意，或为余前日之说见采纳钦？然曷不通知余乎？殊奇特，当询钟及陆润青，均言不知此事，更奇怪。

七月廿二日　　晴。午十一时半寒暑表九十六度。下午二三时间，天阴欲雨，鸣雷，卒未雨。晚间〔傍晚〕复见日。六时表仍九十六度。据严子骅说，曾高至九十八度。

昨夜因苦热失眠,天明始入睡,七时半后起床。上午九时到总纂办公处处理秘书文件外,纂《史迹》稿第六章第十一节三页。未完。下午因昨夜失眠并酷热,未工作。五时半到总纂办公处阅报。

七月廿三日　　晴。午十二时寒暑表九十六度。今日为旧历大暑节。下午多云,东南风作,有雨意。五时半总纂办公处寒暑表九十度。六时会内大礼堂表八十九度。夜八时馀大雨一阵。

昨夜睡酣。十一时就寝,一觉到天明。五时半起床,觉目涩,复睡,至六时半起床,精神饱满。八时到总纂办公处处理秘书文件四件。纂《史迹》稿三页。未完。下午五时到总纂办公处欲写稿,未果。阅报后至会,与刘尊权谈黄植生谋他调事。晚,李振宽来,亦谈此事。黄乃躁进之徒也。

七月廿四日　　晴。午十二时总纂办公处寒暑表九十二度。

上午八时到总纂办公处纂《史迹》稿第六章第十一节四页。未完。下午与邹永成往石宝泉家吃喜酒。未到办公处。

七月廿五日　　晴。微阴。午十一时半总纂办公处寒暑表八十八度。下午五六时间,骤雨一阵,旋止。夜月明。

上午八时到总纂办公处,纂《史迹》稿第六章第十一节四页。未完。下午到会,开临时业务会议。张委员主席。决议编党年鉴及印《总理全书》。余到迟。因寓内时钟不准。发言,《总理全书》内容尚未完备,似应缓印,或用他种名义印行,勿用党史会名义,以免外间责备。但已无效矣。

七月廿六日　　星期　晴。下午六时总纂办公处寒暑表九十度。夜月甚明。

上午正欲写《史迹》稿或写信,而黎光群、李振宽来坐谈,至九时半后,偕黎往黑天池观渔。十一时始返,遂未作一事。下午,因

疲小卧,后写致震青、翼中信各一封。五时欲到会,经总纂办公处
阅报而止。

七月廿七日 晴。上午十二时寒暑表九十五度。下午六时九十二
度。夜月尤明,长天无云。是日为夏历六月望。

上午八时往会,参加纪念周。旋到总纂办公处,纂《史迹》稿第
六章第十一节三页半。下午续纂《史迹》稿半页。五时到总纂办公
处阅报。夜七时半后,忽传空袭,俄紧急报至,但无炸弹及高射炮
声。九时半解除。此今年渝地遭空袭之第一次也。

七月廿八日 晴。午十二时总纂办公处寒暑表九十四度。晚六时
九十二度。夜月明,但多黑云,乍聚乍散,电闪。十二时后曾洒雨一过,即止。

上午八时到总纂办公处,旋往会开业务会议,至十一时半始
散。下午纂《史迹》稿第六章第十一节,三页。未完。五时半到总纂
办公处阅报。

七月廿九日 晴。午寒暑表九十二度。晚六时仍九十二度。夜月
有晕。

上午七时半到总纂办公处,处理秘书事件二件。审查三字经
稿,作成总评,提〈交〉本日编纂会议。又纂《史迹》稿半页。十时在
本处会议所,开学术会议,连开编纂会议,至十二时始散。下午困
惫未作。五时半到总纂办公处阅报。山中农田患旱,闻午间有山洞
农民以布荆(川俗称黄金)枝叶结成龙形来吴家湾、刘家槽各村舞跳,但不迎
神,与粤俗有异。

七月卅日 晴。午寒暑表九十五度。下午四时天阴风起欲雨,未
成。晚六时八十九度。夜月仍有晕。

上午八时到总纂办公处,纂《史迹》稿第六章第十一节二页。
未完。十时开区分部党员大会。下午续纂《史迹》稿三页半。未完。
五时半到总纂办公处阅报。

七月卅一日　　　晴。午十二时寒暑表九十四度。下午六时表九十三度。

昨夜不寐,黎明始入睡。今晨七时半起床。八时半到总纂办公处,纂《史迹》稿第六章第十一节半页,并督饬助理王文清预备开小组会议工作报告。十时开会,至十二时始散。下午续纂《史迹》稿二页半。仍未完。五时半至总纂办公处阅报。适张委员来,面请辞秘书兼职。未允。前日散会后,封、姚、时三纂修向张委员大闹,询系攻击刘主秘也。余与邹永成、黄嘉梁闻声往观,张委员始避去。时拍桌揎拳,无礼至极,亦自去。余询封氏究因何故?则曰,因日前临时业务会议议决,聘任人员整理《总理全书》,不顾各纂修体面也。余谓何致伤体面?则又怒曰,岂纂修不能整理乎?续曰,凡会内一切事件,均应各纂修普遍参加,即如无论何人做〔著〕书,亦须各纂修审查。其意直侵我。以我所纂修《史迹》一书,现方陆续油印,送各委员审查,不交各纂修审查,此系张委员主意,而余亦以理所应尔,不虞彼等乃以为有伤其体面也。今日会议时,提出议案内,亦隐然有此(略谓会内何人著书,均须经各纂修审查,与封氏之言正同),余因请张委员辞去兼职,免彼等妒恨多事。

八月一日　　　晴。午十二时寒暑表九十四度。晚六时仍九十四度。

上午八时到总纂办公处,处理秘书事二件。纂《史迹》稿第六章第十一节二页强。《军人精神教育》,已完。下午将以前既成之第六章第十一节分析为二本。即现补入《军人精神教育》者为一本,仍作第十一节,改题为《讲授军人精神教育》,并校对。未完。五时半到总纂办公处阅报。封德三纂修在张委员室,面上要求特别办公费呈文。封去后,张以呈文连原稿上午封以呈稿示余,余为修改数字,并删其最刺目者二句。见示,并云,此事原由总裁手谕,已经数月,现中央常务会议决定,决定列支表上午余阅后已送还秘书办公室。其用意在给各主管人员以津贴,而名之曰"特别办公费"。中央委员并兼各部会处之首长，亦仅月支交通费五百元，则纂修、采访不能要求此项特别办公费可知，拟向中常会以情理商之，不能以法争之。今呈文措词未妥。封原稿内有"纂修、采访之责任较秘书为重，较各处科为繁"二语。嘱为修改。余谓上午固曾略为删改，今未得封等同意，似有未便。旋钟孝先来，交他修改。张去，钟又推余改之，或另拟一稿。夜十一时，在灯下草呈稿，至十二时半始毕。余觉此事，中央办法实未妥。若能全案推翻，为上策，否则党部人人效尤，外间各界亦将群起效尤，不成事体矣。

八月二日　　晴。晚六时寒暑表九十四度。

晨七时半始起，清写昨夜呈稿，十一时钟孝先来取去。下午严子骅以缮就呈文来，谓奉张委员谕嘱签名盖章。五时半到总纂办公处阅报，并与孝先谈话。是日原拟写信，竟未果。

八月三日　　晴。午十二时寒暑表九十六度。

上午八时到总纂办公处，欲往会参加纪念周，未果。校对前日所分析已成之《史迹》稿。完。又补作前审查三字经史稿总评。未完。下午纂《史迹》稿第六章第十二节，即原第十一，分析为十二节也。二页半。新增。五时半到总纂办公处阅报。张委员由渝城回，谓昨日函呈已面交吴铁城矣。

八月四日　　晴。午十二时总纂办公处寒暑表九十六度。

上午八时到总纂办公处，核阅秘书公事二件。旋往会，开业务会议。未开会前，写辞兼秘书职，签呈送张委员。九时至十一时半散会。俱琐琐小事，竟须会议。吾心默计，以二秘书四处长六科长出席于此，合计十二人，每人费二小时半，即共十八小时也，开会岂非虚耗光阴哉！假若以十八小时切实做事，所得成绩，必不小矣。迩因中央发特别办公费事，心既滋忧，又见此等以开会为消遣之举

动，觉国家民族前途，决非复兴之象，感慨殊深。午饭间，陈精仪携
淦甥函来见，谈点馀钟，送之至乾穿洞下面人屋旁，指点路程而别。
烈日如焚，头脑几痛，回寓小睡，至四时馀始起。口干舌燥，服甘和
茶。未出门。晚间在门外与许师慎、黄植生立谈特别办公费事，中
央竟有公文到会，决自七月份起实行，惟款未发云，一叹。

八月五日　　晴。午寒暑表九十六度。王文清言，下午三时馀表高
至一百零二度。

晨钟孝先兄函告，张溥老有事待商。即往会。当交出准余辞
兼职条谕，另一条仍以余主管总纂办公处事。余谓如此责任较轻，
名正言顺，可照遵。乃向合作社购饼干一斤。转至总纂办公处，处
理秘书事三件，并续三字经总评。完。下午六时到总纂办公处，无
报纸可看。

八月六日　　晴。午寒暑表九十八度。下午四时后，天阴多风有雨
意。六时表九十一度。晚七时馀闪电鸣雷，阴云四合。至九时许雨一阵，雷
电仍间作。夜十二时半后大雨一阵，颇大。一时后闻檐溜有声。

上午八时到总纂办公处，处理秘书事三件，内一件为赵季琳干
事起稿复中央图书杂志审查委员会文，即送还三字经事。又修改前
成《史迹》稿第六章第十二节，原第十一节，今改数处。未完。下午
许处长送来第七期《征集简讯》稿，为修改毕。又修正前《史迹》稿
第六章第十一节一小段。民十一年一月一日广西支部成立事。五时半
到总纂办公处阅报。

八月七日　　阴雨。晨七时雨一阵。八时阴云渐散欲晴。午寒暑表
八十四度。下午一时半大雨一阵，颇久。四时会内大礼堂寒暑表八十度。晚
李振宽言档案处山上表七十八度。

上午八时到总纂办公处，处理秘书事三件。修正前成《史迹》

稿第六章第十二节。完。下午二时半往会，合作社购物。四时开三十二年度工作计划谈话会，出席者钟孝先秘书与余及安、严、许、曾四处长，张委员主席。六时馀始散。

八月八日　阴。晨六时半略露日光，旋蔽。午寒暑表八十一度。夜闪电烨烨，有山雨欲来状，未成。是日立秋。

晨早起，昨夜睡颇酣。上午八时到总纂办公处，处理秘书事四件。拟本日开始纂《史迹》稿第十八节，民国十二年十二月事。正欲起笔，张委员来，谈总理与太平天国关系问题，谓一、现在外间尤以教育界方面人士，咸言总理原意在改良中国，并非主民族革命，及不见用于李鸿章，乃有乙未广州第一次起义之举，嗣后剪辫易服，重至檀岛，乃决心革命。故对于总理承太平天国革命之说，多数反对。近日之指摘《中国国民党党史概要》一书者，亦即因概要内叙述太平天国革命而来，不着重总理上李鸿章书故也。二、据本人即张委员自指。观之，总理革命确与太平天国革命有关系。太平天国失败后，其遗风流传于两粤间。总理聪明睿智，习闻排满复明诸说，自加引申而成民族主义。近人多不喜谈太平天国者，因太平天国兵力所及，杀戮随之，有类满洲人关之初，扬州十日、嘉定三屠也。至若总理向来谈论，并未对太平天国有不满处，其在《革命方略》内所采因粮政策及土地政策，实皆从太平天国政略采出。君编《总理史迹》，关于总理对太平天国有无关系一点，望为注意。余谓，太平天国一切行政行军典章制度，均被曾国藩焚毁无存，后人任意诬谤，所谓兵力所及屠杀随之，皆过甚之词，余素不信。至若总理谈论，盛称太平天国不少。即取近日所纂民十一年一月四日总理在桂林广东同乡会演说词一节读之，其词盖有"民生主义前已有人实行，其人为谁？即洪秀全是"等语。张委员乃回其室，检取

《太平天国丛书》第一集一部,共十本合一布套。见示。余略阅一本。其书乃国立编译馆出版,上海商务印书馆二十五年三月印行,所有史料为萧一山在英国伦敦图书馆所存原书摄影而得。萧言,德法荷俄各国亦均有太平天国书籍云云。下午欲写信,因黄植生被降级来谈,未果。

八月九日　　　星期　　晴,微阴。午十二时寒暑表八十七度。下午四时八十八度。晚间天阴有雨意,至夜深未成。

八时到总纂办公处,欲往会参加国民月会,至则钟孝先已由会回,言系七时半开会,已散会矣。文书科长沈裕民来商卅二年度本会工作计划。关于总纂处部分事宜,决定本处工作七项。一、整印总理全书;二、编纂宣传党史案;三、编印党史史料季刊;四、复核新征史料;五、检查审核库存史料;六、审查编辑处所编之史料初稿;七、外界送审之史稿。以一、二、三三项为中心工作。由纂修七人、干事一人、助理干事一人、录事一人担任。又商《党史史料季刊》内容,决定:一、论著,二、专载,三、新征史料摘述,四本会会务概况。即会内各处每月之工作概况及原征集处出版之《征集简讯》、总务处出版之《统计月报》并入于此。下午查阅《征集简讯》第一期,拟将来季刊即仿此式样,每页分上下两版,每版二十七行,每行二十六字,用旧五号字模,计每页为一千四百零四字,每季约出二十页,共二万八千一百四十字,订成一本。四时到总纂办公处与陆咏黄谈黄植生事。旋到会访沈裕民。欲再商季刊办法,适不在。阅报即返。

八月十日　　　　晴。午总纂办公处寒暑表八十八度。

晨拟补充《党史史料季刊》办法。一、每季须出五十页,计七万零三百五十字。二、原拟内容,论著下加史话及插图二栏。三、明年一月起，本处须增录事一人。八时赴会参加纪念周。旋与丁六阶、李昭文、封雪澄谈特别办公费事。又文书科潘涵以复陕北某报函为本会所编革命先烈传记内，引郑士良言，有国父字样，不合，拟改为中山二字，秘书处批中山二字亦不妥。余拟改为孙先生三字。稿，请阅。余为修改。返总纂办公处后，又与孙铁人、莫纪彭、龙铁元、姚梓材谈特费事，各人均主张径呈总裁请求，推余起草。又处理秘书公事二件。下午权超侄来谈二时馀，去后欲起草呈稿，目涩思睡，未果。夜又欲草呈稿，觉难措词，未果。默拟挽杨沧白先生联一对。尚待修改。

八月十一日　　晴。午总纂办公处寒暑表九十三度。下午二时迅雷极烈，继以大雨一阵，三时后雨止。晚六时表七十八度。

上午八时到总纂办公处，处理秘书事二件。旋到会开业务会议。十一时半始散。比返总纂处，各人皆下班矣。

下午改挽沧白先生联语如左：

毕生智虑忠纯卧病申江上闻寇深急难遄归方期固拄枢廷戟指河山终复汉

两史简编繁重商略巴山中惧乱亟庋藏慎护何意遽捐馆舍惊心风雨正悲秋

五时半到总纂办公处阅报。本日之报未到，乃补阅昨报，因昨日未阅报也。封雪澄来字，对特别办公费事，又主张请张委员向中央解释，与径呈总裁之办法不同，拟稿之役，借此作罢。夜作邹器之搏猴诗。未成。

八月十二日　　阴。八时后日出而薄，似有雾。午寒暑表七十六度。下午日较亮。六时表八十六度。夜，星濛濛，多风，闪电，有雨意。

上午八时到会〔处〕，处理秘书事二件。纂《史迹》稿二页半。

即第十八节，八日欲起笔，一搁至今也。张委员来，告以联名径呈总裁，请求特别费及封德三函拟请张委员解说事。承答：一、案经总裁批准，不必再呈；二、话已说尽，不能再说。此系在办公厅当众问答，孙姚龙三位俱听之。散值时，余即姚转告封君等，返抵寓又面告时明荐君。此事即此结束，以后不与闻。下午续写《史迹》稿二页半。未完。六时到总纂办公处阅报。昨今两日报同到。

八月十三日　　　阴雨。八时雨一阵，甚大。九时馀又雨一阵，稍小。午寒暑表六十八度。十二时后天色转朗，日见，旋复阴。四时后日又见。晚六时表七十一度。

上午九时到总纂办公处，处理秘书事一件。纂《史迹》稿一页。昨日莫纪彭交来所签注党史概要一本，内注谓十〈一〉年六月十五日夜陈炯明叛变时，总理由总统府出，至中途，有护士二人被害。语余转呈张委员一阅。奉谕，二护士姓名应查明。余答，据余所见史料，并无此事。今日以询莫君，并请自查。据称，闻有此说，且当时卫士随行者甚多，至少有十人八人，惟姓名不可考。余谓，以理度之，必无此事。即书中上文言，总理出府，杂乱军中以行，岂容有卫士甚多相随者乎！若有二人被害，则必已被乱军认识，总理犹能从容脱险以至海珠乎？且若果有此事，则其后卫士长必有呈报请褒请恤之案，余均未见，何不即就此一查。彼乃谓，请下条嘱编辑处考订。终不肯自查。又谓，此系张委员与林主席所说。余谓，纵如此，亦必有误，因宋庆龄别著广州脱险记，书内自述十六日晚脱险时，有卫士二人，相随至马伯麟家，在长堤沙面附近，暂住。夜遣一卫士在门外探望，为流弹所毙，或因此致误耳。卒书一条，请严处长饬人考订。工友自会中来传语，封丁等纂修询余前日呈稿已拟就否？余怪问姚君，昨未告封等乎？据答未见面。此事余决不理矣。下午续写《史迹》稿三页。五时到总纂办公处阅报。黄植生明日携眷赴渝,夜以酒饭馔行,李振宽作陪。

八月十四日　　晴。雨后天清气和,甚觉爽适。午寒暑表八十一度。下午六时表七十八度。

晨纂《史迹》稿一页。八时到总纂办公处,处理秘书事二件。内一件为秘书办公室奉主任委员面谕,征集处七月份新征史料目录,交由总纂办公处审查,如非有归档之价值者,即于目录旁注明送图书馆,以便由秘书办公室分别办理等语。附目录一本。又聂科长签呈一件。查目录两页,主任委员批略谓:所征集史料不少,不能满足编辑之需要大意如此。等语。聂科长签呈驳之也。余与孙纂修商酌此事,殊难遵办。因本会办事程序,凡有新征史料,向由征集处甄核科甄核,再由编辑处考订科考证,然后送总纂办公处复核,经复核完毕,始送秘书办公室分别办理,并无径送总纂办公处审查之例。孙谓宜复函驳之。乃起草函稿一件。十时开小组会议,关于特别办公费事,余将前日不草呈稿及张委员答问报告,封姚时三纂修大发议论,卒无结果。至十一时半后始散。下午续写《史迹》稿一页,纸尽停笔。四时半至总纂办公处,询报未到。旋往会,晤刘钟两秘书,谈上午所接来函,事难遵办。结果谓,俟张委员来再面请示。适报到,阅毕仍返总纂办公处,稍停返寓。许处长师慎来谈,亦谓史料径由总纂办公处审查之不便。昨书致编辑处条,已面交严处长矣。

八月十五日　　晴。午寒暑表八十六度。

上午八时到总纂办公处,见录事方缮昨日函稿,取回;根据昨下午面商之意,另行起草一函,连同所来附件,二件,即着人送刘钟两秘书,因恐张委员本午或到会,有此函,两秘书较易说话也。旋写《史迹》稿一页。此段演讲稿已完。又加校对。未完。总务处送回前交录事何文华抄稿一本，第六章第十六节并已抄者一本。及交干事眭云章饬油印稿一本。第六章第十三节。下午校对已纂就《史迹》稿，连上午所校者共十二页。完。五时到总纂办公处阅报。

八月十六日　　　　星期　晴。下午六时总纂办公处寒暑表八十四度。会内大礼堂表八十七度。

上下午共复各处函七封，因久未复信，积得各处来函太多，仍有未复者。中午李振宽来谈，又误却二小时也。

下午五时到总纂办公处阅报。旋到会，与刘秘书、梅纂修、沈裕民谈话。返寓后闻许处长今晨据安科长说，钟秘书言，有人向他说，余在总纂办公处对人言，许有偷史料事嘱注意等语。余愕然，即往邀许面安质问，何时对何人言。安力劝三人谈后，此事即解决，勿再探究。余谓必须向钟追究，果为何人所说，以期水落石出。

八月十七日　　　　晴。午寒暑表八十八度。晚六时表八十六度。

晨七时半往会，拟参加纪念周，乃已散会。旋开三十二年度本会工作计划谈话会。由九时至十时始散。关于昨晚许安传语，面询钟孝先君，据笔谈，原对安说是谓有人在外攻击许，并未谓余在总纂办公处对人言许有偷史料事，此全由安误听误传云云。余问所谓有人在外之人为谁？则注一“时”字。旋立将笔谈纸片撕毁。此事即可结束不问。返总纂办公处后，处理秘书事二件。纂《史迹》稿一页。下午续纂《史迹》稿二页。文书科送许处长拟驳中央小组会议改《总理全书》为《国父遗教续编》说明，稍为改正。五时半到总纂办公处阅报。接亮儿十三日信，知其续娶媳妇温氏。名瑞香，杨桃树下人，其父名连（温连伯），高等小学毕业，曾在培基学校充小学教员。已于十三日下午一时平安到筑。亮原拟十四日由贵阳赴柳州接候，已中止。温氏同行者为古藻彝之妻,系由乡来渝。藻彝在政治部任职(科长)。乡中于七月廿七(六月十五)由丙动身,廿九(即旧历六月十七)由梅乘车。八月六日抵曲江。十三日(即旧七月初二)抵贵阳。共行十八日也。又接泉新侄孙来信,知渠在家教书,但未详何校,或即林氏逸德学校耳。此子生长南洋,去年由南洋回,文字甚通顺,可喜。

八月十八日　　晴。午表九十度。晚六时八十八度。

上午八时到总纂办公处,处理秘书事二件,并写致亮儿信一封。旋往会开业务会议,至十一时半返总纂办公处,已下班矣。孙纂修独留,谈各纂修采访联名致林主席蒋总裁,请求特别办公费事。由会将返时,李树藩邀往考核委员会〈阅〉封德三函,已缮就及经各人签章函呈二件,阅之,措词尚和平无忤。余虽前拟不问此事,只得亦签章。邹永成亦签章。俄许处长来,又谈中央小组会议改《总理全书》为《国父遗教续编》事之不合理。下午续《史迹》稿一页。纸尽搁笔。校对前日收回第一次油印《史迹》五页。未完。五时半到总纂办公处阅报。报为工人老刘藏起,刘六时始来,取得后回寓,饭毕就灯下阅之。报尾有"月明人倚楼随笔"许宝驹撰。关于《古今图书集成》抄本一段,摘录于此。

《图书集成》版本凡四。一为清雍正初年铜活字本。一为光绪十年上海图书集成局之扁字本。一为光绪十六年同文书局铜活字版影印本。一民国二十三年中华书局照铜活字版影印本也。许家所有为手抄本,凡分六汇编三十二典共三万卷,订为五千零二十册。初由许之父在杭州书肆中购得二千数百册,以非全璧,多方搜求,越五载,迄无续获。其父逝世,忽有吴老者,踵门请见,曰,有抄本《图书集成》在君家乎?仅收得半部乎?尚有半部在我家也。我老且贫,旅行十稔,今将归东阳故里矣,不欲以此书为累,愿相让。宝驹大喜,报以三佰金,辇书归,假浙江图书馆所藏《图书集成》首册目录校之,只缺"草木"、"戎政"两典二十馀册。此抄本较铜活字原本,尺寸几缩小一半,款式则悉依原本,朱格楷书,笔迹不一,似出多人手。附绘图亦精工。有平湖金先生言,盖昔有平湖巨富,盐贾也,喜收藏,清廷刊印《图书集成》时,此君欲得一部,而此书非可购得,惟钦赐〈可〉得之。遂夤缘以十万金为清帝寿,冀获赐;乃钦赐顶戴虚衔,卒不得书。此君意怏怏,更辇金倩人抄写,遂成此抄本云。宝驹置之安巢安吟楼上,初欲补抄二十馀册,以成足本。因任职南京,不及为此。杭州沦陷后,倭寇数至其家,此书未得瓦全,已作玉碎矣。

八月十九日　　　晴。午表九十二度。晚六时八十九度。

上午八时到总纂办公处,处理秘书事二件。纂《史迹》稿二页又四行。此一段落完。并加校对一过。下午校对油印稿十五页。错误太多。未完。竭二小时之力,仅得此数。贾道曾科长送来所拟国父第一次起义纪念党史讲述资料一篇,面商一过。余指出几点欠妥,未予更改,觉得全篇均不合用,未便直言。六时到总纂办公处阅报。

八月廿日　　　晴。午表九十四度。晚六时九十一度。

上午八时到总纂办公处,处理秘书事二件。内一件即签注贾道曾所拟稿,并送还秘书办公室。纂《史迹》稿二页。下午校对油印件十六页。六时到总纂办公处阅报。途遇安处长,告以油印件太坏,有无方法改良?据谓有法,明日约沈科长面商。

八月廿一日　　　晴。午表八十四度。晚六时九十二度。

晨贾道曾来,商改所拟讲述资料稿,自七时半至九时始毕。九时半到总纂办公处,处理秘书事二件。纂《史迹》稿二页。十一时半张委员来,招集各纂修采访谈话,时只余与孙镜、莫纪彭、黄嘉梁在。张委员交阅吴铁城秘书长关于中央议决特别办公费案先后情形函表共一件,并拟将会内纂修采访十三人,悉分别作担任一部分主管人员,依中央表有一条谓,此类人员亦得支公费。草表计:一、《总理全书》整理委员会正副主任三人。二、总纂办公处处务管理正副主任三人。三、纂修组正副主任三人。四、采访组正副主任三人。五、考核委员会主持一人。谓此根据法律，方有要求得达之希望。余等只唯唯而退。嗣姚荐楠、邹永成来，亦进张委员室内谈话。下午，因权超来午饭，并商本月底偕进城事，至四时始去，未工作。六时到总纂办公处阅报。

八月廿二日　　晴。午表九十五度。下午四时许鸣雷骤雨一阵，檐溜未出而止。晚六时表忽降至〔至〕八十五度。

昨夜失眠，彻夜未睡，天明看时钟为四点半，或过速矣。五时馀起床，写致张委员密呈一件。略以昨奉交阅会内拟增设各部分主管人等，因未知人名已编定否，此事一厂本不应问，但窃有所虑者，此次增设要皆为临时设法以争公费，原非事实之必要。然会内情近极乖异，争钱已遂，必即进而争权，各以主任副主任为词，主任与主任争，副主任又与正主任争，排挤倾轧，无理干涉，将来各部分事，将大为紊乱，风潮激荡，不知纪极。拟请于编列人名时，加意察酌，且勿用正式委派，庶免后患。写就洗面点心，即出门。六时馀到总纂办公处，访钟孝先，以呈示之。极赞成，谓张委员本日即去。余即往会，晤到主任秘书，示之，亦极赞成。询张委员，方洗面，饬工友以呈进，并告以余在秘书办公室候见。俄张委员来，启呈面阅，点首再三，谓确须再考虑。刘钟两秘书亦助言不妥。余乃返。旋至总纂办公处签名，及嘱干事助理等填表后，仍回寓吃粥。八时入睡至九时半后醒，复起床。十时馀到总纂办公处，处理秘书事二件。欲纂稿而下班之铃鸣矣，只写此日记而已。下午校对油印件十四页。完。五时半到总纂办公处阅报。黄植生从重庆来，言工作未定，求介绍于楚伧处，勉为作一函。

八月廿三日　　星期　　晴。晚六时表九十二度。下午二时馀晴雷。

夜一时馀亦晴雷。

上午写信四封，未工作。午赴吴甲长锡之寿宴。下午封发各信。五时到总纂办公处阅报。

八月廿四日　　　晴。午表九十六度。晚六时九十二度。今日为处暑节气矣，仍酷热。夜月明，八时馀阴云四布，闪电交驰，有雨意，乃为风散。十时后月复明。

晨往会参加纪念周，并将校对已完之油印件交沈裕民科长饬录事照改。回总纂办公处，处理秘书事四件。纂《史迹》稿二页。六时到总纂办公处阅报。

八月廿五日　　　晴。午表九十七度。六时九十二度。今日为旧历七月十四，夜初月明。九时馀大雨巨雷。十时半后雨始止。

上午八时到总纂办公处，处理秘书事二件。九时往会，开业务会议。十一时半始散。回到总纂办公处，各人已下班矣。下午纂《史迹》稿二页。六时到总纂办公处阅报。今日开业务会议前，钟孝先兄出示改拟增加主任名目办法，知余二十二晨所进密呈，已经张委员采纳，但新拟办法尚未送核。

八月廿六日　　　阴。天黎明大雨一阵。九时后天气转朗。午表七十八度。晚六时七十五度。夜阴云中有月影。是日为旧历中元节。

上午八时到总纂办公处，处理秘书事四件。内一件为填写工作人员每月成绩纪录表三纸，系本处干事赵季琳、助理王文清、录事严子骅三人之成绩也。依表例须直接主管人填写，余即本处直接主管也。纂《史迹》稿半页。完成一段落，即十二年十二月廿一日，总理在岭南大学之演讲。此演讲最足启发学生之志气，拟将来嘱兆先女儿抄读。天气凉快。下午四时到总纂办公处校对已成之稿。即上午所写完者。适理发工人来，先理发毕，校未及半，张委员来，询及"九九"广州起义史料事，余实告以贾科长拟稿欠妥，欲为改易，又有碍其面子，只指出其不妥处，请其自改等情。结果嘱余日间再拟补充稿，送《中央日报》发表。此为余意，承张委员允许者。然余以后再思，不妥，仍须寄中宣部。又阅报，载赣东失地已陆续克复，此两月以来浙赣战局一大转机，可喜事也。

八月廿七日　　阴。晴。上午九时云开见日。上午九时半表七十五度。晚六时表七十五度。夜月明。

晨往会，参加孔子诞辰纪念会。九时始散。旋往总纂办公处，欲拟补充《九九史料稿》①，未果，返寓。黎光群来谈为改诗，并往曾介木家座谈，后返寓，留他午饭。下午校对已成稿一段。完，共计六页。六时到总纂办公处阅报。

八月廿八日　　晴。午表八十二度。晚六时八十度。

上午八时到总纂办公处，处理秘书事一件。本日小组会议之本处报告也。是日开学术会议小组会议，均告假不能出席。即在处内草拟"九九"纪念讲述资料补充稿。未完（仅先拟数行）。阅莫纪彭所拟史稿一件。即交还发抄。下午腹泻，微觉不适。查阅"九九"史实未动笔。五时半到会，将已填就赵季琳、王文清、严子骅三人之成绩表交钟孝先秘书。适彼正欲邀余谈"九九"纪念讲述资料事结果，询补充稿何日可成。余允以早则明日，迟则后日，要以星期一日送秘书室。前约权超侄明日同晋城，现决不往矣。

八月廿九日　　晴。午表八十二度。晚六时表八十度。

晨致云谷权超二人书，交杨氏与兆先带往山洞交权超。

上午八时到总纂办公处，处理秘书事四件。并将莫纪彭、柳聘农

---

①　《九九纪念史稿》，即《总理第一次起义史料》，又作《九九史稿》、《九九史料稿》、《九九革命史稿》。——整理者

二人所签注《党史概要》一书，交王文清收存，候汇办。查阅陈少白所著《兴中会史要》，即兴中会史料汇编内所摘出者。所述总理十八岁由檀香山返国，系因入耶稣教为兄德彰所责，求得教会学堂内牧师，帮助船费云云，与本会所撰年谱二十岁由檀返国，因上年在乡北帝庙神像被毁事，为兄德彰所责求，得美教士赠美金三百元，游历美洲各大都会，经日本回上海云云，事略相类而又多歧异，宜再加考证。欲作"九九"补充稿，仍未果。接秘书室函、转主任委员谕，派撰拟总理广州蒙难纪念日讲述资料稿。下午四时往秘书室一商。

八月卅日　　　星期　晴。晚六时表八十二度。

上下午草拟"九九"纪念补充稿。因先将贾科长原稿修改。未完。下午五时半往总纂办公处阅报。

八月卅一日　　　晴。午表八十七度。

晨七时半往会，参加纪念周。八时半回寓，早粥后，九时半到总纂办公处，开第七区分部党员大会，至十二时始散。下午改贾道曾稿。未完。上午开会时，因有人从山洞带来本日报纸，得借阅，不再往总纂办公处阅报。

九月一日　　　晴。是日为旧历七月廿一日，先妣诞辰。午表八十八度。晚六时八十二度。

晨续改贾道曾稿。未完。上午八时到总纂办公处，处理秘书事五件。旋到会开业务会议，自九时至十一时五十分始散。回总纂办公处，已散值矣。孙纂修犹在处，言欲援本会办事细则，编辑处撰拟科长担任撰拟重要史稿条文辞。廿九日主任委员手谕，三纂修分任撰拟纪念日党史讲述稿。除余撰一篇外，孙钟二纂修亦各撰一篇也。余允俟张委员来，试一辞之，能否邀准再说，余除任一篇外，其改贾道曾稿，名为补充，实则亦须全作，因太劳耳。午在寓拜祀母亲后，小睡一觉。下午六时始起，续改贾稿，至六时仍未完。到总纂办公处阅报。

九月二日　　晴。午表八十九度。晚六时八十四度。

上午八时到总纂办公处，处理秘书事二件。续改贾稿。未完。下午续改贾稿，大致已毕，欲清稿，但清出页半，觉太繁，拟毁弃另作。六时到总纂办公处阅报。

九月三日　　晴。午表八十八度。晚六时八十四度。

晨另作"九九"补充稿一段。上午八时到总纂办公处，处理秘书事三件。作"九九"补充稿一页。未完。下午续作补充稿一页。未完。五时半到总纂办公处阅报。闻特别办公费已发到会，秘书月七百，处长五百，科长三百，均于前日领讫。惟余等纂修、采访尚无着落。余主管总纂办公处一部分，照章等于处长，亦无着落，当往询钟刘二秘书。钟初掩饰，谓尚未解决。余再询以闻昨已发七八月份两个月，何云未解决耶？始曰，此为前已定之案耳，至总纂办公处主持人等，俟张委员来始知消息。刘亦云然。余始恍然。钟之为人，亦非爽直诚实也。向眭云章收回前校对之油印件，并多取一本，查对其能否照余校对本改正。当即查对十二页。未完。

九月四日　　晴。午表八十八度。晚六时八十六度。

晨查对油印件廿四页。未完。八时到总纂办公处，处理秘书事二件。作补充稿一页。未完。下午续作补充稿。完。五时到总纂办公处阅报。旋到会与梅乔林问石岐地方、刘尊权、沈裕民谈话。合作社向社员预借买货款事。

九月五日　　阴雨。七时雨稍大，檐溜出。午表七十度。晚六时表七十二度。

　　晨修改补充稿一过。上午八时到总纂办公处。旋携补充稿往会，欲见张委员，中途遇见，折回，告以此稿虽就，但依中央意旨，实未及半，仍须添甚多，今拟先将此稿送中宣部，馀则俟十月底与各篇汇齐再送。孙纂修来，续谈，各稿应由科起草。张主任委员谓，此系临时事件，固知不合规则，但前经下条分配，不便再下条。结果另条谕编辑处，将关于五月五日革命政府史料，检交孙一阅。午间将已成补充稿分交赵季琳、严子骅，用复写纸写。下午三时到会，参加编辑处之学术会议，张委员讲党史也。散会后安怀音处长邀孙纂修与余在秘书办公室谈话，张委员亦在座。安力言合作社办理职员日用必需品买卖，一切均经过会议，并无舞弊等情。余并未说合作社舞弊之话，何忽向余申辩？显属心虚，姑妄听之。惟孙与安辨〔辩〕论。

　　九月六日　　　　星期　　晴。微阴。午表七十八度。晚六时七十六度。

　　上午八时到总纂办公处，督同录事严子骅写补充稿，并再加修正。复写纸有好坏，本处所领为坏者，写不好。下午二时半又到办公处，督同缮写。因余字迹潦草，须严随时询问，并加赵季琳助写。至六时半仍未完，余乃先回寓。旋严录事送手写馀稿来。八时馀，赵干事亦饬工友送全稿来。九时馀，余乃整理装成二本，并加校对，至十二时始完毕。

　　九月七日　　　　晴。午表八十六度。下午六时八十四度。

　　晨秘书办公室派人来取"九九"纪念补充稿，即交去。旋往会，参加纪念周及国民月会。九时半将返总纂办公处，文书科沈科长请面示，彼与潘总干事再将稿校对一过，至十一时始毕。到总纂办公处，旋即下班矣。本日全会奉令仍复下午办公。下午三时到总纂办公室〔处〕。将昨日赵严二人所写复写纸之底稿，再校一过。粘成三本暂存，俟须另付油印，送本会各委员时应用。夜写信一封。以后每晚应写信，以免徒坐耗油。

九月八日　　晴。微阴。似有薄雾。午表八十九度。下午五时表九十度。

晨查对油印件十六页。完。即交眭云章一本，原已校对者留余处。上午八时到总纂办公处，处理秘书事二件。旋往会开业务会议，十一时散会返处，旋即散值。下午三时到总纂办公处，处理秘书事二件。秘书室通知，奉张委员电派余明日出席"九九"纪念会演讲。五时往会，为公务员定量分配货物白布一种，到会，推余为监证人之一，兹特开会商分配办法也。六时散会。

九月九日　　雨。晨六时雨颇大，檐溜如注，七时未止。八时雨止天犹阴。下午五时半表八十四度。

八时到会，参加"九九"革命纪念会，讲述党史，至九时十分完毕。不惯演讲，人觉疲困。经总纂办公处签名后，即返寓小睡一觉。下午三时到总纂办公处，纂《史迹》稿二页。此项工作自八月廿六日间断至今，忽阅十馀日矣。阅报知余所作"九九"补充稿已在《中央日报》登出。

九月十日　　晴。微阴。午十一时半表八十一度。下午五时八十二度。

上午八时到会，将"九九"革命纪念讲述资料补充稿复写底稿三本交文书科油印。旋到总纂办公处，处理秘书事二件。纂《史迹》稿二页半。下午三时到总纂办公处，续纂《史迹》稿二页。五时往会，开三十二年度出版书刊座谈会。张委员到，谈及"九九"补充稿中央各委员多称好，大致印象尚佳，惟以后有无反响，未能知。

马星樵超俊说尚欲补入一件事，但未说明何事云。又谓文内之黄咏商系黄咏裳之误，其人为福建籍，从前在星加坡[①]认识之，嗣闻已殁于星埠。

九月十一日　晴。微阴。午十一时半表八十四度。下午甚阴有欲雨状。五时半表八十一度。

上午八时到总纂办公处，处理秘书事二件。纂《史迹》稿三页。张溥老来处，对众言，近晤李协和，说民四讨袁之役，云南护国军之讨袁檄，是钟辟生做的。是在十二月二十五日起兵以前，在香港拟成，带到昆明。协和与滇军各将领李印泉等商议发动。印泉谓，发动时须颁布檄文。协和即从怀中取出此稿给之。当时有贵州刘显世在座。刘阅稿中有骂立宪派语。取笔删稿甚多。但后来所发表者仍为辟生原稿，未用刘之改稿也。下午二时到总纂办公处开小组会议。续纂《史迹》稿一页半。小组会议中组员封德三说，中央议决工作人员每季发制服费二百四十元，现闻组织部等早已垫发，惟本会尚无消息，不解何故。梅乔林谓，本会从无款可垫，似可派人往中央秘书处，指此案先行借支。众推余向刘主任秘书一商。五时半往晤刘，谓此案议决不过数日，现公文仍未到会，故本会不能早速进行；至向中秘处借支一节，本会以前借欠尚多，能否再借，俟商决。

九月十二日　阴。午十一时半寒暑表七十六度。下午五时半七十三度。终日沉阴且冷，但不雨。

上午八时到总纂办公处，处理秘书事二件。纂《史迹》稿二页半强。一段落完。下午二时半到总纂办公处，处理秘书事三件。校

---

①　以下又作新加坡。黄咏商不误。——整理者

对上午所成稿共十四页。又校对录事何文华所抄前成《史迹》稿第六章第十六节二页。未完。张委员到处，说本月廿一日开本会委员会。余所作《史迹》稿已油印一本，须加体例目录，以便届时提会。

　　九月十三日　　　　星期　阴雨。晨六七时间小雨一阵，但檐溜未出。八时后雨细如毛。九时后天色转朗。但旋复阴。下午五时半表七十二度。

　　上午九时在寓校对何文华抄稿二十页。未完。下午续稿抄稿十二页。未完。陆咏黄来谈会中已为余呈请特别办公费。昨日刘尊权到总纂办公处亦密告此事，但只说"三个"，余不解所谓，亦未详问。今陆说共请三个人，一即余，一为丁六阶，一为邹器之也。五时半到总纂办公处阅报。

　　九月十四日　　　　晴。微阴。早十一时半表八十度。下午一时馀雨一阵，来势初颇大，黑云四布，檐溜甫出即停。二时馀又雨一阵，较小，亦旋停云散，四时日出。五时半表七十八度。

　　八时往会，欲参加纪念周，竟散会矣。询开会时间未改早，惟寓内时钟迟慢所致。向文书科取回"九九"革命纪念日党史补充稿三本，拟明日始续作下半篇。旋到总纂办公处，采访黄嘉梁交来签注先烈传记一本。阅其内廖仲恺传一篇。自本日起办公时间改为上午七时至十一时，下午一时至五时。下午三时到会，为合作社分售白布监证人，无聊至极。四时馀返总纂办公处，续审阅革命先烈传记内吴禄贞、郑士良传二篇。签注七条。

　　九月十五日　　　　晴。微阴。午十一时半表八十一度，下午五时八十二度。

　　上午八时到总纂办公处，处理秘书事二件。九时往会，开小组会议，至十一时散会，旋总纂处已下班矣。下午二时到总纂办公处，作《总理史迹》稿之说明三条，并连已成之目录，交录事严子骅抄写。

九月十六日　　阴。上午全不见日。十一时半表七十二度。下午三时起小雨，至五时略大，迄夜未止，但檐溜仅点滴而已。五时表七十一度。夜仍小雨。

上午八时到总纂办公处，处理秘书事二件。内有中央会议记录，知叶敬特任出版事业管理委员会专员，吴东任该会稽核科长。为征集处审修《征集简讯》第八期。稿一册。收回录事抄就昨日所作《史迹》稿说明及目录，校对一过。下午二时到总纂办公处，接到档案处收来《国民革命军东路军战史纪略》、《革命军战事经过》、《陈军事件》三册。四时往会，面交油印《史迹》稿及说明与目录二种。与刘钟二秘书另加签呈，拟请张委员暂缓送各委员审阅，诚恐油印模糊，阅者致生反感也。旋返办公处，兆先女儿送胶鞋来，言权超侄到寓，因即回寓。晚饭后与权超谈到十时始就寝。自本月七日夜，每夜写信一封，今晚未写，而积久未复之信尚多，明晚仍应续行此项工作。

九月十七日　　阴雨。但雨仍不大。十时后日出。十一时半表七十一度。下午五时七十二度。

上午八时到总纂办公处，处理秘书事二件。开始续作《九九革命史稿》，但先将前成之稿再加删削。因嫌太多，须合上下二篇为一万字之则也。午，李振宽来，交还档案处史料四件。《总理全书讲演（十四）》、《中国国民党公报》、《孙大元帅东征日记》、《孙大元帅戡乱记》，另有收条存。下午二时到总纂办公处，作《九九史稿》半页弱。未完。又处理秘书事一件。

九月十八日　　晴。低空有薄雾。上午十一时表七十五度。下午五时七十五度。

上午八时到总纂办公处，处理公文一件。续作《九九史料稿》

半页。下午二时半到总纂办公处，续作《九九稿》半页。未完。

九月十九日　　　晴。上午十一时表七十六度。下午五时七十九度强。

昨晨文书科送来会稿一件，为余所纂《总理史迹》一书，已将成就，先将一节油印送各委员审查修正等语，而谓系因前准中央组织部函嘱，乃指派余负责编纂，余当时仅就油印件错字修改，即签章交还，但心中实极不安。所称中央组织部函，余并未见。前年余创草此书，亦非奉主任委员指派，何必如此任意套搭。昨晚闻张溥公来会，今晨特往询文书科，该件曾否缮发，知缮而未发，乃询何人出此主意，并告以不合。因本会原为独立机关，自己编书，分所当尔，若必待组织部函嘱始编此书，如此事事被动，毋乃沦为附属机关乎？应改为主任委员自动指派，以保全主动地位。科长沈裕民乃偕往秘书办公室，与刘钟二秘书商谈，刘允照改。即由余在秘书室改为"查本会历年征集史料甚多，虽曾编史稿数种，而未汇编一部贯穿各种史料足以供阅览而便查考之书，因特指派○○就总理史迹，负责编撰。……"而呈主任委员阅核，奉批照缮。余心始一快。九时旋到总纂办公处撰稿，仅得二行。查阅兴中会史料汇编廿馀页，已散值矣。下午二时半到总纂办公处，作《九九史稿》半页。夜为沈科长改《王斧事略》一篇。前夜写信二封，昨夜写一封。是夜因改沈文间断未写信。

九月二十日　　　星期　晴，微阴。午十一时表八十二度。下午五时表八十四度。

上午九时到总纂办公处，清写《九九革命史稿》共二页。约一千二百字，共为一节。下午四时到总纂办公处阅报。夜复阅《九九革命史稿》，略有增改。又未写信。

九月廿一日　　　阴。上午八时馀下雨。午十一时表七十度。五时表六十三度。

晨往会,参加纪念周。八时半到总纂办公处,再略改昨夜阅过之稿及前改过之《九九》已登《中央日报》原稿。因嫌太长也。又续作第九节稿。未成。下午二时半到总纂办公处,处理秘书事二件。因填人事调查表未撰稿。夜早寝,未撰稿,亦未写信。但八时就寝后,九时馀即醒,至三时后始入睡。

九月廿二日　　　阴。晨小雨一阵,旋止。午十一时表六十八度。下午五时六十四度。

八时到总纂办公处,处理秘书事二件。九时往会,开业务会议,至十一时始会。下午二时半到会,撰《九九史稿》半页馀。夜九时就寝,未写信,亦未撰稿。自暑季以来,每天坐至十二时就寝,犹不能睡。连日秋凉,乃自昨夜早寝,今夜至八九时即思睡。

九月廿三日　　　阴雨。晨即小雨迷濛。八时寒暑表六十一度弱。午十一时表六十二度强。下午五时表六十度。

八时半到总纂办公处,处理秘书事二件。撰《九九稿》半页。午侨祀先考妣及故大姊,后小饮薄醉。下午三时到总纂办公处,身体忽不适,泄泻一次,未工作。五时往会领生活费。权超侄由新桥来过中秋节,夜饭后与谈,至十一时始就寝,精神复元。

九月廿四日　　　阴雨。午表六十三度。夜无月。是日为中秋节也。十二时后闻雨声。

九时到总纂办公处,查阅兴中会史料汇编。馀编半本。签注数处,未撰稿。下午二时半到总纂办公处,撰稿半页。完成第二节。夜欲写信,未果。此事遂间断多日矣。作事无恒,宜自儆。

九月廿五日　　　阴雨。午十时半表六十二度。下午五时表六十四度。连日雨均不大，檐溜仅出，但天色沉沉，秋阴易闷。

八时半到总纂办公处，处理秘书事一件。修改昨日已成《九九史稿》下半卷之第二节。合上篇则为第九节。并清录之。未完。下午二时半到总纂办公处，开小组会议。散会后续录稿。完。处理秘书事一件。夜写信一封。

九月廿六日　　阴雨。午十一时半表六十三度强。下午五时表六十四度。

八时半到总纂办公处，再查阅已成之稿二节后，即将第一节交严录事之骅抄缮。又续作第三节数行。下午二时半到总纂办公处，续撰第三节史稿半页馀。未完。

九月廿七日　　星期　阴雨。下午五时会内大礼堂表六十度。总纂办公处表六十四度。

昨夜写信二封，十时就寝，十二时甫入睡，抗儿啼哭，似腹痛，旋愈旋作，至三时后始熟睡。五时又作，由其母调伺，余复得睡，至晨七时半始起床。今上午抱儿子外，未工作，仅拆阅梅县报纸卅年十一月廿三日《中山日报》，内载，陕西富平县有张老虎祠，系为梅人张其翰兄弟而立。其翰号凤曹，为富平县令。县多盗，积案千馀宗，从未破案。翰下车二日，又有送盗牛贼至。"公升堂，面斥失主曰，若辈不类盗，尔诬告，当反坐。即饬役送之狱，始从容谓盗曰：尔诚良者，然即到公堂，须得士绅或富商担保，方可释放。盗无以应。续而询之曰：尔有结义兄弟否？盗大喜应曰：有。公云：如此则多多益善。盖公欲治盗以攀其同党为一网打尽计耳。一时如蜂蚁应召至堂者数百人，皆积年大盗也，公一一拘押，无一漏，数十年积案，一旦冰消。在任之日，小窃皆无，真有夜不闭户之慨，民间称之为老虎县官。去任之日，在南门楼上为立张老虎生祠。后十四年，乃弟彦高【其翻】亦宰是邑，政绩亦不让乃兄。去之日，邑人并为立像。至今富平仍有张老虎祠云。"初欲剪而粘存之，继觉所叙殊不合理，恐非事实，而作此文者自称祖彦高先生、伯祖凤曹先生，因其裔孙传说而已，不足信之。惟因忆有关彦高先生事，录之如左：

彦高晚年回乡，曾为潮阳县某书院山长及澄海县书院山长，书院名已忘。主纂《潮阳县志》。余于民国七八年间，由汕头至达濠盐知事署（黄武韶为知事）作客。该乡人林兰友曾赠一部，内有明虔南九边图，十二三年间，余于报纸作虔南改省论文，曾引用之。后觉图有失考处，颇悔之。今志与文均失。

先考曾从彦高先生拜课，拜课为梅县名词。他省未知有此名否。为问业师。日记眉注：问业师似亦不当。拜课生虽在馆外，然既系批改文字，亦应称受业师。今姑从梅俗称之。余幼时曾见先考遗箧中有彦高先生批改诗赋稿卷。吾家有先生所书对联，文曰："闲寻野寺听秋水，独酌山醪读古书。"末署其时年八十有六。或九十有六，记不清楚。上款亦忘却。又有先生题先本生祖考云帆公行乐图诗二绝，曰："霞关电钥守何因，自是良常麓顶人。规得明窗月子大，百忙抽出一闲身。""我身难得比君闲，他日相逢可有缘。且莫雨酣云热处，东风马耳说青山。"似尚有一首，仅记得此二首。下午儿疾渐愈，余心稍安。五时往总纂办公处阅报。旋往会，晤刘主任秘书，询张委员未来，且有赴西安勘灾、须二星期始回讯，但未知确否云。昨夜写信二封，今日犹未发，今夜不再写信。阅《革命军东征实战记》，前由档案处送来史料之一。十七页。夜阅书自此始，以后拟非写信即阅书。

九月廿八日　　　　阴雨。午未看表。下午五时表六十二度。

上午八时半到总纂办公处，处理秘书事一件。丁六阶纂修来谈学术会议开会问题。余拟按照成例举行，丁欲俟调取廿三四年存南京时之编纂采访联席会议记录簿，以备研究兴中会或在檀香山或在澳门成立问题，谓据李振宽科长说，该簿在余处，余茫然，即写条询李核复，该簿在总理年谱档卷内，俟杨本章交出移交清册可查云云。余以总理年谱档卷三箱存乾泉洞，非一二日能取出，而学术会议若此一二日内不开，则逾每月一次之规定。卒决定发通告，于卅日上午九时开会。余再取阅上次开会记录，有姚荐楠所作读书心得一篇，内谓兴中会确成立于檀香山，但又引总理《伦敦蒙难记》一段，则原记云，澳门先有兴中会，总理曾投身为党员，而姚断为此，不足为兴中会成立于澳门之证。措词不明，理由自相矛盾，故丁以为须查往年编采联会记录之故乎？因此事竟未工作。下午三时半到总纂办公处阅报太久，欲撰稿亦未果。夜将前日廿六。上下午所作稿修政清录一过，共几足一页。一页即六百字。未再阅书写信，菜油灯下，恐过伤目力。

九月廿九日　　阴，晴。昨夜半后略见月色，旋闻雨声，晨犹檐溜点滴，但六七时间见日影，有转晴意。九时后日出薄。午十一时表六十七度。五时表六十八度。

八时半到总纂办公处，处理秘书事二件。旋到会，开业务会议，十一时始散。下午二时半到总纂办公处，处理秘书事一件。秘书办公室送来严处长撰《北伐誓师纪念日史稿》，阅一过。内有"民十三年一月改组中华革命党为中国国民党"一语，大误。他未详阅。余正撰稿，无暇详核也。撰《九九纪念》下半篇稿半页。夜续撰半页。

九月卅日　　晴。晨即日光大耀，久雨之后，令人爽朗。午十一时表七十四度。下午五时表七十二度弱。

晨六时起，撰稿数行，并将昨夜稿略改。八时半到总纂办公处,处理秘书事二件。撰稿一页。十一时闻张委员来会,往拟请见,至则去矣,乃在会剪发而回。下午三时到总纂办公处,续撰稿半页。夜续撰稿一页弱。

　　十月一日　　　晴。午十一时表七十六度。下午五时七十六度弱。

　　上午到总纂办公处,处理秘书事一件。撰《九九稿》一页。午往会,与秘书、处长聚餐。原副主任委员罗家伦约今日到会,故拟集各单位主管,藉聚餐谈话。乃罗不来而菜饭已具,遂共一饱也。下午三时到总纂办公处,撰稿半页。夜续撰半页。

　　十月二日　　　晴。午十一时表七十八度。下午五时表七十七度。

　　上午八时到总纂办公处,复核修改昨日夜所撰稿。已完成一节,交录事抄写。查阅各纂修已复核五月份新征史料。下午三时到总纂办公处,处理秘书事二件。续阅五月份新征史料。未完。今晨阅《革命军第一次东征实战记》十页。夜再阅六十页。十四年二月一日由黄埔出发,至九日止,均无战事。

　　十月三日　　　晴。微阴。午十一时表七十八度弱。下午五时七十七度。

　　昨夜三时睡觉,牙齿浮痛,谅是灯下阅书太多之故。用盐汤漱口,复睡至六时起床,齿乃渐愈。上午八时到总纂办公处,续阅五月份新征史料。完。内有姚荐楠签注党史概要一本,请孙纂修加签后抽出,俟呈总纂审定后,再送秘书室归档,不应径行归档也。下午二时半到总纂办公处,审查陈安仁撰《中国现代革命史讲话》卅二页。因阅民国四〔五〕年仅述肇庆都司令等事。而民三四年间中华革命党之一切运动及上海肇和军舰起义,如此重大史事均置不提,显非本党人讲话,似为梁启超之徒所讲话,乃搁不再阅。夜阅《革命军东征实战记》五十页。晚间曾往会,向杨毓生会计手领得七八九两个半月特别办公费七百五十元。询以钟孝先秘书七月份如何领法,据云亦半月也。

十月四日 星期 阴雨。晨即小雨濛濛,七时许檐溜略出。午间天转朗,似有晴意。下午二三时间复阴雨一阵,檐溜出。五时表七十四度。

上午八时半至九时半,阅《革命军东征实战记》卅页。下午续阅四十页。午闵孝吉来,谈已接天一公司聘充董事长王延松之秘书,明日赴城。该公司资本二千万,分三种营业,一玻璃厂,二铁工厂,三煤厂。董事长办公处设都邮街华华公司二楼。五时到总纂办公处阅报。夜阅《东征实战记》五十四页。

十月五日 阴。群山濛濛似雾。午十一时表七十五度。下午五时七十八度。日出。

晨往会,参加纪念周。上午九时到总纂办公处,审阅陈安仁撰《中国现代革命史讲话》廿页。摘录其一页为纂《总理史迹》之材料。下午二时到总纂办公处,处理秘书事二件。收回录事抄写"九九"革命纪念日党史讲述稿第十节,校阅 过。审阅《中国现代革命史讲话》十页。处理秘书事一件。返寓后抱小孩,因行步不慎,为石阶绊脚失跌。余左脚膝盖皮擦破,裤脚亦破一小块。小孩跌在地面,大哭。幸杨氏来抱起喂乳,始不哭。其上唇微肿,但未出血。以后行步切宜谨慎,因此间山地,房屋内外皆坎坷不平,最易绊跌也。小孩睡一小觉,幸无碍,唇部亦即消肿,余心乃少慰。晚饭间李振宽、黎光群来谈。夜阅《革命军东征实战记》五十页。

十月六日 晴。午十一时表八十四度。下午五时表八十二度。

上午八时半到总纂办公处,处理秘书事二件。九时到会,开业务会议,十一时散会。下午二时半到总纂办公处。接丘易生遗族募捐启。审查《中国现代革命史讲话》廿页。并摘录二页。夜阅《革命军东征实战记》四十五页。

十月七日　　晴。午十一时表八十四度。下午五时天阴甚欲雨，旋起风一阵，复晴。

上午八时到总纂办公处，处理秘书事一件。审查《中国现代革命史讲话》七页。完。又摘录四页。午在会陪罗副主任委员食饭，饮酒微醉。下午三时回寓小睡，至五时始醒，未往办公处矣。夜阅《革命军东征实战记》十八页。完。此书刘秉粹所撰，其自序及例言略如左：

"本党自十三年改组后，爰于黄埔设军官学校。是年冬，第一期生毕业，乃成立两教导团。当时占据东江之陈军，有西犯之势。我党军遂决随联军东征。（日记眉注：此句之军、随二字为一厂所添。）十四年春二月，朔日，校长蒋公介石率两团及学生等，整军东发，大小十馀战，战无不胜，尤以棉湖一役，为革命军存亡之关键。第一团团长何公敬之以一团千二百馀之众，敌陈军林虎部万馀精锐之师，往来冲击者十馀次。自拂晓至薄暮，苦战八小时，卒收最后之胜利。秉粹膺第一团参谋长之职，目击战况，编记成书，因名《革命军第一次东征实战记》。十七年夏序于南京。"

"例言，一、本书根据黄埔军官学校教导第一团参谋处之《阵中日记》及战斗详报编辑而成。四、本书所记，以教导第一团为主眼，其馀第二团及各友军因未亲与其役，又无原日底稿，故惟就所得知者，粗叙其梗概。"刘秉粹号健中①。

篇首有总理对黄埔军校开学训词，并录入《总理史迹》，又全书应摘要另录。

---

①　原文如此。缺例言二、三两则。——整理者

十月八日　　　雨。昨夜二、三时间即闻雨声。今晨六七时雨颇大。十一时雨甚大。下午仍雨。五时表六十五度。

上午因雨不能出门，工友送来公事一件，签发。又在寓撰《九九纪念史稿》半页。下午三时到总纂办公处，处理秘书事八件。夜摘录《革命军东征实战记》如左：

"一、联军东征。联军即滇桂粤联军也。十二年冬，广州近郊战后，联军与陈逆军均以疲战经年，各思休养，遂分据东江以守。石龙以东属逆军，石滩以西属联军。十三年全年无大激战。是年秋，适北方有直奉之战。总理乃舍粤而谋北伐，率湘军、豫军出次韶关，而奉直战已告终，段祺瑞起为执政，遣使迎总理北上，谋和平统一。总理以北伐事委之湘军总司令谭延闿，以黄埔军官学校委之党代表廖仲恺及校长蒋公介石。十四年春，陈逆炯明以救粤军总司令名义，谋率所部再图广州。于是，联军亦复有东征之举。当时仍以滇军总司令杨希闵为联军总指挥，议定肃清东江作战方案。粤军约万馀人为左翼军，担任攻河源、兴宁、五华一带。滇军第一、二、三军约三万人为右翼军，担任攻淡水、平山、海陆丰一带。桂军约六千人为攻城军，担任攻下惠州城后，应援两翼。作战目的，在肃清东江，再进与北伐军一致向外发展。作战方针，分为四期，第四期左翼军肃清梅县，右翼军肃清潮汕。初未将军官学校列入作战序列之内，因军校第一期学生，仅成立教导团两团，原为将来成军充任军士之用。第一团一千八百馀人、第二团人数约相等外，则为学生，总计三千馀人，尚多未受作战训练也。第一团训练三个月。但自总理出发北伐〔上〕，军校环境已发生危险。蒋校长乃自动随同联军出发东征，求战场上之胜利，或能打破恶劣之环境，以求生存之出路。一月卅一日午后三时，遂由蒋校长命令第一团，于二月一日向沙角出发；第二团于二月二日向白沙出发，学生队及校本部于二月三日向虎门寨、太平圩出发，统在虎门附近集中。”

十月九日　　雨。雨比昨小，似将转晴。午表六十四度。下午五时表仍六十四度。

上午八时半到总纂办公处，处理秘书事二件。摘录《中国现代革命史讲话》二页。下午二时半到总纂办公处，处理秘书事四件。旋开小组会议。又开第七区分部党员大会，至五时始散。夜摘录《革命军东征实战记》如左：

“革命军第一团分三营，为第一、第二、第三营。另有特种队（特务连、机关枪连、学兵连、辎重队、卫生队、侦探队、设营队、通讯队、工兵队等）。又另有炮兵营、校本部、团本部。当二月一日出发时，陈逆军已在宝安、东莞、石龙、博罗及增城以北各地区集中。又林虎所部约七千人，有一部调赴三南，图扰北伐军（时北伐湘军在赣南一带，豫军在韶关南雄一带），一部在河源。叶举洪兆麟所部约七八千人，集中惠州平山。联军则粤军第七旅及警备军在石滩岳溪步（石滩西南）一带。滇军第三师之一部在仙塘仙洲圩（石滩之西）一带。一部位于石厦石滩之间（石滩之西）。桂军在郑田下罗冈上罗冈湘江一带（仙洲之北、增城之南）。滇军第三军在增城廖村棠村上莲塘下莲塘之间（增城以北）。滇军第二军位于增城与上罗冈间（增城以南闻有湘江）。粤军为联军总预备队，位于增城左侧后蛇头岭。另有东江河巡弋舰队，由粤军总部用江防舰若干艘编成省河巡海舰队，由大本营用海军兵舰数艘编成。又飞机一队，机场设仙村。联军总指挥部设仙村，但未开火前总指挥杨希闵仍驻大沙头东站对面谢庐。”

“二月三日，校长及全军即第一、二团暨各特种队，已到虎门太平圩一带集中,时有敌军袁虾九部陈逆所收编土匪。五六百人,在东莞城附近及常平、茶山一带,其前进部队已达黄旗峰。在东莞城之东南。粤军张团张我东团,在石鼓冈。"

"二月四日,第一团到下山门,东莞城东南偏东。全团千八百馀人,加入工兵队共一千九百馀人,第二团到龙旺埠。东莞城西南偏西。时东莞城有敌约千馀人,黄旗峰春花岭在东莞城南。各有敌百馀人。石边村下山门北方。有敌四五百人。第一团长何应钦第一营营长□□、第二营营长刘峙、第三营营长□□、第二团长王柏龄,商明日进攻之策。"

十月十日 阴。早晨曾小雨,旋止。午后又小雨濛濛。是日为阴历九月朔。夜写信二封。未到总纂办公处去看寒暑表,以身上穿衣测之,当为六十一二度。

晨摘录《东征实战记》如左:

"二月五日,第一团由下山门摸索前进,至乌石岗。东莞城东南,黄旗峰东北。昨闻石边村之敌实系百姓,夜间未查明实在,妄施射击,石边距下山门甚近故也。耗费子弹千馀发,使全团不能休息,此为革命军初次开火而表现为无战斗经验之失。第二团由龙旺埠抵东莞城。附近赤路岭、红林岭、含巴岭一带。粤军张我东团由石鼓进占东莞城。所有东莞附近敌人,已向良平寮步方面退走。校本部、炮兵营随校长于午后六时进抵东莞城,驻县署。时粤军第二师师长张民达及第七旅旅长许济字佛航。已由石滩岳溪步进占石龙。中路滇军在仙塘仙洲者亦有施行总攻击讯,但无确报。"

上午八时半到会参加国庆日纪念会兼国民月会。九时半开学生演说比赛会,到天池小学及函谷场等小学共七校代表。余与权超偕同听数人演说后,即返寓。午饭后,权超返新桥,余小睡一觉。

三时再摘录《东征实战记》如左：

"二月六日，第一团由乌石岗至寮步圩。昨从东莞城退寮步之敌千馀人，已连夜过寮步向常平退去。第二团由赤路岭至两头塘。"

"二月七日。第一团由寮步经周屋围至常平圩，敌人已向樟木头退去。第二团由两头塘至东坑。时粤军总司令许崇智由省城到石龙，蒋校长兼粤军总部参谋长与张民达许济均赴石龙。第二师与第七旅昨已由石龙进占横坜圩也。"

"二月八日，校本部移至常平东站。第一团仍在常平圩。第二团由东坑至上坑，与第一团衔接，夹铁道左右警戒。闻逆军练演雄吴柏二部在樟木头及湖洞径又名老虎坳。一带也。粤军第二师与第七旅在横坜附近。"

"二月九日，校本部第一团第二团全军仍在常平。铁甲车队昨往樟木头湖洞径，侦察归报，敌均退去无踪。惟另据侦察队报告，敌军谢文炳部千馀，尹骥部二千馀，往海丰向淡水前进。又联军通报，滇军第三军明日（十日）由增城出发，向响水前进。第二军向博罗之敌攻击。桂军向石龙茶山一带集中。校长命令两团明日出发。是日午十一时半，蒋校长集合全军训话。忽据第二营报告，第一营之步哨队前方发现敌人，已归接战。旋查明实与百姓误会，幸未伤人。校长训话大意，本军对人民宜爱护到底，遇敌人有进无退，作战时要沉着瞄准，节约子弹。总理已来电嘉奖云云。"

十月十一日[①]　　　　星期　　阴雨。晨七八时雨颇大。上下午皆濛濛

细雨。下午五时表六十二度弱。是日为旧历九月初二日。

上下午不能出门，在寓撰《九九革命史稿》半页，并修改前已成立半页，共一页。夜续撰稿半页。

十月十二日　　晨见日旋阴。午小雨。十一时表六十二度强。下午天转晴。三四时间日出。五时表六十五度。

晨往会，参加纪念周。旋到总纂办公处，处理秘书事二件。摘录《中国现代革命史讲话》一页，并作总评。此件余手续已完，即将原稿交孙纂修再阅。又查兴中会史料汇编关于杨衢云及庚子总理到香港月日。下午二时半到总纂办公处，处理秘书事三件。续纂稿半页。夜又撰稿半页。

十月十三日　　阴雨。晨初似晴。上午九时后雨一阵，午止。十一时表六十四度。下午雨如毛。

上午八时半到总纂办公处，处理公事一件。旋往会，开业务会议，十一时始散。是日为先考忌辰，在寓拜祀。下午人甚疲倦。阴雨路滑，不敢出门，在寓撰稿一页弱。

间晚黄植生一家由重庆回，知其已就出版事业管理委员会事，特来搬家，与谈颇久。夜续撰稿半页强。

十月十四日　　阴雨。昨夜二时闻雨声颇大。今晨小雨。午十一时表六十二度。下午又小雨濛濛。五时表六十三度。

上午八时半到总纂办公处，处理公文二件。查阅兴中会史料，摘录二纸，为修正昨所撰成稿用，但尚有疑点未查明。下午二时半到总纂办公处，再阅兴中会史料，并摘录二页馀，疑点尚未全明。又处理公文二件。夜修改前成稿并撰稿半页强。已成五节共三千馀字。

十月十五日　　阴雨。昨夜闻雨声数次。今晨雨止。上午又细雨迷濛。下午天稍朗,有晴意。五时表六十六度。

　　上午因路滑未出门,在寓修改昨稿,并添半页。下午二时到总纂办公处,处理公事五件。审阅第九期《征集简讯》稿一本。夜再将连日摘录兴中会史料添改于已成稿内,疑点稍解。

　　十月十六日　　阴晴。秋霖困人,稍遇晴光,即生欣悦。午表七十度。上午十时曾出日,下午一时又小雨一阵。下午四时半表六十八度。晚晴有红霞。明日当可大放晴矣。

　　上午八时半到总纂办公处,处理秘书事三件。内有查填八月份本处干事助干录事三人成绩纪录表。修改严处长送来清党纪念党史稿一件。摘录二页,容共事项也。下午二时到总纂办公处,处理公文三件。内一件为填报三民主义机构调查表,甚为麻烦,因干事所填不合为改填。上午十一时散值时间曾往会,询刘秘书送中全会工作报告曾否送出?拟将关于总纂办公处事查阅,以便对各纂修宣布;惟文书科长已出,未得阅。下午四时半再往查阅,并送交三人成绩纪录表,及关于《征集简讯》意见。与许处长一谈。夜,撰《九九革命史稿》半页又半。

　　十月十七日　　阴雨。晨六七时间雨一阵,颇大。午表六十六度。下午细雨数次。

　　上午八时到总纂办公处,再将《中国现代革命史讲话》总评后添一段,所有各纂修签注摘取列入。此件手续即此完结,交干事赵季琳发文。下午因天雨路滑,不能出门,在寓撰稿一页,又半页之半。连昨夜所得共二页。夜撰稿半页。

　　十月十八日　　星期　　阴雨。昨夜闻雨声。今晨六时雨一阵。八时又一阵,均颇大。檐溜出。午稍朗。下午雨止犹阴。

　　上午在寓撰《九九史稿》半页馀。下午四时半到总纂办公处阅报。旋为钟秘书邀往会内秘书办公室聚餐。前日刘主任秘书先约,但雨中泥泞,余不欲往。至七时许始与邹龙柳黄四位同行返寓。

十月十九日　　阴雨。昨夜又闻雨声。今晨檐溜犹点滴,且细雨濛濛。九时后雨止。下午五时表六十四度。夜微见月色。

上午在寓撰稿一页,又半页之半。下午二时半到总纂办公处,处理公事四件。摘录兴中会史料一纸。夜续撰稿半页。

十月廿日　　阴雨。昨夜半后又雨,今晨犹小雨霏霏。午表六十二度。午后未雨但沉阴。五时表仍六十二度。夜八时雨一阵,旋晴,月色甚朗。

上午八时半到总纂办公处,处理公事二件。收回严录事抄稿,校阅一过。杨科长嘉猷送来所作革命政府成立纪念史稿,为略修正一段。但此稿先经孙纂修修改一次,今再抄送者。适孙来,即仍交原手审阅。下午二时半到总纂办公处,处理公事二件。再阅《中国现代革命史讲话》,评注后,连复函送出。又杨科长稿亦送还,再抄或径送秘书办公室。晚间权超侄来,饭后畅谈至十时馀,未工作。

十月廿一日　　晴。湿云未净,日光时现时隐。午表六十九度。下午五时表六十七度。

上午八时半到总纂办公处,处理公事二件。修改前成《九九稿》一页馀。严处长来商彼所作清党纪念北伐誓师纪念二稿数事。下午二时半到总纂办公处,处理公事一件。修改前成《九九稿》五页。又处理公事二件。夜撰稿半页,并修改前成之稿,连日所查得错漏处已完。九十时间忽闻空袭警报。

十月廿二日　　阴雨。七八时间小雨一阵。九时后止。午表六十六度。下午五时仍六十六度。夜月色甚朗。

上午九时半到总纂办公处,处理公文二件。撰史稿半页。下午二时半到总纂办公处,处理公事二件。旋往会,与丁六阶商发学术会议通告。欲询杨科长嘉猷所作稿是否再抄？适彼与秘书等开会，未晤。旋撰稿半页。

十月廿三日　　　阴。午表六十度。夜月甚明。

晨往莫纪彭家小坐。久未出门，行二三里路即觉疲困。上午九时到总纂办公处，处理公事二件。查阅连日夜已成《九九稿》一过。自辛丑至癸卯。共六页馀，交录事抄录。是日为旧历九月十四日，小孩生日，午在寓请丁、邹、莫三纂修，安、曾、许三处长及房东等面席三桌，饮酒小醉。下午未到处工作。晚间权超侄携腊鸭一只来，再与饮酒。夜八时即就寝。

十月廿四日　　　晴。晨瓦面地面皆湿，疑为下雨。询人言，是霜也。但查日历今日（九月望）乃霜降节，何以昨晚即降，此重霜乎？询今晨寒暑表低至四十度，八时半为五十二度。午表五十七度。下午五时表五十五度。夜月明。

上午八时半到总纂办公处，撰《九九稿》半页。下午三时到总纂办公处，续撰稿半页弱。夜写信一封，未工作。天寒早寝。

十月廿五日　　　星期　晴。上午八时总纂办公处表五十五度。九时会内大礼堂表五十八度。夜月甚明。

上午八时到总纂办公处，旋到会，又往访梅乔林新寓。十时返抵寓，将昨上下午所撰稿清录成一页馀，并加修改。下午续撰稿半页馀。夜撰半页。

十月廿六日　　　晴。午表六十四度。下午五时表六十二度。

晨往会，参加纪念周。九时到总纂办公处，处理公事一件。撰《九九史稿》半页弱。下午三时到总纂办公处，续撰稿半页强。合得一页。夜续撰稿数行，发生疑问，须俟明日到办公处查兴中会史料。搁笔，惟将上下午所成之稿再修改一次。

十月廿七日　　晴。午未看表。下午五时六十四度。

上午八时到总纂办公处，处理公事一件。旋到会，开业务会议。报告毕，即先告退返处，审阅钟纂修所拟肇和军舰起义纪念日党史讲述稿半本。未完。下午二时到处，撰稿数行。昨夜疑点已查明，并修改昨稿数处。旋因工友向合作社买布，返称布已售尽，但合作社来条言，廿七日开始发售，每人限购一丈五尺。今晨甫开售，何以忽云售尽？其中显有弊端。一时大愤，即往会，向该社经理许福元诘责。彼不认错，而李治中、陆咏黄又包庇，陆尤谬妄，谓该社办事一点不错，只怪我来迟。我执该社所发通知条内并无时间限制，何谓来迟？大声辩论，秘书刘钟二人均无一句正言。余只得在钟案头取《山东革命党史》阅之，消愤而返。临行自向李治中、许福元说明，无须误会，实余一时愤气太盛，说话失态。然该社此次办事确欠妥也。李许尚有转圜之语，惟陆咏黄妄谬到底。余乃不顾而去。《山东革命党史》一书为丁鼎丞先生主编，久闻孝先谈及。兹阅其淮徐大捷一节，言陈十率淮上军助粤北伐军，击破张勋于固宿事，邹海滨先生所著党史稿内纪此事欠明了，余颇怀〈疑〉，今阅乃释然。是不特泄一时之愤，且消我积年之疑，读书诚有益也，惟余尚少养气之学耳。夜思下午事，特详记之。夜审阅钟稿完，并以签复之。

十月廿八日　　晴。午表六十七度。下午五时六十五度。

晨到总纂办公处，将钟纂修稿饬送回秘书室后，回寓早餐。八时半再到处，审查革命先烈传记内朱执信传一篇。修改数处。撰稿数行。连昨下午才得半页。下午二时到处，撰稿半页，并收回廿三日交录事抄稿一本，校阅一过。处理公事一件。上午亦处理一件。夜续撰稿半页馀。

十月廿九日　　阴。雾不见日。午表六十度强。下午雾散日见。五时表六十二度。

晨检前年所撰《总理史迹》稿复阅，因现撰"九九"起义纪念稿为期已迫，而篇幅数字又受限制。兹拟自同盟会成立至武昌起义只共作一节，以求简捷。撰稿半页馀。下午三时到〈处〉，查阅已成之稿，以谋简捷作法之布局，庶可不滥不漏。处理公事一件。夜精神不佳，未工作，亦未看书，九时即就寝。但在枕上又睡不着，默思简捷史稿作法许久，似有所得，十二时后始入睡。

十月卅日　　阴。雾比昨浓。午表六十度。上下午均不见日。下午五时表仍六十度。

晨到总纂办公处，处理公事二件。返寓早膳。八时半再到处，收回昨发录事抄稿一节，字迹较潦草。九时开学术会议。余略坐即告退，赶撰稿未成。闻学术会议大哄而散。下午二时到处，校阅录事所抄稿一过。又处理公事二件。夜撰稿二页馀。

十月卅一日　　阴雨。昨夜半闻雨声。今晨小雨旋止。上午阴。下午三时后雨一阵旋止。五时表五十九度。

上午在寓撰稿一页。下午三时到总纂办公处，处理公事三件，审核编辑处展览史料说明十五件。夜撰稿半页强。下午在秘书室代张委员下条，催审查同盟会史料汇编事，有问题，待商决，未办。

十一月一日　　星期　晴。晨雾颇重，九时后始见日。午日色颇朗。下午三时后稍阴。五时到办公处，门闭未看表。

上午撰稿一页。下午续撰一页馀。夜续撰稿二页馀。原意以简捷之法，今日赶成全稿，乃卒无法删节太甚。至十二时仍未了。

十一月二日　　阴。午表六十度。上午八时馀及午间十一时均洒小雨，但路未湿。下午四时亦洒小雨。五时表五十九度。

上午八时到总纂办公处，旋赴会，参加纪念周。自此次始，纪念周改为上午九时开始。返处后，再往商前日刘主任秘书代行之条谕内关于审查同盟会史料汇编问题，复返处与各纂修商酌解决。交已成稿七页与严录事抄写。下午二时到总纂办公处，处理公事二件。撰《九九稿》一页馀，即交严录事抄写。连上午共八页馀，为一节。夜撰稿一页馀。

十一月三日　　阴。雾重。上午九时下雨。下午一时雨略大，檐溜出。五时表五十五度。

晨修改昨夜所撰稿。上午九时正欲往办公处，因雨而止，在寓撰稿一页馀。下午二时到总纂办公处，取阅严录事抄稿五页，尚未完。即为校对一过。接严处长函，催稿甚急，令人心乱。夜撰稿一页弱。

十一月四日　　阴雨。晨檐溜已出，九时后即细雨濛濛。下午五时表五十五度。

上午在寓撰稿二页。下午二时半到总纂办公处，处理公事四件。旋往会，面交已成《九九党史稿》二本。一为上半篇修正稿，共七节，约九千字。一为下半篇，初稿共五节，约一万四千字。与刘主任秘书请饬油印。二日所交严录事抄稿尚未抄完，经面催速抄。夜撰稿半页馀。

十一月五日　　阴雨。晨檐溜滴滴不绝，想是昨夜已雨。上午雨淋淋不止。下午仍雨。五时表五十四度。

上午在寓撰稿一页半。下午三时冒夜〔雨〕往总纂办公处，收回严录事抄稿八页，校对一过，略有改正。处理公事二件，天即暮矣。日短工作忙。殊闷闷。夜撰稿一页弱。

十一月六日　　晴。雾重日薄。午表五十九度。下午五时表五十九度。夜繁星甚丽，雾气全消。

上午八时到总纂办公处,处理公事三件。交已成稿七页与严录事抄写。撰稿半页馀。下午二时半到总纂办公处,开小组会议。处理公事三件。夜撰稿二页。

十一月七日　　　晴。晨六七时日光甚好,惟低空有雾。八时后忽转阴。十时后复晴。午表六十二度。下午五时表六十一度。

晨查阅昨夜所成稿,略修改。上午八时半到总纂办公处,处理公事三件。内一件为中央会议录,有卅二年国家行政工作计划,全阅一过。下午二时半到总纂办公处,撰稿一页。夜续撰稿数行。此稿姑止于总理在美国典华城闻武昌起义喜讯,至其起义情形,限于篇幅,暂不详述。写信一封。

十一月八日　　　星期　晴。午会内大礼堂表六十八度。

上午复阅昨夜所成稿,觉武昌起义事若全不叙述,殊结不住。续撰半页。闵孝吉来谈,搁笔。往会送信。下午再撰稿半页。完。检查关于广州蒙难及十四年肃清反侧史料,预备明日起撰稿之用。夜续检阅史料。又写信一封。

十一月九日　　　阴。上午十时后日出,但有雾。午十二时表六十六度。下午五时六十四度。

上午八时半到总纂办公处,督催录事抄已成稿,随送随校阅,计抄得二页;并将昨下午完成稿交续抄。又处理公事一件。即填注九月份赵、王、严三人成绩纪录表。下午二时到处,处理公事五件。又会稿一件。并将上午填表签章送秘书办公室。又校阅录事抄稿二页。夜撰广州蒙难纪念日史稿一页。

十一月十日　　　阴雨霏霏,实非雨而雾。上午表六十一度。下午五时表六十二度。

上午八时到总纂办公处,处理公事一件。旋到会,开业务会议，未终席先告退。催得录事抄稿三页。已完。即送秘书办公室，请刘秘书饬油印。又处理公事一件。即签复孙邹二纂修审查史稿呈一件。下午二时到处，处理公事二件。撰稿半页。夜撰稿一页馀。

十一月十一日　　　阴。雾湿如雨，与昨相同。午表六十度。下午五时表仍六十度。

上午八时到总纂办公处，处理公事一件。修改昨日已成稿一页。下午二时到处，处理公事二件。收回档案处工友前带去《总理全书》函札（十八）一本。又为征集处阅核《征集简讯》稿一本。旋到会，查阅油印前送《九九纪念稿》，拟自校对，但询未完成，即返。夜改稿半页馀。昨日已成稿嫌烦琐，拟改简短，免如《九九稿》之长。

十一月十二日　　　阴。未看寒暑表，但身上觉暖，或不止如昨日之度数。

上午八时往会，欲参加总理诞辰纪念礼，将入门，遇龙毓峻出，谓已散会矣。立谈片刻，折还总纂办公处，孙纂修、黄采访在，谓均未得参加，看时钟，为八时一刻，谅会内钟太快也。询录事严子骅云曾参加，是曾介木主席云。旋返寓，撰稿数行。权超侄至，搁笔，谈至午饭后。小睡。下午撰稿一页。夜续撰稿二页馀。已成一节，但又似嫌长矣。

十一月十三日　　　阴，晴。晨七时曾小雨一过，八时日出。旋阴。午表六十四度弱。下午二三时间小雨。五时表六十三度。

上午九时到总纂办公处，处理公事三件。撰稿二页。下午二时到总纂办公处，处理公事一件。再审核《征集简讯》稿。撰稿一页。夜撰稿二页。

十一月十四日　　　阴。午表五十四度强。午间曾洒雨一过，即止。

　　上午九时到总纂办公处,处理公事一件。撰稿二页。又收回录事抄稿五页,校阅一过。下午二时半到处,续撰稿二页。夜撰稿二页。

　　十一月十五日　　　星期　阴雨。晨六时馀天色颇朗,瓦面地面亦干。余正欲往会,乃七时小雨一阵。后犹濛濛未歇。十时许檐溜出。至晚仍小雨。

　　上午查阅昨日夜所成稿,略修改,并撰稿半页。下午人觉不适,小睡。夜续撰稿半页,纸罄搁笔。

　　十一月十六日　　　阴雨。午表五十二度。下午雨犹未全停,且天色沉晦,窗下几不能看字。四时表五十四度。

　　雨中路滑,未赴总理纪念周。上午九时到总纂办公处,处理公事一件。收回录事抄稿半页。计广州蒙难稿第一节完。交录事抄写广州蒙难第二节稿十页。撰稿一页。下午二时到办公处续撰稿半页。第二节完。处理公事一件。今夜精神极不佳,仅将上下午所撰稿点阅一过,略加增改。九时馀即就寝。

　　十一月十七日　　　阴。午未看表。下午日出。下午五时五十七度。

　　上午八时半到总纂办公处,处理公事二件。续撰第二节稿半页。昨以为已成者,今续多半页也。查阅史料关于民十一年八月总理回沪后筹谋讨陈各事,摘采以备再撰第三节稿。午赴邹纂修寿筵。下午三时到办公处,干事赵季琳说,有23号史稿,熊成基图炸清贝勒事件。未到本办公处,须向编辑处查询。当即嘱往查询,确是编辑处之误,已经该处改正。

　　十一月十八日　　　晨晴。八时后又雨一阵。十时后复晴,但尚阴。午表五十四度。下午四时半表五十六度。

　　上午七时半到总纂办公处,校阅录事所抄稿十页。再交三页与他续抄。处理公事三件。又收回抄稿三页校对。完成。又处理公事一件。下午二时到办公处，续撰第三节稿一页馀。晚权超侄来，夜谈，至十时就寝，未工作。

十一月十九日　　　　晨六七时天色甚朗，似日出，八时转阴。雾甚重。午表五十八度。下午五时表如上。夜七八时小雨。

上午七时半到总纂办公处，处理公事三件。撰第三节稿一页。下午二时到办公处，交第三节第二页与严录事抄写。又续撰稿一页。夜撰稿半页。

十一月廿日　　　　雨。自晨至午雨淋漓不止。上下午均未看表。

上午在寓撰稿一页。下午三时到总纂办公处，开区分部党员大会及小组会议。午在邹家为刘尊权寿宴。夜觉困惫早寝，未工作。是日下午收回严录事抄稿二页。

十一月廿一日　　　　晨雨渐小。八时后雨止。十时后天色颇朗。午表五十度。下午五时表五十度。晚晴。夜月颇明。

晨六时在寓查阅已成稿，略修改。上午八时半到总纂办公处，处理公事二件。撰稿半页。并交已成稿二页与严录事抄写。下午二时到办公处，处理公事一件。撰稿半页。又收回上午交录事抄稿二页，校对一过。夜将上下午所撰稿完全改作，九时至十二时始毕，似改得颇善，心中适意，登床即睡，甚酣。

十一月廿二日　　　　星期　晴。风冷日薄，冬令雾季景象。九时表四十八度。午会内大礼堂表五十八度。夜有月色。今为十月望。

上午九时到总纂办公处，将昨夜改稿自行清录。计二页半。十一时馀到会，见众已开饭，即返。下午在寓撰稿一页半。夜续撰一页，并改下午所撰稿。欲求简洁而终未能。

十一月廿三日　　　　晴。雾中仅于九十时许见日也。午表五十四度。

下午五时五十三度。

　　上午八时半到总纂办公处,处理公事二件。撰稿半页。下午三点到办公处,人甚困,腹卫泻。处理公事二件。未撰稿。夜撰稿一页半。

　　十一月廿四日　　　　阴。雾重全不见日。午表五十四度。下午四时半表五十三度。东北风大作,晚天清朗,惟山头宿雾尚浓。夜星月交辉。

　　上午八时半到总纂办公处,交稿二页与严录事抄写。旋到会,开业务会议。下午二时到处,填十月份三同志成绩表及处理公事一件。收回严录事抄稿二页。夜撰稿半页。

　　十一月廿五日　　　　阴。十时后略见日。午表五十二度。下午转晴,日色颇佳,但低空犹有蒙雾。四时半五十五度。

　　上午九时半总纂办公处,处理公事二件。一、将昨日三人成绩表查对签章送发;一、核定廿三四两日乙种日记稿。成绩表及已成稿三十一页送秘书室。下午三时到总纂办公处,处理公事二件。摘录史料内关于邝佐治谋刺载洵之月日一条,交赵干事存查。夜体觉不适,服保济丸,早寝,未工作。

　　十一月廿六日　　　　阴。午表五十六度。下午阴沉似晦。四时半表仍五十六度。五时许小雨一阵,夜天色黑暗。

　　上午九时到总纂办公处,处理公事一件。撰稿半页。下午二时到处,处理公事一件,将上午撰稿修改清录。夜撰稿一页馀。

　　十一月廿七日　　　　雨。晨七时始下雨,至午不歇。午表四十九度。下午二时起风,黑云吹散,天色略朗。五时表四十八度。

　　上午八时到总纂办公处,将已成稿二页交严录事抄写。开本处谈话会,关于审查同盟会史料汇编限期完成案。结果,一、请编辑处将编辑纲要用复写十份送本处。二、请编辑处将同盟会史料汇编总目录写成一册送处,以便检查。三、本处尽速审查。下午三时到处,处理公事三件。撰稿半页。夜撰稿一页馀。

十一月廿八日　　阴。午表四十八度。下午五时四十九度。

上午八时到总纂办公处。交已成稿二页与严录事抄写。处理公事二件。撰稿半页馀。下午三时到处,处理公事一件。未工作。夜与权超侄谈话,又未工作。

十一月廿九日　　星期　雾雨。午天略朗。表四十八度。下午五时会内大礼堂表四十六度。

上午十时到总纂办公处,撰稿二页半。下午在寓撰稿一页半。四时到办公处,门闭无人,旋往会,众已开饭,阅报即返。夜续撰稿一页馀。文益冗长,不暇细删。思题目原为讲述资料,自应以资料丰富为合。若张溥老以前经指示限制字数见责,惟有引咎谢过而已。

十一月卅日　　阴晴。上午十时见日。午表五十度。下午五时五十度。

上午九时到总纂办公处,开学术会议,至十一时半始散,未工作。交昨成稿四页与录事抄写。下午二时半到总纂办公处,撰稿一页。再交昨稿一页与录事抄写。夜撰稿一页馀。

十二月一日　　雨。上午雨颇大。午表四十五度。下午五时表四十六度。

上午九时到总纂办公处,接秘书室通告,张委员回会,召集训话。即往会进谒。承嘱各纪念日讲述资料稿均须删短,以七八千字为限。旋在大礼堂集全体职员训话,至十一时半始散。下午二时到总纂办公处,处理公事三件。张委员来,又嘱各稿须删节。余唯唯,并将审查史稿内姚荐楠签注自称辛亥在北京主办北方同盟会一大段呈阅，即经张委员手揭去，不予发表，并嘱凡关此类事件勿向人言即揭去为是。夜撰稿一页，以纸罄搁笔。时尚十点钟，夜固未深也。

十二月二日　　　阴。午表五十度。下午五时表四十八度。

上午九时到总纂办公处，处理公事二件。撰稿一页馀。下午二时半到处，处理公事二件。撰稿半页。夜撰稿半页。

十二月三日　　　阴。午表四十四度。下午五时表四十六度。

上午八时半到总纂办公处，处理公事二件。昨日上下午连接秘书室送回余前作《九九纪念稿》及广州蒙难纪念稿上半篇，均奉张委员批删减。余本不愿将全文发表，今奉删减，正中下怀。撰稿一页。午间向张委员面辞本处主持人之责。允设法另派人。又持〔辞〕史稿主持人之责，并请以孙纂修兼任，亦允俟考虑。余谓因事务太多，有妨碍《总理史迹》之工作也。下午二时到处，处理公事二件。因编辑处同盟会史料汇编稿事往会，见张委员一谈。收回录事抄稿二页，校阅一过，再交二页与抄。夜撰稿一页。

十二月四日　　　雨。昨夜半闻雨声。今晨仍雨淋漓，檐溜不绝。午表四十四度。下午四时半表如上。

上午九时到总纂办公处，处理公事一件。撰稿一页。下午二时到处，处理公事二件。奉张溥公函，将肇和起义旧稿交阅，预备明日在中央报告云云。即往会，与钟秘书一商，并检旧稿二本、复函一封，由会专足送张公。回处开小组会议。又交稿二页与严录事抄写。

十二月五日　　　阴。午表四十四度。午略见日。下午五时四十四度。

晨到会，开肇和军舰起义纪念会。余奉张主任委员命报告，至九时完毕，返寓早点。再到总纂办公处，核发改《征集简讯》稿一本。下午三时到处，因严录事调往文书科，昨稿未收回，恐前后错杂，未工作。夜撰稿二页。本日接秘书办公室公函，奉谕专办《总理史迹》及《总理全书》二事。

十二月六日　　星期　晨七时始下雨，檐溜出，至午止。下午五时表四十三度。

上午续撰稿一页半。初意昨夜稿成后续数行即可完成，今觉不洽，又续至一页半，以后仍须再续。下午查阅民十三年史料，为预备续撰稿用。夜欲撰稿未成，人颇疲困。为黄植生写致楚伧兄函一封，求升总干。因曾介木、李振宽迭催，不得已也。

十二月七日　　阴。午表四十六度。下午五时表四十四度。

晨到会，参加纪念周及国民月会。旋到处，与钟秘书孙纂修开谈话会。关于审查同盟会史料汇编事。收回严录事抄稿。校阅一过。下午二时到处，处理公事二件。撰稿半页。夜撰稿半页。将下午稿全改。

十二月八日　　晴。久不见日矣，晨窗发白，忽见日光，心亦觉为开朗。惟低空雾尚浓，山头多不见。午表五十度。下午四时四十六度。

八时半到总纂办公处。旋到会，在业务会议说明余已卸总纂办公处主持人之责，今日不能出席，应由钟秘书出席；惟报告系十二月以前之事，故余曾阅报告稿耳。旋回处，将昨夜撰稿清录半页，并再修改。下午三时到处，续撰稿半页。夜写致元龙弟信一封。

十二月九日　　阴雨。总纂办公室之寒暑表原系录事严子骅私物，被取去，无从记温度矣。

上午九时到总纂办公处，接姚鹓雏函，询兴中会成立地点及宣言何以有二篇，事属党史，乃即作复。一，兴中会成立于檀香山，已经多方考证明确。二,在檀香山初成立时,发表宣言一篇,旋总理离檀返香港,扩大组织,得辅仁文社诸人加入,将宣言及章程再加修正发表,是为第二篇。总理年谱长编稿内所载者即此也。因史料陆续蒐集,先得第二篇,后得第一篇,故年谱长编漏其一也。欲撰稿未成。仅记数行。下午三时到处。因接钟秘书通知,奉张主任委员电话,所有各纪念日讲述史稿,须限三四千字为止。余稿二篇,俱为数万字矣,然则如何删节,太成问题。钟秘书约明日邀撰稿四人开会解决。拟俟开会后再续办此事。向赵干事检出《同盟会人物志》一本,审查未半。夜写亮儿信一封。

十二月十日 晴。上午十时后见日。严录事送回寒暑表。午表四十八度。下午五时四十五度。下午日色好。

上午八时半到总纂办公处,审查《同盟会人物志》。大半本。下午二时到处,与孙、钟、严开谈话会。关于纪念日史稿,决删节至五六千字为限。又附议,先将同盟会史料汇编初审完毕,以十二月十六日为限,俟同盟会史料完后,再节纪念稿。又审阅《同盟会人物志》。一本完。夜写一谔信一封。

十二月十一日 晴。晨即阳光甚好。上午九时表四十六度。午十二时五十度。下午五时表四十八度。上下午日色均好。

上午八时半到总纂办公处,审阅《同盟会人物志》二本,共九卷。开七区分部党员大会。十二时始先退。下午二时半到处。审阅《同盟会人物志》二本,共七卷。夜写致淦甥信一。

十二月十二日 阴。雾重。午表四十六度。下午五时四十五度。

上午八时半到总纂办公处,审阅《同盟会人物志》二本,共十五卷。下午二时半到处,续阅《同盟会人物志》二本。夜写致伯鸣信一。

十二月十三日　　　星期　阴。下午略见日,后有月。

上午偕杨嘉猷往本会山后散步,经小店子而返,已十二时矣。下午三时往档案处,李振宽请晚饭。全日未工作。

十二月十四日　　　晴。晨日色颇好。上午十时后阴。午表四十六度。下午二时后见日。晚表四十六度。

上午九时半到总纂办公处,审阅《同盟会人物志》一本。此事已完毕。下午二时到处,忽又接到《同盟会〈人物志〉》馀编稿多卷。再阅一卷,未完。夜写致邱海珊信一。

十二月十五日　　　阴雨。午表四十六度。下午五时仍四十六度。是日党史会始用鸣锣报时法。晨在档案处山上鸣锣六响。午亦然,晚六时亦然,略仿各大埠报时开炮或放汽之法。

上午八时半到总纂办公处,旋到会,开区分部联合大会,欢迎市党部委员杨公达。此人声音相貌均非凡品,现年约卅左右,将来必有发达。询为长寿县人也。姑志此,待验余风鉴之术。是日演说至十一时始散。下午二时到处,三时开小组会议,为中央令各机关以三分一人员分散边疆事。议至四时半始散。是日因上午下午均开会,未工作。夜写致十弟信一。

十二月十六日　　　晴。晨见日,但多云雾。午表四十六度。下午五时四十八度。

上午八时到总纂办公处。审阅《同盟会〈史料〉馀编》。续前日一本。完。又阅一卷。下午二时半到处,因发现姚荐楠所造《辛亥北方同盟会革命史实》稿已经张委员批"事多不实,不得编入同盟会史料",乃竟编入《馀编》类中,且不签名盖章。同卷内其他各件均由编者签名盖章,此独无。似有故意窜入、希图蒙混之弊。与孙纂修商后,携原卷往会内编辑处,与严处长贾科长谈,适该处开会,由贾科长到秘书办公室接洽。余嘱查询此件无签章,究由何人编入?
旋据人见严处长后回答,俟密查再告。余旋与刘主任秘书及钟秘
书谈此事,均谓俟张委员来时报告。钟君今上午到处及此时晤面,
均言已辞秘书职,言下颇露灰心之意,不解何故。夜写致亮儿
信一。

十二月十七日　　　阴。雾重如晦,约数丈外不见人物。午表四十六
度。下午五时表四十七度。夜有月色。

上午九时到总纂办公处,审阅《同盟会史料馀编》一本。下午
二时到处,阅《同盟会史料馀编》半本。窗暗不能完卷。

十二月十八日　　　晴、阴。午表四十八度。下午五时表四十六度。
夜闻雨声。

上午八时到总纂办公处,阅《同盟会史料馀编》一本。下午二
时到处,张委员来,谈姚荐楠事颇久。邹永成力攻之。余亦无恕
词。阅《同盟会〈史料〉馀编》一巨本。

十二月十九日　　　阴、晴。晨阴,午日出。午表四十八度。下午五
时表四十六度。夜色颇明。

上午八时半到总纂办公处,阅《同盟会史料馀编》半本。下午
二时到处,续阅半本。此项《馀编》已完,闻尚有新送来者云。夜为震青
叔改诗二首。刊李翼中《帽檐吟草》二律。

十二月廿日　　　星期　晴,微阴。午日出。表四十七度。

上午在午〔寓〕写致震青、翼中信各一,旋送会付邮,而邮差已
去矣。姑投邮箱。

十二月廿一日　　　阴,晴。午日出。表四十七度。下午五时表四十
五度。夜月甚明。是日为旧历十一月十四日,冬至前一夕也。

上午八时到总纂办公处,阅《同盟会史料汇编》一大宗。共七

本。下午二时到处,续阅《史料汇编》之广西、广东、安徽、江苏、浙江、贵州等省光复事迹。三本。当欠一篇,因天黑未完。

十二月廿二日　　阴。午表四十六度。下午五时表四十二度。全日雾重。夜有月色,但不及昨宵明亮。

上午八时半到总纂办公处,续阅昨下午欠未阅完之卷,完。总计连日审阅各卷如左:

《同盟会史料汇编》人物志类

一、同盟会人物志乙巳先进先烈传,一卷。

二、辛亥光复通州天津秦皇岛及刺张怀芝王怀庆死难烈士传,四卷。

三、辛亥光复新疆南京及刺良弼刺袁世凯死难烈士传,三卷。

四、黄花岗福建四川安徽广西烈士传,四卷。

五、辛亥光复河南甘肃四川烈士传,三卷。

六、林述庆等传记,十三篇。

七、民国元年广东死难烈士苏浙皖赣死难烈士及逝世先进传,二卷。

八、民国元年川滇黔死难烈士逝世先进传,一卷。

九、民国元年燕齐死难烈士逝世先进传,一卷。

十、丙午丁未庚戌死难先烈逝世先进传,四卷。

十一、辛亥死难先烈逝世先进传,一卷。

又馀编类

十二、史迹之馀　人物之馀　文献之馀　其他。各一卷,共四卷。

十三、辛亥广州三月廿九日之役,七卷。此不应为馀编,谅因该编辑处工作忙迫所误。

又史迹类

十四、杨禹昌等炸袁世凯，一卷。

十五、江苏光复贵州光复浙江光复史实，三卷。

十六、安徽光复广西光复广东光复，三卷。

以上各卷，均已饬送还秘书办公室，惟又接送来一大堆，即阅二卷。下午二时半到处，续阅二卷。夜写致淦甥信一。

十二月廿三日　　　阴。午表四十六度。

上午八时半到总纂办公处，阅《同盟会史料汇编文献类》稿七本。连昨上下午所阅四卷，共为十一巨本。完毕。下午偕黄采访嘉梁，往歌乐山唁孙纂修镜妻丧。汤公介、龙铁元二君先行，乃至歌乐山中央医院门前，公介已返至该处，谓丧事今晨已办完，孙君已返寓所，假设大旅社之治丧处已取消。遂三人同返。龙在歌乐山街市买物。至孙寓致唁。黄乃自返其家。余偕公介至总纂办公处，分途返家。久未走路，是日往返共约廿五六里，不甚疲乏。惟公介返至黑天池附近扑跌一次。夜早寝，未作事。

十二月廿四日　　　晴，微阴。上午十时日出。午表五十度。下午五时表四十八度。

上午八时半到总纂办公处审查《史稿》陆曼炎编《辛亥开国革命史略〔稿〕》。廿页。往会剪发，并向文书科取得编辑处所编总理诞生之年至民国二年新旧历对照表一本。下午三时到处，仅阅报。阅中常会会议纪录。阅十弟、权超侄信，天即暗矣。

十二月廿五日　　　阴。午表四十八度。下午五时表四十六度。

上午八时半到总纂办公处，审查陆曼炎《史稿》八页。开学术会议。下午三时到处，填十一月份干事赵季琳、录事严子骅工作成绩记录表二份。阅报，即天暗矣。奉主任委员谕，孙纂修病假，所有史稿史料,仍由余主持。

十二月廿六日　　　阴雨。午表四十三度。办公处有炉火,但窗多而火微也。

上午八时半到总纂办公处,审查陆著《史稿》十八页。下午天雨路滑,不能出门,人亦疲困,未工作。夜早寝,又未写信。

十二月廿七日　　　星期　阴。天色渐朗,有转晴意,但甚寒。

上午在寓写致亮儿信一。洪兴荫昨日迁寓到刘宪英原住房,其夫何亚东来。因往一谈。下午小寐至三时起,而天复阴,不能出门。

十二月廿八日　　　阴。午表四十四度。下午五时表四十三度。

晨往会,参加纪念周。上午九时半到总纂办公处,审查陆著《史稿》八页。即第四章。下午一时半到处,审查陆著《史稿》卅三页。第五章至第七章止。全稿已完。原欲即作一总评送还秘书室,但今午得通知,《史稿》史料改由钟秘书代理主持,遂止。晚间权超侄来,夜谈至十一时始就寝。

十二月廿九日　　　阴。午表四十六度。下午五时表四十七度。

上午九时到总纂办公处,钟秘书仍请余作昨稿总评,因再复审一过。下午三时到处,阅报。

十二月卅日　　　晴。九时后日出。午表五十度。下午五时表四十七度。

上午八时半到总纂办公处,作陆著《辛亥革命开国史稿》总评,未完。十一时许忽传空袭警报。各处均收拾史料入洞。乃搁笔返寓。十二时馀解除。下午一时半到处,续作总评。完成。

十二月卅一日　　　阴。午表四十八度。下午五时表五十度。

上午八时到总纂办公处,修改昨所作总评及加签一件,交赵干事。此案即完了。阅中秘处函送中央十全大会蒋总裁开幕训词及党员总检讨各一篇，报纸未发表者。颇感动，俟暇时摘录。下午一时半到处，审查陆曼炎革命史话，此史话上半年审查送还中宣部，转发原撰稿人，经修改再由中宣部函送到会者。先经姚荐楠、龙毓峻审查。余今始阅。数页，加签三条。

中华民国卅二年(1943)

一月一日　　晴。晨即见日,惟低空有雾。午表四十八度。

九时往会,欲参加元旦庆祝礼,将及大门,遇汤纂修黄采访及李振宽,谓已散会。乃偕振宽往梅乔林纂修家贺年。旋振宽往刘家槽,余则到总纂办公处,见有邱海珊来函,正拆阅间,权超侄来谈,同返寓。梅君派人来请吃饭,即又偕权侄往,与邹永成纂修、李治中、李振宽、罗本初、严子骅、阮俊业等同席,至二时许始散。略有醉意。小睡至天晚,往时纂修家贺年。夜与权侄谈至十一时就寝。上午洪兴荫来贺年。饶平人尤某来贺年,余在梅家未面,回到大门外始见之。晚间安处长来时,纂修亦来。

一月二日　　阴。下午四时表四十八度。

上午九时到总纂办公处,将前日所作签稿修改,交录事王伯勋缮写。赵干事告假。旋与杨氏、兆先、权超同出山洞,经过陆军大学时,往访魏、邓魏君,五华人,邓为仲元之子,权超曾见面,谈及余在党史会,故顺途访之,未记其名。二同乡,不晤。在山洞市街闲逛。至新生路,原名云龙路。忽见水池亭台楼阁,马路蜿蜒,池边有垂钓者,风景如画,向所未知有此佳境。四人循马路行,将达其左一峰巅停望,前峰汽车盘旋上下往来,为建新桥渝城公路,欲再上,人家宅畔有恶犬吠客,适过者一人几被咬,余等遂不敢过,向原路折还。至市街,权超别去,返新桥。余等三人缓步行到山麓小店饮茶。下午三时返抵寓。余在总纂处阅报。久未出山洞,今日行路未觉甚困,知吾腰脚尚健，心为一慰。

一月三日　　　星期　阴。十时馀小雨，旋止。甚冷，但未看表。

上午在寓写致李翼中、邱海珊及震青叔、十弟信各一封。下午二时半张溥老来谈，旋余邀时纂修往回拜，并在总纂办公处阅报。

一月四日　　　阴。上午十时表四十二度。下午四时表仍四十二度。

晨往会，参加纪念周及国民月会。十时返总纂办公处，欲作联语赠欧克明，未成。阅《词〔辞〕源》数条。会内春联云："大好龙光长护元圃华林于春炳朗；重开凤历遥瞻巴山蜀水万象昭回。"门联云："取武成二三策，祝民国亿万年。"谅为钟孝先君所作。元圃华林典未知何出，故查询《词〔辞〕源》，但卒未得。日间拟面询之。下午二时半到处，阅报，并与黄嘉梁、汤介公谈对联事元圃华林之典，均不知也。似属道观，非书馆史寂之典。夜会内开放电影，余未往观，惟兆先随同寓各家小孩，自五时馀往，至八时始散，询为有声电影也。写致亮儿信一。

一月五日　　　阴。午十二时表四十度。下午五时表四十二度。室内今日燃岚炭，火力较木炭猛也。

上午八时半到总纂办公处，查阅录事缮写前作签呈及表件，修正盖章交干事发出。开始删改前作《九九纪念史稿》，前成三万馀字，今须删六千字。二页。下午二时到处，续删改十页。并阅报。午饭间，严处长济宽、钱科长海岳来寓，询以对联事，乃为钱君所作，系引《南史》载刘宋时玄圃华林皆为修史之地，历齐、梁、陈，各朝皆仍之，云云。余久未读书，致不知所出，可耻。又忆从前邵翼如先生在南京住宅名曰玄圃，余以为地近玄武门故耳，今始悦然，亦兼取修史之意乎？此间无《南史》可查阅，拟日间向李士飞借阅。然若果如此，则取材亦不善之甚矣。何不取汉唐宋明修史之地而乃取宋齐梁陈修史之地耶？岂以今中央、国府崎岖巴蜀间，故取譬宋齐梁陈偏安之局,未敢拟诸汉唐宋明统一之朝耶?殊非取法乎上之旨,可谓不祥甚矣。余意应改为"东观兰台"四字较妥,但事已过,拟不再言,免生意见,姑记此。

一月六日　　雨。晨阴,八时始小雨,十时许檐溜出。下午五时表三十八度。

上午因雨不能出门,在寓阅梅县《中山日报》。下午二时到总纂办公处,删改《九九稿》五页,并阅报。《大公报》载美国白皮书社评,谓美国主张,一、战后东北四省归国际共管;二、将四省划交苏联管辖,而将越南划归中国;三、将四省宗主权归还中国而将经济权益给日本。《大公报》痛驳其荒谬,文甚正当。但余未暇阅白皮书全文,昨各报有译载俟暇再检阅。此三种主张,是美政府之主张,抑为美人民之议论,并有无决定何种主张耳。

一月七日　　雨。晨即小雨,檐溜出。甚冷。午转晴(据录事言,今晨表卅二度)。下午五时三十六度。

上午在寓复淦甥信一,并阅梅县《中山日报》。下午二时到总纂办公处,删改《九九稿》八页,并阅报。张委员来处,面嘱《总理史迹》一书,须速完成。余请俟两篇纪念讲述稿删改完毕,再续该项工作。冷甚,手僵。

一月八日　　阴,晴。天色较朗。午表四十度。下午五时表同上。

上午八时到总纂办公处,删改《九九稿》十二页。下午二时到处,又删改上稿八页。

一月九日　　阴。晨表卅六度。午表四十二度。下午五时四十度(在处内有火炉,仍为四十二度,移在户外片刻,乃四十度也)。

上午九时到总纂办公处,张委员嘱改钟秘书所拟致中央秘书处公函一件。为纂修采访免考绩事。又删改《九九稿》十一页。下午二时到处，续改十二页。此稿已完，但所删无多，未能合于主委所定七八千字之度，仍须再删改一二次，才能合度。

一月十日　　　星期　晴。上午九时馀，总纂办公处未起火炉，表已四十二度。午十一时半会内大礼堂表四十九度。日色颇佳。

上午九时半为权侄女募捐事及蒋星德函托代求印书费事往会，拟面见张溥老，乃询已于前一小时往国史馆矣，怅然久之。与刘主任秘书谈星德事，彼谓会中无辅助他人印书之例也，无此项专款。余谓此自非公事，惟文人著书求辅助印刷费，乃不得已而出此，为爱惜文人鼓励著作尊重文化起见，酌如所请，亦一善事耳。彼又谓，此例一开，将来求者接踵，恐无以应付，奈何。余无词可置。俟张溥老来再一商。刘君可谓冷面无情之人也，但彼执公事而言，亦不能驳之耳。午为丁六阶生日，余家三人与邹器家三人同往食酒，至下午三时始回寓，经过总纂处阅报而返。

一月十一日　　阴。午表四十四度。下午五时四十二度。

晨八时往会，拟参加纪念周，乃至总纂办公处，则已九时，闻已散会，将开合作社社员大会矣。返寓早点后再往，见社员大会已开会，余未参加。场中亦寥寥数十人耳。拟俟宣布结果照行可也。旋返总纂办公处，复阅前日已删改之《九九稿》，再稍修正。关于庚戌元旦新军之役，日前莫纪彭签注陆著《史稿》竟谓姚雨平未加入，今于此证之。又查此稿原共三万八千馀字，而删减者未及三分之一，应再痛加删削，方能合度，即开始从头删改四页。下午二时到处，续删改五页，并阅报。天色甚暗，四时即停笔。

一月十二日　　阴，晴。十时后日出。午表四十二度。下午日色颇佳。五时表仍四十二度。

上午八时到总纂办公处，删改《九九稿》十五页。下午偕杨氏出山洞，五时许始返，到处阅报，未工作。办公处余席位屋面，今日添一光瓦。对门空地平基筑屋，询系添建办公厅三间。原为钟孝先住室，今改为整理总理全书地点，余主任，严济宽、许师慎协助。今日亦添光瓦二三处，光线稍足。许师慎询何日开始此项工作？余约以下星期。阅报载中英、中美新订条约，本日在伦敦、华盛顿、重庆三地同时签署盖印，全文发表。但余未暇阅。

一月十三日　　阴。午表三十八度。室内有火炉犹如此，足见冷甚。下午五时四十度。

上午八时半到总纂办公处，删改《九九稿》十五页。下午二时到处，删改十一页。是夜牙痛。余向无此疾，今始患之，右大牙一枚似动摇。

一月十四日　　阴。午表四十二度。下午五时表四十二度。

牙痛未全愈。晨早起复蒋星德函。八时半到总纂办公处，删改《九九稿》十五页。三时到处，续改四页。完。但查仍未合七八千字之限度；且张委员又有谕，须减至四五千字。前经孙钟严与余四人商决，以五六千字为限，今相差尚远，拟明日起将此稿清录，另起一草，力求简单。只求合本会主张，不好拘守中央规定段落，庶能得当。

一月十五日　　阴。午表四十二度。下午五时表同上。晚晴，霞见。夜有月。

牙痛转好，仍未全愈。上午九时到总纂办公处。处内赵干事告假，仅服务员王伯勋一人，未便嘱他清稿。因再复阅，欲加删改，未成。邓思善携张溥老函来见，并出其所撰《总理事略分类编年表》，谓欲补充材料。查其表末注明，曾经本会审核。但余茫然，未知何人所审核也。后始忆为前年冬黎光群在编辑处代考订科长时所审核耳。旋偕往会，欲见刘秘书，张委员另有函致刘，亦邓携带。适不在，乃介见钟秘书。钟阅张溥老致刘函后，介见曾处长。余又介见沈裕民科长。时已十一时半，会内将午饭矣。因请沈留他午饭。沈又介见安处长，即留午饭。旋厨中送饭，在秘书会客室，沈安曾钟各人均去，余亦即回寓。邓君饭后当返城也。下午二时到总纂办公处，仍欲昨稿阅一过，略改数处，迄未能大删改。

一月十六日　　晴。十时后日出。午表四十度。下午五时四十二度。夜有月。

上午九时到总纂办公处，实行起草"九九"纪念简稿一段。下午二时到处，因阅报及阅新征史料，未续撰稿。《中央日报》副刊，载刘子健所作总理论诗一篇，引胡汉民《不匮室诗钞》内注"生平未见总理所为诗"一语，以辨今日所传总理挽刘道一诗之误，与余意相同。余前审查陆曼炎之《革命史话〔略〕》，已签明须删去，未知其已遵删否？新征史料有一件系吴铁城秘书长送会，题为《王一吕自传稿》，全篇胡说八道，显系疯人话说，乃竟送会，殊属可笑。黄采访嘉梁承办复核发此件，拟退回送件人，特转交余一阅。余谓吴铁城或公事繁忙，未过目即批送本会，但会中之征集、编辑二处，不应亦即送本处，宜先退二处考订。

一月十七日　　星期　阴。未看表。夜有月。

上午到总纂办公处，为欧克明医生写对联一对，中堂一幅；王伯勋中堂一幅；又小幅一张。又工友金品朝小幅一。下午在寓整理已成之史迹稿本，预备移置总纂办公处。

一月十八日　　晴。晨雾重，约十丈外不见人物，十时始渐开。日出。午表四十五度。夜月甚明。

晨往会，参加纪念周，自八时候至九时，始开会。今天特迟，未知何故。十时余返抵总纂办公处。档案处送来《总理全书》稿一大箱，由杨本章点交。余嘱本处服务员王伯勋照收。即将木箱加锁，钥子交工友金品朝手收，并嘱暂存乾泉洞，余手写封条，交工友于姓手贴。下午，偕杨氏出山洞。

一月十九日　阴。午表四十二度。下午五时表仍四十二度。夜月色濛濛。

上午九时到总纂办公处。昨细思《九九稿》应分二种，一照中央议决段落，撰成较详之稿；一照张主任委员限度之简稿。其较详之稿，从今日起自行清录，删改太多处，录事不能抄录。以后有兴会时则撰简稿，无兴会时则清录前稿。下午二时到总纂办公处，阅编辑处送来国民党史料汇编编辑纲要草案，与《同盟会史料汇编》编辑纲要相同，余无意见，即交还赵干事。权超侄来寓坐谈，旋去。严许二处长来谈整理《总理全书》办法，约明日下午再详商。

一月廿日　阴。午表四十四度。下午雾重，与十八晨相同。五时表仍四十四度。

上午九时到总纂办公处，清录《九九稿》一页。下午一时到处，开党员大会，投票选举执行委员。前直属第七区分部现改为第四十九区第三分部。余所投票为邹永成、钟承曾即孝先、柳聘农。开票结果，邹永成、柳聘农、刘弘济三人当选。陆咏黄、王中隽为候补人。王中隽为丁六阶之妻也。三时馀散会。许处长依约来谈整理《总理全书》事。惟严处长已因事往歌乐山未到，约明日上午九时再来商谈。余对此事办理，已略有主意，明日与商，当可决定矣。

一月廿一日　阴。午表四十二度。下午日出。五时表五十三度。夜月色甚明，彻宵如昼。是日为旧腊月十六日。

上午九时到总纂办公处，许处长来谈，严处长未到，仍约下午齐集再谈。张主任委员来言，与冯自由晤面，谈及史事，冯意：一、陈少白所述杨衢云事太偏，杨当时在港有一部分势力，故总理乃让伯理玺天德之名，即其后杨氏被杀，情亦可悯，修史时似应从宽。

二、郑贯公与陈少白有意气，故陈少白所述郑事，尤不公道，修史时宜特注意郑事迹，宜加表扬。三、兴中会确在檀香山成立，若甲午前已在澳门先成立，则总理亦断无于甲午年上书李鸿章之事。以上三点，与余意全合。又清录《九九稿》一页。间再修改。午在寓拜祀父母亲及大姊神位，为吾明日六一诞辰也。二时半到处，清稿一页半。所约严许二人均不来。

一月廿二日 晨雾重。九时半后转晴，有日影。午表四十二度。

上午八时到总纂办公处，档案处整理科新科长方干民携所拟革命史料分类方法就商，为改拟类目数处。张委员交示杨嘉猷科长所拟国父轶文《农功》、《商战》二篇考评序，嘱为修改。当阅原作，殊多不妥，修改一过，即面缴呈。又承交罗香林所著《国父家世源流考》一本。前据陈思成来函，谓罗此书已付商务印书馆出版。今查系去年十二月出版，定价国币一元。是日为余六一诞辰，午请梅乔林、丁六阶伉俪、时明兹、邹器之、莫纪彭、黄嘉梁、李昭文、汤介公、安怀音各伉俪及邹君之小女（时夫妇未到）及刘尊权、钟孝先、李振宽、洪兴荫、吴泽扬之母及其子吴受禄、吴太太房东，并其外甥二人。酒叙共四席。权超侄由新桥来。十二时开席。不知饮至何时。余竟大醉，至次晨始醒。闻下午张委员曾派人来请商所改序文事，竟未赴也。

一月廿三日 阴雨。

晨六时馀酒醒起床，早粥后，闻张委员曾派人来唤，欲往总纂办公处，则天雨不能出门矣。人亦困疲，复小睡。赵季琳来言，张委员已往歌乐山国史馆。旋安怀音、李振宽均来看，始知昨醉态甚恶，各友或疑虑有何危险也。午饭后忽呕吐二次，人又转困，小睡。邹器之来看，余已不知。李振宽再来，留之晚饭。余再啜粥二碗，人乃大愈。

一月廿四日 星期 阴。

上午在寓阅梅县《中山报》及贵阳《中央日报》数份。精神已复元。下午三时到总纂办公处,阅报。

一月廿五日 阴。午表四十五度。下午日出。五时表四十六度。

晨参加纪念周。上午核加征集处所送十二期《征集简讯》一本。清录《九九稿》一页半。仍略有修改字句。下午二时半到处,续录稿一页。阅报。

一月廿六日 阴。午表四十四度。下午小雨。

上午九时到总纂办公处,清录《九九稿》一页,改动甚多,但未能删减。下午因杨氏与兆先往山洞圣光学校报名,在家抱小孩,未到处。

一月廿七日 阴。雾雨濛濛,数丈外不见人物。十时后略开。午表四十四度。下午雨略大,檐溜微滴。

上午九时到总纂办公处,清录《九九稿》一页。原十四页,共七千七百二十八字,现删为五千二百馀字。此为一大段。下午因雨未出门,在寓阅罗香林著《总理家世源流考》序及引论。许师慎来谈片刻,约明日到处商整理《总理全书》。

一月廿八日 阴,小雨。午表四十度。下午五时表如上。夜雨有声,至十一时始止。

上午九时到总纂办公处,删改《九九稿》二节,并作一节。下午清录上午稿共二页。仍嫌长,明日当再改。许、严两处长竟又未来。昨闻许君言,会中增聘编审一人,协助整编《总理全书》及主办党史丛刊。原名季刊,中央改此名。余心一喜,询其姓名为邓尉梅,未详何处人。今下午钟秘书来,询知为江西人,年约四十许云。夜续阅罗著《总理家世源流考》。

一月廿九日　　　晴,九时日出。午表四十四度。午后天又起云。五时始开。表四十二度。夜半闻雨声。

上午九时到总纂办公处,正将昨所删改《九九稿》再加删改,而许、严两处长来商整理《总理全书》事,搁笔。下午一时半到处,连开学术会议、小组会议。近五时始散。遂未工作。夜阅罗著《总理家世源流考》。

一月卅日　　　晴。十时日出。午表四十六度。下午复阴,四时许飞雨数点旋止。五时表四十三度。

上午八时半到总纂办公处,删改前日所成之《九九稿》一页。下午三时到处,阅报。五时回寓,阅罗著《总理家世源流考》。晚饭后续阅,至八时半阅完。此书内容如左。原名《国父家世源流考》。

一　引论:国父家世源流研究之重要

　　国父家世源流研究之经过

　　国父上世谱牒旧钞本之发现

二　近人所述国父上世源出东莞说之非是:

　　国父上世源出东莞说之由来

　　国父上世源出东莞说之矛盾

　　国父故居所藏列祖生殁纪念簿之铁证

　　国父上世源出东莞说之讹伪

三　国父上世与左埗头孙氏同源说之非是:

　　国父上世与左埗头孙氏同源说之由来

　　左埗头孙氏族谱与国父上世之无涉

　　常德公为国父上世入粤始祖说之无据

四　国父上世源出于广东紫金县忠坝公馆背之证据:

　　国父对林百克所自述 Kung Kun 村家庙之地址

　　　Kung Kun 村即紫金忠坝公馆背之论据

　　　忠坝孙氏族谱与翠亨故居列祖纪念簿之互证

　　　国父上世曾一度迁居增城之史实

五　紫金忠坝孙氏之源流与迁移背景：

　　　忠坝孙氏原自江西宁都所辗转迁至之史实

　　　宁都孙氏原自汴梁陈留所迁至之史实

　　　明末清初紫金钟丁先之举义抗清

　　　国父上世之参与抗清义举

　　　清初粤东东部农民之向沿海移殖

六　清初粤东沿海之迁界复界与国父上世之迁居中〔香〕山县涌口门村

七　粤东沿海被迫迁界之惨剧与粤东民族思想之伏流：

　　　清吏执行迁界之惨毒

　　　粤东沿海被迁人民之痛苦与悲愤

　　　粤东沿海反清思想之滋长

　　　天地会在中〔香〕山县沿海之发展

八　国父上世在紫金时代之世次名讳与行实：

　　　忠坝孙氏始祖友松公之行实

　　　国父二世至十世祖考妣之名讳与葬所

　　　国父十一世祖等之参与抗清义师

九　国父上世迁居中〔香〕山县后之世次名讳与行实：

　　　国父十二祖之年代及其迁居涌口门村之史实

　　　国父十四世祖之由涌口门再迁翠亨

　　　国父祖父敬贤公之耕读传家

十　国父之父母行实与国父所感受之家乡陶冶：

　　　国父之父达成公之行谊与性格

　　　国父之母杨太夫人之行谊与家教

　　　国父幼年所受家乡耕读文化之陶冶

国父幼年所受太平军遗老与会党中人之感发

十一　国父聪明睿智与气宇魄力所由发扬之根源：

耕读人家自强不息之健实传袭

迁移转徙与自然淘汰诸作用下优胜者之演进

迁民习于弘毅和齐与奋发有为之传袭

民族革命诸经历与势力之传袭

十二　结论：

国父上世自入粤始祖友松公以降之已得明识

国父家世优良传袭之认识

国父家世源流研究之将来

附图

紫金忠坝孙氏族谱旧钞本摄影二幅

国父孙公家世源流图表　国父上世迁徙地图

中〔香〕山县翠亨与涌口门邻近各乡村地图

附注：注一至注三十

参考书目：《孙氏列祖生殁纪念簿》钞本（中山县翠亨乡总理故居珍藏）《紫金忠坝孙氏族谱》旧钞本（光绪二年孙见龙等修）　花县官禄㘵《洪氏族谱》旧钞本（嘉庆十二年洪岐等纂，光绪间增补重修）　《兴宁官田孙氏族谱》《道光广东通志·舆地略》《同治香山县志》《道光香山县志》《道光永安县三志》（刘彬华等纂，道光二年刊本）　《乾隆增城县志》（管一清等纂，乾隆十九年刊本）　《民国赤溪县志》（赖际熙等纂，民国九年刊本）　《道光赣州府志》《民国花县志》（利璋等纂，民国十三年印本）　《钟义士集》（永安钟丁先著，许鼎亨辑，道光二十六年刊本）　《榄屑》（香山何大佐撰）　《总理年谱初稿》（中央党史史料编纂委员会编印）　《中山先生年系》（吴稚晖著）　《总理自传》（见孙文学说第八章）　《孙文全集首集传记》（陆友白辑，上海卿云公司印行）　《孙中山先生文集》（甘乃光辑，上海民智书局印行）　《中山全集分类索引》（甘乃光编，上海良友图书印刷公司印行）　《总理事略》（胡去非编，商务印书馆印行）　《孙中山先生伦敦被难史料考订》（罗家伦著，商务印书馆印行）　《中国革命记》（民国元年上海自由社编印）　林百克著《孙逸仙传记》（上海开智书局印本，又上海卿云公司陆友白辑孙文全集首集传记摘译本）康德黎著《孙逸仙与新中国》（上海民智书局郑启中、陈鹤侣译本）　《自然淘汰与中华民族性》（上海新月书店潘光旦节译本，为某（英文）书中关于中国民族迁移之部分）　《广州五县迁海事略》（中山麦应荣著，有麦氏自印本，又见广东文物）　《台湾通史》（台湾连横著）　《南洋华侨通史》（温雄飞著）　《教会源流考》（陶成章著，国立中山大学历史语言研究所印本）　《胜朝粤东遗民录》（陈伯陶著）　《崇正同人系谱》（赖际熙等编，香港崇正公会印行）　《中山名胜漫谈》（胡根天著，民国十九年印行）　《史料丛刊》（罗振玉辑刊）　《西南党务月刊》（中国国民党西南执行部编印）　《逸经》半月刊（简又文主编，上海逸经社印行）　《更生评论》（广州更生评论社编印）　《广州学报》（广州市立中山图书馆编印）　《书林》半月刊（同上）　《广东文物》（香港广东文物展览会编辑，中国文化协进会印行）　《文化新闻》（广东文化新闻社，民国三十年十月十一日出版）　《孙中山先生革命史迹辑要》（国立中山大学政治训育部编印）

　　一月卅一日　　　星期　阴。下午阴甚如晦。夜有小雨。

　　上午补录昨夜阅毕罗著《国父家世源流考》内容。如右。欲写信，未果。下午四时到总纂办公处阅报。夜写致淦弟亮儿信各一。又阅罗著《国父家世源流考》，备明日摘录。

　　二月一日　　　阴雨。下午五时表四十二度。夜又小雨。

　　上午因杨氏送兆先女儿往山洞圣光学校考试，且天雨路滑，未出门。在寓检阅前年所撰就《总理史迹》第四章内辛亥光复滦州起义稿，稍为涂改，原有某君名在天津党员之列，今闻其伪冒，删去。应赵干事季琳之请，借他一阅。又摘罗著《国父家世源流考》第八节所列国父上世在紫金县时代之世次名讳与行实。

　　紫金忠坝始祖友松公，号百三十三郎。姙骆八十娘。雍正七年忠坝孙氏族谱，友松友义兄弟，由闽迁粤嘉应州长乐县琴江都一图。友松公创筑屋宇于上正约忠坝，其屋基为"黄牛挨磨"形，正堂三栋，旁屋左右二横，方向为壬山兼子一线。友义则筑屋于上镇约（即上正约）土头墩。时为明永乐年间。后隆庆三年，长乐琴江都二图与归善二都五图划改为永安县，上正约亦在划改之内，遂为永安县而非长乐县（其时长乐县属惠州）。嘉应州原名程乡县，属潮州。清初程乡改为嘉应直隶州，划惠州属之兴宁、长乐二县与潮州属之镇平、平远二县属之。长乐已脱离惠属，而归嘉应，故在雍正时撰族谱者（孙继周）谓友松友义由闽迁粤嘉应州长乐县。友松生子四人，长敬忠，次惠忠，劝忠，荣忠。友松公殁后，葬贺岗约林和塘——贺岗约在琴江都西南部——地形为"螳螂捕蝉"，姙骆氏葬发岗头墩子上。

　　二世祖敬忠公，分居上排（今称孙屋排），生子二人，长永久，次永良。永久公移居英德县马房庙侧角

　　三世祖永良公，姙吴孺人，生一子怀文

　　四世祖怀文公，姙汤孺人，生子凤宗

　　五世祖凤宗公，姙叶孺人，生子明享

　　六世祖明享公，姙宋孺人，生子仕伯

　　七世祖仕伯公，〈姙□孺人〉，生二子，长耀宗，次绍宗（此照图表，但三一页文称，绍宗公有弟讳耀宗公，则图表误矣）

　　八世祖绍宗公，姙古孺人、何孺人，生子乃和

　　九世祖乃和公，姙林孺人，生子宗荣

　　十世祖宗荣公，姙叶孺人，生三子，长鼎茂、次鼎标、三鼎山

　　十一世祖鼎标公，姙叶孺人，生三子，长连盛、次连昌、三连桥。鼎标公为宗荣公次子，生际明社倾覆清兵南下，从同都钟丁先屯集抗清义师于凹下山，后解散归农。卒葬水口（在忠坝东南即琴江出忠坝处），姙叶孺人葬径口（在袁田约，距孙屋排约三十里）

　　又第九节所列国父上世迁居中〔香〕山县后之世次名讳与行实

十二世连昌公，妣陈孺人。公生康熙八年己酉，卒雍正六年戊申，寿六十岁。妣生康熙十五年丙辰，卒雍正六年戊申，寿五十三岁。于康熙中叶迁居增城，继迁中〔香〕山县涌口门村。开基立业，生一子迴〔迥〕千。

十三世祖迴〔迥〕千公，妣谭孺人。公生康熙四十年辛巳，卒乾隆十七年壬申，寿五十二岁。妣生康熙四十三年甲戌，卒乾隆二十八年癸未，寿六十岁。

十四世祖殿朝公，妣林孺人。公生乾隆十年乙丑，卒乾隆五十八年□□〈癸丑〉，寿四十九岁。妣生乾隆十三年戊辰，卒嘉庆十二年丁卯，寿六十一岁。诸家记述翠亨孙氏源流，每仅据口头访问，自殿朝公为始，殿朝公为自涌口门村迁居翠亨之始基祖。盖虽未见于文字记录，而口碑仍有可考也。据此，则国父上世之迁往涌口门村，亦仅三代已耳。按翠亨亦在中〔香〕山县大字都，据道光《香山县志》卷三舆地都里，永宁乡大字都载："翠亨暴志作蔡坑，去城五十六里"，盖与隔田、石门等村皆相近，亦即昔年被迫迁界之地区。乾隆中叶，由涌口门村再迁至翠亨村开基。生一子恒辉。

十五世祖恒辉公，妣程孺人。公生乾隆三十二年丁亥，卒嘉庆六年辛酉，寿三十五岁。妣生乾隆卅一年丙戌，卒道光元年辛巳，寿五十六岁。

下午二时半到总纂办公处，再删改已清录之《九九稿》约二百字并清录二页馀。

二月二日　　　阴雨。下午五时表四十二度。

晨写致一谔弟信一封。续录昨所摘罗著《国父家世源流考》第九节国父上世迁居中〔香〕山县后之世次名讳与行实二条。十五世祖一条写在昨录之尾一行空纸。

十六世祖敬贤公，即国父之祖父，妣黄孺人。公生乾隆五十三年戊申，卒道光二十九年己酉，寿六十二岁。妣生乾隆五十七年壬子，卒同治八年己巳，寿七十八岁。据国父胞姊妙西〔茜〕姑太太谈及："祖父敬贤公以耕读发家，颇有钱，后以醉心风水，屡事坟工，所费不赀，变卖田地，入不敷出，家资遂耗。至父亲达成公，亦好风水，终年养一来自嘉应州之风水先生，各祖先坟地皆父亲所寻得改葬。祖父之坟地师谓后十年必生伟人。咸丰四年安葬，至同治五年总理诞生,相去果仅十三年也。"已完。又第十节尚有《翠亨总理故居所藏孙氏列祖生殁纪念簿》、《记总理父母与叔父母之生终年代》。俟续摘录。

午雨未歇,不能出门,写致李翼中信一封。续录罗著第十节如左。

十七世祖考达成公,姚杨太夫人。公号道川,生嘉庆十八年癸酉,卒光绪十四年戊子(罗按云卒年戊子为道光十四年,大误),寿七十六岁。姚生道光八年戊子,卒宣统二年庚戌,寿八十三岁。达成公即国父之父,一名观林,能绍成父业,勤于耕种畜牧,兼营小本商贩。(未完)

下午二时到总纂办公处,删改《九九稿》二页,并删改已清录之稿约百馀字。查现删定字数已逾七千,而下仍有四十五页之多,殊难合度,为之废然兴叹。夜写致淦甥信一。

二月三日　　　　晴。午表四十四度。午后日出而薄。五时表四十二度。

上午九时到总纂办公处,删改《九九稿》五页。下午二时到处,续删改五页,并清录一页。

二月四日　　　　阴。午表四十度。

晨写致缵绍信一。上午九时到总纂办公处,再删改《九九稿》五页。秘书室通知,奉张委员谕,所有五种纪念日讲述资料稿,交邓尉梅编审再加整理,各稿请送由秘书室转交邓编审等语。当即由总纂办公处函复,除总理广州蒙难纪念日讲述资料一种尚未修整完毕外,其他各种已送文书科云云,似此《九九稿》可不再删改,径由邓君负责矣,余心一慰。但适许师慎处长来,谓邓年轻,党史事不熟,仍必须余删改,无可诿责等语。又为暗然。下午二时到处,再删改及清录一页馀,拟俟一手完成后,面呈张委员可说。

二月五日　　　　阴雨。今日为旧历癸未岁朝,又为立春节。

上午九时到会，参加中英中美平等新约庆祝会及国民月会。签订新约及蒋委员长前在西北陕甘青宁四省。映〔影〕片展览会。杨氏、兆先母女亦前往。各映〔影〕片甚佳。询许师慎，谓每片购价廿元，共费千馀元云。欲往山洞圣光学校看榜，因雨不果。下午李振宽、邹器之暨夫人女孩、安怀音伉俪来贺年。

二月六日 雪。晨六时馀起床，即见瓦面已堆满，未知昨夜何时既下雪。七时馀犹飞洒甚盛。雪自晨至晚未止。

晨立门外望雪。续二日所摘录罗著《国父家世源流考》第十节如左。

据妙西〔茜〕姑太太谈述："初，父亲家尚小康，以迷信风水，遂至贫苦日甚，不得已乃至澳门就业于外国鞋铺，每月工资仅四元耳，如是数年，始复返里。三十三岁与母亲隔田杨氏结婚。其时母亲才十八岁。"

又据革命先烈〔进〕杨鹤龄之弟杨子刚先生读述："达成公面修而颧高，两目睇人，炯炯有神。眉发甚长，御粗布服，有时足登履。时在门前榕树下石凳憩坐，吸旱烟，状若沉思。常为乡友讲述故事。待朋友甚诚挚。家虽不丰，曾养其友蔡君至十八年之久。"

又据孙妙西〔茜〕姑太太谈述："父亲四十一岁生大老寿屏，四十四岁生大姐金星。金星生四岁而死。四十九岁生二老德祐。德祐生六岁而死。五十一岁生妙西〔茜〕。五十四岁生总理，又五年生妹绮秋。"按此所云，达成公生子年岁与总理故居所藏孙氏列祖生殁纪念簿记载，微有出入，当是妙西〔茜〕所误忆。纪念簿云：

十八世祖考德彰公，达成公长子，生咸丰甲寅年十月十七日卯时，卒民国三年甲寅十二月二十八日申时，寿六十一岁。

十八世祖考德祐，达成公二子，生咸丰庚申年九月二十五日，卒同治乙丑年十二月初一日，年六岁。

十八世祖德明，生同治丙寅年十月初六日寅时，卒民国十四年二月十八日巳时，寿六十岁。按此所云，德彰公一名眉，字寿屏，即国父长兄。所谓德明即国父,在兄弟排行三名。德彰生年甲寅为咸丰四年,由此上推至达成公生年之嘉庆十八年,得四十二年,是达成公于四十二岁生长子德彰。妙西〔茜〕所记,适差一年。又德祐生年庚申为咸丰十年,时达成公已四十八岁,妙西〔茜〕记亦差一年。国父生年丙寅,则为同治五年。

达成公与其妻杨氏,终身相爱,家庭常怡然和乐,尤于兄弟姒娌能尽友于之义。学成、观成二公,均尝赴美营生,出门后久不得讯,后微悉一卒于上海,一卒于加利福尼亚之金矿区域。达成公迎养学成公妻程氏及观成公妻谭氏,而国父之母杨氏更因姒娌之早寡而弥相敬爱。

上午往时明荐家贺年。又到洪兴荫、安怀音、邹器之家回拜。下午续录罗著第十节:

十七世祖考学成,敬贤公次子,生道光丙戌年二月初三日,卒同治甲子年八月十八日,寿三十七岁。妣程氏,生道光丙申年六月十四日,卒壬子年民国元年十月初六日,寿七十七岁。

十七世祖考观成,敬贤公三子,生道光辛卯四月初七日,卒同治丁卯年八月初八日,寿三十七岁。妣谭氏出嫁。按达成公即国父之父,其生年癸酉为嘉庆十八年,卒年戊子为道光(此二字误,应为光绪)十四年。其弟学成生年丙戌,为道光十一年,卒年丁卯为同治六年。达成公一名观林。(此二段及按语原在二日所录十七世祖考达成之后,兹补录此。)

原著有国父家世源流图表,共二十方格,其第十九格内云,十九世科,夫人陈氏,生子治平、治强。二十世治平、治强等语,兹未录。

综上所录罗著,考定总理家世源流如下:入粤开基祖一世友松公,于明永乐年间,自闽迁粤紫金县。至十一世祖鼎标公,俱住紫金忠坝。十二世祖连昌公,于清康熙年间由紫金迁居增城,未几复迁中〔香〕山县涌口门村。至十四世祖殿朝公,又自涌口门村迁居翠亨乡,至国父本身,适传五代。其第一根据为美人林百克所著《孙逸仙传记》,其文云:"记得有一天著者问孙博士道:'博士,人家说你是生在火奴鲁的,这话确不确?'他笑着——当他说到同志的时候总是笑的——说道:'这种传说确是有的,我的几个过于热心的同志以为我倘若说生在火奴鲁鲁，便可以得到美国政府的保护而同满清反抗。我也确是在那里住过几年，所以他们便这样说。其实我和我的几代祖的确是生在翠亨村里的。不过我家住在那里只有数代，我们的家庙却在东江的一个龚公村里。'"据开智书局译本第一章"翠亨"。罗以开智译本之龚公村殆为依音托字之译词，非东江各地果有龚公一地名。考英文对音当作公馆。东江紫金县忠坝旧有公馆背村，其地又为孙氏所居，可为研究国父上世源流问题之一着眼处。民国三十年八月一日，紫金县长李蔚春至曲江，出示其所借得之忠坝孙氏族谱旧钞本（光绪二年重修），此问题始决。

明少华来，搁笔。

二月七日　　晨犹下雪。昨夜似亦未止。瓦上积雪约五寸许。八时后雪止，天色略朗。午见日影。夜有星。

上午再阅罗著《国父家世源流考》，第一根据外，第二根据为翠亨总理故居所藏《孙氏列祖生殁纪念簿》①。

三十二年一月五日②

上午查阅录事缮写陆曼炎稿之签表，改正后盖章交赵干事发送。开始删改总理第一次起义纪念日党史讲述资料稿二页。下午续删改讲述资料稿十页。

一月六日

上午天雨未到〈处〉。下午删改《九九稿》。即总理第一次起义纪念日讲述资料。五页。

一月七日

上午因雨未到〈处〉。下午删改《九九稿》八页。

---

① 第2册日记至此为止。第3册为《工作日记》。——整理者

② 原册（第3册）封面题《工作日记》，自卅二年一月五日至四月十四日。按，此册内文简略，为何有此册，不详。——整理者

一月八日

上午删改《九九稿》十二页。下午删改八页。

一月九日

上午，主任委员谕，修正致中央秘书长公函稿件，为声明各纂修采访免予考绩事。又删改《九九稿》十一页。下午续改十二页。

一月十一日

上午复阅前日(星六)已删改之稿，再稍修改。查此件已删改完毕，但原稿共六十九页，每页五百五十二字。计共三万八千零八十八字。兹计连日删去不及三分之一，仍嫌太长，未能合度，须再痛加删削，即开始从头再改四页。下午续改五页。

一月十二日

上午删改《九九稿》十五页。下午因事往山洞，至五时许始返，到处已下班矣。仅阅报。

一月十三日

上午删改《九九稿》十五页。下午续删改十一页。

一月十四日

上午删改《九九稿》十五页。下午续改四页。全篇已完，但查仍未合度，拟明日起将此稿清录一过，另起草一种极简之稿。

一月十五日

上午再删改《九九稿》数处。但所删数字无多。因无人清录故也。下午开小组会议。未改稿。

一月十六日

上午起草《九九纪念》简稿一段。未完。

一月十八日

上午点收档案处送来《总理全书》稿。是日上午九时始开纪念周。

十时馀散会。

一月十九日

昨细思《九九稿》须分二种,一为遵照中央常会议决规定段落之稿,不能不稍详;一为遵照张主任委员谕及撰稿人公决限度主委初谕七八千字,后谕四五千字。撰稿人(孙严许林四人)公决五六千字。之稿从简。今日上午将全稿自行清录,涂改太多处不得不自录,至下半涂改少处,再交录事。一页。未完。

一月廿日

上午清录《九九稿》一页。下午一时至三时开区分部党员大会。三时后许师慎来谈整理《总理全书》办法,约明日上午九时邀严济宽来,再详商决定。

一月廿一日

上午清录《九九稿》一页。颇有再修改处。许处长再来谈整理《总理全书》办法。惟严处长请假未到,仍约下午再齐集商谈。下午清录稿一页半,并加改削。严许二人未来。

一月廿二日

上午修改档案处整理科所拟《革命史料分类方法草案》一件,征集处所拟《国父佚文农功、商战考证》序文一篇。下午未到〈处〉。

一月廿三日

上午因病未到〈处〉。

一月廿五日

上午核改征集〈处〉十二期《征集简讯》一本。清录《九九稿》一页半。下午续录一页。

一月廿六日

上午清录《九九稿》一页。改动颇多。

一月廿七日

上午清录稿一页。此稿第一节至第七节去年九月九日在《中央日报》发表。原七千七百二十八字,今删为五千二百馀字。

一月廿八日

上午删改《九九稿》。原稿第八九两节并成一节。因原稿须删至七八千字或五六千字,昨日清录计既五千馀,以后仍嫌太长,不合限度。下午将上午所改稿清录约二页。又删改原第十节。未完。

一月廿九日

上午将昨删改拟再删减,仅数行,严许两处长来商整理《总理全书》事,搁笔。下午开小组会议、学术会议,自二时至五时始散。

一月卅日

上午再删改前日已改之稿,并将原第十节一部分移并于此。共写一页。

二月一日

上午因雨未到〈处〉。下午删改已清录之稿约二百字;又清录稿半页馀。

二月二日

上午因雨未到〈处〉。下午再删改已清录之稿约百馀字。又另删改原稿二页。查已满七千字矣,下面尚有四十五页之多,为之废然兴叹。

二月三日

上午删改《九九稿》一节,但未完成。下午续删改一节,并清录一页半。

二月四日

上午删改《九九稿》五页。下午清已删改稿半页。今午奉主委谕，"五种纪念日讲述资料交邓尉梅编审再加整理。"秘书室通知"即将该稿送由本室转交邓编审整理"云云。已即由处函复秘书室谓："查总理第一次起义纪念稿等，已早送文书科，惟广州蒙难纪念稿一篇，尚未修整完成"等语，似此《九九稿》，余实可不再删改，即候邓编审来负责矣，惟询许处长，午间适来处。云邓君未到，余只可再行整理，俟删妥后再候主委来，面为请示。

二月八日

连日放假，在寓，细思《九九稿》删改方法，似得窍要。上午将四日以前已成各节再删一过，减去六百馀字。以后拟照新方法，当可痛减矣。

二月九日

上午清录昨日删改之稿一页。下午录半页并删改。

二月十日

上午删改《九九稿》并清录一页半。下午审查史稿（张祖英著《丨次失败以后》）。未完。

二月十一日

上午清录《九九稿》一页半，又删改二页。下午查阅录事王伯勋抄录已删改稿共十五页馀，计已九千馀字。虽用新方法，仍嫌太长，又为爽然自失。

二月十二日

上午再将王录事抄就之稿删改一过，但所减少者仅约数十字。下午开小组会议。又审查张祖英所撰史稿。完。

二月十三日

下午再将前稿删改一过，所减少者亦仅百数十字。

二月十四日　　星期

在寓修改已删之《九九稿》，上下午各一次，约再减百馀字。夜撰稿一节。拟不同删法，竟用撰作法。

二月十五日

上午清录昨夜撰稿一页，并读已删稿一过，略加修改。下午再清录昨夜稿一页，并亦重修改已删稿，减数十字。

二月十六日

上午再删前已改稿约三四十字，并续前夜撰稿。未完。夜续撰稿一页。未完。又嫌冗长矣。

二月十七日

上午再删改已删改稿一过，约减二三十字。下午将连夜新撰续稿重行删改，并改节目。夜仍删已删改稿一过，约减数十字。又撰续稿数行。

二月十八日

上午续撰稿一页。下午续撰稿一页。

二月十九日

上午撰稿一页馀。下午撰稿半页。

二月廿日

上午清录所撰稿加以删节。下午再清录并删节，但仍未能短。一叹。夜再将前稿删改一过。

二月廿一日　　　星期

上午再将前稿删改清录二页。虽未能短，似颇能合事理。下午续清录一页。

二月廿二日

上午参加纪念周后，续撰稿半页。下午续撰半页，并清录上午〈稿〉。

二月廿三日

上午续撰稿一页半。下午续撰稿一页半。夜将昨日及今上下午撰成稿修改一过。

二月廿四日

上午续撰一页。下午因接柳亚子函,送张委员同阅,并为改复函。张先生先接柳函,正拟复,今见柳致余函,须将复函稿略易也。后再将昨夜已改稿及上午所撰稿修改一过,以求减少字数。

二月廿五日

上午续撰稿一页。下午续撰半页。

二月廿六日

上午开学术会议,后只将昨稿修改一过。下午开小组会议,后续撰稿一页。

二月廿七日

上午将昨撰稿及以前已成稿修改一过。下午开区分部党员大会,后撰稿数行。

二月廿八日　　星期

晨至下午在寓,修改已成稿一过。又续撰一页。

三月一日

上午开纪念周后,复阅昨撰稿,并略修正一过。下午续撰稿一页半。夜复阅下午稿,欲简减,未能。

三月二日

上午续撰稿二页馀。下午续撰半页。夜复阅今日撰稿,略删改。

三月三日

上午因有事往歌乐山振济中学。下午回至寓,仅阅报,未工作。夜将已成稿读一过,略删减字句计约十四页,将完成矣,但连已发抄之稿共为二十八页,约一万六七千字,逾限太多。

三月四日

上午续撰稿半页,并将前成稿再删减数十字。下午续撰稿半页馀。夜续撰稿半页。完成。

三月五日

上午查阅已成之稿一过,并再续撰半页。下午再续半页。确实完成。

三月六日

上午清录已完成稿二页。下午续清录一页。夜续清录一页。

三月八日

上午往会,参加纪念周后,清录稿一页。下午清录三页。夜清录稿一页。

三月九日

上午清录稿三页。略加修改。下午清录二页。并修改。夜修改已成未清稿一过。

三月十日

上午再修改昨夜稿,并清录一页。下午清稿三页。已完。查全稿共三十二页,一万九千二百字。夜,再撰简稿二页。

三月十一日

上午续撰简稿二半页。下午续撰二页。夜又撰一页,并修改已成稿一过。

三月十二日

上午续撰一页半,原欲简又不能简矣。下午开小组会议未撰稿。夜拟将已成稿删改,删得二页。未完。

三月十三日

上午删改已成稿半页，半续撰半页。下午再删改半页。

三月十五日

上午删改已成稿半页。下午再删改一页。夜删改一页。

三月十六日

上午清录及删改已删定之稿一页。下午空警未工作。夜补清录及删改一页。

三月十七日

上午又将昨日夜所作稿删改一过。夜清录稿二页半。

三月十八日

上午续撰稿一页馀。下午再续撰一页，并删改上午稿。夜删改并撰稿二页。

三月十九日

上午又将昨夜稿删改成一页半。下午续删改并新撰稿一页半。夜续撰稿一页。

三月廿日

上午删改昨夜稿并添撰半页。下午开区分部临时选举代表，往区党部代表。会〈后〉又续撰稿半页。夜又将已成稿大加改削，但只有增而无减，因细阅之馀实不能删也。

三月廿二日

昨日细思稿不删则违令，究有不便，停笔一天，决定删去组织党务诸史迹，专述第二次起义至武昌起义事。因近人皆将组党宣传革命之事并列。如邹鲁党史稿即其例也。中常会规定段落，所谓兴中会同盟会革命史，此革命史三字，亦即指起义而言也。如此简略述之，必可合七八千字或五六千字之限度矣。心中乃一慰。上午赴会开纪念周，后未工作。下午拟照昨日决定之意，改拟一稿。乃落笔,又牵及伦敦蒙难、完成三民主义两事,与昨意不符,若从此牵连下去,又嫌长矣。再搁笔。

三月廿三日

上午清录廿日以前已改之第八次稿二页。下午续录一页。

三月廿四日

上午清录稿二页。下午赴会,开史料丛刊谈话会。夜修改第八次稿一过。决用此稿,不另撰。

三月廿五日

上午续撰稿二页。全篇完成。下午复阅全稿一过,略加修改。夜亦修改一过。

三月廿六日

上午开学术会议、区分部党员大会,再修改全稿一过。下午开小组会议,未看稿。夜修改下半篇稿一过。但增者多减者少,明日仍须再改,方免逾限太甚。

三月廿七日

上午修改稿一过。下午再修改。

三月廿九日

上午修改《九九稿》第八次稿一过,将太糊涂处清录完成,虽未合限度,不再改矣。

三月卅日

上午清录稿二页半。下午清录二页馀。夜续录二页半。

三月卅一日

上午原拟今日可将第八次稿送出,乃查丙申、丁酉、戊戌三年,满清断送国权之事,与总理革命,实有关系,而各次稿均漏未编入,殊觉不妥,又拟再修改,并摘采此项材料。下午未撰稿。夜撰稿一页半。

四月一日

上午撰稿半页,并清录昨夜稿。下午续改撰稿半页。夜修改并清录上下午稿一页馀。

四月二日

上午撰稿一页馀。下午撰半页兼清录。夜续撰稿一页。

四月三日

上午撰数行。下午撰稿一页并清录。

四月四日

上下午撰稿一页半并清录。夜查阅已成稿一过,略修改。

四月五日

上午参加纪念周,返总纂办公处太迟,会内大闹风潮。仅撰稿一行。夜续撰数行,并将全稿修改一过。

四月六日

上午撰稿一页,并清录昨夜稿共一页半。下午撰半页。夜修改前二节稿删减四行。

四月七日

上下午将全稿修改及续撰二页馀,但又嫌长。晚间搁笔。明日再修。

四月八日

上午修改稿一页馀。下午修改并清录一页。

四月九日

上午修改稿一过。下午删改稿一过,约删去二页。

四月十日

上午整理稿件。下午病未工作。

四月十二日

上午仍欲将稿删节，但修改一过，所节无多。下午续撰半页，但未能作结，乃随笔勾消，改成数句，即以此结。合计全稿十六页半，共为万字，俟明日决定。

四月十三日

上午再将全稿重阅，稍修一过，并决定昨所作结笔录入之。于是全部成功。

四月十四日

查阅全稿一过，具签，检同原稿送缴总纂核阅。

九月廿一日[①]　　晴。午表八十八度。下午六时八十六度。

上午八时到总纂办公处。照弟今日开始工作。余所写之《史迹》稿交他试行续写。致权超俚双挂号信一、谢一声甥信一。向赵季琳调到《总理全书》宣言全一册。接饶小田信一。校点照弟所写稿三页。下午在寓阅曾集文四页。三时半到办公处写《史迹》稿一页。又校点照弟所写稿，三页。补阅昨日报。

九月廿二日　　　晴。午表八十八度。下午六时八十六度。

上午八时到总纂办公处，写《史迹》稿（宣言）自昨下午始写此类。一页又六行。接陆曼炎函一。校点汝照所写稿二页半。下午在寓阅曾集文四页。三时半到办公处，校点汝照弟所写《史迹》稿二页半。自写《史迹》稿一页又四行。今日报到即阅。

九月廿三日　　　晴。午表八十九度。下午三时九十一度。六时八十六度。夜见空中闪电。

---

① 此为第四册之始。该册封面题"日记。三十二年九月廿一日接立。十二月十日止。"按此前数月日记无存。——整理者

上午八时半到总纂办公处，写《史迹》稿二页。校点汝照弟所写稿三页。下午在寓阅曾集文四页。三时到处，接权超侄信一、谢一声甥信一。阅本日报。拟填中央所规定三十三年度工作计划表之增修《总理年谱长编初稿》计划表一份交钟孝先秘书。余拟全计划限度为三年，即将会中所已印成之铅印本第一册为本年三十三年。增修工作计划。其第二册油印本为卅四年度增修工作。第三册为卅五年增修工作。统限三年完成。适邹永成纂修在座，谓须十五年方可完成，每五年增修一册也。余不敢决，俟钟转呈张主任委员核夺。闻张公今晚可到会云。写《史迹》稿半页。又校点汝照所写稿三页。

九月廿四日　　　晴。午表八十一度。下午转阴。六时表七十六度。

上午八时半到总纂办公处，复邹海滨函一。六月廿二日来函，今始复。写《史迹》稿二页。校点汝照弟所写稿三页。接楚伧信一、中图志审委会 3046 号函一，内附邓慕韩所撰《记尤列》、《罗香林著国父家世源流考止误》、《谢辑革命史话订正》史料三篇。下午在寓阅曾集文四页。三时半到处。审阅邓撰史料三篇。于《记尤列》篇中签注二处，馀未加签。邓极反对罗著，且有广府排客之语气，横溢纸上。姑搁置之。校点照弟所写稿三页又二行。

九月廿五日　　　晴，微阴。午表八十一度。下午六时七十六度。

上午八时半到总纂办公处，写《史迹》稿半页。查《总理全书》第十七本"演讲"已写毕，送还赵干事季琳手收；另调《总理全书》"文电"（八）一本，由余自选录。前调"宣言"一本，交汝照弟续抄。改前复送审查胡宗贤卷，签呈。阅《总理全书》"文电"内有年月日不及之处，签注三条。校点汝照弟所写稿二页半。下午在寓阅曾集文三页。三时半到处，写《史迹》稿（文电）一页。校点照弟所写三页半。

九月廿六日　　星期　阴雨。下午六时表六十四度。

上午在寓写致亮儿信。午间又接亮儿廿二日来禀,加写一纸,即复。下午在寓阅曾集文三页。四时馀往办公处阅昨日报。

九月廿七日　　阴,小雨。午表六十度。下午六时表同上。

上午八时到处,即往会,参加纪念周,殊已改开纪念周为九时开始矣。张委员主席,演讲至十时散会。余面交前日改签之胡宗贤据称现名威临,原名宗贤。卷于徐副主任委员,请其改批。返处阅昨日报。写《史迹》稿一页并校点前日写稿共二页。又校点照弟所写稿二页。下午在寓阅曾集文三页。三时到处,调到《南社丛刊》六册,又湘集一本。即为楚伧查录旧作文诗词目录一页馀。校点照弟所写史稿三页半。久未作夜工,今夜甚凉,始复校照弟已抄中国国民党第一次全体〔国〕代表大会宣言十页,半小时而毕。以后拟每夜作点事,免徒费灯火。

九月廿八日　　雨。午表六十二度强。午间雨止天转朗,乃不半小时复阴。下午又雨,一时至三时半始止。四时后又雨。甚凉。

上午八时欲到办公处,恐路滑,拟候雨止。乃候至十时雨更大,不得不出门,而大雨之下,路面泥被刷去,反不滑,安然到处,心颇慰。自写《史迹》稿一页,校点汝照所写稿三页。余去年托钟孝先向会领用小皮箱一只,预备装《总理史迹》稿之用,今提出办公室,以装《南社丛刊》及中央图书杂志审委会所寄来史稿尚未审查各件。《南社丛刊》内楚伧诗文颇多,余无暇为抄录,今日始嘱工友金品朝抄写,俟抄得若干,再议酌给工价。下午在寓阅曾集文三页。写《史迹》稿二页。夜阅报。晚间照弟由办公处带回本日报也。又权超自一品场来信(廿六日)。

九月廿九日　　雨。午表五十八度。今日为旧九月朔。

上午八时到总纂办公处，补校点照弟昨下午所写《史迹》稿三页。开学术会议。复楚伧信一。校点照弟所写《史迹》稿二页半。区分部部党员大会，余签名后未出席。正写信间，见各同志亦退矣。下午在寓阅曾集文三页。写《史迹》稿二页。接淦甥十九日来信，前已转新丰县长职，约月馀可交代完毕，转就司令长官部少将参议。五时半照弟带回本日报纸，即阅。

九月卅日　　雨。午表六十二度弱。下午六时表如上。午雨止。下午天略朗。路渐干。六时细雨，复阴。

上午九时到总纂办公处，补校点昨下午照弟所写《史迹》稿三页。自写《史迹》稿一页半。校点照弟所写稿三页。下午在寓阅曾集文三页。三时半到处，写《史迹》稿半页又五行，并校点上下午所写共五页又五行。校点工友金品朝所抄南社第三集楚伧诗文四页。校点照弟本下午所写稿三页。夜阅报。

十月一日　　阴。午表六十二度。午后转晴日出，至晚颇明。六时表六十四度。

晨六时半闻照弟自总纂办公处来寓言，路极滑，谅昨夜有雨。早餐后在寓写信致谢氏①，一谔共一封。十一时到处，校点照弟所写《史迹》稿四页。下午在寓阅曾集文三页。查《总理全书》"文电"已写完。三时到办公处，校点工友金品朝所写〔抄〕六页。校点照弟所写《史迹》稿四页。查《南社丛刊》各集之楚伧诗文为作目录交工友金品朝。但未完。

十月二日　　晴。午表六十七度。下午六时表六十六度。

上午八时半到总纂办公处，调《总理全书》"函札"（十九）一本，

---

①　谢氏，系林一厂在原乡之发妻。——整理者

交汝照弟抄写。校点照弟所写稿二页。阅《总理全书》"函札"(二十)一本，加签二条，随即交还。复阅中图志审委会所送邓慕韩驳罗香林之件一过。下午在寓阅曾集文三页。三时到处，因照弟欲晋城取行李，为往会询罗本初曾否嘱工友担回？星期一曾托他。罗适已往歌乐山，未晤。旋返处。汽车班次亦赶不及，嘱照弟改日再往。校点照弟所写稿三页半。阅报。夜阅梅县《中山日报》八月卅一日报尾，有古公愚所撰《钟辟生事略》及《哭钟天静》诗一绝，不称辟生而称天静。又辟生原名用宏字季通，更名"动字天静"，幼随其兄用龢读书广雅书院，年弱冠入学，为附生等语。余忆我年廿二岁(前清光绪癸卯)与辟生同入学，学使为朱祖谋，辟生榜列第一名，余为第四名。在学宫簪花，同席饮酒，始识之。后不常见。民元秋冬间，余在汕头同盟会机关部任政治科干事时，举行国会议员选举，余与谢逸桥部长、何铁军科主任等推饶芙裳应选，由机关部派余往梅县五属联络。初选当选人一致投票。辟生时在汕头，总务科主任干事李蜀蕉告余曰，何不推钟？余曰，钟君才学，当然可推，但此次合潮、梅十五属为一复选区，竞争甚烈；饶君名望较尊，五属初选，当选人较易同意，即潮属之票，亦可吸收。钟君年壮，尽可在外活动，不忧议员不可得也。一日，由碐磜机关部与辟生同行入市，途中即以此语面告，彼唯唯，无不悦之色。此一事也。

民十六春，余在南昌城内六眼井中国国民党中央党部，闻辟生寓对门某别墅，党部为南昌某巨绅被官没收之屋，其对门花园别墅亦绅产，为李协和公馆。李协和为江西省政府主席，提辟生为秘书长，有人反对，未果。适中央党部迁武汉，余病未能行。楚伧濒行，留函致财政厅长周雍能，托为余设法于赣南近粤边谋一税务局暂安身，俾得就近返粤。另函告我，并荐周雍炀为余治病；亦留函致协和，托为余谋。一日，余冒病持柏年函往见李，李言已辞主席职，将往武汉，劝亦往武汉为佳。余正惘然，中央党部同志已陆续行矣。雍煬盖雍能厅长之兄，来诊余病，谓余事已发表为赣县统税局长，并嘱余迁旅馆暂住，以中央全部迁后，六眼井空屋不能居也。是夜，辟生约余往其寓馆饮宴。谓有人送酒席一筵，协和有事不在寓，即代作东。余病亦稍已，与来使萧□□忘其名，似萧汝韫之叔。偕往。席间有黄攻素，协和之秘书也。辟生知余有赣南之局，甚喜，即荐萧□□同往，此又一事也。

民廿八年春，余自江宁县六郎桥沦陷区逃出上海，在天津路恒源里林耀记本家伯沅兄处，又遇辟生，始知其家在沪。由是时相晤于耀记及医生孔锡鹏之医寓。是秋，余将来渝，邀他同行，谓学佛习静，对于人事，不欲追求，惟以余眷口为累，不能久居，中央职事，尚未解脱，亦主一行。濒行，余偕妇往其寓街路门牌均忘却，惟忆系赁一大宅之披屋，矮楼三间，案上佛书甚多。告别，并询昆明有无同乡故旧，路过可以一访。承井示二人，均前在云南教育司之旧属。姓名地址均忘却。余过昆明，有同乡谢尚荣邱□□相见甚欢，询此二人，均不识，亦未往访。此又一事也。

以上三事，萦余怀久不能忘，并在沪询其年长余三岁。而伯沅语我，其妻好赌，不顾家务，子一已为共产党，不在沪；一在沪亦不读书，不成人；其客况极困窘，均以耀记借贷过日，云云。细阅公愚所撰事略，多不相符。公愚似为辟生之学生，即梅州学校学生也，但已不认为师而称为友矣[1]。其他叙事，俱觉脱漏不备。谓其年

---

①　钟动与古直（公愚）俱为嘉应州冷圃诗社成员，1909年共同创办梅州学校。1911年11月，钟动等人在州城组织起义，成立梅州军司令部。钟任司令，古直任秘书长。（详见《梅县志·古直传》）钟古系朋友关系，不误。——整理者

六十五,则入学之年已非弱冠矣。至其兄用穌为拔贡生也。欲作诗或联挽辟生,未成。

十月三日　　　星期　阴。下午天色尤阴,有雨意。

晨,谢〔杨〕氏与汝照弟往山洞购食物,余本欲偕行,未果。仅往总纂办公处小坐。见工友正糊窗纸及葺屋漏,即返,再阅梅县《中山日报》,补写昨夜阅报后关于钟辟生事一大段,九月五日报载粤省行政各区米价大跌,由每石八千馀元跌至五千馀元。九月九日报载,最上油尖米每石二千八百元,上白米二千元,次白米一千六百元,中糙米一千五百元。似较渝米价为低矣。一慰。摘录粤省现在行政区域名称地点如下:

第一区恩平、开平、台山、新宁〔会〕等县(四邑)。第二区韶关、南雄、连县等县(北江)。第三区肇庆、德庆、广宁、郁南等县(西江)。第四区惠州等县(东江)。第五区潮州各县(潮汕)。第六区梅县等县。第七区高州及两阳。第八区廉钦各县。第九区琼崖。下午在寓阅曾集文三页。四时半往总纂办公处,欲阅报乃未到,及门而返。夜欲作诗哭辟生,凝思许久未落笔。

十月四日　　　晴。晨曦甚佳。午表七十二度。午后转阴似雾。六时表六十七度。夜复晴。月星见,月如镰,云尚多。

晨接亮儿二十八日来禀。上午八时到总纂办公处,补阅昨日报纸。九时赴会,参加纪念周。接子靖叔九月十五日来信。十时后返处,再审查邓慕韩驳罗香林稿一过,欲加签批,未果。校点照弟所写稿半页。下午在寓阅曾集文三页。三时半到办公处,校点工友所抄叶诗文稿八页。校点照弟所写稿四页半。夜阅报。

十月五日　　　阴。九时雨,初颇大,旋小。十一时馀又雨。午表六十三度。下午一时转晴日出。二时后复阴。五时半六十四度。

晨,杨氏偕照弟出山洞,照赴城取行李,杨氏买猪油、牛肉、白菜、豆腐干丝各物颇备,九时馀回。余正欲出门来办公处,在大门外相遇,因折回一坐。兆先自星期六(二日)与安和回寓,言胃病,医生嘱须休息数日。昨晨觉较好欲往,胃又作痛,往会,由欧医生诊视开方。昨夜服之,今晨言腹痛。八时起,食粥一碗,复卧。杨氏颇以为忧,欲请国史馆图书室在刘家槽。职员安和之母甚称他为良医。诊治,商俟午间询明该员今日是否来刘家槽再决。该员或到刘家槽,或不到,无定,因无事也。九时到总纂办公处,签批邓慕韩驳罗香林稿并抄录其致邹海滨函。下午在寓阅曾集文三页。三时到办公处,校点工友所写〔抄〕楚伧诗文三页。录邓慕韩致孙院长哲生函。又摘录邓稿内一节攻击罗香林最甚之词,至引康梁谓"满洲种族出自华夏"为比,岂邓氏以客籍人与广府人为异种耶?夜阅报。为兆先写请假信,安和明日返校。

十月六日 雨。昨夜即闻雨声滴滴到天明。今晨至午淋淋不止。下午无雨犹阴。夜天略朗。

晨五时馀睡起,见天甚阴,复睡至六时半起床,盥洗食粥后,不能出门。照弟昨约今早回,候至九时仍未至,欲写信。秋风袭人觉凉噤,登床拥被小睡,十时再起。兆先昨服保济丸,询病已愈。惟安和因雨未赴校。余反精神疲困,愁绪纷集。适今日为重阳前一日,触动古人"满城风雨近重阳"句,欲作诗又未成。十一时写复子靖叔信,未及半,照弟偕黎守杰外甥孙冒雨到。照弟携得行李二件。昨夜先约守杰自化龙桥入城,今晨同来也。谈至午饭后,续谈至下午四时,守杰独出山洞,搭车回化龙桥。此子十馀年未见,若在途中不认识矣。此来商为亮儿设法谋入农民银行,意甚殷勤。往年渠初到渝,来函约见;嗣不如约,函中说话太虚,余疑其为浮滑青年，今察之，似误认矣。送守杰照弟出门，见路已较干，欲往办公处，适邹器之回来，询报纸未到，乃不果。五时馀照弟由办公处返寓，携来报纸。余正补写完复子靖叔信。夜饭后阅报。是日竟未工作。

十月七日　　阴。晨七时小雨，旋止。午表六十四度。下午六时表六十三度。夜八九时天转朗，云散而白，有月色。

上午八时半到总纂办公处，复中图审会第五科函一。校点工友黄国信所抄楚伧诗文六页。校点照弟所写《史迹》稿三页。下午在寓阅曾集文三页。三时半到办公处，校点金品朝抄叶诗文六页、黄国信抄一页。又校点照弟所写《史迹》稿三页半。今日为旧历重阳，欲登高，未果。夜作诗一首哭钟辟生，待修正。

十月八日　　阴雨。晨六七时即雨，八时后颇大，檐溜出。午表六十度强。雨止犹阴。十二时馀又雨一阵，旋止。下午六时六十二度。

晨阅照弟携回昨日报。又阅梅县《中山日报》。九时欲往办公处，怯路滑，未果，在寓写致权超侄信。十一时到处，校点照弟所写《史迹》稿二页。送还《总理全书》"函札"（十九）一册，王伯勋收。取还收条销毁。接中审会第二科十月七日函，交中审会前送《革命文献》一本，内有《黄昌谷述总理北上及逝世详况》一文者，嘱照弟抄出备编入《总理史迹》稿用。下午在寓阅曾集文三页。改哭钟辟生诗，录如左：

噩耗惊从海上来，斯人斯境剧堪哀。武宁幕散莲池客，护国军空草檄才。卅载宦游终托佛，万端恩怨尽成灰。烽烟黩黩倭犹炽，谁向江头酹一杯。

三时半开小组会议，四时馀散会。校点照弟所写《史迹》稿二页半，黄国信所写〔抄〕楚伧诗文二页。夜再作哭辟生诗，未成。

十月九日　　阴。晨小雨。午表六十三度。下午一时馀又雨，颇大，三时始止。夜七八时天转晴，云开月出。

晨阅昨日报，照弟携回寓。上午八时半到总纂办公处，审查中审会五月七日所送冯自由著《中华民国开国前革命史》上、中编二册，核与三月间冯君先送党史会修改要点相符。并复中审会第二科函，交王伯勋缮正。校点照弟所写《史迹》稿三页半。下午在寓阅曾集文三页。查阅贵阳《中央日报》，剪存有关史料二则。路滑不能出门。作邓慕韩辨正罗香林书总评一篇。四时往办公处，校点照弟所写《史迹》稿三页半。今上午到处时，张主任委员来言，《总理史迹》一书，现交汝照抄写乎？余答是。彼即续曰，此书本年必须完成，现在专办此事，其他审查各种史料，我均已交他人，免妨此项工作，非不欲先生审查也。余颇难如限，未及答，又续曰，本年底势必要完成。余答以只能粗完，譬如造房屋，仅能先成间架，其馀粉垩打地面诸工作，未能完也。曰，此自然之理，先成间架，大体完竣为得。余答是。随举中图会所送史稿〔料〕如邓慕韩驳罗香林稿件曰，即此事亦极麻烦，他竟有挑拨土客恶感之意。即接去欲阅，适有他客至，遂交还，余言未毕，彼往会矣。下午询得张委员已离会晋城，明日为国庆日，且蒋主席就职也。接伟珊弟九月十八日来信，内言：汕头邮局举凡公私事项，莫不严受监视，按此为倭奴监视也。稍不如意，楚挞相加，在铁蹄下服务员工，大有啼笑皆非之慨；但念邮政整个系统起见，及公务员唯上峰命令是听之宗旨，各人皆忍辱负重，以俟光明之来临。不料六月下旬，总局驻沪办事主任突被免职，强硬接收，另派伪员接充，似此动向，与后方显是破裂，我辈实不堪再事容忍。爰于本月六日由汕自动返回后方，在梅县局听候差遣，于十日到达，业已电呈曲江当局备案。一方致电重庆总局同寅,代为呈报上峰,当各事办理完毕,于本月十六日回家中云云。夜写此日记,下午之事。并查阅上月之日记,余于九月十一日接曾养甫复函,为伟珊事十二日即将函寄伟珊,并嘱其牺牲旅费来渝报到服务,未知何日到达,明后日拟再将伟珊此次来函转养甫,使知人已自动返后方矣。

十月十日　　　双十国庆　星期　阴。晨七时雨一阵,旋止,犹阴。午天略朗。下午复阴,四时洒雨一过。

上午九时到总纂办公处,欲往会参加国庆纪念典礼,闻已散,乃不果往。校点黄国信所抄楚伧诗文三页。错误太多,退还一页另抄。十一时半赴会聚餐,饮酒微醉。下午在秘书室与徐忍茹、汤公介谈诗。张子英即国史馆管图书职员能医者亦来谈。梅乔林在座,便请诊脉。视其开方,似嫌复杂。二时馀天阴沉欲雨,即回寓小睡。昨夜拟写信致曾养甫未果。夜作哭钟辟生诗一首,待修正。

十月十一日　　　雨。自晨至午未歇。下午雨止。六时表六十四度。夜天转朗。九时云开月出。

上午在寓改哭辟生诗并加注语如下:

飘荡魂招倘肯来,微尘世事曷胜哀。耻同妖媚相争炉,化作星辰更见才。汪直总随倭下海,胡僧合认劫馀灰。河山还我身何憾,只欠黄龙饮一杯。注:君于民国元年入江西都督李公协和幕,著有《武宁文牍》一卷。四年,李公讨袁世凯,赴滇兴护国军,君为草檄。后任云南省教育司司长。十六年,李公任江西省政府主席,提君长秘书处,有反对者,会议不通过。李公旋亦辞职。君遂隐居沪渎,静研佛学。既资用匮乏,依军事参议院参议刘公伟军[1]。抗战事起,刘公返粤,君益困。廿八年,余从江宁山中违难至沪,邀君偕来渝。君曰,人事追求,早已厌倦,协和在滇,尚无信来。前

---

① 刘志陆,字伟君,广东梅县人。——整理者

年李公由滇莅渝，固犹念君不置，曾与中央委员张公溥泉述讨袁檄事，称君文才。数月前张公在党史会总纂办公处以告余，且慨然曰，人皆谓君尝诋毁总理，卒不得召用。余意此时交通断绝，虽召亦不能来矣，徒为怅然。今见古教授公愚纪君生平事略，则君囊在东京，固与汪、胡意不合耳，未尝诋毁总理也。

午间阅照弟携回昨日《中央报》。下午阅《曾南丰集》七页。此书为上海大东书局铅印本，二十五年二月初版。前日已阅完，内有错字，今从头再阅之。三时半到总纂办公处，校点工友黄国信所抄楚伧诗文四页，又六页。夜阅照弟〈携回〉今日《中央报》。

十月十二日　　　雨。晨及上午断续雨三次，午天略朗。下午四时又雨一次。夜，初有月色，九时馀忽又雨一阵，旋月色复现。今为旧历九月十四夜也。

昨夜月已出，今晨复阴雨，殊出人意外。上午在寓将哭钟辟生诗二律及注，注略有改易。录寄梅县《中山日报》陈燮勋兄。附致古公愚兄。签批邓慕韩《记尤列》稿。并改前作邓驳罗稿之签批一则（原批略有意气）。下午校点照弟昨日及今上午所写《史迹》稿八页半。三时馀权超侄由重庆来，因调往成都，特来作别，与谈至夜十时，即留宿厅中。兆先昨日始赴校销假上课，晚间复偕其同学数人回，因党史会原拟今晚开演电影，不知已因雨打消矣。阅权超由城携来本日《大公报》，载国民政府蒋主席前日（十月十日）就职后五院院长及国府委员昨日就职。录文官处通电如左：

全国党政军各机关各法团各报馆公鉴：前奉中央执行委员会先后决议，选任孔祥熙、孙科、叶楚伧、居正、覃振、戴传贤、朱家骅、于右任、刘尚清、张人杰、邹鲁、冯玉祥、阎锡山、宋庆龄、张继、熊克武、柏文蔚、李烈钧、李文范、王伯群、章嘉、马麟、沙克都尔札布、胡毅生、钮永建、刘哲、麦斯武德为国民政府委员。并选任蒋主席为行政院院长，委员孔祥熙为行政院副院长；委员孙科为立法院院长，委员叶楚伧为立法院副院长；委员居正为司法院院长，委员覃振为司法院副院长；委员戴传贤为考试院院长，委员朱家骅为考试院副院长；委员于右任为监察院院长，委员刘尚清为监察院副院长。兹经于本年十月十一日在国民政府举行宣誓就职典礼。特此电达。国民政府文官处。真酉印。

计共国府委员廿七人。

十月十三日　雨阴。晨雨八时止，犹阴。午天略朗。下午四时后淡阴。晚六七时间又雨。九时后有月色。

晨将所写就民国十三年之《总理史迹》三本交照弟试编。审查《革命文献》廿六页。接亮儿十月八日禀一。兆先今晨冒雨赴校。夜阅本日报及梅县中山报。与权超侄谈至十时就寝。

十月十四日　雨。上午九时天略朗。下午三时见日影，顷刻即隐。五时一刻表六十二度弱。晚见红霞。夜有星月。明日当可放晴矣。

晨七时权超侄辞行，往山洞，搭车往青木关，候车赴成都。自去年至今，余每有事，嘱托他办理，此后相距已远，不易再见，均有依依惜别之意。九时在寓审查邓慕韩所撰《谢辑总理史话订正》稿。谢为谢君韬，未知何许人也。邓稿先有一段云，本刊二卷六期刊载谢君韬同志云云，所谓本刊，亦未知何刊。另附谢辑原稿篇。查邓君订正稿内所引原文，皆与原稿不符，未知何故，岂谢稿为邓氏所订正后再写者欤？即签批一条于上。至此，中图会前寄来3046号函内所送之三件文稿，已审毕矣。审查《革命文献》十二页。下午二时到总纂办公处，将审查完毕之冯自由著《中华民国国前革命史》二本及邓慕韩撰之《记尤列》、驳罗香林、订正谢辑总理史话连谢原稿。三种，复函二件，着金品朝送沈科长包封邮寄。又复刘尊权代冯催函。校点黄国信所抄楚伧诗文三页。本日始，会内改办公时间，下午五时即下班。夜在寓校点照弟所抄中宣部所编《国父孙先生年谱》四页，备参考用。今日始从《革命文献》内指出嘱抄。写给亮儿信一。

十月十五日　　　晨小雨，八时后转晴日出。九时阴。十时后日又出。时阴时晴，天色不定。午表六十四度弱。下午晴多阴少。五时表六十四度强。夜月明风清，疏星白云，秋景至佳。

上午九时到总纂办公处，校点黄国信抄楚伧诗文八页。下午在寓阅曾集文二页。三时到办公处，阅昨今两日报。接启鹏侄自中央政治学校十三日来信，谓本月初抵渝，入该校高等科第六期受训，约明年二月间结业，附保证书，请为保证；并有同学黄元波，亦请推爱保证云云。拟先填启鹏保证书，至黄元波素不相识，拟复令就近请十弟介绍黄钟保证。续本月一日所作南社集内楚伧诗文词目录。完。夜校点照弟所写稿六页。是日余寓之房主，在余房之对门周家厨房开一门。周姓原为房东之十馀年老佃户，近已吊佃，另招佃户，未来住。房东收回此厨房作别用。周则改为吴泽扬之佃户，将迁居泽扬屋内，即前为刘宪英寓今为洪兴荫寓云。

十月十六日　　　阴。午表六十四度。下午五时六十六度。夜十时后月出。

晨偕杨氏往土坝子吴姓屋前买肉，因函谷场白市驿均因屠户议起价未决，不卖肉，此间保长吴明江邀乡中人自行屠宰。余等七时许往，已将卖完，仅馀二三斤矣。明江言，函谷场开菜馆之商人，天未明即来买去太半云云。余买得一斤半，并代邹永成买得一斤。回寓始食粥。上午九时到总纂办公处，复启鹏信并填保证书。连黄元波一份亦填去。复查工友所抄楚伧诗文十七页，改正错误字。下午在寓阅曾集文二页。三时到办公处，复校楚伧诗文十一页。并自录其词一首。四时到会照像。兆先由学校来偕往。旋返办公处阅本日报。

十月十七日　　　星期　阴。晨七时馀雨一阵。下午四时馀小雨一阵。

上午在寓补校点照弟昨日写稿七页。复核工友所抄楚伧诗文十五页。接元龙弟十二日函一。下午阅曾集文二页。四时往总纂办公处，欲阅报，未到，即返。夜复校楚伧诗文稿十八页。完。

十月十八日　　阴。午表六十四度。下午天犹阴，且似有霰，路转湿转滑。五时表仍六十四度。

晨补阅昨日报。上午九时到会，参加纪念周，旋回办公处。写楚伧诗文目录。前作目录多误，兹填正之。下午在寓阅曾集文三页。三时到办公处，续写楚伧集目录。完。接张仲纬信一。致楚伧信。并抄稿一本。夜校点照弟所写稿六页。欲作诗，未成。

十月十九日　　阴。上午八时半后霏霏小雨，九时渐大，檐溜出。十时馀仍霏霏小雨。下午一时馀又霏霏小雨。五时表六十二度强。

晨续成诗一律，待修改。上午九时正欲出门，因雨不果。又作诗一首。午阅照弟带回昨日报。下午阅曾集文二页。二时半到总纂办公处，填公务人员家庭状况登记表。未成。因表内须填祖父母之出生年月，实不能知，恐任何人亦不能填也。夜校点照弟所写稿七页。

十月廿日　　雨。上下午淋淋不歇，但仅檐溜出而非滂沱大雨。夜仍雨。

霪霖路滑，不能出门。上午在寓改昨日作诗二首，又成一首。午阅照弟带回昨日报。下午阅曾集诗三页。再改上午所成诗。晚间阅照弟带回本日报。接中图志审委会十八日信一、又黎守杰信一。再改诗一过。似仍全〔未〕妥。夜校点照弟所写稿七页。

十月廿一日　　雨。自晨至午雨数阵，颇大。下午雨止犹阴。上午甚冷。晚间询办公处表为五十八度。夜半有雨声。

上午改诗，觉第一首越改越不好，欲毁去。适雨中身体发寒，小卧，覆被取暖，逾时始起。下午阅曾集诗二页。精神不振，恹恹欲睡。晚间阅照弟带回本日报。接一谔弟六日信、伟珊弟一日信各一。夜校点照弟所写稿七页。

十月廿二日　　　阴。晨至十时无雨。天气〔色〕略朗，云欲散。下午五时表五十八度弱。

上午改诗。十时许，楚伦着人送信并抄稿费二百元，即复信及赠家制酒一瓶、茅台酒一瓶。改诗后又作一首。下午三时到总纂办公处，开小组会议，代偿工友二百元后，工友金品朝送代余抄出南社集上旧作诗文十七页，阅一过后，校正数字，但尚有错误，明日当取原书校对。夜作诗一首。

十月廿三日　　　阴。昨夜未闻雨声，今晨路又极烂，不知何时下雨也。天犹浓阴。九时濛濛细雨。下午一二时间天色朗，大有晴意。二时半后阴。五时半表六十度强。

上午补校点照弟昨日所写稿四页、中宣部编《国父孙先生年谱》完。此稿拟留为整理《总理史迹》时参考之用。审查《革命文献》三页。并复校照弟所写稿十七页。下午阅曾集诗二页。四时到总纂办公处，校对南社集内余旧作诗文。夜阅旧作并订成一册，计十七页，皆民国二、三年在汕头、北京、上海及四年在松口所作。但犹未全。因南社集仅存三、四、七、九、十、十一、十二、十三、十四、十五、十六、廿等册，其馀已失。忆前在镇江，曾函托柳亚子代余搜集旧作。据复，搜得南社集中及黎里磨剑室中存稿，共有诗五百馀首。兹连诗文词都不过一百零三首，所遗太多也。记得胡朴庵之《南社丛选》、陈去病之《江苏革命博物馆月刊》、柳亚子之《苏曼殊全集》书中，均有余诗。

十月廿四日　　　星期　阴。晨小雨。八时至午天略朗。午后复凝阴曀曀。

上午改诗，又续作二首。午饭甫毕，房东之用人房内床下积灰起火，几兆〔肇〕祸，幸扑灭，未成灾。下午阅曾集诗二页。又作诗一首。日来共得八律，拟题为秋兴八首，用杜韵。夜再略为改诗一过。明日拟写寄楚伧。

十月廿五日　　雨。

上午在寓审查《革命文献》四页。将其中之《中山先生年谱》与中宣部编之《国父年谱》对阅，觉其亦有可取处，外交事特备。午阅照弟带回昨日报。复阅已成诗，犹有未妥。下午审查《革命文献》十页。吴敬恒之《中山先生年系》、徐民之《中山先生大事记要》二种。又续审查五页吴敬恒之《总理行谊》一种，未完。接权超侄自成都廿一日来信，谓自十四晨由此往青木关，即日下午二时搭车赴蓉。是夜宿璧山县。十五上午八时抵来凤驿，车坏停止，修理。十七日午始离来凤驿，夜宿荣昌县。十九日宿离简阳七八里之石桥镇。二十日午抵成都牛市口。下午到桂王桥西街海关分卡报到。暂住小亭兄公馆商业街廿号内二号，办公地点未定。小亭一家均平安。夜改诗一过，并录成一页。

十月廿六日　　阴。上午十时后天色略朗。午表五十六度强。日微现。下午复阴。

两日未到办公处，照弟应办公事，无人指导，且寓中枯坐郁闷，作诗愈不佳。今晨复阅昨夜录成之稿，又几欲毁去。特嘱杨氏向吴泽扬家购或借草鞋一双，套在胶鞋之上。上午九时到总纂办公处，觉较能移步。前日来时几滑跌也。补阅昨日报。前接中央图书杂志审委会第二科八月十九日函送史稿一包，今日开拆。内计：(一)《中国革命史略》，(二)《总理事略》，(三)《中国革命史》，(四)

《晚清革命文献》。即将（一）书一小册带回寓中审阅。午将《国民革命军东征实战记》交照弟试摘抄备用。并嘱录事王伯勋将档案处调来之南社集六本，又湘集一本，暨〔即〕行送还。下午在寓阅曾集诗二页。因积霖泥泞，久未往会理发。三时许正欲出门，而理发匠来寓，遂剪发。又改诗一过。接亮儿廿二日来禀。夜阅亮儿剪寄周素园所撰史料。又改诗一过。

　　十月廿七日　　阴雨。晨雨至九时止。午间天略明朗。但旋阴。下午三时后又开朗。五时表六十度。

　　上午在寓审查《革命文献》。吴敬恒之《总理行谊》下半节，完。续审黄昌谷之《中山先生的生平》一篇。吴敬恒之《我亦一讲中山先生》一篇，内有："甲辰（西一九〇四）总理在英，住伦敦西城肯星顿，曾偕敬恒往访康德黎。在康家吃晚饭。因为要往美洲，托康先生、夫人，遇缓急，招呼敬恒。"又："辛丑夏，敬恒逃在东京，与钮惕生同寓神田区明凌馆，所与往还者：范静生、蔡松坡、蒋百里、蒋百器、章仲和、吴止欺、曹润田、吴绶卿、盩天尉、桂家桂、戢元丞、张溥泉、钱稻孙等。时梁启超在横滨，范、蔡二蒋等与梁时通消息。旋闻总理亦到横滨，程家桂、吴禄贞与总理时相往还。一日，邀惕生同去，惕转邀敬恒。敬恒不愿去。下午六时，惕回至上野公园"精养轩"，与敬恒同吃饭。敬恒问总理是何状貌。答像一个书生气度，温和端正，生平未见第二人。敬恒始大惊，但卒不愿去见。至甲辰，敬恒居英已两年，总理忽敲门来访，敬恒乃不惊异。"以上是敬恒与总理认识之历史也。又审 汪精卫 [①] 演说大元帅北上入京之经过一篇，其起句云："兄弟由北京来，得参与这里第三次的周祭，承总司令的

---

① 此处汪精卫三字加黑框，系日记原有。——整理者

嘱咐,要兄弟向诸君说几句话。兄弟谨把这一次到北京的经过简单报告。"今经编者删去。余玩此口气,当系十四年夏间汪精卫到汕头之演说。所谓"这里"即为汕头;所谓总司令即今总裁也。又删后之起句云:"中华民国十三年十一月十三日,大元帅自广州出发,日字下原有'随'字,是[汪]随总理出发也。十七日到上海,大元帅决定自己率领几位同志,绕道日本以赴天津,命馀人也行入京,并在津会面。""馀人"二字原为兄弟,是[汪]未随往日本。惟所谓"几位同志",未详何人。另参见黄昌谷所述,知黄在内,但其他几位,迄未能详。下午在寓阅曾集诗一页半。三时到总纂办公处,接梁云从来信,内附学侄八月十六日信、罗香林信各一。阅梅山〔县〕《中山日报》,已登余挽卢耕父先生联。九月廿九、十月一日。补阅昨日报纸。夜写致三兄信一。

十月廿八日　　　晨七八时间见日,后阴似雾季矣。午表五十六度。下午日出。五时五十九度。夜星见。

上午九时到总纂办公处,写致南侄信、又复梁云松〔从〕信各一。下午在寓阅曾集诗一页。三时到办公处,写致权超信一。附学侄复他信。又复中央图志审委会第三科函一。阅本日报。夜再改诗一过。

十月廿九日　　　晴。午表六十二度。下午五时六十四度。是日为十月朔。

上午九时到总纂办公处,开区分部党员大会。十时半后始散。写信复罗香林。未完。下午在寓阅曾集诗一页。二时半到办公处,续写致〔复〕罗香林函。完。夜又改诗一过。

十月卅日　　　阴晴不定。晨六时小雨一阵。旋雾现〔散〕日出。九时后阴。午表六十二度。下午雾颇重。六时表六十四度。

晨在寓改诗一过。上午九时到总纂办公处,补阅昨日报。后改诗一过。下午在寓阅曾集诗一页。二时半到办公处,填公务人员家庭状况登记表。夜阅本日报。又录诗一过。先录者今下午为孙纂修取去,但甚悔,实尚须改也。

十月卅一日　　星期　雾。下午日色稍佳。

上午九时偕照弟往新桥,访张仲纬。由山洞经陆军大学之东北部校舍该大学校舍半在山洞之西南部,半在东北部,以公路为中心。前,穿过山峡,历石级数百而下,旋经石壁山,乃出新桥街。十一时半到新桥汽车站茶社小坐,照弟又往军医署找仲纬,旋来言,适张在寓,请余往食饭。遂同往。饭时畅谈,至下午二时,送余等出车站。又因欲乘马车或乘轮,在街上往来议不成,乃回汽车站,至四时,搭汽车返山洞,彼始别去。此行因余前托权超经手代为存放款二千二百元,权超调成都,转托张。余不得不与见一面,察见其人如何。今日觉其待人甚殷挚也。汽车客挤,无座位,至山洞下车后,即站旁茶馆小坐,五时馀缓步回寓。遇李振宽,同行。抵寓近六时矣。出汗甚多,脚亦微软,久未行路故也。夜改诗一过。

十一月一日　　　雾。午日始现。表六十四度。下午五时表六十四度。

上午九时到总纂办公处,补阅昨日报。修改前日所填家庭状况表。下午在寓阅曾集诗一页。三时到办公处,欲写诗而孙纂修适至,商改数字。余又欲将第八首更改,遂未写。阅本日报。接兆先自学校来信。

十一月二日　　　雾较薄。午表六十六度。下午天色转阴。三时后尤阴。五时表六十八度。

上午九时到总纂办公处,旋往会,与安、许两处长商谈,昨接兆先信,附振济学校通知,催缴米事。除余函复兆先,邀学友向校长说明外,另由三人用学生家长名义,函知学校,因党史会公家米未到,无从邀送,请宽展期限。通告限十一月一日前缴送,否则停伙。又改诗一过。下午在寓阅曾集诗一页。三时到办公处阅报。适孙铁人在处,将昨所改诗与之再商。前托图书室主任丁静如代买邵力子著《苏联归来》一册,是日始到,即披阅孙序及正文四页。夜阅《苏联归来》十六页。

十一月三日　　晴。雾薄。午表七十二度。下午五时表如上。

晨在寓改诗一过。上午九时到总纂办公处。阅《苏联归来》十四页。张主任委员来办公处面召余往其办公室,徐副主任在座。当面告诉与邹海滨委员谈党史会不为他审查书件事。余答以邹有《中国国民党史稿》,由中审委会寄余审查。余审查另有一件为《少年的回顾》,系另由征集处征得,现在总纂办公处,并非由中审处寄余审查者,余不能负责。并将近日函复中审会及罗香林二事详述。张公了然,系邹与中审委均误会党史会审查与余个人受中审会聘任审查二事为一,界限不分所致。随嘱钟秘书调取邹著《少年的回顾》一阅。该件确为邹径寄征集者,而非中审会寄余者。张遂无言。余就便翻阅该书一大段共十馀页,觉邹君自述少年事与余时在潮州汕头所闻邱少白同文教员等所述,绝然不同。旋返办公处,续阅《苏联归来》,未几即十一时半,散班矣。下午在寓阅曾集诗二页。久未洗澡,全身垢腻,今乘天气转暖入浴,甚快。三时到办公处,阅《苏联归来》十八页。接亮儿廿九日来信。阅本日报。

十一月四日　　阴。午表七十二度。下午五时七十度。

晨在寓整理旧《中山日报》。上午九时到总纂办公处,旋到会,送宣纸三小张,请张委员写字。适张已往国史馆,乃托钟秘书转交。闻张委员今下午或明日仍来会也。返处后写诗,拟寄楚伧。
诗写好,惟信未写。阅《苏联归来》八页。下午在寓阅曾集诗一页。
三时到办公处,阅《苏联归来》二十四页。交照弟代写诗。一份。
接梁云从信一、访秋叔信一。夜阅《苏联归来》八页。完。

十一月五日　　　重雾如雨。午表六十四度。下午雾更重。五时六十
五度。夜八九时雾渐散,略见月影。

上午九时到总纂办公处,拟写信致楚伧,又觉诗仍未妥,欲改
不成。何仲箫由南温泉来,持陈果夫先生信见张主任委员。适外
出未见。特来访余,而副主任委员徐忍茹在座,即介绍与谈良久。
余请徐为何设法食宿问题,乃在题外谈话不歇。将至十二时,余不
得不促何同返余寓午膳。饭毕偕往会,欲与刘主任秘书谈,而张委
员已回会,遂介绍面谈。张委员在陈函尾批云:"请林纂修指示档
案处先将英士先生史料目录抄出再定。"时雾更重,何恐有雨,明日
出门更难,乃托余一切代办,如嘱人抄稿,其抄费可比楚伧更优给。
余应允。旋与严处长谈后,他雇花竿送往歌乐山。何此来为欲抄
录陈英士先生史料也。下午二时半由会返办公处,接中审会第二
科四日来函,谓邹海滨先生之《回顾录》稿查于十月七日寄来。即
检查余之存件箱内,与《中国百年政治史》共包内,确有此稿,与前
所见新征史料案内之《少年的回顾》不同。三时开小组会议。复中
审会二科函。阅本日报。

十一月六日　　　雾重如雨。下午五时表六十度。

上午人极疲闷,似病,屡欲出门,未果。只将诗改一过。欲写
又未成。遂至午矣。思中审会事未能辞却,积稿甚多。拟每夜为
审查此件,当作看书解闷,诗必宜废,勿再作。此次孙所拟改字句,细
玩均不妥。以后尤不可诗示人。下午二时到总纂办公处,即取出邹著

《中国国民党史稿》二本，决从今夜起审查。接陆曼炎五日信。又中审会寄《革命识小录》二稿。复陆曼炎信一。阅邹《史稿》。再版自序、吴序、胡汉民先生函件。共五页。昨下午张夫人着工人送红薯一筐，今晨杨氏往谢。

十一月七日　　　星期　　阴雨。晨雨濛濛兼雾重。午稍开朗。下午三时后又雨，檐溜出。

原拟今晨校〔审〕阅邹著《党史稿》，因案上堆积贵阳《中央报》及梅县《中山日报》太多，乃为清理。自晨至午，并由杨氏与兆先女儿相助，始稍就绪。下午阅曾集诗半页。续清理书案。阅照弟带回昨日报。夜仍欲清理书案，以灯下不便折叠报纸，仅阅梅县《中山日报》而止。改诗一句。明日须决写诗。勿忘，切切。此事不了，太碍工作也。记之记之。

十一月八日　　　阴。午表五十八度。十二时馀雨颇大。

晨在寓再整理旧报纸。上午九时到总纂办公处，欲赴会开纪念周，而见档案处诸人已返矣。与李振宽略谈片刻，仍往会，与李治中谈振济学校米事。治中云，今日亲往歌乐山，为会中交涉公粮，因即托他顺便到振济中学与该校长教员一商，通融时日。又将访秋叔来信交许师慎，代查他于卅年托日里棉兰领事馆，寄中央党部之证件徽章等物，是否在本会抑系寄往他部会。又请欧克明医生诊视抗曾及杨氏。十时馀返办公处，写诗八首，决寄楚伧，但未及写信已摇铃下班。天复下雨，即回寓。欧医已来为杨氏母子诊脉。照弟偕欧医往取药，至下午一时方回寓午饭。阅昨日报纸。又整理旧报纸，至三时馀小睡。四时天色即甚暗，仍整理旧报纸，至夜八时馀罢手。

十一月九日　　　阴雨。下午五时表五十度。

　　晨至午在寓整理旧报纸，因雨未能出门。李振宽来，交下邓慕韩嘱他抄录史料函一件。下午三时到总纂办公处，李泳培同志送来档案处抄出陈英士先生史料目录及原件，为选择去取，取○去×。未完而窗暗，仍由李君带返原处，约明日再来。接黄政僧函一。夜整理日报。完。

　　十一月十日　　阴晴。午表五十二度。但仍有雾。五时表如上。

　　上午九时到总纂办公处，补阅昨日报。闻丁象谦、李树藩、姚荐楠均奉谕毋庸在考核委员会工作，陆咏黄亦同。与黄嘉梁谈及此事，遂未作别事而下班时刻到矣。下午二时到办公处，复饶小田信，托他顺便访问紫金忠坝公馆背村关于总理先世史迹，小田六月来函，谓在河源陈振旅处任秘书。如有头绪，当将罗香林所著《国父家世源流考》寄阅，再加详考。并由王伯勋代抄《秋兴》八首附寄。又复黄政僧信。

　　十一月十一日　　阴雾。午表五十二度。下午雾重甚阴。五时表如上。夜月甚明。（今为旧十月十四日）

　　上午九时到总纂办公处，写致楚伧信。附宣纸及邹器之、王伯勋纸各一幅。又诗八首。往会，询学生米事，知九日已由李治中科长在歌乐山交涉得米二石，即就近送振济学校矣。共学生十人，每人二斗。下午三时到办公处，接文书科为查询访秋叔函称卅年六月五日在日里托国民党直属分部所寄申叙书及证件等曾否由中央党部收到会稿一件，即签名盖章。复梁云从信一。接姚雨平信一。阅本日报及昨报。

　　十一月十二日　　雾。下午四时表五十四度。

　　晨往会，开总理诞辰纪念会，徐副主委主席，派余报告。余素不善演讲。自去年以来，承张主任委员派演讲二次，今为第三次。

听者均颇称善。自觉亦比前稍有进步。旋在会吃面，因面汤不热，回至总纂办公处，与孙纂修略谈，即返寓小睡一觉，腹中乃安。午寓内又食炒面。下午写诗八首，拟寄梅县《中山日报》。四时许往办公处，欲阅报，未到，在办公处左近散步。又在寓门前散步，遇徐忍茹，立谈，返寓。接黄钟即政僧复函，前来函托余为伊女制"大禹纪念歌"词，谓以四字为一句，共四句。首写洪水情形，下颂禹功。余以仅十六字，无从下笔复之。今函言，八字为一句亦可。夜审查邹著《中国国民党史稿》上、下二册。查此书与档案处所藏之陈春生采访所呈著甲四五五号。较巨全一册之版本内容相同。原系再版。其目录上有《再版自序》。惟其底页，则巨全一册者称"中华民国廿七年七月本馆第一版"，"发行人王云五"，"印刷所商务印书馆"。旁皆注"长沙南正路"。而此下册底页称"中华民国廿七年七月本馆第一版"后又称"中华民国三十一年二月本馆第三版"，"印刷所商务印书馆"旁无加注"长沙南正路"字样。余意所谓"本馆第一版"者，盖以别于从前上海民智书局出版而言也。但此书上册目录后已有再版自序，何以下册底页乃有"本馆第三版"之称，岂该馆曾出第二版乎？又巨全一册之版本系有光纸，定价七元；此为无光纸，且头脚俱短，故只定价五元，此亦两书之稍异处。

十一月十三日　　阴雾如雨。午表五十一度。下午五时五十三度。

晨因挑水工人不肯挑井水，特往井边视察，道路确较难走。上午九时到总纂办公处，补阅昨日报纸。接伟珊本月一日信，言上月二十三日在梅县奉曲江邮政管理局办事处训令，派充惠阳二等邮局局长，准于后日按即本月三日。前往接事。惠阳地方乃最前线，曾经沦陷二次，时被空袭轰炸。现商民白昼均疏散郊外，晚间始开市办公。临行书此奉告，所冀如遇机会，可为援助说项，达晋升一级之目的,则可免任二等局长。因现为一等一级甲员,晋升即任一等甲局局长,及管理局帮办、股长。复姚雨平函一。下午二时到办公处,写致亮儿信一。阅本日报。

十一月十四日　　　星期　雾。阴。午间雾重如雨。夜九时后月明。

上午往会,旋到小店子散步。遇潘涵、陆咏黄、彭世煊三同志在会及小店子与途中停步谈话。回寓时已十一点钟。又途遇汤公介。入门已小雨。下午四时到总纂办公处,欲阅报,未到。是日竟未工作或写信,白过一日。

十一月十五日　　　晴。晨见日。上午九时山间忽白雾空濛。十一时渐开。午表五十五度。下午日出。五时表五十六度。

上午补阅昨报后,审查编辑处所送中华革命党史料汇编纲要、缪信忠请辨正总理医学毕业年岁问题二稿。下午二时到办公处,清查中审会所寄稿件,处理邹著《中国国民党史稿》及《回顾录》卷二两种书稿作签及函,亲自往会,交文书科寄还中审会。校点照弟补写十二年十二月总理函件一页。阅本日报。夜阅十二年十二月份《史迹》稿,预备明日起专办此项工作。其馀各事均暂置,以应十二月底之期限。

计本午清查中审会来件录如左:

广西杨纡,中国历史(第六编现代史)

广西陈树林,革命文献(已审完,但未作总评)

广东陆达节,国父佚文集

广东曹朴,辛亥革命漫忆

无名氏,中国近百年政治史

商务印书馆,中国革命史略(已略阅)

又,中国革命史

胡去非，总理事略（往年阅过，未详审）

陆曼炎，晚清革命文献（已略阅）

又，辛亥开国革命史略（已审完，未作总评）

湖南向新，新中国三字经（复审之件，略阅）

邓慕韩，革命识小录，又续录

写致淦甥信一、伟珊信一。由梅县海关分署瑞良侄转惠阳。

十一月十六日　　　阴。雾重如雨。午表五十四度。下午雾更重。如细雨迷濛，路面湿滑。

上午九时到总纂办公处，整理十三年一月之《总理史迹》稿。未完。写致张仲纬信一。下午在寓整理十三年一月之《总理史迹》稿。完。接权超侄十三日信。夜复权超侄信一。

十一月十七日　　　阴。小雨。午表四十九度。下午雨渐大，檐溜出，淋漓至晚不断。

上午九时到总纂办公处，适张主任委员在其办公室，因将前接中审会送来邓慕韩稿件及邓致李振宽函，请示决定三种办法（孙镜在座，张委员谓，即由二位拟办法）：（一）由余复中审会，谓此稿实系党史会所存史料，兹用党史会稿纸，不知系何人私向党史会窃抄，已呈请张委员查究，不准出版。（二）函邓慕韩警告。（三）李振宽惩戒。余恐李有撤职处分，面请主委从轻，因余与李同乡，事由余发觉，不忍见其受重罚也。旋赴会与刘主任秘书申说，请其助力，为李说项。返办公处，校点照弟所写《史迹》稿一件。下午在寓整理十三年二月份《史迹》稿并订成一本。又整理三月份稿，未及装订，天已晚矣。夜阅照弟携回昨今两日报纸。接张仲纬十六日信并吉利春结单。

十一月十八日　　　阴雨。照弟言晨七时表四十度。下午五时四十一度。

天雨甚寒，加穿羊毛衣。上午在寓装订昨整理之十三年三月份《史迹》稿一本。又整装四月份稿一本。档案处送来陈英士先生史料一包。点收讫。下午整装五月份《史迹》稿一本。照弟在档案处调到中国国民党第一次全国代表大会纪事录一册，查阅至四六页。未完。接农民银行汇款通知及收据共三纸。夜续阅中国国民党一全代大会纪事录至五八页。未完。又阅数处。不计页数。

十一月十九日　　阴雨。照弟言晨七时表三十九度。午前雨止。午间天略朗。下午一时微见日。二时后复阴。

晨起甚寒，加穿棉裤。将陈英士先生史料一包交照弟抄录。上午在寓整装《总理史迹》稿十三年六月份一本。下午整理七月份一本。闻李振宽抄稿供邓慕韩发卖事，已经张主任委员记大过一次，惟邓慕韩有无处分未知。三时许刘主任秘书来告，邓慕韩已以书面警告。此案即作了结，并交还邓氏之《革命识小录》三篇，前呈张主委带去会内办理也。为查阅一过，内多错误，实无价值之史料也。夜阅照弟带回昨日报。又阅中国国民党一全代大会纪事录至六八页。未完。照弟又带回张委员所写字三幅。

十一月廿日　　阴。晴。午日微见。表四十五度。下午五时四十四度。

上午九时到总纂办公处，阅中国国民党一全代大会纪事录至九四页。未完。十时半往会，向总务处盖章于农行收据，以便领款。下午一时到办公室〔处〕阅一全代大会纪事录至一一○页。未完。夜续阅一全代大会纪事录至一二二页。完。

十一月廿一日　　星期　雾晴。午至二时日出。二时后复阴。

上午因昨闻汤公介跌伤往看，且视其新迁之屋。至则龙毓峻、柳聘农俱在。公介实无恙。旋偕龙毓峻、柳聘农往徐忍茹家，中途路滑亦跌，但未伤。在徐家小坐后，忍茹送至屋侧始别。下午整装《史迹》稿十三年八月份一本。夜写诗八首。前已写成八首，今晨闵孝吉兄来，已交他转寄古公愚兄。

十一月廿二日　　　　晴。雾。晨日颇佳。午表四十五度。下午日复佳，雾渐薄。五时四十七度。夜有星。

上午九时到总纂办公处，旋往会，甫及门，而纪念周已散会矣。接南曾侄十一月八日赣州来信。与忍茹、铁元、介木等略谈，即返办公处。阅昨日报。复张仲纬函一。下午二时半到办公处，接蒋星德快信函一，写致一谔弟信一，附诗八首。阅报。夜整理十三年九月《总理史迹》稿一本，因灯下未装订。

十一月廿三日　　　　晴。午表五十度弱。日色颇佳。下午日色尤佳。五时表五十度。（三时许升至五十二度，脱羊毛衫一件。）

晨补装订十三年九月《总理史迹》稿。上午九时到总纂办公处，整装十三年十月《总理史迹》稿一本。与新到纂修姜伯彰谈。彼为江西鄱阳人，本年三月，由鄱阳而余干、丰城、樟树、吉安、泰和，转经湘境耒阳、衡阳，又转入桂林，坐飞机来渝。其长子达衢在南温泉中央政治学校中国特效药物研究所任化学主任，系柏林大学药学院毕业，留德八年，得药物化学博士。次子达权，中央大学地质系毕业，现在四川地质调查所工作。去年五月，鄱阳县城曾被寇攻陷一星期，为我军克复。彼曾率领芝阳师范学校学生抵抗。其家离城十馀里，现家中尚有男二人女一人云。下午三时到办公处，校阅照弟所抄陈英士史料八页。夜根据中国国民党一全代大会纪事录，修改十三年一月《总理史迹》稿数页。未完。得此录，知前稿仅据《总理全书》所注时日，诸多不符。大约《总理全书》乃根据他人所编之书，未查所出，故误。

十一月廿四日　　　阴。午表五十二度。下午五时五十一度。

上午九时到总纂办公处，因闻刘尊权昨得桂林电，其母九十馀岁，在籍容县。病逝；邀黄嘉梁同往致唁。旋返处，补阅昨日报纸。廿一日电，美海军陆战队与陆军于廿日黎明在吉尔贝特群岛之梅金、或作马金。塔拉瓦两岛登陆。吉尔贝特群岛位于东经一七五度赤道线之太平洋上，原为英殖民地，自太平洋战起被日占领。群岛中最大者为马金、达拉瓦即塔拉瓦。二岛。各岛屿人口共约三万，土地面积合计二百方哩，有中国工人在此开采磷矿。距南太平洋日本海军晨大根据地特鲁克一二○○哩，距所罗门群岛七百哩。特鲁克南受所罗门群岛美军之威胁，今更从东南受到新威胁。且南太平洋美军前俱自赤道以南进攻，此后则攻到赤道以北。校阅照弟抄陈英士史料九页。又档案处代抄五页。下午二时到办公处，接亮儿由山洞中国农民银行寄来通知书，内附禀，言淦弟汇来五百元为余冬季补品费。又将照弟及档案处所抄陈英士史料校对一过，并装成二本。计照弟抄十七页，连档案处所抄共为二十二页，拟明日汇寄何仲箫。阅本日报纸。夜精神不佳，早睡。

十一月廿五日　　　雨。午天略朗，且露日光。下午五时表五十度。

上午在寓阅十三年十月份《总理史迹》稿，装成一本。下午二时到总纂办公处，接中审会函，知前送还邹鲁所著《党史稿》及《回顾录》收到，分别处理，此案即算完了。作《革命识小录》之总评一则及复中审会函。明日即可缮正送出，以了结有关李振宽之案件。夜阅本日报。傍晚报到时，余未暇阅。闻黄嘉梁言，桃源失了，似颇严重。因带回《大公报》详阅。桃源城虽失，而常德未失。综观鄂西、湘西近日战局，倭寇孤军深入，患〔犯〕兵家大忌，不日当可歼灭；所虑有内奸勾结耳。若滇、桂两省无汉奸叛变，则大局必无妨碍。此次可为倭寇在我内地最后失败之机。若《明史》所记王泾江歼倭之一役也。又修改复中审会函稿。

十一月廿六日　　　　阴。雾重。午表五十二度。下午日出。五时表五十度强。

上午九时到总纂办公处,写致中审会函。并嘱王伯勋抄稿存。审阅冯自由撰《林故主席领导下之美洲国民党》稿。未完。下午二时半到办公处,续审阅冯自由稿,完。即签复总纂。往会,向罗本初买米四斗,并将复中审会函件交沈科长代发。农民银行汇款通知收据,托安处长盖会章。夜阅本日报,湘战局略定。又阅梅县《中山报》。写致南曾侄信一。

十一月廿七日　　　　雨。本日为旧历十一月朔。

上午在寓重订十三年一月份《总理史迹》稿。增加材料已多,分作二本,仍有材料在照弟抄写中。先装成一本,其第二本候〔俟〕抄件完毕再合订。下午续订第二本,因抄件未来候装。夜阅照弟带回今日报。

十一月廿八日　　　　星期　　阴雨未晴。

上午整装十三年一月份《总理史迹》稿第二本一本。下午装订十三年十二月至十四年四〔三〕月《总理史迹》稿一本。又黄昌谷讲《总理北上及逝世后详情》一本。以上《史迹》稿装订手续已完,但仍须增修,工作甚多,增修后又须装订也。天气多雨,往档案处调卷抄录不便,而年底之限期眴将届满,奈何! 夜写致何仲箫函一。

十一月廿九日　　　　阴。午表四十六度。下午五时表四十八度弱。

上午九时到总纂办公处,发何仲箫信、附抄陈英士先生遗文卅三件。汝照抄约一万字,档案处抄约三千字。共二本廿二页。照弟抄十七页,档案处抄五页。中审会信、前交文书科沈科长代寄,嗣向索还,欲修改再看，不必修矣。南曾侄信。附丘易生募捐册。以上均前昨两日所写，因有附件，今日自行用厚纸包封，并做大信封封发。手续繁琐，费时甚多。开党员大会。下午三时到办公处为致启鹏侄信一。阅昨今两日报。夜阅民十二年十二月《总理史迹》稿，为整理预备。未完。

十一月卅日　　阴。午表四十八度弱。下午五时表如上。

上午九时到总纂办公处，整理十二年十二月《总理史迹》稿。未完。交照弟送还陈英士史料及中国国民党一全代大会纪事录一本。照弟抄来一全代大会议事简明表一份。下午三时到办公处，旋往会，为买米事。毕，复到处。张、徐二主任委员在。张忽问我所作《秋兴》八首诗。余愕然。问何从闻知？徐言是我看见。乃将稿交阅。此事必有奇计，徐、孙必攻击余天天作诗，不顾工作，俟密探底蕴才知。审核许处长所拟对泰和裘某报告"三民主义"版本，外间有廿二种，请规定正本案意见一件。即刻完成。阅本日报纸，常德城仍屹不动，大有"中国之斯大林格勒"气象，令人神往。将返寓时，遇张委员亦自其室中出，将返会，立报告以许处长所拟意见，已审查完毕，并介绍照弟一见，照弟自到会至今，始得面主任委员也。夜查阅地图，常德之东南为汉寿，西南为桃源，正北为临澧，东北为安乡，西北为慈利，均陷于敌，而汉寿、桃源、临澧、安乡、慈利之外，又为我军包围。在常德城内坚守之军，为第五十七师，师长为余程万。此役若得胜，余名真足垂千古，较往年长沙三次会战却敌之功为尤，信矣。拟再作《秋兴》诗八首，专咏此事。写《秋兴》八首诗一页，人以此攻击我，偏以此呈献，应俟日间探得确实情形，再向张委员说过，不过一时兴动而作，未废日常应作之公务也。

十二月一日　　阴。午表四十八度弱。下午五时表四十八度强。

上午九时到总纂办公处,写致大、三兄信共一函。附邮汇票一纸,计一千零五十元。十一时,张、徐二主任偕狄君武来处,久未与狄君晤矣。张首言余近作《秋兴》八首诗事,并嘱交阅,因即将昨夜所写一纸面交。不知狄何故来此,必有所为也。下午三时到处,整理十二年十二月《总理史迹》稿。仍未完。阅本日报纸,常德战事,我军更有进步,但敌仍未尽歼,桃源已克复耳。夜结算十一月份家用记事簿,本月竟用去六千五百八十馀元,殊骇! 查十月份用三千馀,六至九月均各二千馀,一月至五月均千馀。是月因寄丙〈村〉一千馀,寄赣州二百,此二宗连汇水邮费即达一千四百,买米六百八十元,买布二百八十馀元,均属特别支出,其馀则因物价高涨使然也。

十二月二日　　　阴。午表四十八度。下午五时四十九度。

上午九时到总纂办公处,即到会,购鹧鸪菜三盒,每盒三十元,较市价四十八元便宜五十四元。闻系张夫人寄售,照以前在渝买入时的原价。返处写致一谔弟信一,即散班矣。下午三时到办公处,接子靖叔十月廿日信、淦甥十一月十八日信、黄钟一日信各一。整理十二年十二月《总理史迹》稿。完。夜阅本日报。又复淦甥信一。

十二月三日　　　阴雨。下午五时表四十二度。

上午在寓查阅照弟连日往档案处录来史料,分别补入于民国十三年九月十一日《总理史迹》稿内。未完。下午三时到总纂办公处,开小组会议。接畅曾十一月八日函。姜伯彰之孙归山洞带入《国民公报》,略阅一过。常德犹在巷战中,其外围各地则多为我军克复。旋会内报纸亦到,即将《中央日报》一份带返寓。夜阅报载,蒋主席于十一月廿一日乘机往北非开罗,与美总统罗斯福、英首相

邱吉尔会议,本月一日返抵重庆,会议结果发表公告如下:

"罗斯福总统、蒋委员长、邱吉尔首相,偕同各该国军事与外交顾问人员,在北非举行会议,业已完毕,兹发表概括之声明如下:三国军事方面人员,关于今后对日作战计划,已获得一致意见。我三大盟国,决心以不松弛之压力,从海陆空各方面,加诸残暴之敌人,此项压力,已经在增长之中。我三大盟国,此次进行战争之目的,在于制止及惩罚日本之侵略,三国决不为自己图利,亦无拓展领土之意思。三国之宗旨,在剥夺日本自从一九一四年第一次世界大战开始后,在太平洋所夺得或占领之一切岛屿;在使日本所窃取于中国之领土,例如满洲、台湾、澎湖群岛等,归还中华民国。其他日本以武力或贪欲所攫取之土地,亦务将日本驱逐出境。我三大盟国,稔知朝鲜人民所受之奴隶待遇,决定在相当时期,使朝鲜自由独立。根据以上所认定之各项目标,并与其他对日作战之联合国目标一致,我三大盟国将坚忍进行其重大而长期之战争,以获得日本之无条件投降。"

写致亮儿信一。附畅曾来禀。

十二月四日　　晴。初日颇丽,十一时后略阴。午表四十六度。下午阴。五时表四十五度。

上午九时到总纂办公处,与孙纂修会签编辑处去年误送稿传记十二篇。一件。将张书若青、淦甥字二幅包封付邮。审核编辑处张延举所撰特种考订史料四十件。未完。下午三时到处,续审上件。完。晚间报到,略阅,即带返寓。夜因最近臀部生疮未医理,至是脓血迸出,颇苦楚,未阅报。

十二月五日　　星期　阴,小雨。十一时后略朗,雨止。下午无雨犹阴。夜转晴月出颇亮。今为旧十一月初九夜也。

上午补阅四日报，并查地图。常德城内外仍激战未已，但其外围之我军已屡克数城镇，如慈利、十一月廿五日。桃源、十一月廿九日。石门、十一月卅日。临澧、十二月一日。等城及陬市、桃源东北。漆家河、桃源西北。羊毛滩、慈利东南。德山、图未载。南站、常德对岸。等镇，均经克复。常德南站之我军，并已渡河入城助守。现第五十七师仍在城内，以铁丝网构成营垒。倭寇已冲入城者，除西南北三面先后歼灭外，仍在东门一面，与我军对战云。下午写《秋兴》诗八首，拟寄元龙弟。夜写致元龙弟信。附诗八首。

十二月六日　　晴。日光甚丽。直有冬日可爱之致。午表四十六度。下午五时表同上。夜月明。

上午九时到总纂办公处，补阅五日报。常德守城军五十七师已于三日晨在城西北部与友军会合，对被我包围之敌协力攻击。按昨日阅报情形，余疑城不能守亦不必守。今似确不守矣。余意此时将城弃去，任敌侵入，然后一鼓而聚歼之，岂非妙计乎？下午二时王兴瑞与黎光群来寓。王言邹海滨公馆已迁至山洞新生路十二号。谈约半小时，约有暇时往访邹君而别。三时许到处，审查陈安仁史稿。未完。阅本日报，常德西北城郊歼敌一部。据报载电讯以观，第五十七师似未离城，即离而敌亦未敢占全城也。夜为黄钟政僧拟大禹治水歌词一首，并复函一。词如左：

《大禹治水歌》　滔天洪水泛滥国中　凿疏排决大禹施工　河汉江淮惟海是宗　平土安居民利无穷

改照弟录来史料三页，又校点其所抄正者四页。

十二月七日　　晴。午表四十九度。下午五时四十八度。夜月明。

上午九时到总纂办公处，审查陈安仁稿。未完。下午二时到处续审陈稿，完。并作总评。张委员来，交下题丁君流民图诗，为改数字。阅本日报。接陆曼炎信一。夜校点照弟所缮正史料，并分别加入十三年九、十一月稿内。又改其所摘抄史料数页，以备明早交再缮正。

十二月八日　　晴，微阴。上午十时半雨一阵，旋止。午表五十度。下午一时转晴。日出。二时后复阴。四时半表仍五十度。

上午九时到总纂办公处，写致亮儿信一。所患疮疾似成坐板疮。梅俗称疔疮。昨阅贵阳《中央日报》有万灵红药膏出售，特函嘱亮儿购买备用。校点照弟所缮史料二页。下午三时到办公处，接亮儿四日信、又蒋星德信一。会内开演电影，今日提前半小时散值。夜写致亮儿信一。杨氏、兆先(晚由学校回)往会看电影，十一时馀始回，说甚好看。

十二月九日　　晴，微阴。午表五十二度。下午转晴日出。五时表五十度。夜月甚明。

晨在寓填领身份证表。上午九时到总纂办公处，补阅昨日报纸。复蒋星德信一。下午二时到处，接权超信一。旋往会，询查访秋叔卅年由南洋日里领事馆寄中央党部之各证章证件，由本会公函询中秘处事结果如何。沈科长出示号簿，适于七日接中秘处复函，谓并未收到该项函件。又适在会接到山洞农行通知书，亮儿汇来一百元。又接何仲箫复函。返办公处，校点照弟所录总理谈话七页。夜将照弟本日抄件分别夹入十二年十二月、十三年一月及十一月《总理史迹》稿内，俟日间汇齐装订。又将何仲箫函加签拟办法，明日请张委员核准。因彼要求再搜查陈英士先生史料必须奉准方能饬人抄寄也。再写致蒋星德函一。

十二月十日　　晴。微阴。午表四十八度。下午五时五十度。夜月甚明。

今晨食黄芪炖鸡肉。上午九时到总纂办公处，补阅昨日报。往会，欲将何仲箫信请张委员核示，询既于昨日离会，未果。向庶务苏克温取前照片五份，每份三张。照工太劣，共须价一百二十五元。返处，校点照弟所写《史迹》稿四页。下午三时到办公处，徐副主任委员在处添设座位，另又设一位，移置桌几纷纷，遂未工作。本日报又未到。晚间接梅县《中山日报》，即略披阅并折叠存庋。十一月十三日《中山日报》载刘乃恒文一篇，题为《国父与紫金》。有关总理世系，摘录如左：

刘自称"世居紫金，与中心坝相近。忠坝位紫金之东，离城五十里，乃邑内名村之一。境内有紫五公路，上通五华、兴宁、河婆，下达紫金城、惠州。四面峰峦，大河环绕。国父祖祠地名'黄牛挨磨'。惟自连昌公迁居后，'黄牛挨磨'一带之孙屋排多被人占据。由中心坝之琴江顺流而下三里许，有遥遥相对之中正乡。乡分南北，地形甚长，琴江直贯其间。紫金城内有紫金山，向称名胜，云云。"按紫金县在前清名龙川〔永安〕，民国三年始改今名。

按此文为读罗香林所著《国父家世源流考》后而作。所谓中心坝即罗氏书中之忠坝，是乃信罗氏所考而加以演述者。究竟罗氏所考确否，仍待复查。兹姑存之可耳。

十二月十一日 晴。午表五十一度。下午五时仍五十一度。夜月甚明。

上午九时到总纂办公处。旋到会，请欧克明医生诊脉，开十全大补方，加淫羊藿一种，但余昨夜照《验方新编》中之降痈活命饮开成一方，交国民学校学生带往刘家槽检药，拟二方相间服之。返处，补阅昨日报。常德城于九日光复。第五十七师余程万部自三日退出，向西北部与友军会合作战，全城遂陷于敌手。经过激战，六日至八日晚,我在沅江南岸部队,将顽敌破后,分数路向常德城之东西渡江。九日拂晓攻入城,至九时,残敌突出北门,向东北逃窜,我遂将常德城完全克复。计此次失常德六日。在会时交访秋叔来信及申叙书,再托许师慎处长致函外交部或中央勋绩审委会查询。又将亮儿从山洞农行汇来百元通知书,托杨毓生会计派人出山洞代取。下午二时半到处,校点照弟所写稿十页。接黄钟函,谓大禹治水歌词已转交伊女配谱送水利会。阅本日报。

十二月十二日　　　星期　晴。夜月甚明。

上午往总纂办公处阅报。下午在寓复子靖叔函一。本日精神不佳,牙床肉略肿痛。前日服黄芪炖鸡嫌热燥。

十二月十三日　　　晴。午表四十九度。下午五时表五十度强。夜月仍明。

上午九时往会,参加纪念周。十时返总纂办公处,补阅昨日报。查阅民智书局旧版《总理全书》,将国民政府《建国大纲》交照弟抄录。下午二时到处,接蒋星德函一。整理十三年九、十月《总理史迹》稿二本,又十一月稿。未完。阅本日报。夜服药。十全大补汤。早寝未工作。

十二月十四日　　　晴。午表五十三度。今日雾较重,日色薄。五时五十度。

上午九时到总纂办公处,整理十三年十一月《史迹》稿。完。校点照弟抄稿七页。下午三时到总纂办公处,整理十三年二、三及十四年三月史《迹稿》三本。夜阅本日报。又阅照弟今下午往档案处摘录十三年十月十日及十五等日广州商团叛乱情形稿数页。

十二月十五日　　　晴。午表五十三度。下午五时五十三度弱。

　　上午九时到总纂办公处,审核张延举所撰特种考订九条。往会,请欧医生再开十全大补方。欲向廖百芳采访取阅十三年《大本营公报》,未面。下午二时到处,张委员召见,谈中央图书杂志审查委员会对邹海滨说"所有邹著史稿均系党史会审查,不言系林一厂审查,似此界限不清楚,应如何划清"等语。余以与该会往来函稿证明我极力划清界限,自认为该会审查员,何以该会不敢自负责,而对外以党史会为推诿之具,似此我必须向该会辞职。张委员又不赞成,谓可不必不必,嗣并与徐言此事。余察此中又有诡计,必为徐辈不甘余独操此审查史稿之权也。张委员长厚,不知已中他人之计耳。总之,余本不欲兼此职,今张委员已不许余辞,姑听之,看看他们如何变法,最多使余不得兼此职而已,固余之本愿,又何怯哉?又审核张延举考订稿三十馀篇。末十馀篇实不细审。接启鹏函一。阅报。

　　十二月十六日　　　阴。午表五十度。下午五时表五十度。

　　上午九时到总纂办公处,复何仲箫、蒋星德函各一。阅照弟续抄十三年十月广州商团叛变史迹〔事〕。又抄十三年二月至九月总理命令五页。下午二时到办公处,接三兄十月廿七日来信一。增订十三年二月《总理史迹》稿一本。整理十三年十一月《总理史迹》〈稿〉。上半月,未完。校点照弟所抄史迹稿三页。

　　十二月十七日　　　阴。上午八九时间洒雨一阵,旋止。午表五十度。下午一二时间又洒小雨一阵,旋止。下午五时表五十二度。晚间起风。夜天清星见,半夜月尤明。

　　上午九时到总纂办公处,增订十三年三月《总理史迹》稿一本。整理十三年十一月《总理史迹》〈稿〉。上半月,完。下午三时到办公处,接古公愚信一。张委员来,录诗二首,询为谁作?似唐宋人。句云："刘琨死后无奇士，独听荒鸡泪满衣。"余谓不知，但唐朝及北宋人必无此诗，惟南宋人或有此，似陆放翁句乎？旋开小组会议。在会议中与孙镜人言之，孙亦谓似放翁诗。整理十三年六、九、十月，十四年二月《总理史迹》稿四本。阅本日报。

十二月十八日　　晴。午表五十度强。下午五时四十八度。

上午九时到总纂办公处。查阅《总理全书》函札目录。摘记总理于民国二、三、四、五年致陈英士函，嘱韦鸿声检出，候阅后交王伯勋抄录。校点照弟所抄《史迹》稿四页。又续校二页。下午二时到办公处，接亮儿十四日来禀，附万灵红药膏八帖。韦鸿声检出《总理全书》各函，阅过即交王伯勋。校点照弟所抄史料四页。增订十三年二月《总理史迹》稿一本。阅本日报。

十二月十九日　　星期　阴。

上午看邹器之病。旋往会，询事务科，有代邹打电话致山洞卫生事务所否？适李治中科长在，谓正着工人往接事务所医生矣。返至总纂办公处，阅《养复园诗集》。邹君今日所赠。下午再看邹君，闻其夫人言，王修恺医生来诊，谓系肺炎病，但尚轻，暂不宜出门受花轿〔竿〕颠荡，且阴雾太重，俟晴日方可往事务所复诊或住院。四时再往处，欲看报，未到。夜服十全大补药，早寝。是日至夜俱未工作。

十二月廿日　　阴。午表五十度。下午一二时日出而薄。五时表五十二度。

上午九时到总纂办公处，校点工友黄国信所抄有关陈英士史料二页。开区分部党员大会。补阅昨日报。《大公报》载沙学浚论《中国之中枢区域与首都》文内称，战后还都南京，或移都北平，均有理由。还都南京之理由为掌握地理优势，均衡海陆发展；移都北平之根本理由是，能决重大问题，均衡南北发展。都南京为席丰履厚，都北平为任重道远。都南京是掌握现在，都北平是创造将来。都南京是守成与创业并重，都北平则为创业为进取。都北平之国防的意义大于都南京，因北方边务问题未克澄清。都南京之经济的意义大于都北平，因长江大动脉的雄厚势力难以摇撼。都北平国策因素决定较多，都南京力源因素关系较大。笔者希望战后国内外形势能容许移都北平，否则还都南京。下午一时往看邹器之病，闻其夫人言，已有转机，昨服王修恺医生药后，夜睡不作谵语，口眼俱闭。余看时已能安卧，不致如前靠枕而眠，想气顺也。往日张口而睡，想亦由气逆故耳。余告以往年经验，明日起可食鸡汤及饭，后食广柑。往年在南京余光中医院所得之经验也。二时半到总纂办公处，校点王伯勋所抄陈英士史料三页。计工友同抄一千二百字，王抄一千八百字，分粘二份，拟明日寄去。致何仲箫函一。即将抄件附去，此事了结，不待明日。校点照弟所抄史料五页。阅本日报。

十二月廿一日　　晴。午表五十二度。下午五时五十度。本日起室内起火炉，表不准确。

上午八时半到总纂办公处，整理十三年十一月下半月《总理史迹》稿。未完。下午二时到办公处，续上午工作。完。校点照弟所写《史迹》稿七页。夜阅本日报。

十二月廿二日　　阴，雾重。对面山不见，九时后渐开。午表五十一度强。下午五时五十三度。

上午九时到总纂办公处，旋往会，为照弟预备报考高等考试，余为保证人，保证书必须党史会加盖章也。返处接一谔十一月廿八日信。又接中央图审会发二 4034 号函，附还《革命识小录》等文三件，请余设法销毁。余意此件既认为赃物，姑留备查亦可。整理十三年十二月《总理史迹》稿。未完。下午三时到办公处，续整十三年十二月《总理史迹》稿。仍未完。阅本日报。湘北我军大捷，常德东北各城，如安乡、南县、津市等均克复，且追击至华容县境。余默想常德胜利后，我军当乘势反攻，悉复鄂西湘北全境，至年底克复宜昌。今距年底犹有八九日，庶有望乎？夜阅十二月十二日贵阳《中央日报》星期版，余前寄元龙弟诗八首已登出。

十二月廿三日　　　晨雨一阵，旋止。天色阴晦。今日为冬至节。夜雨有声。

上午因路湿滑未出门，在寓阅梅县《中山日报》。余前寄哭钟辟生诗二首，已于十一月五日登出。又见该报载李菘圃先生之子崇銮在韶关逝世；想菘老年近八十，遭此亦难堪也。午拜祀先考妣神主及故大姊。下午在寓整理十三年十二月《总理史迹》稿。完。晚间阅照弟带回本日报。

十二月廿四日　　　阴。晨至午无雨。天气甚寒。下午一二时雨一阵。檐溜出。四时天色转朗。

上午在寓整理十四年一月《总理史迹》稿。下午续整二月份稿。未完。晚间阅照弟携回本日《大公报》。

十二月廿五日　　　阴。晨雨一阵，檐溜出。上午雨止仍阴。下午小雨。

上午在寓校点照弟所抄《史迹》稿廿页。下午增订十三年三、四、五、六、七月《总理史迹》稿五本。目微涩多矽物。欲续整十四年二月份《史迹》稿，不果。晚间照弟携回本日《大公报》，略阅即交还。

十二月廿六日　　　　星期　阴。午天略朗。午表四十二度。处中未起炉火，表准确也。下午三时日出。

上午十时往总纂办公处，补阅昨日报。先往看邹器之病，已能起床。惟处中宿舍谢心准纂修亦病，因无家属在处，不便。即午坐花竿出山洞卫生事务所调治。下午思养目力，未工作。照弟今晨往沙坪坝会谢森中，借农学书籍，预备应高等考试，至晚未回。余疑在该处遇本会展览史料工作人员，留宿该处，明早再乘史料车回会。乃夜七时馀回来，言行路自沙坪坝至新桥，无车可搭，以十五元买一竹红灯笼，至山洞点心后始回。带来本日《大公报》及南侄九日来信、权超侄廿日信各一。南曾已由江西省立卫生试验所转就江西省工业实验处工作，地址仍在赣县。权超亦已由成都邮局调成都北门海关分卡工作，地址仍在成都，惟离小亭兄寓稍远云。夜略阅报，恐伤目，不敢详阅。

十二月廿七日　　　　阴。雾重。午表四十三度。火炉边如此，足见颇寒。下午五时表四十五度。

上午九时到总纂办公处，整理十四年二月《总理史迹》稿。未完。下午二时到处，校点照弟所写《史迹》稿十三页。续整理十四年二月《总理史迹》稿。仍未完。阅本日报。夜续整理十四年二月《总理史迹》稿。完。又整理三月份稿。未完。

十二月廿八日　　　　晴，阴。午表四十六度。下午五时四十五度。

晨八时到总纂办公处，修改十四年一、二月份《总理史迹》稿，并续整理三月稿。仍未完。下午二时半到办公处，校点照弟所写《史迹》稿十页。夜续整理十四年三月一日至十二日《总理史迹》稿。完。

十二月廿九日　　　　阴雨。昨夜即有雨声。今晨檐溜仍未断。八九时仍细雨霏霏。午至晚无雨，但天仍阴。

上午在寓增订十三年六、七、八月《总理史迹》稿三本。又校点照弟抄来《史迹》〈稿〉八页。下午增订十三年九月《总理史迹》稿一本。再整理十四年一、二月《总理史迹》稿一次。三时欲往总纂办公处，行未半途，路滑折回。夜校点照弟所抄《史迹》稿七页。又指示应抄件一本。

十二月卅日　　阴雨。

上午在寓整理十三年十、十一、十二月，十四年一月《总理史迹》稿。又校点照弟所抄《史迹》稿五页。下午续整十四年二、三月《总理史迹》稿，并计算自十二年十二月至十三年暨十四年一、二、三月各稿字数。已完。此项工作深得照弟助力，倘仅余一手，则至今不能完成也。明日拟嘱照弟作一目录，新年张主任委员来时，即可加一签呈缴卷矣。昨上午闻张委员来会，余以路滑不能出门往见，今晚间询悉已于昨午赴城矣。夜补阅廿八、九两日报纸。晚间接十弟廿七日信，言嘉弟十廿二日到南温泉，廿四日入侍从室第三处工作，可慰。又接何仲箫兄廿七日并邮汇票二百元，为前代饬抄录陈英士先烈史料工费。又中央图书杂志审委会第五科廿九日函，谓审查图书九册，经奉核定，致送审查费九百元。

十二月卅一日　　阴。照弟言，今晨总纂办公处未起炉火时表三十九度。下午五时表四十四度。

上午写十弟信一。下午三时到总纂办公处，查阅照弟所作目录，知所编尚有小误，嘱将全稿带回再复阅改正。接蒋星德信一。阅卅日报。夜精神不振，早寝。

中华民国卅三年(1944)

一月一日　阴。

上午九时往会,参加纪念典礼后,在秘书办公室坐良久,徐忍茹、刘尊权、孙铁人三人闲谈,余无话可参加。将是日签到簿上姓名欲拟对子,只取得一对,龙毓峻对骆志强或冯绍苏。十一时许,与孙同赴梅乔林家,梅君之孙女碧素与伍锦进结婚。党史会到者廿馀人,观礼毕,各人推余代表来宾致词。旋开筵饮酒,共四席。午后席散,余至总纂办公处,阅卅一日报。

一月二日　阴。夜颇寒,添被一张。

照弟晨往新桥,余交名片二张,一候张仲纬,一候刘铁军。但此位别号尚未记确,在仲纬家始识之,似为铁军,询照弟,亦记不清楚。名片上仅书刘科长。上午十时到总纂办公处,与孙铁人往丁六阶家祝寿。六阶今年七十大庆,余与孙、刘崛、李树藩、黄嘉梁俱送礼。十二时半开筵,共二席。约二时馀。经沈裕民家,小坐而返。孙饮颇醉。晚照弟由新桥回,言已晤张仲纬,余存款事,彼当于本月十五日往代理。刘科长别号为艺寰云。

一月三日　阴。午表四十六度。下午五时表如午。夜见月。

上午九时往会,参加纪念周后,向文书科抄得前中秘处复党史会函,谓林维公即访秋叔所送申叙书等件,并未收到。拟转知访叔。会内接收顾颉刚等呈献蒋主席之九鼎全副,闻蒋主席不收此物,转送到会,并紫榆台等件。九鼎共置三箱,每箱三具。余得阅一箱，他箱未启，即此三具，亦饱眼福。十时馀返总纂办公处，阅二日《大公报》。接权侄女十二月廿日信附收据一纸，知余前由农行汇二百元已收到。下午二时到总纂办公处，写致中图审会函一、访秋叔函一。接淦甥十二月十九日信一，内云由省农行汇来三千元。夜阅本日《大公报》。

一月四日　　晴。雾薄日见。午未看表。下午五时表五十度。

上午九时到总纂办公处，阅照弟所作十三年八月至十四年三月之《总理史迹》稿目录十二页。下午二时到处，工友向邮局领回何仲箫汇款二百元，即分给当日抄稿四人。照弟一万字120元，档案处某人抄三千字36元，王伯勋抄1800字，应得21.1元，只收20元，黄国信抄1200字，应得14.4元。将三份移给所得16元。共92元，馀八元为邮费。前寄挂号信二次，又先后寄函三次。阅照弟所作《总理史迹》稿十二年十二月至十三年七月之目录十二页。连上午阅定共二十四页，装订成一本。此项工作可算粗完，明日须作签呈矣。接权侄寄来成都出版甲申岁农历通书一本。夜阅梅县《中山日报》。结算十二月份家用款，共用去四千六百七十馀元，而收入款仅四千三百六十馀元，竟亏三百零三元。查是月所出为意外者，只送礼费二宗，共二百七十馀元，药钱一百馀元，及糯米二百一十元，油煤二百五十馀元，黄豆一百七十元，又九十元，共一千一百馀元外，皆为经常必须之款，由物价增涨所致，似此殊可惊叹。

一月五日　　阴雨。午表四十二度。下午五时表四十四度（炉边）。

上午九时到总纂办公处，旋往会，与钟孝先秘书、沈裕民科长商增修《总理年谱》工作事。原则计划，此工作以三年完成，共约一百五十万字，每年五十万字。本年自总理一岁之年谱，增修至四十五岁，经费六万一千元，经中央核复，将经费减至一万元，并谓倘因经费减少有妨工作，可由原机关校正等语。似本年工作字数，本会尽可稍为少列。但余意亦可不减，即仍列五十万字，计分四季，第一季至三月，十五万字；第二季四至六月，十五万字；第三季七至九月，十二万字；第四季十至十二月，八万字。每月三万，计作九万。惟须请主任委员指定一人，并派干事或助理干事一人、确能写字之录事一人帮助，必可做到。并应定每季之末，将稿呈总纂核定，以免旁人沮挠。即录一纸意见，未签职名。交钟秘书，俟张委员到会，呈请核办。下午三时到办公处，拟签呈稿一件。未缮。夜脚趾肿痛。似因上午冒雨往会，穿胶鞋受冻所致（前夜先撕伤）未工作。八时馀即就寝。

一月六日　　　阴。午表四十四度。下午五时同上。

上午九时到总纂办公处，自缮签呈一件。附十二年十二月至十五〔四〕年三月《总理史迹》稿十五本，又目录一本。适张委员到办公处，即面呈阅。下午二时到办公处。接十弟五日函一、中图审会函一。三日写致学侁信未完，旋续写完。写致权超侁信一。附致学侁信，嘱加封付邮。复中图会函一、附预填收据乙纸。阅五日《大公报》、《中央报》。自新年至今始得《中央》报，闻因元旦该报副张五纸并附印地图，各处科争取遂不送本处。夜阅梅县《中山日报》。

一月七日　　　雨。晨檐溜出。上午雨歇，犹浓阴且寒。昨日为旧历十二月十一日小寒节。据照弟言，总纂办公处炉边表下午四十一度。

上午在寓写复云从信。阅六日《大公报》。下午接小田十二月十五日信，附文一首诗二首。接秘书办公室送到主任委员谕："总纂办公处事务，由孙铁人、林一厂、龙毓峻三同志按月轮流主持。"又谕："增修《总理年谱长编》稿，请林一厂纂修主持。"各一件。工友金品朝来，询路尚滑湿，未能往会面谈增修年谱长编事详细办

法,是否采用前日由余与钟秘书沈科长所商意见。写致何仲箫信
一。夜咳嗽颇苦,八时即就寝。

一月八日　　阴。晨小雨。据照弟言,办公处未生火前表卅七度。
午表四十二度。下午五时表如上。

上午九时到总纂办公处,审阅新征史料八件。但未加批评。补
阅昨日报纸。下午三时到处,复十弟信一。返途遇许师慎,谓余所编
《史迹》稿,可购书剪贴。似含恶意。

一月九日　　星期　晴,阴。

晨因失办公处自己坐〔座〕位钥匙,特往寻觅两次,并阅昨日报
纸毕。往会,访钟秘书询因何辞总纂处事务管理之责。照其告以
孙纂修不肯接受三人轮管之命。又与刘主任秘书一谈,询得张委
员昨往国史馆,今午后可返会。第二次由办公处返寓时,在处旁田
塍路上失跌,扑伏在石板上,幸未跌落沟中及田中。此路石板早
坏,失修,路身甚小,一边水沟,一边水田(现在无水)。下午四时往
会,见张委员,请将前送之民国十二年十二月至十四年三月《总理
史迹》稿发还再修,以免被人恶意讥弹。承即下手谕,谓俟登记后
即交还再整理。又承询及三人轮流管理总纂处事。余实说此由孙
纂修主稿签呈,余本人可接受,但希望轮流一次后,另派三人轮流
三个月。又请示增修《总理年谱》正在计划,而闻有将《年谱》油印
之谕,似有妨工作之进行,〈应〉如何救济及何忽须油印之故。出至
途,逢徐副主任委员,告以油印《年谱》一事。徐谓只得将原本拆
开,一面增修,一面油印。夜睡不宁,默思拆开旧年谱之法及增修
手续。跌处右手拇指略受伤,屈伸不灵活。

一月十日　　阴。午表四十四度。下午五时表如上。夜月颇明,今
为旧历腊月望。

上午九时到总纂办公处,补阅昨日报。计划将旧《总理年谱长编初稿》第一册拆作五本。列成一表。下午二时到办公处,复查上午计划分拆《总理年谱长编初稿》办法,略加修改。表列如左:

原书一本,线装,红纸书皮已破。内亦有污损,并缺八五页。兹拟分拆为五册如左:

第一本　一至廿一页,即一岁至十二岁,连凡例一页,纲要四页,共二十六页。

第二本　廿二至四十九页,即十三岁至廿八岁。共廿八页。

第三本　五十至九十八页,即廿九岁至卅五岁。共四十九页。

第四本　九十九至一五〇页,即卅六岁至四十一岁。共五十二页。

第五本　一五一至一八三页,即四十二岁至四十五岁。共卅三页。

第三、第四本仍嫌太厚,但因原本各岁有相连未分页者,不便分割。再三想法,只得如此。

一月十一日　　晨小雨旋止。上午阴。午表四十三度。下午五时表如上。

上午九时到总纂办公处,阅昨日报纸。写致亮儿信一。下午在寓拜祀考妣神主,为余明星〔生〕辰,承各友送鸡、面,不能辞却,明备菜申谢,故先拜祀也。三时到办公处,阅新征史料八件。

一月十二日　　阴。午未看表。夜月甚明。

上午九时到总纂办公处,补阅昨日报。内有蒋主席于十日上午在军委会大礼堂召集教导第一团学兵(即志愿从军学生)五百馀人训话词,摘录如左:

"当余十九岁时,正值日俄大战之后,我国有意见的国民与学校青年，从军风气，盛极一时。余因感于国家之衰弱与外侮之日亟，遂亦自奉化之龙津中学，投笔从戎。几经奋斗，始克考入保定陆军速成学校。继由保定本校，考送日本，入振武陆军预备学校。旋入高田联队，为二等兵，作士官候补生。至此，余之从军志愿，得以实现，实为余平生最快意之事，亦为余今日报效国家之开始。回忆当时，一年之兵营生活，计自冬季入伍，高田气候严寒，犹逾我国之塞北，而余日以冷水洗面，且每餐食不过一碗，仅佐以几片咸罗卜及咸鱼而已。至于每日操课之紧张，与刷马、饮马、喂马，及服各种勤务，工作之辛劳，凡一个士兵所应磨砺、所应锻炼者，余皆乐为之。且集中精神，刻苦耐劳，以学习之。久之不仅不觉其苦，而且以能耐饥耐寒耐苦耐劳，为吾军人最大之乐事。"

将《总理年谱长编初稿》第一册铅印本。交照弟抄录，备增修之用。拆分五本之计划，因未接到主任委员着文书科油印之条谕，暂搁不行。午间往会，晤沈科长裕民，询油印事如何？乃因未得油印职工，正在访寻，俟得人再将条谕送来云云。返寓，请刘士任秘书、沈科长、邹永成全家、李树藩夫妇、杨静山之媳、吴泽扬之母及妻、房东吴太太等，午宴二席。时闻黄嘉梁患中风病。夜早寝，八时。未作事。晚间接十弟来函，附邮汇票二百元。又接广东省银行通知书及收据，淦甥汇来三千元。但余名被该行误书，拟退还。

一月十三日　　阴。午表四十五度。下午五时表如上。夜月仍明。

上午九时往看黄嘉梁病。十时到总纂办公处，补阅昨日报。下午三时到办公处，接淦甥来电，文曰："山洞中央党史研究委员林一任省行汇 3000 元淦。"此电未知是否即昨日省行通知书所云之三千元，抑系再电汇三千元。俟省行再有信来，再往兑取。昨省行将余名误写林一厄，此电则误作林一任，何其多误耶？昨拟将省行通知书及收据退还，今应姑存，俟电款一并解决。致淦甥函。
未完。

一月十四日　　　晨雾重。午表四十六度弱。下午五时表四十七度。

上午九时到总纂办公处，补阅昨日报。续写致淦甥信。完。即
付航快寄发。下午二时半到办公处，复一谓弟信一。

一月十五日　　　晨八时馀小雨，檐溜出。继以大雾，午又小雨。

上午路滑，在寓阅《中国之命运》增订本五页。午间照弟带回
昨日《大公报》，即阅毕。接经济内弟十二月十八日信一。照弟奉
到本月七日中央任用书，第一四四六号。文曰："任用林汝照同志为本会
党史史料编纂委员会助理干事。"上款署"中国国民党中央执行委员会第一四
四六号"，下款署"总裁蒋中正"。下午接权超侄十一晚来函，附学曾侄原
函。山洞农民银行通知书，亮儿五日汇来二百元。沈科长裕民上
午送来增修《总理年谱长编初稿》计划工作进度表。下午又送函调
《年谱》稿。即复以明日上午连同进度表交办。因年谱刻正在汝照
抄录中，一面须油印，一面须抄录，工作抵触，俟明上午十时左右，
余往会面商解决。晚间沈科长来言，得复函，但恐明日天雨，到会
不便，一切办法，悉照余主张，俟星期一到会决定。余嘱照弟将抄
稿送阅。

一月十六日　　　星期　晨又小雨。上午阴寒。

上午在寓校阅照弟所抄《总理年谱长编初稿》廿四页。订成一
本。自如前所列表，自总理一岁至十二岁止。惟凡例、纲要未抄。接子靖
叔冬至日来信一，附中山报登余诗剪报一片。古公愚十二月廿五日
信。附诗五首。为照弟填服务誓书作负责保证人。夜复经良信一。
兆先写，余加批。通讯地址，南京城南长乐路十五号大元号收转。立青通讯
地址，南京城南黑簪巷十一号万丰号。经良信云已解散。

一月十七日　　阴雨。下午五时表四十度。闻照弟言,昨今二日晨未起火前表俱卅六度。

晨填具增修《总理年谱长编初稿》工作计划每月进度表。上午九时半沈科长着人来取《总理年谱》,即将表及昨所订成照弟抄本交去。致一谔弟信一。连十四日所写未封发之信共封发寄。致南曾、权益信各一封。致中图审委会第五科信一。下午四时到总纂办公处,补阅昨日报。

一月十八日　　阴。午表四十一度。下午五时表四十二度。

上午九时到总纂办公处,写致十弟信一。附学曾侄信。补阅昨日报。下午二时到办公处,旋往会计室与杨主任毓生商贴现二百元,将农行通知书及收据交他向贷。接秘书办公室函,以奉交姜纂修伯彰签呈为编本党大事记,关于继续编纂国民党、中华革命党、中国国民党大事记搜集材料撰拟初稿请指派林汝照同志协助一案,并奉批"如拟分知查照"。写致亮儿信一。

一月十九日　　阴。午表四十二度。下午五时表四十二度。

上午九时到总纂办公处,校阅照弟所写总理年谱稿十三页。订成一本。接沈科长函谓,前日送去抄稿一本已经油印人员写毕,正在校对云云。故嘱照弟一面速抄,一面先将此十三页订作第二册送去。下午三时到办公处,接伟珊弟十二月卅一日信一。又接一谔弟一月八日信一。知余前邮汇款已到家。宝田舅平安。淦甥已到家。写复伟珊弟信一。

一月廿日　　晴,雾中略见日。午表四十四度。下午五时表四十三度。三时将表移挂户外为四十二度。

上午九时到总纂办公处,开党员大会,并将前审查史料内王兴瑞所记与张委员谈话一件,签送请示。旋张委员来,召见谈编纂办公处近况后,以古公愚来函及诗呈阅。承询公愚近况,并嘱函邀来谕,当有借重之处,谓久耳文名也。即复公愚一函具告,并劝以前阅中山报云将赴湘农校讲学,不如舍彼就此。曾勇甫、彭精一均在渝,旧友重聚,不亦快哉!下午二时半到办公处,将前复核史料八件处理完毕。接中图审会挂号函一。附邮汇票一纸九百元。校阅照弟所抄《总理年谱长编初稿》第三册一本。共十二页。

一月廿一日　　晴。日色较昨为多。午表四十六度。下午二时后日色甚亮。五时表四十三度。

上午九时到总纂办公处,接权超侄十六日函。附邮汇百元。复权超侄信一。附片贺小亭兄岁釐。补阅昨日报。下午二时到办公处,接海外部挂号寄来代转访秋叔函一件。拆阅如下:

"案准中央党史史料编纂委员会德字一一七三号公函开:'案据本会纂修林一厂转接华侨林维公(号访秋)由广东原籍来函,于民国卅年六月五日呈由荷属苏门答腊国民党驻日里直属支部转呈中央党部申叙书一纸,并附中国同盟会证章一枚、襟章一只、华侨炸弹队攻拔惠城同志全体摄影一张、克复惠州归善两城奖状一张、头等徽章一枚、琶江行营服务影片一张。时隔两载,迄无消息。上述各件,中央是否收到,请查明见复,转呈鉴核办理等情。本会以征存史料,并无来函所称各件。当经去函中央秘书处查询,旋准其函复,亦未收到该项申叙文件。本会以此项文件,足资史料参证,亟应搜集。用特据情函请贵部查照,如有收到上项各件,并请移送本会庋藏,藉供参证,仍希见复为荷。'等由。查本部卅年八月间接驻南洋荷属日里直属支部呈报,'○○同志奔走革命经过,并附同证明文件五件,(日记眉注:件数少一件,且未列何件。)请准于特许登记'等情。当经于同年九月十六日以海部(二)九一七三号指令该支部检发党员特许登记表格二份，饬转交依式填呈本部核办在案。旋特重新检发一份，希依式填妥后，附同最近半身照片二张，径呈本部核发党证。至原附各证件可否移送中央党史史料编纂委员会庋藏，并希呈明，以便办理，为要。此致林访秋同志。附发党员特许登记表格一份。中央海外部。"

适许处长师慎来处，与商办法，据云，如欲请革命勋绩审查委员会核发证致力革命证书，可由会代办，须将原证物交会拍照片，送革命勋绩审查委员会便可，原物则由本会庋藏，云云。阅本日报，草草一过。天色入晚，即返寓。夜闻房东言，据新佃户杜姓说，黄嘉梁已于今日下午逝世。

一月廿二日　　阴。午表四十六度。下午五时表如午。

上午九时到总纂办公处，填领米清单表。写致访秋叔信。未完。下午三时到办公处，作挽黄嘉梁联如左：

目瞑竟何之，应逐天风，径向西陲归洱海；

手编书未了，倘还尘世，重来东观续麟经。

或用本会全体同人，或用总纂办公处同人，候秘书定之。续写致访秋叔信，完。加写致一谔弟信，共封发。适许师慎来，交他一阅始封。

一月廿三日　　星期　转阴。

上午九时到总纂办公处，欲补阅日报，未到。旋往会，询得黄嘉梁枢即将移葬，乃转黄寓，见其门外搭一小棚，枢已移置棚中。徐忍茹、刘崛、柳聘农、龙毓峻、安怀音、罗本初、刘去非、彭世煊、何文华等在场。另有二三人未识姓名者，是否党史会职员，莫能决。黄妻哭于棚边，颇哀。工人正摆祭品。棚有横额，题为"党之坚者"。旁悬挽联，即余昨所撰也，惟径字被误为经字。有顷行祭。

徐主祭。余感慨人生朝露，含泪欲下。祭礼毕，即举殡。以六人抬柩向西行，祭者皆送之，至党史会后山上。已预启穴，而堪舆家此间俗称阴阳生。谓穴不吉。徐忍茹则言吉。特推余往看，时柩在距穴不远之处。余亦谓不大吉，因后枕山凹，恐有凹风，以徐君既先派工人启穴，势不能临时易地，只言须移方向，勿正枕凹，改靠山顶，此山顶即党史会后靠，使穴位与会之方向略同也。再嘱堪舆家以罗盘准之。堪舆无异议，遂改穴位，而界柩下葬。时邹永成、梅乔林先后到。葬毕，人各散。余至会时已十二时一刻矣。归寓后，谢森中、丘万镇、曾桓崧三人偕照弟由新桥来访，三人由沙坪坝中央大学约照弟晨往新桥候也。畅谈甚欢，难得乡中友朋会面也。家中已预备菜肴留饭，到下午三时许乃辞去。接李翼中转交李治中寄来邱海珊诗索和。夜和之。粗成候改。

一月廿四日　　阴。昨夜不知何时下雨，地面甚湿。午天略朗。下午五时表四十六度。

上午因路滑不能出门，在寓改诗。补阅前日昨日《大公报》。照弟带回寓中。下午二时到总纂办公处，复阅昨日《大公报》社论《从地略论建都》一文，主张战后建都北平，其理由颇充足。所谓地略即战略地理之简称。故从战略观察，南京确不能再建首都，总理如在，亦必不坚持其旧主张，而考虑国内国外之新形势也。将返寓时，得通告，明日春节，中央放假一天。喜返寓，拜祀天地父母。夜改诗至二时许。并阅本日报，照弟带回也。

一月廿五日　　春节　旧历甲申元旦　晨日出，旋转阴。

上午在寓拜先父母神主后，往总纂办公处，将至，照弟已出来，因折回寓食饭。午后小睡，起，复将诗略改。又改小田学耕堂文一篇。李振宽来坐。照弟带回三兄来信。一月三日旧腊八日。夜阅信，又改诗。完成。

一月廿六日　　阴。又未知昨夜何时下雨，晨路甚湿。下午五时表四十三度。

上午在寓写诗及致邱海珊函一。午请刘主任秘书及李振宽在寓酒饭。下午三时到总纂办公处，写致饶小田信一。校阅照弟所写总理年谱五页半。未完。夜写诗一过，欲寄子靖，但又觉有不妥处，仍俟改。

一月廿七日　　阴。昨夜又似曾下雨，路湿滑。天甚寒。照弟云晨总纂办公处表卅七度。下午五时三十九度。四时馀曾洒小雨，旋止。

上午在寓校阅照弟所抄《总理年谱长编初稿》廿四页。连昨日所抄共廿九页，订成一本。午照弟返寓交上抄本转送沈科长裕民付油印。下午二时到总纂办公处，写致十弟信一。修改《总理年谱》抄本第一册《总理史迹》及《革命事实》，此书分三项：一、总理事迹及革命事实，二、国内大事，三、国外大事。廿四页。此为第一次着笔修改，以后尚须修改多次。夜改诗。

一月廿八日　　阴雨，晨不见雨，但路湿。上午霏霏小雨，下午略大。

上午在寓再改诗。午间照弟携回廿五、六、七《大公报》略阅。下午再阅报。廿七日报载蒋委员长本月十日对教导第一团训话全文。前摘录者为大意。再摘录如左：

"我在十九岁的时候，是在我本县的龙津中学肄业的，因为当时痛愤乡里土豪劣绅的横行，目击我们国家遭受帝国主义者的压迫，尤其是那时看到日本以一个弱小的国家能够奋发图强，战败帝俄，予我精神上以最大的刺激。所以我在龙津中学不到半年，就请家母准许到日本去学军事。这一年的夏季，到了日本。想进军队，但当时日本的规定，中国学生要入军队受训，必须由中国陆军部保送，否则概不收容。我既非政府保送，自然不能入伍。因此，我只在日本留学一年，就回国了。到了第二年，陆军部在保定创办通国陆军速成学堂，各省分别招生。每省考选四十名，而浙江的四十名已由武备学堂与弁目学堂等处保送，馀额只有十四名，全省青年千馀人在杭州报名投考。我就是在这十四名额内考取的一个学生。于是，我在廿岁的夏季，就进了保定通国陆军速成学堂。但是，我的目的，仍是要东渡日本，去学它的陆军。这一年的冬季，我就得到一个机会，参加留学考试。当时取录的连我一共四十人——现在四川的张主席，亦在其内——我们都被保送到日本振武学校。这时我已经廿一岁了。振武学校是日本陆军预备学校，我学习了三年毕业，就进了日本的高田野炮兵联队，最初是当二等兵，后来升了上等兵，称为士官候补生。这一年，我正是二十五岁，就是辛亥革命的一年。那年十月，革命军在武昌起义，我觉得这是我们军人效命的时候到了，于是就从日本回国，参加实际的革命工作，开始献身于革命事业。"

"日本联队生活的情形。当时我们入伍以后，是当一个二等兵。日本新兵的入伍，大概都是在冬季。而我们入伍的地点，是在高田。高田是附近北海道的新潟县管辖的村镇。这一带地方，天气严寒。每年冬天，总下着很厚很大的雪——在我国塞北亦少看到的——我们每天早晨五点钟以前起床，自己拿着面盆，到井旁提冷水来洗脸。在炮兵联队里学炮兵，都要自己养马。我们洗脸后，官长就带领到马厩去擦马。擦马的工作要从马蹄、马腿擦到马背，经过马背擦到马头、马尾。马的每个关节，每一部肌肉，都要用禾草尽力的擦摩，大约经过一小时，马的浑身擦热了，血脉流通了，而我们亦因用劲努力，身上和手足，都是发热，有时还要流汗。马擦完了之后,再将它牵到厩外雪地里马槽去饮水和喂料,等到马喂好了,我们自己才能回营房里去吃早饭。到了傍晚,再要同样的到马厩去擦马一次,然后才吃晚饭。"

"日本军营的饭食,每人每餐规定只能吃一中碗的米饭,每星期要吃几餐麦饭。饭的上面有时是三片咸罗卜,有时是一块咸鱼。只有星期日才能吃到一点豆腐青菜和肉片。无论你吃得饱、吃不饱,每人的饭菜就只限定的这一点。当时入伍的,有许多日本耆绅贵族的子弟,他们在军队里面生活和待遇,亦是同我们一样,一点没有例外。我在入伍最初半月之内,这点饭实在是吃不饱,肚子里常常觉得饥饿,白天毫无办法,到了晚上才能到军营里酒保——俱乐部——买饼干来充饥。但是,饼干也有定量限制,不能任意购买的,每次最多是两三片,而且去迟了还买不到。饼干的质料又非常粗糙。平时我们在家庭与学堂里是不要吃的。这种生活过了两周以后,渐渐成了习惯,到了第三星期,虽不到酒保去购食饼干,也就不觉饥饿了。"

"讲到待遇,我当时是一个二等兵。二等兵之上,就是上等兵。上等兵之上有下士、有中士、有曹长、有特务长。特务长之上,才是正式的军官。这许多军官士曹一级一级的管辖我们,加之日本军营的习惯相当粗野,新兵要替老兵洗衣服、擦皮鞋,有的还要给他们补衣服。二等兵就要受上等兵的使唤,当差稍不如意,他们不是骂就是打。所以在日本军营里面,当时上级的官长打骂低级的士兵,是常见的事,我当时认为日本军队的弱点就是在此。"

夜又改诗,然总觉不妥。

一月廿九日 阴雨。晨雨稍大,庭前积水略多。午雨歇。下午犹霏微未止。

　　晨改诗。已完成。上午十时到总纂办公处。午赴罗本初家春酌，全席八人，梅乔林、刘崛、龙毓峻、邹永成、孙镜、安怀音、韦鸿声及余也。下午三时返办公处，复阅前日报纸。旋返寓。夜又改诗。

　　一月卅日　　　星期　　阴。

　　晨仍改诗数字，觉似确妥惬矣。上午写诗稿如左：

　　次韵寄题金婚好合图

　　上杭邱翊华海珊先生，以倭寇去江苏高淳县财政局，而皖而赣而湘而桂，举家流寓全州，年六十七矣。癸未腊月十四，值其与德配何夫人结缡五十周岁之辰，松江稽君匏园为绘斯图志庆，并媵以诗。先生和作，广征题咏。余曩同先生客京口，两家眷属，固时相见，因喜而寄题。

　　人循天道毋违逆，立命坚贞自如石。木公金母寿无疆，奚啻彭篯岁八百。喜闻佳话庆金婚，写上丹青满纸温。孙闹洞房儿赞礼，宾陈花烛主持尊。五十唱随相守敬，闺门雍穆是为政。古来梁孟播贤声，今日邱何传懿行。稽生画笔亦精良，点染全州山水乡。萼放岭南香欲动，翠围湘竹影俱长。军书幸告慰瀛眷，战局前途开一线。岛夷卉服迅敉平，仙侣桃筵重盛宴。且闻忠义事非愚，天鉴华胥拓版图。地接崑岗皆种玉，海非合浦并还珠。乱后吾侪归计得，金焦倘复同游息。会逢耄耋再团圆，铁瓮城中盈贺客。（日记眉注："相"改"原"，"来"改"传"，"日"改"诩"，"传"改"敦"，战局句改日日捷音来战线，"重"改"宜"。篇末又注：愚图二韵，先改为"且闻天鉴义民愚，益拓华胥旧版图"，拟仍之。"赞礼"二字拟改"酌酒"。珠韵先改为"家锡遐龄户纯嘏，田生美玉水明珠"，似亦可。）

　　午赴邹永成家春酌。同席者徐忍茹、龙毓峻、孙镜、安怀音、许师慎、吴泽扬、余与主人邹君，共八人。下午二时返寓。闻房东忽向杨氏言，欲加房租，不收国币，须米三市斗。余颇怒，但此无理之举拟缓应付，谅彼不能违契约，原订合同已声明不能加租。反法律。

最近国府宣布国难时期租赁例。日间当检国府宣布租赁法例示之。夜校阅照弟所抄《总理年谱长编初稿》十馀页，发现错误。原本有铅笔删字处未抄入。明日须嘱补抄，以明责任。因原本之铅笔注删者，为在南京时会议议决要删而删后整理之稿，今遗失；若不将原文抄入即径删去，将为抄者所删矣。

一月卅一日　　阴。午表四十六度。下午小雨如丝。夜闻雨声。

上午九时到总纂办公处。阅廿八、九日报。午返寓时路滑挫跌，幸在石级上，未受伤损，衣服亦未污。下午在寓摘录罗香林所著《国父家世源流考》内国父家世源流图表。拟附录于《总理年谱长编初稿》内，此表与长编稿内之表不同，邓慕韩、孙镜、莫纪彭诸人大反对之。然余以为孙科、吴铁城二序，皆称许是书，孙为总理之子，吴为中山县人，岂其言皆不足信？接权超侄廿六日信一。夜阅照弟带回卅日《中央报》。

二月一日　　阴雨。甚寒。闻照弟言，办公处晨未起火前表卅五度。起火后卅八度。午雨止犹浓阴。

上午在寓阅《中山日报》并折叠之。午阅照弟带回卅一日报。下午因见中山报载子靖叔贺郭仁山七一寿辰并续娶诗，乃将题金婚好合图诗写寄子靖叔，以博一哂。写致子靖叔信，并复一谭。夜校阅照弟所写《总理年谱长编初稿》廿三页。

二月二日　　阴。略有朗色。午表四十四度。下午五时表四十八度。炉火甚猛之旁。

上午九时到总纂办公处，阅昨日报。写致权超侄信一。下午三时到办公处，接十弟卅一日信，附还三兄信学曾信。又接亮儿廿六日信。附畅儿信及致照弟信。兆先在振济中学学膳费本年须增甚多，筹措不易。月米二斗半(现价每斗二百)，菜金三百元，须一次缴一学期。昨闻照弟云，报载有公家津贴公务员子弟在学校成绩优秀者年津二千元章程。顷查十二月六日《中央日报》登中山奖学金补助六万名中学生，藉劝公教人员子弟之新闻一则，但并无详章，恐难援引。幸亮儿信云廿六日已由中农行汇七百元，内五百元为元龙弟所寄为余上月生日之用，二百元为亮儿给兆先缴学费用，正可稍助，以为一慰。回寓晚餐间，适李振宽来谈，即交邮局储折，托他明日代向山洞邮局提出五百元应用。若中农行汇款日间可到，则凑得千二百元再向振济校商量按月筹缴，或可应允。夜写致亮儿信一。

二月三日　　　阴。午未看表。下午五时表四十四度。

上午九时到总纂办公处，阅昨日报。接中农行通知亮儿汇款已到。往会，托安处长将农行通知书盖章，并商振济学校缴款办法。据云，已由李科长治中往该校接洽。下午二时到办公处，将照弟所抄《总理年谱》稿二十二页半，即廿三页。订成一本。将前日所抄罗香林撰国父家世源流图表加按语，附入《年谱》抄本内。偕方干民往会，询李治中与振济中学商洽结果。据云尚未与商，惟大家明日暂勿缴款，俟后日星六。再往商定后，下星期一日再正式开课。杨氏偕闵孝吉太太往歌乐山未返。余返寓后邀照弟偕往黑天池路上等候。适安处长亦因其妻及子女往歌乐山未回，在此等候，共立路隅。旋照弟前行，余与安仍立望良久。天已入黑，安太太及其子女二人先到，云杨氏等在后即来。余即偕安家四人同返，至屋边仍独立守候。未几兆先携灯笼出而照弟与杨氏闵太太亦到，幸均平安，喜慰交集。杨氏在助产学校检查身体，据医言，胎甚安好，约下月再往云。

二月四日　　　阴雨。昨下午天色转朗，路亦已干，夜有月色。不料今晨又阴雨。

上午在寓阅罗著《国父家世源流考》。国父之父母行实与国父

所感受之家乡陶冶节内,有可采及总理年谱者①,摘录如下:

(一)国父之父达成公,初家尚小康,以迷信风水,遂至贫苦日甚,不得已乃至澳门,就业于外国鞋铺,每月工资仅四元耳。如是数年,始复返里。三十三岁与隔田杨氏结婚,杨氏时年十八岁,即总理之母也。(二)总理之母为杨滕〔腾〕辉之女,杨为大族,滕〔腾〕辉尤望重一乡。(三)国父之父四十一岁生德彰公。罗按为四十二岁。四十四岁生女金星,金星生四岁而死。四十七岁生德祐,罗按应为四十八岁。德祐生六年而死。五十一岁生女妙西〔茜〕。五十四岁生总理,又五年生女秋绮。(四)德彰年十八赴檀香山经商,二十五岁返里与谭氏结婚,翌年携总理赴檀时,总理才十四岁。

下午在寓阅梅县《中山日报》,并折存之。卅二年十月廿五日中山报载《徐先生由韶归来》一则,与党史有关,余拟改题为《徐统雄之革命信札与中华革命党之星加坡民安栈》,其内容略谓,徐统雄曾以所存信札卅馀篇赠党史会,而将稿抄存,近由其家三河坝往韶关,往返途中,曾以示罗翼群、李汉魂。省政府主席。李题四字,曰"功成不居"。又示懒凤,懒凤因作文登之《中山日报》,并叙及民五在星加坡民安栈识徐云云。余乃剪出,适会内沈裕民科长派工

---

① 该日记是日所记天头有两则文字,分别是:

(一)罗著系由廿二年秋九月亲至翠亨,得见国父胞姊妙西〔茜〕及故居管理委员陆华禧先生(旁注:陆华禧为陆皓东胞弟)。获读国父家藏《孙氏列祖生殁纪念簿》。自十二世祖连昌公至十八世为国父孙公,各世名讳与生卒年月悉可稽识。至卅年八月,紫金县长李蔚春借得忠坝孙氏族谱旧抄本,其中所载十二世祖连昌公名讳,与年代,适与《孙氏列祖生殁纪念簿》同。而自连昌公以上各世名讳及其由中原南迁之情由,亦可循迹考求。

(二)罗按德彰生咸丰四年甲寅。德祐生咸丰十年庚申。总理同治五年丙寅。德彰卒民国三年甲寅十二月廿八日年六十一。德祐卒同治四年乙丑十二月初一日,年六岁。——整理者

友来取《总理年谱长编》抄稿,即嘱该工友往总纂办公处向汝照弟取昨所订第五册送沈,并将此剪报带交征集处许处长,作为史料。统雄余所素识,惟懒凤则不识,疑为叶菊生,未知是否。

二月五日　　　　阴雨。昨夜闻雨声颇大,今晨犹檐溜滴滴。是日为旧历正月十二,立春。午雨中夹雪珠。下午雨小而未止。

上午在寓写致李翼中函,附录题邱海珊金婚好合图诗。又嘱兆先复经良内弟函,卅日接十二月六日来函,云娥姨生子。附加数语。下午阅照弟携回四日《大公报》及查阅去年所购亚光舆地学社印行之太平洋现势详图。美国海陆空军前在西南太平洋之所罗门群岛进攻新几内亚、新不列颠、新爱尔兰、那卢等岛,及吉尔贝特群岛,现自一月卅日起,进攻马绍尔群岛。连日激战,已占领瓜加林、纳摩、罗伊等三岛。此马绍尔群岛旧属德国,自欧战后,凡尔赛条约订归日本代管,已成日本本土,日本视为东京之外围(外线防御),距东京约二千五百哩。东经一百十七度,北纬十度,北距威克岛至近,西距关岛亦不远。二月一日,柏林广播,引述日本《每日新闻》谓,"敌人能进攻马绍尔群岛,实不容忽视,日帝国之外围防线,委托统治岛屿,与日本本部,有直接联系,其地不因与东京相去二千五百哩而有轩轾也。"云云。此可见日人之忧惧。又二日马绍尔群岛美国远征军总部路透电称,"美国于日本领土内建立之第一军政府,将于马绍尔群岛成立,受有特别训练之军官,现已准备于瓜加林环状珊瑚岛登陆,接管行政事宜。军政府新任行政官吏,将携带由美太平洋舰队司令尼米兹上将签署之日文两种通告及美国新币(上印有夏威夷字样)前往,以代替日本币。瓜加林岛战前有居民千人,其中多数为卡那卡斯人。"云云。此可见美国视此战役之重要。前各报称西南太平洋之战,此后将加一战区,而称中太平洋之战矣。从地理上观之，马绍尔群岛一旦解决，美军必先北进，而收复威克岛，但威克岛收复之后，则有三途，一、东向迤北而收复中途岛，与夏威夷联络完全克复；二、西向迤南而收复关岛，再西收菲律宾群岛而复之；三、西北向而进攻东京横滨，直捣倭奴巢穴。果取何途，此在美国人之战志也。

晚间照弟又携回五日《大公报》，系姜伯彰由南泉回会，顺便购来者，匆匆一阅即还他。许师慎来言，明日往振济中学，商缴费事，若不允减，昨日兆先与许筠岚往参加开学典礼，该校须缴费后始准报到。询得米可按月缴，但必须二斗半，至菜钱仍须缴五个月，计一千五百元。兆先年考列第一名，得免书籍等费，共二百三十元，此外杂费连菜钱计须即缴二千零四十元。亦只得于后日七日照缴。并邀兆先与筠岚同于明日入校，余约以后日，俟筹备款项及商妥会内送米为妥。

二月六日　　星期　阴。下午天色转朗。三时许日出，旋阴。晚间月出。上半夜月明，下半夜阴。

晨偕兆先往安处长家，商将中农行汇款由会贴现。据言，星期日无人办公，须明早照办。又往许处长家，则正欲出门，往振济学校矣。俟与校长商得结果，下午来谈云。上午在寓写致梁云从函一。下午写致楚伦信一。姜伯彰偕安处长来谈。晚间李振宽来，余告以明日缴学费款不敷。据云明早彼可先暂借六百元送来，以后可向会借款。旋往许师慎家，询已商得校长应允兆先菜钱分二期缴，第一期缴七百五十元，其馀俟二个半月后再缴。该校要十一日始开课，明日下午可往缴款，或后日亦得云云。心为大慰。夜嘱兆先计算明日应缴各款总共一千三百二十元。余已有一千四百元，适可敷用，心益快乐。

二月七日　　阴雨。昨夜下半夜忽又雨，且檐溜有声。今晨天井积水殊出人意外。午雨止天亦朗。下午复阴。夜月色颇明，但月在云中不能见。

　　晨李振宽来，余告以许师慎商得结果。彼言已带六百元来。余谢之。上午阅罗著《国父家世源流考》，将其考证之由来摘录于四日所记之上端，预备为签注之计。午间拜祀父母神主，为明日元宵节循往例俱于十四日拜祀也。适李振宽来，留之食饭，并请房东。照弟带回向会内出纳员林毓芳贴现中农行汇款七百元，原拟下午二时嘱兆先偕照弟往振济学校缴款，以天阴路湿未果。下午小睡，续阅罗著《国父家世源流考》，摘录其附注二如左：

　　　　余于民国二十二年九月，由广州乘舟至澳门，转乘汽车赴翠亨。在距离总理故居小洋房约二十步之中山县农事试验场，住宿三日。每日除访问翠亨村居民及附近各村如石门坑、竹头园、径仔萌等村居民，并蒐访文献外，即至总理故居，谒国父胞姊妙西〔茜〕，即中山县人士所称为老姑太者，请彼讲述国父家世源流、家庭景况并幼年生活、亲戚景况等。同时访问故居管理委员陆华禧先生，即先烈陆皓东之胞弟。并抄录故居所藏《孙氏列祖生殁纪念簿》与《陆氏家谱》所载中山县陆氏源流，获得资料颇富，并于当地写成访问记一厚册。本拟专作总理故乡巡礼记一书，以人事纷纭，久久未得排比缮定，仅将有关系各资料与关于广东人种调查所得之资料，同置一箱，随身携带。会倭寇侵陵〔凌〕、广州寓所虑为所炸，乃将该箱移庋于番禺某乡，迄广州紧急，车辆缺乏，无法救运，遂与俱没。心血所聚，遂以无踪，惜哉。

　　二月八日　　　　阴。雾不见日，但有晴色。午表四十四度。下午五时四十五度。夜有月色，但仍不能见月。今为元宵节。下半夜月明。

　　上午九时到总纂办公处，具条送档案处调卷。旋往会，借款四百四十元，并请欧医诊脉。近日眉棱骨痛时作也。返处补阅六七两日报纸。马绍尔群岛之战，美军迭胜，瓜加林岛已肃清。尼米兹上将已发布就任马绍尔群岛军事总督之通告。瓜加林附近各小岛均已被占。下午二时到办公处,得档案处送来总理幼年事迹初次报告〈书〉(钟公任笔录及油印共一扣)。接谢士宁一月十五日。由桂林来函一。今日为上元夜,山中毫无佳景。往年尚有粗俗之游戏,今年并无之,足见乡村人民之贫乏矣。闻钟公任之报告书与罗著显有出入,明日拟作比较表,以相对勘。寓内各家妇女孺子出门摘菜,俗称"偷青",与梅县乡俗略同,但梅县乡中似无此名称耳。兆先参加数次。九时馀返寓,藉破岑寂。今下午兆先曾携款往振济缴费,共缴一千二百七十元,计因年终考试得第一名,免缴书籍费一百六十元,抄本费七十元,共二百三十元。又因旧学生,免复缴保证金五十元。余上午在会借来之四百四十元未动用,为之一慰。静坐,思前写题金婚图诗,应改数字,即改在一月卅日日记稿之上端。

二月九日 阴、晴、雾重。午表四十七度。下午五时表四十六度。自一时许日出至晚。夜月明。

上午九时到总纂办公处,阅昨日报。摘录廿年五月十四日钟公任呈送《总理幼年事迹报告书》之原函如左:

任此次奉命赴粤调查总理史实,经于前月十日晚由京起程,二十一日抵广州,往见邓慕韩编纂,询其以前调查各种经过。二十四日晚,乘船往中山县。二十五日上午抵石岐(旧县治),下午乘车抵唐家湾,谒中山县主席唐少川先生。随赴澳门,是晚谒总理元配夫人卢氏。二十六日上午赴翠亨乡,瞻仰总理故宅,谒总理二姊杨夫人。下午复回澳门。二十七日见王斧编纂,询问各种。二十八日上午,与王编纂约定下午偕同往见杨鹤龄先生。讵届时而王编纂以有事不果行,复约期明下午偕往。二十九日上午,王编纂即遣人告以"杨鹤龄先生已于昨晚乘轮赴广州矣"。任即赴王编纂寓所,与王编纂商定办法,即任是晚赶回广州见杨鹤龄先生,如不获见,则应询问杨先生各节,随后由王编纂任之。任于卅日复至广州,到光复中学(杨先生为光复中学校长,寻常杨至广州，必赴该校。)探询杨先生是否来校。该校办事人答以未至，如此数日内有来必通知等情。任候了两日，杳无消息，拟即往谒陈少白委员，惟陈委员之住址，询之革命纪念会书记，亦不甚明白，只云到江门便可访得。是时广州风声日紧，江门船在此数日间开行时刻不定，而往江门之事，遂以中止。本拟赴港见邓泽如委员，因邓对中枢之通电已发，故任到港，亦未往见，而即乘原轮赴沪矣。(原日记题天头注：何日到港何日到沪？)此次调查，其主要目的，系探访总理幼年事迹，而总理幼年事迹，则以总理二姊及总理元配夫人为较明白，故任除先访问总理元配夫人外，即到翠亨乡访问总理二姊，谈论数小时。除将本会所嘱关于总理家世各节，向其询问外，复请演述总理幼年事迹。总理二姊以年老善忘谦让辞谢。经任再三恳请，始略述总理幼年事迹之一二。至于总理二十馀岁在香港广州澳门宣传及运动革命事，任想杨鹤龄先生总能道其详。殊任见王斧编纂时，王编纂即出示杨先生复伊手书，有"一部二十四史不知从何处说起"、"年老多忘"及"如要谈论此事，暇时或能忆及多少"等语。以王编纂与他相交二十年之久，犹如此推辞，则欲对杨先生探访总理革命事实，非宽假时日，恐难得其真相也。所以任赶回广州寻杨先生未见之后，而即以此探询任务，商请王编纂随后相机进行。而关于总理世系，则任初到广州时，邓编纂对任说："前数日已将孙族报告总理世系呈文抄呈本会，不过其中之七世至九世则无从查考。因为孙氏已无族谱，而祖坟碑文又不甚明白，间有父子或叔侄共坟，而不明其何者为父，何者为子，或何者为叔何者为侄者。而父子或叔侄之间，其名字竟有上一字相同，骤看之似为平辈者。所以考查实非易易。"总理故乡属于中〔香〕山县之东镇。东镇属下分为三都，每都有数十乡村。翠亨即东镇某都中之一乡村，(原日记此页天头注：何都乎？据罗云大字都。以下均系揣测之词并非调查所得。)风俗习惯与别乡不甚悬殊，惟逼近海岸，且离金星门不远，所以自来多出外谋生者。所以幼年时屡欲出洋，以广其见识。迨至赴檀岛数年归来后，即具改革大志。盖其观察力实比寻常人不同，由怀疑而研究，由研究结果遂筹解决之方。此自幼年时固已如此矣。所以，总理的天才实非环境所能限，而良好的环境亦足资为改革之明鉴也。除将询问所得呈录核发呈外，谨上。附呈报告书一本。

（此函呈经秘书陈肇琪转呈常务委员，常务委员邵元冲函送回陈秘书。案卷内有原报告书及油印报告书，想当时所以将原报告书油印者，或以分送各编纂阅后会议。油印件内有错字。如廿二条原为"长女现三十七岁"，油印为三十五岁。又原戴恩赛现卅五岁，油印为卅七岁。报告共廿二条。从末条看去，即发现此错误，想其内错误必甚多也。）

下午三时到办公处。作钟公任报告书与罗香林附注调查国父家世经过情形比较表如左：

（一）钟于廿年四月廿四晚由广州乘舟往中山县，廿五日上午抵石岐，下午乘车抵唐家湾，随赴澳门。是晚谒总理元配夫人卢氏。二十六日上午赴翠亨，瞻仰总理故宅，谒总理二姊杨夫人。下午复回澳门。

（原日记此页天头注：总理故宅是否即小洋房或与（五）条所云之翠亨村第一号屋，惜未详记。）

（二）钟回澳门后，二十七日见王斧，二十八日上午与王约下午偕访杨鹤龄，届时王因事未果。复约明日下午偕往。二十九日上午王遣人告钟云，杨已于昨晚乘轮赴广州矣。钟即至王寓商办法，商定即晚钟回广州寻杨，如不获见，则应询各节，随后由王任之。三十日钟至广州，寻杨不获。候两日，无消息。欲往江门访陈少白，时广州风声紧急，

（一）罗于廿二年九月由广州乘轮至澳门，转乘汽车赴翠亨。在距总理故居小洋房约二十步之中山县农事试验场住宿三日。

（二）罗住翠亨三日后，获得资料丰富，并于当地写成访问记一厚册，拟专作总理故乡巡礼记一书，久未排定，将各资料与关于广东人种调查所得资料，同置一箱，随身携带，会倭寇侵陵〔凌〕，广州寓所，虑为所炸，乃将该箱移庀番禺某乡，迄广州紧急，车辆缺乏，无法救运，遂与俱没。

（按此所谓风声紧急，即广州对中央独立之事。）江门船开行无定时，改拟赴香港见邓泽如，而邓对中枢之电已发，（按此所谓对中枢之电即邓指斥中央之电。）故到港不往见。即乘原轮赴上海。

（原日记此页天头注：王斧之总理故乡史料征集记，或即于钟去后再往翠亨而作，但原记不注年月。）

（三）钟云此次调查，其主要目的系探访总理幼年事迹，故除先访问总理元配夫人外，即到翠亨乡，访问总理二姊，谈论数小时。除询总理家世各节，复请其演述总理少年时事，总理二姊以年老善忘，谦让辞谢。再三恳请，始略述一二。

（三）罗云，在中山县农事试验场，每日除访问翠亨村民及附近各村，如石门坑、竹头园、径仔荫等村民，并搜访文献外，即至总理故居谒国父胞姊妙西〔茜〕，请彼讲述国父家世源流、家庭景况，并幼年生活、亲戚景况等，同时访问故居管理委员陆华禧先生，并抄录故居所藏《孙氏列祖生殁纪念簿》。

观右列三节，钟公任到翠亨仅数小时，罗香林在翠亨住宿三日，两人调查详略，自有不同，但罗君所得资料及在当地写成之访问记一厚册，已在番禺某乡遗失。然则其于卅年著《国父家世源流考》一书时，所引妙西〔茜〕老姑太之言，亦属追忆于七八年之后者，有无错误，亦成疑问。且钟君先在澳门谒总理元配卢夫人，有所谈述，而尤可注意者，罗君所称总理故居管理委员陆华禧先生即先烈陆皓东之胞弟。在钟君报告书内之第九第十一第十二第十四第十五等条，亦有陆华兴先生即陆皓东之胞弟，现住总理家中，是否一人，抑故居管理委员是否法团，如何组织，钟君未言，即《孙氏列祖生殁纪念簿》，钟君亦未言，何耶？夜服药，心绪至恶，未作事。

二月十日　　　晴，晨即见日。午表五十三度。今晨脱皮袍，改穿骆驼绒袍。下午五时表四十九度。夜星月俱明。

照弟晨往山洞搭车晋城，拟本晚在城宿，明日赴南温泉应高等考试。余嘱在城时，顺便问省行内熟人，彭精一之子、谢元恺之妻。一月十日该行寄来之曲江汇款通知书，何以不附解条，即索一阅，余名之被误写，是否曲江交汇人之错，抑系该行出错，可以知之。并嘱代交二百元为黎守杰外侄孙新婚贺仪。上午九时到总纂办公处，再作钟公任报告书与罗香林调查总理家世及幼年事迹对照表如左。上为钟报告，下为罗调查。

（一）曾祖父母业农，有田产十馀亩。祖父母亦业农（祖父信堪舆学，常游玩山水。）其时家境渐窘，上世所遗之田产曾因急需变卖多少。（总理二姊杨夫人口述）

（一）祖父敬贤公以耕读发家，颇有钱，后以醉心风水，屡事坟工，所费不赀，变卖田地，入不敷出，家资遂耗。至父亲达成公，亦好风水，终年养一来自嘉应州之风水先生，各祖先坟地皆父亲所寻得改葬。祖父之坟，地师谓葬后十年必生伟人。咸丰四年安葬，至同治五年总理诞生，相去果仅十三年也。（总理胞姊妙西〔茜〕口述）见原书二四页。九，国父上世迁居中〔香〕山县后之世次名讳与行实。

（二）总理实生于翠亨，所谓出生在东莞者不确。（总理二姊杨夫人口述）

（二）此节罗著无。因钟公任有问"有人说总理出生在东莞，二三岁后始迁翠亨，究有何据？"罗氏无此问，妙西〔茜〕亦无所述也。

（三）达成公五十四岁而生总理，时家境清贫。（总理二姊杨夫人口述）

（四）达成公二十岁以后、三十岁以前，在澳门学做皮革工（即做皮鞋）。卅岁以后回家耕种。

（日记眉注：王斧记云：须眉甚长，有时足登屦。）

又，达成公在澳门学习裁缝，善制洋装衣。（总理元配夫人卢氏口述）

（五）总理之二叔学成公，曾往上海做工，后殁于乡。三叔观成公，先往檀香山做工，后往上海做工，卒殁于上海。二叔三叔俱曾读过几年书，住于翠亨村祖先遗下之老屋，与达成公异居。达成公所居之地址即现在翠亨村第一号屋。此屋系眉公改造过来的。（总理二姊杨夫人口述）

（三）初父亲家尚小康，以迷信风水，遂至贫苦日甚，不得已乃至澳门，就业于外国鞋铺，每月工资仅四元耳。如是数年，始复返里，三十三岁与母亲隔田杨氏结婚，其时母亲才十八岁。（总理胞姊妙西〔茜〕谈述）见原书二六页。十，国父之父母行实与国父所感受之家乡陶冶。

（四）达成公面修而颧高，两目睇人炯炯有神。眉发〔须〕甚长，御粗布服，有时足登屦。时在门前榕树下石凳憩坐吸旱烟，状若沉思。常为乡友讲述故事。待朋友甚诚挚。家虽不丰，曾养其友某君至十八年之久。（革命先烈〔进〕杨鹤龄之弟杨子刚谈述）（见原书三九页。）

（日记是页天头注：王斧记之风水先生。）

（五）学成、观成二公，均尝赴美营生，出门后久不得讯。后悉一卒于上海，一卒于加利福尼亚金矿区域。达成公迎养学成公妻程氏及观成公妻谭氏。而国父之母杨氏，更因妯娌之早寡，而弥相敬爱。（见原书三七页。又五一页附注二三云"见林百克《孙逸仙传记》"。）

（日记眉注：钟云学成公殁于乡，观成公殁于上海；罗书则浑言一卒于上海，一卒于美西加利福尼亚州，大殊异处。

又注：第一号屋是否即距农事试验场二十步之小洋房总理故宅？）

（六）达成公在翠亨，并无疏属的伯父及兄弟。孙氏始祖在东莞县，至五世迁中〔香〕山县。其后于此县中曾迁徙过一二次，至十四世〈祖〉始住翠亨村。总理系十八世。（总理二姊杨夫人口述）

（日记题天头注：罗书内之家世源流表五世祖为凤宗公，十四世祖为殿朝公。钟君未详问。）

（六）诸家记述翠亨孙氏源流，每仅据口头访问，自殿朝公为始（注二一），似殿朝公为自涌口门村迁居翠亨之始基祖。盖虽未见于文字记录，而口碑仍可考也。据此，则国父上世之迁住涌口门村，亦仅先后三代已耳。见原书三四页。又五一页附注二一云："余至翠亨乡调查国父家世，陆华禧先生尝为余言，殿朝公始自涌口门移居翠亨，而叶溯中先生所作中山先生之先世一文亦谓翠亨孙氏溯至十四世祖殿朝公。"

张委员来办公处一见，未说话。午间往会，晤钟孝先，托转上签呈，请加发食米月三斗，以轻负担，且示公平，因会内各人均领米作房租，余则每月须购米三斗，所领代金不敷应付。此种亏额，受累不浅。计代金三斗，仅二百二十四元；而购米三斗须六百元，以后或须九百元也。下午三时到办公处，接元龙弟三日来函，附剪一月十五日《东南日报》一角内有胡朴安词一首。读之喜慰。录左：

琐窗寒　春寒　胡朴安寄自沪上

　　暗雨敲窗，阴云锁户，晓眠初醒。山容惨淡，点点心头愁影。问旧时，燕子归来，往年可似今年冷？想往年此日，柳外夭桃，绿红相映。幽润横斜径，正寥落人稀，花开无信。闲庭清净，合我偏枯长病。听小园松树号寒，细枝历乱孤干劲。转阳和，春满晴空，帘幙东风静。

　　阅昨日《大公报》，美军攻占马绍尔群岛之岛屿已达十九处，击毙日兵八千一百二十二人，俘获二百六十四人。美军死二百八十六人，伤一千一百四十八人。双方损失悬殊，乃由日军被美海军之大炮轰击所致。续作钟罗报告调查对照表如左：

（七）母夫人杨氏之外家在隔田，其父以耕种而兼营渔业。（总理二姊杨夫人口述）	（七）达成公自澳门返乡后，益纯朴忠厚，旋与隔田杨胜辉公之女结婚。杨氏固大族，而胜辉公尤望重一乡，故当时迎娶之日，人皆以贤夫妇目之。（见原书三七页。）

　　二月十一日　　阴晴。午表五十二度。下午日出。五时表四十八度强。晚红霞。夜有星。旋隐。月色欠明。似雾大。

　　上午八时半到总纂办公处。旋往会，将张仲纬汇来吉利长款三百五十二元通知书托安处长盖章，由出纳贴现，即交二百元于合作社，登记买白布，并购信封信纸。返处开小组会议。校阅照弟所抄《总理年谱长编初稿》十三页。下午三时到办公处，续校阅《年谱》抄本十三页。订成一本。第六册。接汝照弟自城来信，谓已向省银行取阅解条，但只电报，并无墨笔所写之解条，电报之误，与余所接者相同，惟该行允于收条上盖会章，即照兑款云云。余意仍候淦甥复信再办。接亮曾七日来禀，谓已托吴祖衡带来《花溪闲笔》书二本及抗儿用夏季衫裤一件、绒帽一顶，吴君二日由贵阳动身来渝。包上写明送新民街党史会通讯处转交，或留渝省行候领。内附红纸小包一个，系照弟妇寄照弟服治痢之药。夜写复亮儿信一。

二月十二日　　晴。日色甚亮，如非雾季。午表五十九度。下午五时表五十八度。竟日畅晴。

上午九时到总纂办公处，阅十日报纸。旋往会，见张委员，欲请求发足食米，而徐忍茹力言已正在设法。张委员在座，已闻徐此言，余遂无话可说。后询学校米事，李治中、许师慎均云决于星期一日送六斗到学校，看校中如何办，是否已足，抑须再补。若必须补，亦即照补，至后月再统筹应付。此六斗为许筠岚、师慎之女。李成芬、治中之女。及兆先，每份二斗也。沈裕民派季昌奎来乾穿洞开箱取《总理年谱》油印本，乃三个大小木箱竟不见。季回去再请管洞专员刘去非来，将各箱开看，亦非总谱，可怪。午请邹器之、严济宽在寓午饭。原请姜伯彰，乃已往歌乐山，未来。下午二时到办公处，闻年谱稿三箱已寻获。心为一慰。即往会晤沈裕民科长派刘去非来开箱，但觅油印本不得，仅取《总理诞生六十年国外大事》稿原编辑科所编。一本，藉为校阅修改之用。查铅印本之《总理年谱长编》稿所有国外大事栏，即由此采录者。再修改《总理年谱长编》稿一次。此为第二次着笔修改（一月廿日为第一次，见上）。阅十一、二日报。夜早寝。

二月十三日　　星期　阴。

上午写致元龙弟函一。接学曾十二月廿日来函，附致陈果夫先生函一。下午往总纂办公处，询报纸未到，即返寓，录学侄原函如左：

此次联合国救济及善后会议在美国大西洋城（离纽约百二三十哩，坐火车三小时可达。）开第一次大会。承我国代表蒋廷黻博士之命，以秘书资格前往参加。继奉派为出席社会福利及扶助流亡两小组委员会副组员，【因正组员系社会部福利司长谢征孚（或为学字，草书未详。）博士法国留学生，未谙英语。】代表我国发言,当扶助流亡小组委员会讨论如何扶助各国侨民返还原居留地案时,英国代表佐治伦朵尔爵士提案,颇不利我国侨胞后返还南洋各地。侄据理力争,当经小组会议决议,照侄意见通过,即除去"应先得当地政府之许可"一语。及后,英代表当选为会议报告起草人,彼不照原案辞句,擅自修改,又将其提案原意写入报告之内。侄又即提出反对,争论颇烈。后蒋代表亲自出席,与英代表谈话,仍未有结果。最后由大会秘书长(美人)出任调停,卒将英方所提辞句取消,改用对我方无妨碍之字句,经由小组委员会议决通过。此次中英两方意见不同,颇引起各方注意。事后美国友人多向侄说恭维话。有一人说最初彼觉得侄主张令人生厌,中间觉得侄之主张无通过希望,实早应自行取消,然到最后侄之主张卒得胜利,故对侄坚持精神无任钦佩云。此为侄正式代表政府与友邦人士争辩胜利之第一记录,增进自信力及自信心不少,堪以告慰。侄经将情具书,向戴朱二公报告。今夹来上陈果夫委员一书,有便请转交或转寄。侄在大西洋城共住二十一日,即由十一月十日起至十二月一日止,会毕即返纽约,照常工作。(略)卅二年十二月二十日。

二月十四日　　晴微阴。午表五十八度。

上午九时到总纂办公处,写致陈果夫函一。附学侄所致函及致余之函并转。续作钟罗报告调查对照表如左:

（八）总理之长姊早故。二姊嫁隔田杨姓,现年六十九岁。妹嫁西江尾林姓,现六十一岁。(总理二姊杨夫人口述)

（八）总理〈之父〉四十四岁生长女金星①。

（九）翠亨现有住户七十馀家,为杨陆孙冯各姓。杨姓户口较多。孙姓现仅二三家。(陆华兴先生

（九）〈罗书〉无。钟问"翠亨乡原有住户若干人,全系孙姓,抑有别姓杂居,总理童年后有迁移来居者

① 原文如此,总理后缺"之父"二字——整理者。金星生四岁而死。五十一岁生妙西〔茜〕,即二姊。五十四岁生总理,又五年生妹秋绮。(见原书三七页)——整理者

口述)

（十）翠亨之田土尚佳，有山围绕，但林木不多，无河流，惟离海不远，海岸风景甚佳。

（十一）翠亨之住民以营农业渔业者为多。在檀香山营农工商业者有百馀家。(陆华兴先生口述)

否?"罗无此问也。

（日记是页天头注：王斧总理故乡史料征集记内，杨子刚云，村内户口不过百馀。)

（十）无。钟问："翠亨之田土山林若何，其中河流与海港相通否，能通行何等样船只(须分别注明)，五十年前状况若何，现在状况若何?"

（十一）无。钟问："翠亨之住民，普通以营何业者为多？工商事业发达否?"罗均无此问。但罗书云，翠亨离金星港不远及总理之叔母程氏由金星港市外移居翠亨云云。另录。

阅十三日报《大公》、《中央》。二份。前日约刘去非来再开箱，查取总理年谱油印本。据来称，因有别事，请改明日。余允之。

二月十四日　　下午阴。五时表五十六度。

三时到总纂办公处，与孙纂修商改编辑处张科长镜影所拟《中国国民党史料汇编史迹类子目概要》。接权超侄寄来日历一包。外封为小亭所书二月十日寄。前据权超函称早已寄出。此谅系补寄者。

续作钟罗报告调查对照表

（十二）翠亨乡原来之文化，不甚发达，总理前，少闻人。总理出世后，读书人亦不多(惟近时有画则师、工程师及矿务电机等专门技术人材)。总理塾师仅一老塾师(其为王姓或黄姓不详，因粤语王与黄同

（十二）达成公为人最和平忠厚，且公正廉明，故为村人所敬仰。惟以家业甚稀，故尝终岁勤劳，略不得息。及寿屏渐长，能帮助操作，家计始渐舒裕。寿屏读书仅四年，年十八，即赴檀香山经商。廿五岁返

音）。总理在翠亨时，未学英文。当时之总角交是陆皓东（陆生时亦住在翠亨村）。（总理二姊杨夫人及陆华兴先生口述。陆华兴系陆皓东之弟，现住总理家中。）按此条钟君原问："翠亨乡原来之文化若何？总理前有无闻人？总理出生后读书人多否？村中有义塾否？总理蒙师有几人、学过英语否？总角交有否？"下列罗书与此条问答固非相当，姑录之。以村童好赌博殴打亦略足见其文化之一斑也。

（日记眉注：读洋书习英文，越二年入耶稣教，以破坏神像为寿屏所不满，又二年寿屏遂命之返国读书，云云，以破坏神像事竟在檀香山所为矣，此或为妙西〔茜〕姑太太言谈简略，抑或为记言之误，与王记大异。）

里，与谭氏结婚。翌年携总理赴檀，时总理才十四龄也。总理少即聪颖，惟以达成公家计不丰，故至十岁始正式入乡塾读书。总理幼时既喜为人打仗，见群儿被人欺凌，则大〔打〕抱不平，必奋勇以〔与〕打，即打不赢，亦不稍退。材童衣服每为扯破，母亲必代为补好，并严责总理。总理自小反对赌博，十三岁时，值群儿集祠堂为牌九之戏，其中有杨帝卓者，年十七矣，总理拉其辫子，劝其勿赌。帝卓以拉辫子必败赌运，深致不满，俄而大败，遂擒住总理，拉辫子以头击壁，至剧痛气绝、不省人事。后众人以药涂之，一时许始苏。母亲乃携之回家。母亲教子甚严，遇总理与他家儿童无理殴打，必唤返鞭责。是番以曲在帝卓，故未被责。总理自小任事勤敏。自塾回家，必帮助农作，如打禾之类，皆所擅长。又善泅水，入水如蛙，村中儿童皆不能及。十四岁赴檀香山，读洋书，习英文。越二年，入耶稣教，以破坏神像，为寿屏所不满。又二年，寿屏遂命之返国读书，盖欲其多习中国之伦常道德也。（据妙西〔茜〕姑太太谈。见原书三八页。）

夜写致权超侄函附剪梅县《中山日报》一月十三日十五日所载《日本统治下之爪哇》译稿二段,为沈东来所译。近年不得南洋消息,余阅之甚兴奋,故特寄权超也。

二月十五日　　　阴。午表四十八度。下午五时四十九度。

上午九时到总纂办公处,适遇李振宽往会,寄声请沈裕民派人来检查总谱三箱,以应昨日刘去非之约,乃云沈已于昨日入训练团受训矣,且张镜影科长亦同往受训云。续作钟罗报告调查对照表。

(十三)翠亨乡附近无大市镇,离原日之县城(石岐)一六点五三英里,离澳门二一点五三英里。现有直达唐家湾及澳门之公路,交通颇便。

(十三)罗书无。钟原问:"翠亨乡位于中山县何方,离城若干里?附近有无大市镇及大村落?离澳门、香港、广州若干里?离九龙若干里?水陆之交通若干?"

(十四)总理之父兄,未曾入教。(陆华兴先生口述)

(十四)罗书无。钟原问:"外国传教士在总理生前曾到过翠亨乡否?总理之父兄曾入教否?"

(十五)翠亨乡当时之三合、三点会人不多。总理之父兄与会中人无关系。(陆华兴先生口述)

(十五)钟原问:"翠亨乡当时之风俗若何?居民生活难易若何?三合、三点会之人多否?总理之父兄与会中人有关系否?"

(十六)总理之父由澳回家后,仍以耕种为本位。总理生后,眉公未由檀回家前家境尚清贫。(总理二姊杨夫人口述)

(十六)钟原问:"总理之父居翠亨时尚营工业否?抑系专以耕种为业?总理生后家境若何?"

(十七)总理之兄眉公,因家贫,十八岁时由其自己决定出洋,当时

(十七)钟原问:"总理之兄,因何事故、于何年月出洋赴火奴鲁鲁?

往沪往檀,踌躇未定,卒取于神而往檀岛,未有人同伴。(总理二姊杨夫人口述)总理元配卢夫人谓总理少眉公八岁。

(十八)总理之兄出洋时,曾将仍存之田数亩卖去,以作川资,则其时家非小康可知。(总理二姊杨夫人口述)

(十九)总理元配夫人之外家,其祖父家道小康,其父承先业,读书经商,此外家(在外博现改称外沙)距总理家七八里,定亲时达成公年岁已多,未理家事,故由眉公作主,元配夫人卢氏,现年六十一,即少总理一岁。(总理元配夫人卢氏口述)

(廿)二叔三叔均无子,而各有一女。二叔母程夫人生时,生活困难,与总理家异居。(总理二姊杨夫人口述)

(廿一)帝象之名系总理的祖母所赐,象之意义系取义于某山之形。(总理二姊及总理元配夫人口述)

(廿二)总理之长子即哲生部

洋时,总理已若干岁? 总理之兄长于总理十岁,其出洋日至少二十岁,则父达成公应已六十馀岁矣,究竟是达成公之意要其出洋否? 出洋时有无同伴,与何种人同伴去的?”

(十八)钟原问:“总理之兄出洋,总理仍旧在家读书,家道谅是小康,则达成公时已六十馀岁,在社会上想亦很有地位,如刘季之太公居家时矣,然究有事实可证明否?”

(十九)钟原问:“总理之元配夫人外家家庭况若何? 离总理家若干远? 是达成公为之早定之亲否? 年龄与总理相去几何?”

(廿)钟原问:“总理之二叔三叔均早故,生有子女否? 二叔母程夫少年守寡,至民元方故(年七十七),当然是旧社会中所称之贤淑女子。但其生时生活之状况若何? 与总理家同居抑异居?”

(廿一)钟原问:“总理出生后乳名取为帝象,是何意义? 翠亨乡父老尚有能明其故者否?”

(廿二)钟原问:“总理之子女若

长，现四十二岁。长女现三十七岁，　　干人，何时出生婚嫁状况如何？"
早亡。次女适戴恩赛，现三十五岁。

（总理元配夫人卢氏口述）

　　以上钟公任报告已录完，惟罗书仍有散见之事实，不能与钟报告一一对照，另查录之。

　　阅十四日《大公报》，又《中央日报》。接照弟十一夜自南温泉来函，言是日下午已应考试之体格检验，谅可通过。十四起考，十六考毕。在仙女洞中政校高等科食宿，每日收费四十元，十弟、嘉弟、启鹏俱等均已见。下午三时到总纂办公处，将阅完之钟公任所编《总理幼年事迹》初次报告一本交王伯勋，饬送回档案处，加条一张，请曾处长另查出其他报告，似尚有王斧报告。检交一阅。查阅罗香林书内有关总理事迹如左：

　　一、祖父敬贤公生于乾隆五十三年戊申，卒于道光二十九年己酉，寿六十二岁。姓黄氏生于乾隆五十七年壬子，卒于同治八年己巳九月初五日，寿七十八岁。按总理生丁同治五年丙寅十月初二日寅时，是黄太夫人卒时总理四岁。

　　二、国父之父达成公与祖母黄太夫人及叔母程氏，均以善讲故事能激发儿童志趣，尤予国父以巨大影响。

　　三、吴稚晖先生演讲"总理与中国革命"内云，总理在四岁以前，虽然是完全过的家庭生活，〈但是〉他受到祖母黄太夫人的影响很大，立下了他一生的根基。

　　四、达成公生于嘉庆十八年癸酉，卒于光绪十四年戊子（二月十二日），寿七十六岁。姓杨氏生于道光八年戊子，卒于宣统二年庚戌（六月十三日），寿八十三岁。

　　五、十七世祖考学成公，敬贤公次子，按即总理之二叔父。生于道光六年丙戌,卒于同治三年甲子,寿三十七岁。按是时总理尚未出生。妣程氏生于道光〈十六〉年丙申,卒于民国元年壬子(十月初六日),寿七十七岁。

　　六、十七世祖考观成,敬贤公三子,按即总理之三叔父。生于道光十一年辛卯,卒于同治六年丁卯,寿三十七岁。按是时总理二岁。妣谭氏出嫁。按罗书三十七页有云:"达成公迎养学成公妻程氏及观成公妻谭氏,而国父之母杨氏更因妯娌之早寡而弥相敬爱。"(注二三)见林百克《孙逸仙传记》各等语。乃此云出嫁(系据《孙氏列祖生殁纪念簿》,然则出嫁于迎养之后,即事在何年,此属疑问。(疑一)

　　二月十六日　　阴晴。午表五十度。下午日出颇晶亮。五时表五十二度弱。

　　上午九时到总纂办公处,续录罗香林书内有关总理事迹如左。

　　七、林百克《孙逸仙传记》云,"那时清政府不准外国随意停泊,特指定金星港为外人泊船之所。这金星港地居广州香山澳门三商埠的中间,……翠亨和金星相距甚近,所以港上的事情,这村中质朴而稍稍启发的人民,都可以知道。……中山幼时很喜欢听人讲港上的事情。……那时他家有一位寄居的老叔母,他是从金星港的市外搬来,很熟悉港上的事情,并是很健谈的。他一次对中山说,这些外国船一泊在港上,是很可怕的,因为船上常发现奇怪的事情。这些外国人,金钱是很多的,他们穿着奇怪的衣服,头上没有发辫,也有并头发都没有的。但是他们有很多火一般的胡须。他们用锐利的刀子吃东西,常在他们常用的枪里出烟。……中山课馀在田野间帮助家人工作的时候,心中常想,外国人既有种种使人不安,他们一定有值得研究的事情。……这种推究事情的精神,后来便是这改造家成功的基础。(据陆友白编《孙文全集》首集传记摘

译本)

八、最予国父幼年以巨大感发者则为太平天国故事。同上吴稚晖先生演讲云,"总理那时,在私塾内读书,却一切〔点〕也不能解决他的疑难,还是他六七岁的时候听到了太平天国的老兵讲洪秀全的故事,倒给了他了不得的教育。总理的革命思想,就是在这种教育下发生的。"

九、吴稚晖先生在另文《中山先生革命的两基础》附《中山先生年系》亦云:"戊寅,清光绪四年,西一八七八年,十三岁,入其叔所设之私塾,闻洪杨故事,潜抱革命大志。"

十、据国父子胞姊妙西〔茜〕谈述,"塾师为台山某氏,教读颇严,所授为四书等经。又善看相,常于达成公前盛道总理非常儿可比,谓此子养至成年,能为非常事业,小事不屑做,做亦必不成。"

十一、达成公至光绪十四年即不幸逝世,时国父才二十三岁,未及见国父革命大业之开展。达成公今葬翠亨村北犁头山南腰。其墓石署"显十七世祖考达成孙公之墓 本山坐庚向申兼酉卯之原 民国十五年秋吉旦立石"。石面左右镌"效灵现五桂 耀彩应三台"。其坟之上更高处则为敬贤公墓。闻墓门还可远眺金星港外诸岛屿,气象壮阔,亦胜景云。疑二:此与王记异。王记云,达成公墓在镜〔径〕仔朗〔蓢〕、敬贤公墓乃在犁头尖,讵民国十五年秋迁葬耶?然王斧乃廿年往翠亨,所记为总理二姊所说,倘已迁葬犁头尖,必加说明,抑或镜〔径〕仔朗〔蓢〕耶?此又一疑问。

阅十五日《大公报》。下午二时半到总纂办公处,校阅照弟所抄《总理年谱长编初稿》廿三页,订成一本。第七册。档案处送下王斧调查总理故乡书一本。

二月十七日　　晨小雨一阵,旋止。午十一时半表五十度。午日出旋阴。下午五时半表五十一度。

上午九时到总纂办公处,阅王斧调查总理故乡记一本,共十一页。阅十六日《大公报》。午十二时食饭,较往日提早,原意偕杨氏往助产学校,因吴泽扬之媳同行,未果。下午小睡起即在寓,因午间已嘱韦鹏声代向今日学术会议声明告假。摘录王斧之《总理故乡史料征集记》即昨调得稿之名。如左:

(一)中山县汉为番禺辖地,晋易东官郡,唐改东莞,宋始分置为香山。《太平寰宇记》云:"东莞县香山,在县南,隔海三百里,其他多神仙花卉,故名。"

(二)由澳门越关闸——葡人筑以为界者——自南溯北,以达中山腹地,则中山全县虽分为九区,然从第七区发轫,经六区、五区,便可抵总理故乡——翠亨。程途则为二一·五三公里。

(三)斧偕同志梁宿明,搭长途市车,离前山,路线筑于平畴万顷之间,而两旁山势蜿蜒不绝。经古鹤,近下栅,东瞰淇澳岛,望见伶仃洋。过长沙埔,有黄草冈,冈下为总理之高叔祖及曾祖叔侄合葬墓。墓对面汪洋中,有石矶若盘,俗呼燕石,相传遗荫总理者,即此坏土。穴前有碑,镌字如左:

(观林为总理父名)前次游此,尝记土人有山歌一首曰:"土名黄草冈,大海作明堂。鳌鱼游北海,旗鼓镇南方。金星塞水口,燕石在中央。谁人葬得着,黄金大斗量。"按歌中曰旗曰鼓,旗叶淇,鼓谐古。淇者淇澳,古者古鹤也,金星乃海中小岛名。(日记眉注:总理之高祖为十四世祖殿朝公,此墓之高叔祖殿侯,是否与殿朝为同胞兄弟?查

嘉庆丁丑年仲秋月吉日立

显

十四世祖考殿侯

十五世祖考恒辉 之墓

惠州龙川县地师钟盛杨卜阡

孙观德 观林

罗书之国父家世源流图表,与党史会之总理年谱内世系简表,均未列殿朝公之兄弟,亦无殿侯之名。恒辉公则为殿朝公之子,若非同胞叔侄,何至合葬,此可疑也。若为同胞叔侄,则是罗书与总谱之表均有漏列,此应查明。疑三。)

无何车止,即抵翠亨。总理室〔屋〕前之旷场,众山环绕,古树多章,老干纵横,垂荫亩馀。屋之故址为第十世祖尚植公分房居此。据言当时不过拓地数弓,筑舍数椽。及民国纪元前二十一年,总理始将旧屋拆卸,建以今宇。纪元前十八年,总理悄然离去。民国元年四月十一日,曾一度归来。屋内北墙下有石阑干井一,即总理诞生之所也。门内警士,肃客入室。斧呼曰:"姑婆!",有老女仆曰:"姑婆在楼上,请坐!"(日记眉注:王记云:达成公常坐门前大榕树下,似即此古树。钟报告云:达成公所居地址,即现在翠亨村第一号屋,曾经眉公改造过云。不知是否即此。〈疑四〉)

(四)姑婆即总理胞姊,循总理从孙孙满(孙昌之哲嗣)及村中人皆如此称呼,斧入门即呼之。字妙西〔茜〕,适邑之隔田乡杨公宪华之三子子辉先生为妻,嫁七载而寡居,无所出,有螟蛉侄子一,孙三,今年六十九岁。少选,姑夫人自内出。蔼然曰:"王先生,多日不见了。"随陆华熙同志自外入,遂相率入一厅事〔室〕(总理从前书室),环一圆桌而坐。姑婆另坐一椅上。陆乃先烈皓东先生堂弟,现住总理家,职司招待及庶务。斧曰:"姑婆,日前我们所影之相,统共六十七张,已由邮局挂号寄南京了。"姑婆点首。华熙曰:"现已九点半钟,我往督人弄饭吃。"斧以杨子刚鹤龄之兄弟。有约,谢之。

(五)姑婆说:"我的高祖殿朝公,是生在满清乾隆乙丑年,四十九岁卒。高祖母林氏,六十岁卒。曾祖恒辉公,(日记眉注:华熙罗书作华禧,钟报告作华兴;且罗书作皓东胞弟,称为故居管理委员。此称职司招待且堂弟。疑五)是生在乾隆丁亥年,三十五岁卒。曾祖母程氏,是乾隆丙戌年生,嘉庆辛丑年卒。祖父敬贤公,是生在乾隆戊申年,六十二岁卒。祖母黄氏,七十八岁卒。”“我的祖先,除我的父亲达成公葬在镜仔朗、曾祖恒辉公葬在黄草冈外,其馀如祖父等及以上各祖,均是葬在犁头尖。犁头尖就是一出门便远远望见那一个最高而且尖的山便是了。”“我父亲今年是一百二十岁,若还在的话。他三十岁娶我母亲,四十三岁生大兄眉公,四十七岁生女儿金星,四岁便夭。中间又生三兄德祐,六岁而殇。五十一岁生我,五十四岁生总理。六十岁生秋绮妹,她约四十二岁不在的。我家很穷,我父亲四十馀岁前,完全是一个工人,曾在澳门充当鞋匠,每月工钱四块,一年统共四十八块。后来他又辞了那种职业,回来耕种兼畜牧。田园不过二三亩,但种菜呀,养猪呀,是尽够的,他常说无豕不成家,要造成一个家,是离不了要养猪的。”“我兄眉公,是十八岁去檀香山的,二十五岁才回来,与我嫂谭夫人结婚,那时总理才十三岁。(日记天头注:总理赴檀香山为十四岁。)过了一年,便离开村塾,跟眉公往美国〔檀香山〕①读书。十八岁回香港续学英文,常亦回家。不料乡中神庙中,有数处偶像,忽然被人断胫裂胸,拗手折脚的扔在地下。他们道是总理及陆皓东所为,便上门来大吵。丁时迫我父亲交出总理。总理恰巧不在家,我父又没有法子息众人的怒,乃操大杖出,四处找寻总理不见,回来气得发昏,并马上写信给我哥哥。自从闹出这场乱子,总理躲在香港,不敢回来。不久,总理接得哥哥的信,叫他再往檀香山,便于十九岁那一年十月起程。讵意一到埠,便给哥哥打了他一身。姑婆言至此,似乎搏心,似不胜其疼惜。因为哥哥痛恨总理不该在家闯祸,令父母吃人凌辱的亏。”至此,华

---

① 檀香山当时是独立国家,1898 年始被美国吞并。——整理者

熙夫人自外捧茶一盅入,趋献姑婆,姑婆接饮已,命彼撤去斧等冷茶,而易以热者。"但是,总理委倔强,总是不服输,那些伙计,又瞧不起总理,一切洒扫的苦役,大家都暗中相约不执,让总理一人去干。甚至上毛〔茅〕房,一张草纸,也要总理送给他们。次年,总理乃决意要走。临行的时节,他便对我的丈夫子辉这样说,我不堪他们这班无知东西的苦待,但我却不想因此区区小故,惊动我的哥哥。我走了。你是要好好帮助我哥哥的,我的哥哥不是你的哥哥么?他的姊兄无法阻止他,只得由他静中走了。总理孑身跑出檀香山大埠,得遇他的教师美国人佛兰爹文,那教师向来是器重总理的,即请总理到他的寓所,细询总理以后行踪。总理告诉他,要回中国。他愿尽力相助,慨然出多金,任总理携取。但总理只取美币三百元作旅费,辞谢教师而行。且先遍游美国各埠,然后给信眉公,说要回国。眉公得信,亲到大埠见总理,想要总理多住个把月。但总理不肯,说是已经定了船位。眉公道,那我没有钱给你。总理答道,我不要你的钱。总理就此离美〔檀〕归,顺道游日本,次游上海南京,然后回家见父母。我记得最确,当时他回来还剩美国中金一枚,奉给老母,而且带回许多标致的布匹,给我们姊妹裁衣服穿呢。"姑婆言此,态度略异,举目看壁上时钟,戚然曰:"好了,今日算是说了好些,时候已到,我要往澳门,上省去。"因其孙子荣在粤汉铁路商股办事处遗失股票嫌疑被拘,往解救。姑婆出门登车后,杨子刚来,邀斧与梁宿明、陆华熙往其从兄杨劼廷家吃饭。杨宅与总理居比邻。由总理屋在偏侧门出,行数武即达杨前阶。未食之先,杨与斧踯躅总理屋畔。(日记眉注:自九时半谈至此。大约不过二小时。)以上《总理故乡史料征集记》。未完。

五时许停笔,出门,欲往接杨氏,甫至屋角,见已偕吴泽扬之媳

(受禄之妻)同回。余乃往总纂办公处,途遇徐副主任委员,询学术会议成立会已开过,通过章则,俟改日推选分组组长。抵办公处,询报纸未到,乃返。接黎守杰外侄孙结婚请帖。

二月十八日　　　晴。晨即见日,但未甚亮,白云如鳞。午日色渐佳。表五十六度。室内仍有炉火。下午后阴。五时表五十四度。

上午九时到总纂办公处,饬送总谱抄稿一本第七册。与符学琳。阅十七日报纸。续录《总理故居〔乡〕史料征集记》如左:

(六)杨君子刚。曰:"村内户口,不过百馀,以杨孙冯陆四姓人丁较多。孙总理自起义革命,村中虽时有逻骑出没,然总不如袁世凯时代,龙济光派袁带驻兵石岐,时时带其爪牙落乡来,扰得鸡犬不宁,而孙家那时简直亦无人敢住。我向在天津贸易,乡事是多传闻,但于幼年的事情,还能记得。总理的父道川公,他常在他的门前大榕树下石凳上坐着,手拿旱烟袋尽吸。他的脸庞长长地,两颧高高,双眼睄人有神。他的须眉甚长而且白。穿的是粗布衣裳,有时足登屐。他总是有事在心似的沉思。有时爱讲故事给我们听。他极迷信风水。他家虽不丰,但他曾奉着一位风水先生至十八年之久。说也奇怪,他耐心供给那风水先生这么久,固难,然同时那风水先生也耐心跟他一块儿这么久,更难。斧停立静听移时,室内杯盘已陈。回席,有乡中父老二三人。斧以须趁五时开行之岐关车返澳门,为时已促,酬酢而已,不克一一叩父老以史料。即而偕宿明辞谢匆匆归。车抵翠微,遥望马①灯火,星发钟鸣,七句矣。未完。此未完二字,系原本所有,但是王斧所写抑为党史会管卷人所写,俟查。此记一本即摘录完毕矣。

---

① 按妈各,macao,即澳门。——整理者

下午三时到办公处,接权超侄十四日信一。将钟报告、罗书、王记三种互校一通,王记送还档案处。晚饭后照弟由南温泉返抵寓,询考试完场,题目尚易,似有获取希望。夜复十弟信一。(日记眉注:"他常在……之久云云,罗书、林书内亦有之,但文字略殊,且此言风水先生,罗讳言其友某君。")

二月十九日　　阴。午表五十六度。下午五时五十度。

上午九时到总纂办公处,接得城内新民街六十三号本会通讯处工友任仲康转来籐杖一枝,为权超侄所寄,云系灌县出产,小亭所得而见赠者。适邹永成纂修来,所携之杖正与此同,询为何地出品,则不知也。再校阅钟罗王三种同异一过。下午三时到办公处,阅十八日报纸,载美军已自马绍尔群岛开始轰炸加罗林群岛。此为日海军驻地土鲁克之所在,以后战局如何演变,可注视也。接上清寺中国银行通知书,学侄由纽约汇来一千元,另可加百分之百补助费,共二千元。日内此款领得,当可稍为挹注;不然此际经济困状,实难堪矣。照弟今晨往歌乐山高店子找农林部内同乡钟某,辰至夜未归,令人系念。

二月廿日　　星期　　阴。上下午表均四十六度。是日办公处未起炉火。(因无人办公之故,非停火也。)雨水节。

晨往总纂办公处,早粥后又往,均欲探照弟消息,未得。旋往会,将中国银行通知书托符学琳交古映藜盖会章。先往安处长家托之,未遇,到会,符君言可径行。返寓后,自签章送许师慎明日入城代领。许先在会言妥,此时许已他出,其妻代收。近午照弟仍不到,欲往黑天池盼候,行未半途,小跌一交,幸未受伤。再行数武,遇李振宽,劝不必往,乃同返。午饭后小睡起来,杨氏言,照弟已到,乃一慰。晚饭前照弟来,询昨夜宿新店子由歌乐山去二十一里。农林部统计室主任钟培元处。钟为白渡堡人，其妻为北平人，均云曾在双巷子十一号会余一次。余亦略能记忆，事在三十年秋，彼等与林云谷同来访曾剑鸣，相遇也。又午饭间，彭精一着人似汽车夫。送信，言与李翼中在黎光群寓候余，同乘小汽车入城。此为余前致翼中函所托。余正在跌后，意兴阑珊，即复谢之。照弟言，返时曾经光群家，正值翼中精一在该处食饭，已接余复信，饭后即偕光群入城赴黎守杰外侄孙新婚喜宴矣。夜写致张仲纬、黎守杰及权超侄信各一。阅照弟带回十九日《中央报》。腹中痞满，隐隐作痛，似前夜照弟回寓时与谈良久受寒所致。

二月廿一日　　　阴。晨小雨。颇寒。重穿皮袍。

上午在寓校阅照弟所抄《总理年谱长编》稿十八页，订成一本。第八册。下午写致大、三兄信共一封。夜阅照弟带回廿日报纸。腹痛已愈八九，惟人尚未清爽。

二月廿二日　　　阴寒。午未看表。下午五时表四十六度（有炉火）。

上午九时到总纂办公处，阅昨日报。开党员大会。下午三时到办公处，接权超侄十八晚快信，附十九早七时加写一纸，内称小庭兄于十八晚逝世。先未闻病，谅系无疾而终，其年似已七十。余于廿九年始闻他在内江，曾与通讯，询已六十六岁，今已闻五年，适为七十也。即复快信一封。晚间许师慎由城回，交到代领学侄所汇款二千元，甚慰。旋询他昨日党史委员会开会情形。孙纂修此次忽大反对罗香林之《国父家世源流考》一书，欲请委员会决禁该书出版（前月孙作签，请张主任委员函国民政府禁止，余力持不可，谓最低限度须由委员会解决。当时张委员不在会，徐副主任委员初右孙，欲批准，经余力争，乃改为提委员会议，故有此次之提会。而孙近日向档案处忽调得一卷，谓民元孙总理返粤，曾往东莞员头山孙氏祠堂祭祖，遂欲据为铁证。但余看该卷，实罅漏甚多，未能作为证据。不能阻止，姑听其携至会上议论。兹闻许师慎言，昨会议时，孙院长未到，经将该卷送孙院长阅批，惟卷中有云，总理祭祖时，冯自由曾陪往。昨以示冯，冯谓实未陪往。此即余怀疑之一点也。是时冯已往北京。此亦余怀疑之一点。不过总理曾往东莞，似属确实云云。）案未能决，余告以此书在余意不必禁止，只要作为史料，俟本会将来派员赴翠亨、紫金、增城等地复查尚妥。余正详细阅该书，与钟公任、王斧等书对照，俟日间将所得结果，另签呈张主任委员核办。许谓彼能查出总理民元往东莞之证物。余谓若果有确实证物，自然极好。许意似亦右孙者，余姑不与辨。余觉会内孙与莫纪彭、龙毓峻诸人，均忽持反对罗香林态度，非突然而来，其中必有原因。姑且静候其发现真因可也。夜阅照弟携回《中国农民》杂志第三卷第三期，卅二年十二月出版，内有文群论著一篇，题为《合作社性能与扶抑作用》，其言甚善，惜无办法。末谓仅为发凡，容有时间，当再专论之。俟其专论出版，应一读也。先志于此。

二月廿三日　　阴。晨细雨霏霏，旋止。午未看表。下午五时表四十八度。炉火甫撤。

上午九时到总纂办公处，阅昨日《中央报》。进攻土鲁克之美军于十六十七两日袭击时，击沉倭舰船十九艘，飞机二百零一架。据日本东京二十一日广播云："大本营本日下午四时宣布，帝国海军已击退进攻土鲁克丛屿之敌作战舰队。按此即美军袭击后退去，俟以后再进攻耳。我方除陆上设备有相当损失之外，并损失巡洋舰二艘，驱逐舰三艘，运输船十三艘，飞机一百廿架。"按以多报少，藉掩世人耳目，此固倭之长技。阅孙纂修带回前日携往委员会开会史料数件。昨记总理东莞祭祖之件，原题《寻访总理先族记》。昨晚许师慎言已交孙院长，今乃已带回也。**摘录 041/36 件内之孙族呈文如左：**

　　呈为系统查确，支派已明，恳请转详立史，以重本源而彰祖德事。窃孙总理原籍所在及历代昭穆宗亲名讳　案，前奉东莞县转奉中央党史编纂委员壮粤办事处暨东莞公会，先后派委函询，饬即查明呈报等因，敝乡以案关党史，不能苟简，当召集来粤闻（日记眉注：闻当为开。）族之东莞县员头山乡，暨分房中山县之左埗头乡，派出代表，议决分别搜求各乡族谱，以期明确而昭核实。虽以年湮代远，未能悉详，然按代流存族谱纪载，尚可征信。兹就调查所得，敬为贵处呈之。

　　查敝长沙乡之得名，实缘敝乡地濒海滨，长沙成带，位居乡前，长沙之名，实因于此。然敝乡又居长沙之上游，故又有名为上沙，此则地名之可考者也。至历代昭穆，稽之族谱，其事实略陈于左。

　　（一）远祖略历。太始祖讳固，字允中，号和父，谥温靖。宋管城人。登进士，初仕州县，为宰相韩琦所知，历官颍王宫侍读，及颍王立为太子，随转侍读。太子即位，擢任天章阁侍制，知通银台司。神宗时任枢密院及门下侍郎等职。其望重朝端，勋铭竹帛，事迹均详于鉴史，兹不赘。

　　（二）来粤始祖。祖讳常德，号员沙，温靖公嫡孙也。仕元为浙江杭州刺史。当元末陈寇之乱，迁居珠玑巷，与莞伯何真公相友善。真公并慕其品学，聘为西席。旋相偕来粤，至东莞员头山而家焉。即何真公乡之右邻者是也。（日记眉注：莞伯年谱作东莞伯。余在南京阅《明史》，有《何真传》，但未详阅是否曾封伯爵，抑此伯字为三点会之大伯。梅县元末明初时有会党之大伯，俗称土霸，大约当时政府官吏势力不及地方上之大姓豪绅，此大姓豪坤坐镇一方，如丙村之温振伯、雁洋李某伯，松口李二何亦大伯也。）

　　当始祖来粤时，携子四人，长曰贵荣公，次曰贵华公，三曰贵绍公，四曰贵武公。公居员头山乡。未几，次子贵华公乃分居上沙乡，此即敝上沙乡始祖也。三子贵绍公出居惠州三株竹。四子贵武公，出居肇庆。常德公偕长子贵荣公，则仍居员头山乡，既而常德公雅爱敝上沙乡风景清幽，故一届暮年，即常颐养于贵华公家内，寿终后，即卜葬于离乡八里之土瓜山，俗名狮子滚球者是也。只以族小丁稀，强邻迫处，始祖墓近且为豪强占用，至一抔之土，无力保存，使祖宗踢处于九京。嗟我子孙，苟生人世，言念及此，痛愧何如！查贵绍公贵武公分房后，子孙渐繁，或迁省地，或居别乡，辗转流存，散处各方，来往遂稀，现则无可稽考矣。然自二世祖贵华公分居敝上沙乡后，传至五世祖礼赞公，生二子，长曰裨儿公，号乐川〔千〕；次曰裨宗，号乐南。乐川〔千〕公又分居中〔香〕山之左埗头村，乐南公则分居中〔香〕山之东镇涌口，由涌口而分支翠坑。翠坑者，即孙总理诞生之故乡也。此则历代昭穆，稽诸族谱而可言者也。爰将各祖名讳统系开列，暨各乡状况表，分别列明，谨呈中央党史编纂委员会驻粤办事处。

　　具呈人东莞虎门上沙乡孙绳武孙子安孙跃衢孙春山、员头山乡孙蕴民孙富立、左埗头乡孙少华等谨呈

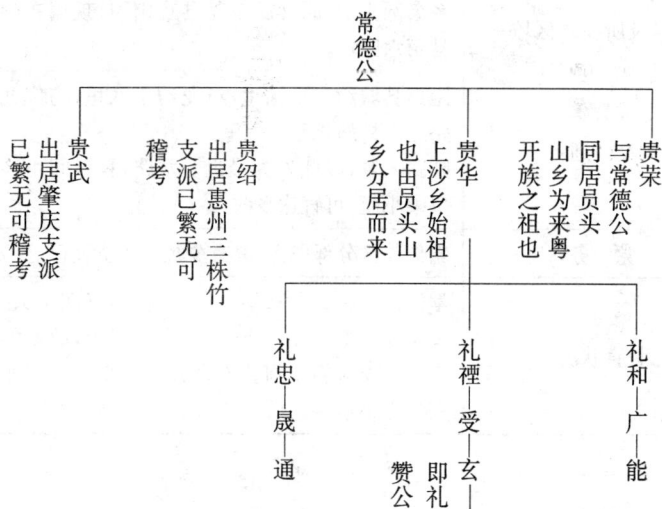

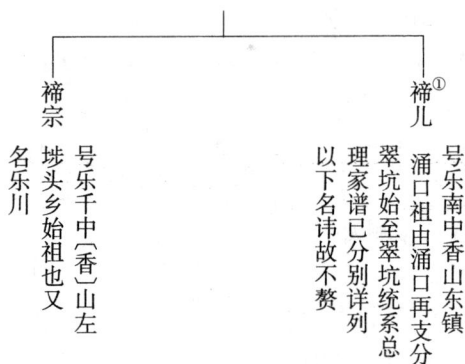

禘宗
号乐千中（香）山左
埗头乡始祖也又
名乐川

禘儿①
号乐南中香山东镇
涌口祖由涌口再支分
翠坑始至翠坑统系总
理家谱已分别详列
以下名讳故不赘

孙族来粤始祖至五世统系

此表经族孙调查确实。（日记眉注：此页错误太多，总理家谱须调一阅。已调到，录下三、七日记。）

圆头山乡状况表②

乡名及所在之区域	乡名圆头山，原日属东莞县京山司，现属东莞县第六区域。
交　通	距离县城约三十馀里，石龙约十八里，与广九路之南社站相距约六里。 陆路入乡，以此处为最近。水路，夏秋间由峡口乘小艇，可直达乡前。
党　务	党部与区分部俱无，只有少数人入党而已。
教育状况	学校无。原日有私塾一所，生徒约三四十人。去年乡人拟组办一小学，然限于财力，故不能成立。现由邻乡刘黄姓合办一小学校。实非完备之小学。

① 日记写作缔儿、缔宗。——整理者
② 此处作圆头山乡。又作员头山乡。——整理者

（续）

生活状况	乡民以业农为十居八九,其馀均出外营工商之业者。妇女辈多织土机布,亦颇可自给。
农　产	谷米蔗,杂粮则有薯芋,果木则有荔枝。
渔　牧	乡居非接近海滨,无渔可业。农人除佃工外,间有牧猪为业者,系少数而已。
工作状况	除两造佃工外,间有榨油工作者。馀无别项工作。
风　俗	风气闭塞,崇尚朴实者居多。
宅　地	方横约里许。
乡　户	约一百馀户。祠堂祀宇,多已颓毁。
耕　地	约百馀亩,田约二百馀亩。
池　泽	甚少。乡前有鱼塘四口,俱蓄养鱼类。然此项业务,本有利可图,惜为强邻逼处,受人操纵,虽固有权利,往往俱握于有力者之手,其不平等不自由,言之痛心。
男　丁	约三百六十馀丁。
女　口	约三百口。
备　考	查东莞风俗,姓族乡界之深,比别县尤甚。我孙氏人口,全县计仅约二千馀,故往往为强族所欺凌。其压迫情形,有如日本之朝鲜、英之印度。甚至年中禾苗果木菜蔬薯芋,予取予携,莫敢与较,数百年来,无由解放,言念及此,痛愧何如!合并陈明。

广州办事处案:呈文有谓各祖名讳统系开列暨各乡状况表分别列明,但各祖统系所列四五世祖名字,与东莞所查略异。七八九世祖统系则未有确定,现托其详细确实查明然后寄,尚有上沙乡状况漏而未列,故未能寄上。谨

此声明。(日记眉注:四五应改为六字。东莞所查如何,应再调阅。)

午间写至(二)来粤始祖节"狮子滚球者是也"句,黎光群来谈,欲邀汝照弟往侨生招待所任事,余不赞成。因照弟既先下班返寓,乃搁笔偕回寓,而安处长家又请黎往午饭,余询照弟意如何?彼不愿往。及黎由安家返,照弟已至处办公矣。余即向黎辞谢。惟彼固邀,余乃约以后日再商,以姑退之。二时半到办公处,黎又已在处与照弟面谈,结果如何,未知。余即续录右稿至完。晚间询照弟,亦如余所约后日再商。

二月廿四日　　晴。晨日颇亮。午未看表。是日复换去皮袍。今为旧二月朔。下午日色甚佳。五时表五十六度。

上午九时到总纂办公处,写致楚伧信一。附录胡朴安《琐窗寒词》一首。到档案处阅有关总理世系及幼年事迹之史料,拟先调三种,托李振宽具条,余具名去调。久未上山,行步颇艰,眼花气喘,疑余体力太坏。回寓午饭间,询照弟云,凡久不上山,骤登山时必然有此现象,彼亦如此,非体弱也。前日所见《寻访总理先族记》史料,今日得阅原件,前见者乃副本。系廿年二月十八日星期二东莞县党部周刊之第四页。日报式,非订本。专载栏所载,题目下署张德投三字。是张德所投稿耶,抑张德投三字为姓名耶,难解。下午二时到办公处,收到档案处送来史料三件:(一)总理故乡调查纪要;(二)孙逸仙故居访问记;(三)总理始迁祖一案之附件。写致淦甥函一。阅廿三日《中央报》,又廿三、廿四日《大公报》。

二月廿五日　　阴。午表四十八度(炉火旁)。下午五时四十五度。

上午九时到总纂办公处,阅昨日所调史料(三),录其呈文如左:又广东省政府致西南执行部函。

呈为事关信史,不可讹误,特陈请详为考核,迅赐修正以资昭垂事。窃敝族来粤之始祖，讳常德，元时官浙江杭州刺史；元末避乱，居南雄珠玑巷，与莞伯何真友善，偕来东莞。命其长子贵荣，居员头山乡，为员头山乡孙姓始祖。次子贵华，随父常德公，营居于长沙乡（长沙乡即今上沙乡），是为上沙乡孙姓始祖。建立家祠。常德公殁，安葬本乡附近土名土瓜山，其坟俗呼狮子滚球。贵华公之曾孙礼赞公，上沙乡孙族五世祖也。长子乐川，次子乐南，分居于香山（今中山县）左埗头乡及翠坑乡。读总理家谱，载由东莞长沙迁来者，实录也。绳武等前以中央党史编纂委员会驻粤办事处考查总理故乡世系，曾于十九年十二月，依据敝族族谱，切实陈情，转呈中央党史编纂委员会，已蒙颁给奖状在案。员头山乡刘耀廷、张德（日记眉注：此又一张德。）、孙洁生等，诬称其乡即为总理故乡，呈由陈前县长转呈省府具报国府，致信以为确，认作事实。不知世系源流、家谱族谱编载详明，岂可讹误。绳武等以事关信史，实难缄然，谨将总理家谱、敝族族谱暨总理世系表，统呈鉴察，伏祈详为考核，迅赐修正，用资昭垂，敝族幸甚。仍乞批示，实为公便。谨呈中国国民党中央执行委员会西南执行部。东莞县上沙乡代表孙绳武等。

右呈经西南执行部转函广东省政府饬县查复。后经广东省政府饬县查复，仍函西南执行部核办，函如左。

径启者，案查关于东莞县上沙乡代表孙绳武等，呈请考正总理故乡一案，前准贵处第一三九号公函，以此案经陈奉常务委员谕，仍转省府饬县查复等因，复请查照办理，等由。当经饬据东莞县长邓庆史呈复派员调查情形，连同上沙乡孙氏族谱影〔照〕片十四张，宗祠对联影〔照〕片二张，缴请察核等情前来。复经据情转饬中山县长，饬属详细查明具复。去后，现据呈复称，奉令遵即令行县属第六区区公所筹备委员会，详查具复。去后，现据该会常务委员唐炜琛呈称，遵经派委区员，驰赴总理故乡，会同该乡公所主席委员，亲诣总理家庙，详细调查。兹据将总理家谱四修谱序暨世系图，抄呈前来。经职详为考核，总理始迁祖缔宗公，确自东莞县上沙乡迁来本县翠亨乡；至员头山乡孙姓，系由礼赞公分支，当不能认为总理始迁祖。奉令前因，理合备文呈复钧府核转，实为公便，等情。附呈总理家谱四修谱序暨世系图各一纸前来。据此,缘奉前因,理合将遵令饬查总理故乡信史情形,备文连同总理家谱四修谱序暨世系图各一纸,缮呈钧府察核,等情。附呈总理家谱四修谱序暨总理世系图各一纸到府,双经本府第六届委员会第一五七次会议议决,函送西南执行部核办,记录在案。除分别令复东莞中山两县外,相应抄同原附总理家谱四修谱序暨总理世系图各一纸,并东莞县原呈件,函送贵处查照,转陈核办见复为荷。此致中国国民党中央执行委员会西南执行部秘书处。附抄送总理家谱四修谱序暨总理世系图各一纸。东莞县长邓庆史原呈一件。主席林云陔。中华民国廿二年一月廿八日。

以上为上午所录。下午二时到办公处,摘录附件如左:

四修谱序(原文如此。似应加"总理家谱"四字于上)

余族谱系自宗英公轫始于雍正癸卯,祖乐川公,重始迁也。上及常德公,溯重源也。乾隆辛巳,公复手修之,勤勤恳恳,及其身一再纂录,诚念夫分支派别,所以敬宗收族而教后人于孝弟者,将以谱示之也。嘉庆辛酉,英广公继其志,重修之。迄今又三十三载矣,两公修谱具存,而近代生卒迁葬,又不可无以纪之也。爰命侄俊育俊华,以宗英公始修之本为据,凡英广公所录,有互异者,有加详者,附注其后,将以征信亦以传疑也。至于义例之未尽协,与夫烦冗复见之处,悉仍旧书之。盖余老无能为役,又无力足以就正高明,姑令族人中,凡先代所传及近日所知者,荟萃成编,不使及余身而就湮没。若精益求精,则后人之责也。虽然,是犹就谱之文也,非谱之意也。余观近人处宗族乡党间,往往因小得失,斗狠争讼,一结而不可解,争利已耳,不欲外人占便宜已耳,不知以同姓与异姓较,则异姓为外,以本房与别房较,则别房为外,以己身与兄弟较,则兄弟又为外。盖存一自利之心,则无人非外,虽骨肉有不胜其衅隙者,而他无论已。今余族自莞之沙头迁居于是,又有各姓错处其间,族之人倘有意乎敦友爱而笃睦姻也,毋亦于谱求之。由无服而上推,则皆有服也。由有服而上推,则亲兄弟也。亲兄弟之先,一身已耳。人莫不自爱其身,而今之散而为千百人之身者,皆一人之身所分布,则孝弟之意,有不油然生乎? 以和于宗族者和其乡党,此笃近举远之道也。聚族于斯,俾炽而昌,实由乎是,是尤余所拳拳深望也夫。是为序。道光十三年岁次癸巳仲冬谷旦，十三世孙立宝、立国谨识。

阅本日《大公报》。

二月廿六日　阴。午表五十三度（有火炉）。下午日出。五时表五十二度（火炉甫撤）。

上午九时到总纂办公处。旋往会，欲与罗本初谈购米事。据谢庶务云，罗赴歌乐山，乃转往人事室，与钟孝先一谈即返处，续摘录昨日未完之附件。

总理世系图　原件无此题目，惟查粤省政府致西南执行部函末附有此件，今乃加以题目。

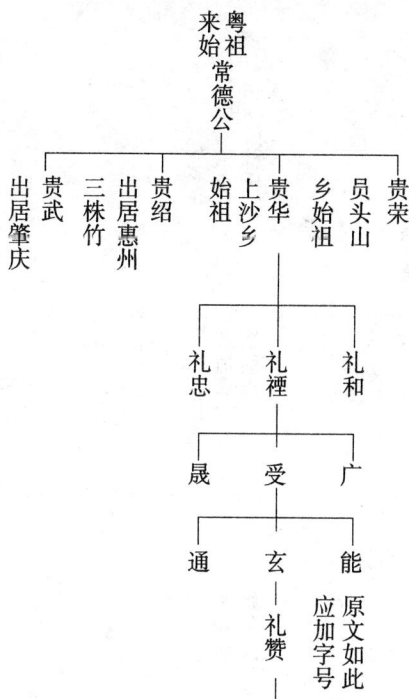

```
                    粤祖来始祖常德公
 ┌──────┬──────┬──────┬──────┬──────┬──────┬──────┬──────┐
出居    贵武   三株竹  出居    贵绍   始祖   贵华   员头山  贵荣
肇庆            　      惠州          上沙乡  乡始祖
                                            │
                               ┌────────────┼────────────┐
                              礼忠          礼裡          礼和
                               │            │            │
                              晟           受           广
                               │            │            │
                              通           玄           能
                                            │
                                           礼赞
```

（玄—礼赞：原文如此）
（能：应加字号）

缔儿

缔宗

中山县四区涌口乡
始祖由涌口再支
分六区翠坑乡
而生十二世祖考
连昌寿五十三

十三世祖　考迥千　妣谭氏

十四世祖　考殿朝　妣林氏

十五世祖　考恒辉　妣程氏　原抄误作桓

十六世祖　考敬贤　妣黄氏

十七世祖

妣谭氏　考观成　　妣杨氏　考达成　　妣程氏　考学成

世祖　十八

三　　　　长　　　　次

妣宋氏　考德明　原作中山　　妣谭氏　考德彰　　考德祐｜十九世嗣威夷

十九世　科　原作哲生　　十九世　达谋

廿世　王氏

志强　志平①　　廿世　金满　乾

日记眉注：党史会现存二十二年《总理年谱长编》稿铅印本连昌之"连"字作"建"，未知是否手民误排，抑别有所据。须考正之。

　　阅廿五日《中央日报》。接权超侄廿二晚来信，知小庭兄死状如下。十八晚八时半许，有张姓着人至其寓所，成都商业街二十号内二号。询问医治肺病药，时一家正欲就寝。其妻小庭兄嫂。闻声即出房开门，小庭随即起身赶出。不知如何突然倒地。追家人扶起，左眉右角已跌破流血，随即抽筋。延中西医三人诊治罔效。至三时半即与世长辞。遗体即日（当即十九日）入殓，二十一日出殡，厝成都青龙街古地藏寺,等其长子江超夏间毕业武汉大学,返寓治葬。计用费五万四千馀元。自有银行存款三万元,其女楚芳及其婿等送礼一万八千九百馀元。不足之数,由权超筹措云。下午三时到办公处,续录附件如左:

抄原呈　　(原文如此,按即抄东莞县长邓庆史复省府之原呈也)

呈为呈复事。查接管卷内,案奉钧府文字第一三五二号训令,关于东莞县上沙乡代表孙绳武等呈请修正总理故乡信史一案,令发附件,饬照详查具复。等因。嗣又迭奉钧府教字第五五二号第五六三号第六〇八号训令,以孙绳武等呈请考王总理故乡一案,与员头山乡孙族代表孙茂勋等呈请拨款建校,以教育总理先族故乡儿童一案有关,现拨款建校案,经饬据教育厅转据省督学黎钟查得情形,拟具意见呈复到府,饬迅遵前令,将考正总理故乡一案,查明具复,以凭并案核办,各等因。当经黎前任迭令县属第十一区公所就近详查具复,并将遵办情形,于十月十七日备文呈报钧府察核有案。嗣以第十一区公所查复有失详实,复经黎前任指令严饬该公所会同第二公安分局长联赴上沙乡,切实确查,克日具复,以凭核转去后,兹据第十一区公所蒋兰雪暨第二公安分局长张孟才呈称,案奉钧府第一七三二号指令,据蒋兰雪等呈一件,遵将总理故乡信史调查情形呈复察核由,内开,呈悉,查本案迭奉省政府令饬查复,经已数月,据称派员调查,言人人殊,而对于查得各方面情形若何,未据说出,殊欠明晰。仰第二区公安分局局长,会同十一区【分】公所,上紧前赴上沙乡,切实确查明白,克日详细具复,以凭核转。事关总理故乡信史,应速妥慎办理,幸勿敷衍塞责为要。此令。等因。计抄发原案一卷。奉此,自应遵照办理。当经会同第十一区公所派员,驰往上沙乡调查。据该乡绅耆合称,总理故乡先代世系,在属乡均有族谱暨祖祠中先人牌位可查。并将族谱三本呈阅。职等稽考该乡族谱记载历代昭穆,其太始祖讳固,字允中,一字和父,谥温靖,管城人,登宋进士,历官侍讲、侍读、侍制、枢密院及门下侍郎等职。其始祖常德公,讳八郎,号员沙,温靖公嫡孙也。仕元为杭州刺史。元末寇起,流寓南雄珠玑巷,因与东莞县伯何公交善,(日记眉注:他〈处〉称东莞伯或莞伯,此称东莞县伯,似较确,但无名。)卜居莞邑员头山。常德公生四子,长贵荣,居员头山。次贵华,居上沙。三贵绍,居三株竹。四贵武,居南海。(日记眉注:他〈处〉称居肇庆,此称居南海。应考。)贵华字子贤,号鹤湖,明赐乡饮正宾。生三子,长礼和,次礼忠,三礼禋。礼禋生三子,长子受,次子广,三子晟。(日记眉注:晟原抄误作成二字。)受生三子,长子能,次子通,三子玄。玄字礼赞,生二子。长缔儿,次缔宗。缔儿字乐川,迁往香山县左埗头村。缔宗字乐南,迁往香山县东镇涌口村。惟该土(日记眉注:土字原抄如此,疑似谱字之误。)支派图上,关于玄祖栏内记录之莫氏缔宗及生二子之二字,字迹与原笔迹不符,似属后来加入。再查上沙孙氏宗祠先祖牌位,由贵华祖起,至缔儿祖止,依次排列,又未见缔宗牌位,似应向涌口村再行详查,方能明确。奉令前因,现理合将调查情形,连同上沙孙氏族谱影片十四张、宗祠对联影片二张,备文呈复钧府核转,实为公便,等情。计呈孙氏族谱影片十四张、对联影片二张。据此,缘奉前因,理合将办理情形,连同附呈影片共十六张,备文呈报察核。谨呈广东省政府主席林计呈孙氏族谱影片十四张对联影片二张。

东莞县县长邓庆史

夜作诗一首,题《黄由甫六十年之我》,录如左。由甫名遵庚,又号友圃。

由甫六十年之我题句

佳传意堪伸,婆娑忽六旬。艰勤谋富国,少壮志娱亲。技识橐驼薄,手惊洴澼皱。因求养树学,不羡织鲛人。已谢楼船将,归同木铎巡。毡帏甘寂寞,桃李喜芳春。旧德原千顷,书城岂一贫。为储材效用,自乐道忘身。空谷音传玉,华颠想映银。中流凭柢柱,海宇扫烟尘。行素应无斁,相期守朴真。

二月廿七日　　　星期　晴。是日颇暖,但未看表。

上午在寓写致李翼中、黄由甫友圃、一谔弟、权超侄信。黄信在一谞信内附寄。李黄信均附录昨夜所作诗。午饭后到总纂办公处，阅廿六日《中央日报》，旋返寓。校阅照弟所抄总谱稿廿四页。夜阅本日《大公报》。照弟携回。

二月廿八日　　　晴。午表六十度（有火炉）。下午五时六十一度（仍有炉火）。

晨往会，参加纪念周，并托罗本初买米。旋到总纂办公处。摘录史料如左：

（一）党史会广州办事处复西南执行部函（原件未注月日，但文内有五月二十二日字样，由广东省政府主席林云陔廿二年十月廿八日致西南执行部公函推之，当系西南执行部转致办事处，而办事处复以此函也。）

径复者，关于孙绳武等修正总理先代世系一案，五月廿二日，慕韩偕同总理侄孙孙满、孙乾二君，曾往东莞上沙乡调查总理世系及始祖坟墓。大致与总理家中所存族谱相符。但当时尚未有与员头山乡孙族发生异议，故未将争持之点详细查明。准函前由，除函总理侄孙孙满函约上沙员头两乡孙族耆老定期携同族谱，在敝处详查外，俟查明实情，然后详细奉复。先此函达，希为查照。此致西南执行部秘书处。中央党史史料编纂委员会广州办事处。（日记此页眉注：以后有无详细复函，应查。）

（二）总理家谱序（据云总理之父笔记）（原件如此。余按，此文不似序，而下有一纸，题为孙总理先代世系列，疑或即指该纸所称列者为总理家谱，指此为序乎？）

兹以前先祖，在涌口村所葬之山，于光绪六年七月，一概已将先祖之坟墓一切搬迁回来，在翠坑村犁头尖土名竹高龙真武殿安葬。惟因拜扫路途遥远，来往艰辛之故，是以香山各叔侄（贸易生意）捐签银两回来搬迁，以得清明拜扫来往就近之便也。

始祖婆陈氏大安人生终年月无考。

始祖、二、三、四世，俱在东莞上沙乡居住。五世祖礼赞公，在东莞县迁居来涌口村居住。妣莫氏太安人，生下长子乐千、次子乐南。乐千居左垇

头,乐南居涌口。乐千乐南祖惟因粮务迫速,过回东莞,未曾回来,得存莫
氏母牛路坟同墓。长次子因贼马缭乱,不能回来。兹于乾隆甲午年,十一
世祖瑞英公即迁来径仔荫村居住,建造祖祠。(按此文经人抄录,未知有无
错漏字句。今照原抄如此。其最可疑者为"乐千乐南祖……不能回来"等
句。)①(日记眉注:参照总理故乡调查纪要所说,过回之过字或为返字抑或迁
字。)

(三)孙总理先代世系列

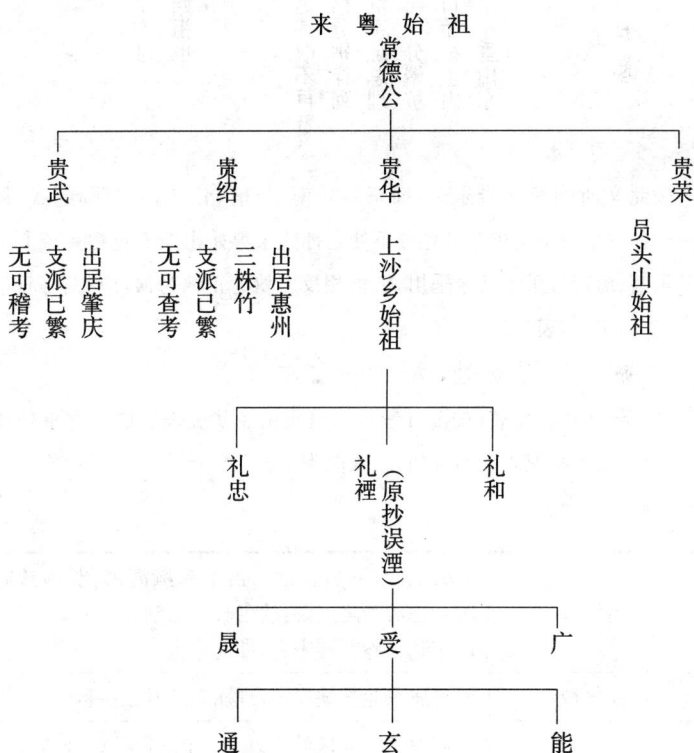

来 粤 始 祖
常德公

贵武
无可稽考
支派已繁
出居肇庆

贵绍
无可查考
支派已繁
三株竹
出居惠州

贵华
上沙乡始祖

礼忠

礼裡
(原抄误湮)

礼和

晟 受 广

通 玄 能

贵荣
员头山始祖

---

① 此按语系林一厂所加。——整理者

号赞
别礼

缔宗

以下名讳故不再赘
家谱已分别详列
至翠坑系统总理
涌口再支分翠坑
镇涌口始祖也由
号乐南中香山东

缔儿

号乐千左埗
头乡始祖也

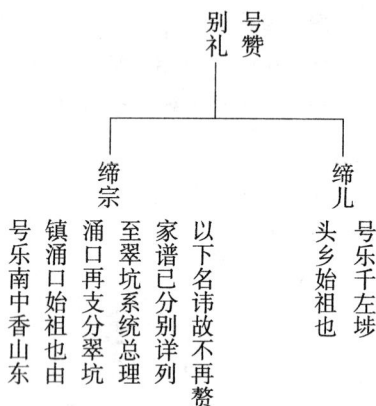

按此文所列缔儿号乐千，缔宗号乐南，与前（廿三日）录孙绳武、孙子安……孙少华等呈党史会驻粤办事处之孙族来粤始祖至五世祖系统所列缔儿号乐南、缔宗号乐千又号乐川，恰恰相反。孰为正孰为误，应查。（日记眉注：此表为正，前表为误。）

下午三时到办公处，摘录史料如左：

（四）上沙乡状况表（按前廿三录员头山乡状况表后广州办事处按语云，当有上沙乡状况表漏而未列，故未能寄上云云。此表谅即以后饬补列而得再寄到党史会者。）

乡名沿革	乡名上沙，又名长沙。盖本乡濒海滨，长沙成带。本乡往居沙之上游，故名长〔上〕沙。总理家谱所叙由东莞长沙乡迁来者，即此乡也。
所在区域	原日属东莞县缺口司，现属东莞县十一区。
交　通	距离虎门太平区约十八里。前临大海，直通港澳，后接宝太公路，直达石龙广州，交通颇为便利。
党　务	党务与区分部俱无，只有少数人入党而已。

（续）

教育状况	民十九始开办中山小学校一所,其初学生约七十馀人,现已开办三年,学生增至一百三十馀人,已成全级小学。惟查全乡学童约有二百人,然限于经费,未能尽量收容,亦一憾事耳。
生活状况	乡人以农为业,十之八九,并兼渔业及割水草,妇女辈亦能破草工作,生活亦颇自给。其馀赴港营业工商者十之一二。
农 产	谷米甘蔗薯芋为多。其馀水草一项,运往外洋,亦属不少。
渔 业	乡居濒海,颇利渔业,海鲜虾蟹乌鱼居多。每年秋间特产者则有禾花雀。
工作状况	除两造农工外,夏秋间收割水草,且随时皆可业渔,乡人如属勤敏者,永无失业。
风 俗	近年风气,以办学及阅报之故,已暂〔渐〕开通,惟多崇尚朴实者。
宅 地	座北向南,横约二百丈,深约一百五十丈。
乡 户	约四百五十馀户,连柴间牛房在内。
祖 祠	来粤始祖常德公之大宗祠在此。其馀各房家祖祠,约十三四所。
祖 墓	常德公墓地,葬在离乡八里许土瓜山狮子滚球之原,现尚被强邻占用过半,不能恢复。其馀二三四祖墓,俱在乡后,土名山口。
耕 地	淡田约一百五十馀亩,沙田约三十余顷。
池 泽	村前鱼塘一口,约五十馀亩;村中鱼塘二口,二十馀亩。
男 丁	约一千零六十馀人。

（续）

女　口	约一千左右。
备　考	查惠州三株竹地方之孙姓，即与我同一始祖，乃常德公之子孙，只以族小丁稀，被强邻压迫。十年前曾有三十馀人逃难来此，我乡亦曾接待，并于村后水围，建泥屋十馀间，供其住所。此项宗亲，勤俭过人，现目皆能自给而安居乐业矣。

二月廿九日　晴阴。午表五十八度。下午日出而薄。五时表六十度（火炉甫撤）。

上午九时到总纂办公处，阅廿八日《大公报》。审查新征史料（卅二年八月份）六件。内有方瑞麟所送许雪秋、方次石传记二件；又伏龙所述之林前主席子超事迹，均佳。下午三时到办公处，接陈果夫复函。附致学侄信及附还学侄原函。古公愚兄复函言不能来渝，心为一慰。审查新征史料四件（卅二年九月份）。将前日校阅总谱廿四页订成一本。第九册。夜写致亮儿信一。

三月一日　阴。午表五十六度。下午五时半（今日起办公时间改为上午七时半至十一时半，下午一时半至五时半）五十八度（有炉火）。

上午九时到总纂办公处，阅廿九日《大公报》、《中央报》。将第九册总谱抄本交文书科工友带去。

以上自廿五日所抄史料（三）总理始迁祖一案之附件。已完。查原件之纸背有"此件系西南执行部送，先交总务科，后经奉秘书批交征集科登记，备史料之参考"等字，其面侧盖有"中华民国廿二年二月廿五日收到"戳记。

兹摘录（二）《孙逸仙故居访问记》如左：

《孙逸仙故居访问记》摘要

此件系剪报，背有"民国廿年十一月廿四日收到"戳记。所剪者为广州某日报，芹荪译稿，末有云："这篇游记的原文，登在本年十一月十五日《字林西报》的星期增刊上。作者是个美国人，所以中间不免偶有微词。除将文中称孙、孙逸仙、孙博士或孙逸仙博士等处，一律改称为孙先生外，其他的地方只好一一直译出来，以存其真。译者是没有到过翠亨村的，虽说也曾在广州大街上跟着大家游行过，但问到过那里的朋友说是那门上并没有'孙文宅'三字，其馀如室内所陈设的也不一定和作者所说的完全一样，不过大致不差罢了。再，那位引路的人名陆华禧，乃陆皓东先生的亲人，附记于此"云云。

从漠漠平原的中山模范县，摩托车在黄尘中兜一个圈子，便在翠亨村的边界停下，迎面一座两层灰瓦楼房，正面上下，均有骑廊。前面有一空旷天井，再有短短墙围绕着，中间开了一座平门，门上刻着"孙文宅"三个小字。天井中的右边，挺生着一棵绿叶成荫的树，是南方荆球花树的变种（译者按即酸子树）。四围还栽有六根茂盛的凤尾草。在大理石座上搁着蓝花盆，也栽花草，开得茂盛。一个能说英语的中国人，从屋里出来招呼我，他向我说："那根树是孙先生从香港皇仁书院毕业回来亲手栽的，那树一直活到革命成功的时候。""我姓陆，我在很多年前，在檀香山，就和孙先生认识，现在我老了，我回本乡休息，政府委托我看管孙先生的故宅，我也没有旁的事做，所以也很情愿。我喜欢看美国人，他们是常来的。"陆君说话，像打电报那样简短，他说的并不是洋泾浜的英国话，他是受过教育的人，说话很快，又特别爱笑，他是和易近人而富于感动力的矮胖子。他挽着我的手，进到一间石地板的屋内，那一头已用为家坛，案前摆两个铜香炉，壁上挂孙先生的父和母的像、他的大哥孙眉及孙先生自己的像，那些像，都用红绣花丝织品装置着，旁边挂孙先生的名言，都用木框装好，墙壁四周，挂孙先生同志的遗像、荣誉的银盾等物，还有学者所写的对联。

下午三时到总纂办公处，接十弟廿八日来信一。续录《孙逸仙故居访问记》如左：

房内还摆着十张或十二张乌木凳子、大理石面的桌上，又摆着茶壶和托盘。有几位老太婆坐在那里，剥西瓜子。中间有一位是孙先生的姐姐，陆君给我介绍了她之后，他微笑起来和我握手。她也是一双缠过的脚，我倒想起孙先生十四岁的那一年,在他的母亲面前,反对替他的妹妹缠足,及他从城里回来,和乡下的菩萨的种种故事。这里所有的其他的屋宇,仍照孙先生早年从事革命运动居住这里的时候原样不动,除了孙先生的朋友送来的几张像片以外,什么都没有加减。有几张像,是同盟会时候极珍异的遗物;有几张是孙先生在海外宣传排满、清室悬赏五十万元买他的头那时所摄的。陆君常常都在说话:"这一张像片,是孙先生在檀香山读书时候所拍的,这一边又是孙先生亲手写的名句。"他用中国音读出,随后又译出来:"那就是知难行易的意思,对吗? 咦,自然呵,我们的孙先生,是不会错的。看这里,这是二十年前孙先生写的信稿。这里有一篇手稿,是最初草拟的人民的建国大纲。孙先生用这些药书,那时,……"还有这样那样,陆君引我游遍了各个屋子,每一件遗物上面,都附着一些故事。最后我跟陆君到了一张雕刻过的桌子和凳子,我确信"这是孙先生曾经休息过的唯一的地方"。

我们又回到干燥的白灰路上来了,在翠亨和平村里,缓缓走着。这里有游散的肥豕和赤身的小孩,随便到处玩玩跑跑。雄难〔鸡〕伸伸懒腰,喔喔的叫着。还有用小枝投射雀鸟的顽童。不过五分钟,我们把什么都看完了。我对于陆君说此乡有二万五千人口的话,颇为怀疑。等我再往下问,他说还有二千人生在国外,他又告诉我说:"一个人就是在美国住上二十年,他仍然是一个翠亨村人。"以上《总理故居访问记》摘录毕。再摘录(一)《总理故乡调查纪要》如左:

　　《总理故乡调查纪要》(此件未署记述人姓名,用"永汉南路怡安制"直行稿纸写。疑为广州办事处所记。)

　　孙氏之先,居粤东莞县属长沙乡。至明代,其五世祖礼赞公与妣莫氏,迁于香山(现改中山。)县东镇涌口村,生二子,长乐千,次乐南。乐千分居左埗头。旋二人因赋税催迫,回东莞以避,卒以兵戈扰乱,竟不能返香山新迁之处,只留后嗣以居焉。爰乃十一世祖瑞英公,于清代乾隆时,再迁镇内翠亨村边之径仔蓢,建有祖祠。然以人口稀微,老壮出外,乏人料理,故祠圮久矣。

翠亨三面环山,一面临海,林木葱苍,风景绝佳。乡内一百四七七户(民国初年所查。日记眉注：一百四七七户，原文如此，恐有误。）杨、陆、孙、何、冯诸姓，聚族而居。杨姓最巨。总理之谱系可得而考者，自十世祖始，至总理已十八世矣。（其始祖至四世均无名号，须往东莞长沙乡再查。六世祖至九世祖则不甚明了，须往涌口村再查。）兹将可考者，列之于后。十世祖植尚公（日记眉注：王斧所记十世祖为尚植公，未知孰是。）十一世祖瑞英公　十二世祖连昌公　十三世祖迥千公　十四世祖殿朝公　十五世祖恒辉公　十六世祖敬贤公　十七世祖达公〔成〕公

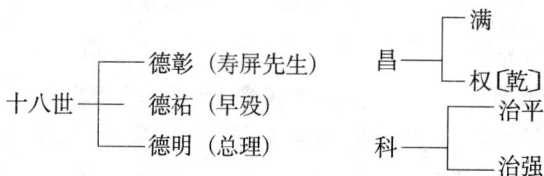

```
                    ┌── 满
          ┌─ 德彰（寿屏先生）   昌 ──┤
十八世 ──┤── 德祐（早殁）            └── 权〔乾〕
          └─ 德明（总理）            ┌── 治平
                              科 ──┤
                                    └── 治强
```

（日记眉注：照抄原文如此。昌科应为十九世，满权〔乾〕平强等廿世。）

达成公名观林，号道川，以家贫，三十三岁而与同邑隔田乡杨胜辉之女结婚。十年而生寿屏先生。再三年而生长女金生〔星〕，四岁而殁。又三年而生次子德祐，六岁而殁。逾三年而生次女妙西〔茜〕，适隔田乡杨子辉，〈子辉婚后〉七年而殇【殁】，生〔嗣〕一子①三孙，现尚健存。迟三年乃生三子总理。再越五年则生三女秋绮，适同邑西江尾乡林喜智，四十二岁而逝，生一子一女。杨太夫人享寿八十二岁，卒于庚戌（民国前二年）六月十三日，不及见儿辈之建立民国，惜哉！然太夫人以六月十三日同月同日而生〈卒〉，亦奇事也。

总理之祖敬贤公，享寿七十八岁。父达成公享寿七十六岁。兄寿屏先生六十一岁，总理亦六十岁。家多寿考。（未完）

三月二日　阴。午表五十六度。下午五时半表五十四度。

上午九时到总纂办公处，阅昨（一日）《大公报》《中央报》。续

---

① 孙妙茜无出，嗣子为杨聪。——整理者

摘录《总理故乡调查纪要》如左：

总理少名德明，又名象（习俗信神，其乡有北帝庙，多以儿女契之，故呼时多加帝字于其上，因又名帝象，非以帝字为派，以别昭穆也）。及立志革命时，自改名文，取义于前有武子以兵法而垂后世，己则以文治而改革前代也。别号日新，后在广州博济医学校习医时，以其不雅，乃改逸仙（或谓区凤墀所代拟）。总理生而重瞳，性活泼勇敢。善泅泳、缘木。闲则划地为道，井然不紊。人问之，则谓须如此，可以利行人。遇儿童不平事，则挺身以赴。由是群儿德之，虽在小姓，亦戴为首。故总理游戏，常部勒群儿，指挥一切。总理家贫，至十岁始在乡中冯氏宗祠受业于何铁士，复从程植生游。十四岁往檀香山，依其兄寿屏先生以读书。十八岁因宗教神权故，与兄意见不合，遂于六月返国，与同乡陆皓东提倡新知识。适其乡有北帝庙，素为乡人所崇信。然年久神像剥落几坠，乡人疑总理与皓东所毁，欲得而甘心。旋为二人之父解释，乃无事。其兄爱弟心切，恐再酿争，乃使离国。总理遂于十九岁十月再赴檀。二十岁三月返国，四月与卢夫人结婚。立志革命，亦在是年。然自第一次由檀归国后，至二十岁时，曾在香港皇仁书院、拔萃书室习英文。廿一岁入广州博济医院习医。廿二岁转入香港西医学校习医。廿三岁丁父忧。廿六岁子科生。在乡亲营屋宇。廿七岁毕业西医学校。

总理毕业后，香港雅丽氏医院愿月送五十元，聘为医士。总理却之，而往澳门业医。先是总理将毕业时，旅澳曹子基、何穗田家人患病，延总理诊治，一药便瘳，曹何惊为神奇，俟其毕业，即邀请到澳，为之组织中西药局（该局先暂设于仁慈堂附近，后移设于草堆街，遗址尚存，现为公安公司商店），请总理主持医药。总理为利便人民起见，来诊只收诊金二角，出诊乃收一元，并在华人公立之镜湖医院赠医，亦不受医院薪金。（镜湖医院之聘请西医自总理始）一时求医〈者〉，不特佩总理医术精深，益感其用心仁爱，以是业务益盛。遂招葡人之妒，出而禁阻。总理乃于二十八岁迁往广州，然当时遗下之医物书籍，尚有留存杨鹤龄及葡人飞氏处。

总理三十岁在广州革命失败之耗传至翠亨，家人避往别处，然屋宇始终无恙,坟墓不被毁掘,诚属万幸。(只当日香山知县史继泽曾派遣差役到翠坑查办,勒索数十金便去。)乙未冬,杨太夫人偕卢夫人与其子科,时已五岁,遂赴檀香山以远避。至乙未广州革命始末,迟日编出,其见于总理轶事者,不复赘。(已完)(此件字数无多,已全录,未加摘废。细玩文气,似为邓慕韩或陈春生所撰。至此,所有廿四日调得史料三种,已抄录完毕矣。)

下午三时到办公处,将已抄录完毕之史料三种交王伯勋,饬送还档案处。写致南曾侄信一,未成。附学曾侄去年八月十四日函一件,而将原函录存如下:"查中华新闻通讯社今改名为'中国新闻社',即就前年之太平洋新闻通讯社改组并扩大而成者。社长夏晋麟博士,曾任伦敦及美京大使馆一等秘书及立法院立法委员驻英宣传部代表。于民国卅年十月一日正式视事。同事有高克毅、新闻学硕士。林牟圣、政治学博士。来珍女士、美人。杨永清、东吴大学校长。刘彭年、教育学博士。柏克占夫人梁太卫。新闻学士。另书记及办事员等十一人,共十九人,比昔增加十五人。且自前年起,在美西旧金山、美中芝加哥二处,设分社。美西主任为余铭,博士,曾任驻俄使馆参事及代办;闻将改任沈占士,余则调加拿大新设分社主任。美中主任为郑宝南。郑洪年先生之少爷。此次改组及扩大,均靠董部长显光之资助。当董部长在美时,其办公处即设于社内。今本社门上仍书'中央宣传部'及'中国新闻社'二名称,社址则从第三层楼迁至第四十二层楼。侄仍任原职,但改名为咨询部(或问事部)主任。本社社务约述如下:(一)每日油印重庆广播新闻一次,名曰《中国之声》,分寄各报及通讯社以及专栏撰稿员等。(二)每二周出版《现代中国》一次,每次约载四千字之论文。(三)每月出版《中国抗战》一次,内容十分之八系重庆广播之论文,论中国抗战之军事、政治、经济、国际等问题。此项月刊,原在重庆编辑、香港出版,自香港沦陷后,改由纽约出版。有时或油印专论或讲演。如蒋夫人演说词全由本社油印分发。最近并曾印行蒋委员长一年来演说、蒋夫人一年来演说截至去年十二月底止。各一册。又编蒋委员长六年抗战建国言论集，选编。由哈帕书局于今年七月七日出版。此关于编印之工作也。此外派员赴各处演讲、派员参加联合国宣传处、各种委员会、代表中央宣传处〔部〕分发新闻影片及电影片、参加广播等，凡与中国宣传有关事宜，而为本社人力财力所及者，均属本社任务也。侄除主持咨询事务外，不时出外演讲，每三周参加联合国宣传处战后问题研究委员会一次。今年联合国宣传处出版之《战后及和平目的》一书，系由侄及英美二国代表及联合国宣传处代表四人负责，就各国高级官员演说或论文摘要编辑成书者。续编正在预备中，大约二个月后即可出版。今年七月，《思想杂志》发表侄《论中国战后建设问题》一文，除得稿费美金一百元外，颇引起读者注意。本社夏主任甚为高兴，盖同事中尚未有领过一百元以上之稿费者。此外，侄有论文一篇，题为《中国战时经济建设》，在今年二月号《自由世界》英文版发表。该月刊董事长为李石曾先生。又有演说一篇，讨论中国欢迎外资问题，亦经由国际经济联合会会人民委员会选入其出版之讨论集中，于今年四月间出版。此则关于侄写作方面之一点成绩也。侄非专心学业，则努力革命工作，终日忙碌，绝少暇暑，且困于经济，而重于家庭负担，对于个人婚事，遂尔搁置。年前古元祥兄不知听从何人传说，在国内大放空气，谓侄与某女士在美结婚，实绝无其事。张静江先生全家老幼，均居纽约，张夫人似犹记忆于民十五六年间在广州时，曾会伯父大人一面。去年求得张先生题字：'慧眼见一切，妙音遍十方。'侄藏如珍品，盖张先生近来眼力日差，几不能见物矣。（略）"卅二年八月十四日、十六日。此函由梁龙转到。抄至此，天已暗,遂未写信矣。夜欲写信又不果。

三月三日　　晨雨一阵,旋晴。八时日出甚丽。天气颇暖。始脱卫生衣一件。办公室去火炉。午表六十一度。下午五时半五十六度。

上午九时到总纂办公处,拟作（题未拟定）关于总理世系考,对于罗香林之《国父家世源流考》一书,指明其有可疑处,但不能遽推翻其说,须俟派员复查。未完。阅昨（二）日《大公报》。下午三时到办公处,中央党政工作考核委员会派二人来会,一为湖北人,一为安徽泾县人。当与谈去年《总理史迹》编整情形,第四季即十月至十二月。实系整理民国十二年十二月至十四年三月十二日止,《总理史迹》以前被误报为民元至某年史迹。续作总理世系案之考证。仍未完。接印维廉函一。

三月四日　　阴。北风颇大。午表五十二度。下午五时半表五十四度。

昨夜睡不宁。晨早起打拳洗脸后到总纂办公处。时将八点,接亮儿廿九日来禀,云元龙弟寄我八百元,儿自寄五百元,共由农行汇来。有此款本月份用度或可敷支。返寓吃粥后再到办公处已九点矣。阅昨（三）日《大公报》。开区分部党员大会。续作总理世系调查之经过。拟题如此,但仍未定。未完。下午三时到办公处,续作上午稿。未完。阅本日《中央报》。

三月五日　　星期　　晴。日丽气暖。午表五十八度。

昨夜初睡颇酣,中夜后醒甚久,天将明始复睡,不久又醒,乃即起,目犹涩。上午九时到总纂办公处,阅昨日《大公报》。欲往刘家槽国史馆藏书处阅书,姜伯彰说有书目,乃先假阅一过,时已十一点。照弟早往阅,已偕该馆干事陈某君回来。孙铁人谓午饭后再偕往。返寓补睡一觉。接权超侄一日晚来信一。下午二时与孙同往刘家槽,见藏书均锁在木箱,未设书架。点书目,托干事陈君启箱检阅(一)《读史碎金》。木板大字十本,检出一函抽其一,阅之为肃州胡文炳著,仿《龙文鞭影》作法,四字为一句,句下注一人故事,乃一种历史碎典耳。在科举时代,熟读之则作诗赋时用之不尽,较《事类统编》、《广事类赋》、《广广事类赋》诸书,当可并行。又(一)《弘简录》,亦木板大字一百本,检出一函抽阅之,首行为"仁和邵远平戒斋学"字样,亦历史碎典,以韵语为纲,下注一人之故事者,惟不知"弘简录"三字是何取义。再检一函抽阅,则明弘斋邵经邦著,清翰林院某某等官十四世孙邵远平校阅,是为《金史类编》,先抽阅者为《元史类编》得一弘字之义矣。然未检出第一本,终未知其详。要之,以现在目光观之,则皆可谓无用之书也。忆余四岁破学,即读《龙文鞭影》,时称为《四字经》。四叔祖课读,夜晚吾父为余解说,至今尚能背其首一、二页,如"恉成四字,诲汝童蒙,经书暇日,子史须通,重华大孝,武穆精忠。尧眉八彩,舜目重瞳。商王祷雨,汉祖歌风"等句。后又见《故事琼林》一书在书架上,为吾祖或吾父所遗。余十八九岁在式好堂新屋教读时,曾以课学生读之。是时学生为震青叔、一谔弟及谢九隆表弟等,余已忘却。至民国四年,余在松口公学任教员时,借温慕柳师遗书温氏精庐悠然见南山斋即在公学之后,次年其书均移庋公学。数种,内有司马温公《通鉴纪事本末》①一部分。未全借出,仅先借得四十本,均为唐、宋朝事。且读且摘录,所得不少,今思之则即"读史碎金"也。民五春,余赴香港,书箱在该校遗失。内有三不吠犬,三不捕猫二典。民十九、二十年在镇江民厅,偶忆及与胡朴安厅长和诗用之,朴公与童秘书长大年、钱科长自

---

① 《通鉴纪事本末》,宋袁枢撰。——整理者

严,前清翰林。均问何典。余告以出《通鉴纪事本末》。因知碎典虽多,临文自知,而他人不识,亦徒自苦,终无用也。

三月六日　　阴。午表五十三度。下午五时半五十四度。二时至四时日出。今为旧二月十二日,惊蛰节。夜月明。

昨夜睡酣,今晨早起精神饱满,无目涩思睡之态。八时到总纂办公处,旋往会,参加纪念周。徐忍茹刘崛告知,昨日张主任委员前晚到会,昨晨赴渝。曾言,汤公介因病、林一厂因重听,均可免出席纪念周。余签名后即退出,往看会旁新筑运动场,正在工作,尚未完成。又与苏克温庶务谈购米事。据言歌乐山之官价米供应店,但须以身份证往购,每人可购二斗,并无区域之限制。余谓,然则白市驿含谷乡民之身份证可持向歌乐山购米乎?曰,然。余谓,然则向乡下人或工友借用可矣。曰,他有他用。余乃不再谈。总之,弊病百出而已。国事人心如此,尚复何说。闻官价米仅每斗一百八十元,而会内买米须二百五十元以上。复印维廉函一。下午三时到办公处,与孙、汤、姜谈话旧时考试事太久,竟未工作。写致李翼中函一。阅本日《大公报》。

三月七日　　阴。午表五十四度。午间洒雨花旋止。下午五时半五十二度。夜雨。

上午九时到总纂办公处。档案处送来史料三件:(一)国父世系考;(二)总理亲属生卒表;(三)总理家谱。摘录如左:

总理家谱照录。原件信笺三纸,上端批有"油印八十份。十一、八"。"王斧"等字样。想系民廿年王斧与征集记同送。

十四世祖考讳殿朝,生于乾隆乙丑年七月十四日,卒于乾隆五十八年十月廿八日,享寿四十九岁。姚林氏,生于乾隆戊辰年三月十八日,卒于嘉庆丁卯年七月十二日,享寿六十岁。

十五世祖考讳恒辉,生于乾隆丁亥年九月十四日,卒于嘉庆丁酉年元月初九日,享寿三十五岁。妣程氏,生于乾隆丙戌年九月廿日,卒于嘉庆辛巳年六月三十日。

十六世祖考讳敬贤,生于乾隆戊申年十二月十五日,卒于道光己酉年十二月廿三日。享寿六十二岁。妣黄氏,生于乾隆壬子年二月廿五日,卒于同治己巳年九月初五日。享寿七十八岁。

十七世祖考讳达成(敬贤公长子),号道川。生于嘉庆癸酉年九月初三日丑时,卒于光绪戊子年二月十一日戌时。享寿七十六岁。妣杨氏,生于道光八年六月十三日亥时,卒于宣统二年庚戌六月十三日午时。享寿八十三岁。

十七世祖考讳学成(敬贤公次子),生于道光丙戌年二月初三,卒于同治甲子年八月十六日,享寿三十七岁。妣程氏,生于道光丙申年六月十四日,卒于民国元年十月初六日。享寿七十七岁。

十七世祖考讳观成(敬贤公三子),生于道光辛卯年四月初七日,卒于同治丁卯年八月初八日。享寿三十七岁。妣谭氏,出嫁。

十八世祖考讳德彰(达成公长子),乳名眉,号寿屏。生于咸丰甲寅年十月十七日卯时,卒于民国三年。寿六十一岁。

十八世姑金星(达成公次女),四岁殇。

十八世祖讳德祐(达成公三子),生于咸丰庚申年九月十五日,卒于同治乙丑年十二月初一日。六岁殇。

十八世姑妙西〔茜〕(达成公四女),现年六十六岁。正月廿五日辰时生。适同邑隔田乡杨宪华公之三子名子辉,缔婚仅七年便孀守。生子一名怀聪,孙一名连合。

十八世祖考讳德明(达成公五子,是为总理),乳名帝象,字日新又逸仙。生于清同治丙寅年十月初六日寅时,卒于民国十四年二月十八日巳时。享寿六十岁。

十八世姑名秋绮,适同邑西江尾乡林喜智君,一子一女。子名帝镜,女名耀梅。

以上谨就总理家谱抄录。其馀总理远祖乃由粤之东莞县迁往香山县较详史料容续告。

总理亲属生卒表(原件盖廿一年六月四日收到蓝戳,并有冒头语如左:谨收总理亲属按照函查各点列表奉复如下。)

长兄德彰,讳微①,号寿屏。生于前清咸丰甲寅年十月十七日。

次兄德祐,早卒。

二姊妙茜,生于前清同治癸亥年元月廿五日。适杨子辉先生。现年七十岁。

妹秋绮,已卒。

长子科,号哲生。生于前清光绪辛卯年九月十八日。现年四十二岁。娶陈淑英夫人。

女金琰,早卒。金琬,生于前清光绪丙申年十月十八日。适戴恩赛先生。

孙男长治平,现年廿岁。次治强,现年十九岁。女孙长穗英,现年十一岁。次穗华,现年八岁。

国父世系考　留爪(按此文似系往年梅县《中山日报》所刊,但档案中未注明来源。余所阅之《中山日报》又未存。)

中山大学教授罗香林,在广东东江,发现国父族谱,证明其始祖发祥地在江西宁都等情。记者于日前遄赴宁都,访问县城南门外直街孙世通夫人于其私宅,借阅其第八修及第一修之族谱,详查其世系,结果,与罗所考证者,完全符合。原来国父始祖讳诩(日记眉注:诩有误,应为□。)为唐中书舍人讳拙之子,唐僖宗中和三年时,因黄巢之乱,充承宣使,引兵游击闽越江右间,以功封春(日记眉注:"春"字误,应为"东")平侯。嗣略地至虔化县,民皆安堵,父老遮道请留,遂定居该县,即今之江西宁都。娶陈氏,生一子,讳实。实公生士元公。士元公生有惠公,又名廿二郎,娶温氏,生十一郎思通。思通生十九郎用宽。用宽生十郎耸。耸生十三郎冰。冰生十郎②元立。元立生四子,其第

---

①　原文如此。——整理者

②　原文如此。——整理者

四子名十九秀才,是为第十一世祖。族谱载,渠于元明间迁居广东之循州,凡永安惠阳龙川(日记眉注:川字原抄讹作州。)等地之孙姓,均其后裔。宁都孙氏族谱关于十九秀才迁粤后之裔孙世系,无记载。罗教授所称第十二世祖连昌公,想即十九秀才之子。自连昌公再传十一世,即诞(日记眉注:诞字原抄误作证。)生国父。大抵国父祖先,自唐僖宗中和三年(公历八八三年)卜居虔化县起,至元顺帝至正廿八年(公历一三六八年)左右,迁广东循州止,居江西宁都仅四百八十五年。自是年起,至清同治五年(公历一八六六年)国父诞生止,居广东共四百九十五年。又孙氏族谱载,有始祖东平〈侯〉讳诩(日记眉注:诩应改□。)公之刻象,苏东坡作有象赞。县城南门外之东平王庙,后人讹传为祀张巡许远之平王庙。证诸东坡象赞,似亦有据。自始祖俐(日记眉注:俐改□。)公以下各代祖坟,今尚在县城南门四里许马架坑一带。惟近数十年来,宁都孙氏式微,祖墓多倾圮失修。故缅怀国父祖先之德业者,游其地〈者〉多感叹不已。(以上三件已录毕。)

下午二时半到办公处,将上午调到已录史料交王伯勋饬送还档案处。阅本日《大公报》。将上抄之总理家谱加入三月四日所作总理世系调查之经过文中。阅本日《中央报》。返寓见兆先在房中,询系因无功课,与李少琦、黄兰、许筠岚、李咸芬诸同学回来,明晨再同赴校。接古公愚寄《层冰堂精华录》一本。前来函云寄二本,一以呈张溥公,乃今仅一本,不知何故。

三月八日 阴。昨半夜雨声颇大,今晨檐溜仍点滴未歇。下午转晴。略见日色。颇寒。五时半表五十度(火炉边)。夜月明。

上午在寓修正总理世系调查之经过稿,拟定题目为《本会调查总理世系之经过》。早作一篇为《国父家世源流考应加复查》。并查阅罗著《国父家世源流考》与本会史料之异同。未完。午接张仲纬六日来函。下午复张仲纬函一。致亮儿函一。三时到总纂办公处,校阅照弟所抄《总理年谱长编》稿廿四页。阅本日《大公报》。

三月九日　晴。晨微阴。八时后日出。午表五十五度。下午五时半五十度。夜月甚明(是日为旧二月望)。

上午九时到总纂办公处,将昨校阅过之总谱稿订成一本。第十册。交照弟饬送文书科符学琳收。下午二时半到处,接李翼中、闵孝吉、汝瑞弟来函各一。修改本会调查总理世系之经过稿并续一段。未完。夜复李翼中、闵孝吉函。共封在翼中函内。

三月十日　晴。晨即日光甚好。午表六十度弱。下午四时许下雨一阵,旋止。五时半表五十四度。夜九时后月明。

上午九时到总纂办公处,阅九日《中央日报》。作《罗香林著国父家世源流考未足征信之点》,拟题如此,尚未确定。一段。未完。接中农行通知书,淦弟亮儿汇款已到,一慰。下午三时到总纂办公处,旋往会,托安处长将农行通知书所附收据盖会章后向事务科李科长贴现。返办公处时遇雨。抵处,窗暗,只阅报未工作。报载四川省之天然气一篇,有趣。

三月十一日　阴。午表五十度弱。下午五时半表五十度。夜月仍明。

上午九时到总纂办公处,阅十日《中央报》、《大公报》。续作《罗香林著国父家世源流考内未足征信之点》一段。未完。接邱海珊二月廿九日来信。附传及笺纸。下午三点到办公处,复海珊信。附重写题金婚图改稿一首。

三月十二日　星期　晴。下午五时半表五十九度。夜仍有月。

上午在寓校阅照弟所抄总理年谱稿之国内大事二十七页。下午续校二十四页。五时馀到总纂办公处,阅十一日《大公报》。

三月十三日　晴。微阴。午表六十三度。下午五时半六十度。夜十时后雨颇大。始闻雷。

上午九时到总纂办公处,阅十二日报。昨日为国父逝世十九周年纪念日,又为国民精神总动员五周年纪念日,蒋主席对全国军民播讲全文,摘其节目如下:甲、共同目标。国民精神总动员有三个共同目标,即(一)国家至上、民族至上;(二)军事第一、胜利第一;(三)意志集中、力量集中。乙、精神改造。(一)醉生梦死之生活,必须改正;(二)蓬勃之朝气必须养成;(三)苟且偷生之习惯必须革除;(四)自私自利之企图,必须打破;(五)纷歧错杂之思想,必须纠正。丙、动员实施。(子)实施主体,一、党部方面;二、政府方面;三、军事方面;四、社会方面;五、家庭方面;六、负责主干。(丑)实施步骤:一、拟定具体计划;二、贯彻所属份子;三、应用固有团体;四、注意联络进行。(寅)实施工作:一、宣传与创导;二、训练与改进;三、督促与规劝;四、研究与推行。(卯)实施事项:一、关于改正醉生梦死之生活者;二、关于养成奋发蓬勃之朝气者;三、关于革除苟且偷生之习惯者;四、关于打破自私自利之企图者;五、关于纠正纷歧错杂之思想者。十时往会,开学术会议,至十一时三刻始散。接一谔(棣)二月廿七日来信,附宝田舅父信。内云年近九十,表弟在吉隆坡,杳无音讯(此为九富或九贵表弟,未识。)家中须籴米,度日维艰,幸一家老小平安。下午二时半到办公处,接亮儿九日来信。附履历一纸。将昨日校阅之总谱国内大事栏五十一页,装订成册。共一本,三万六千字。写致楚伧信一,翼中信一。

三月十四日　　阴雨。午后雨始渐歇。半夜见月出。

上午在寓续作《罗香林著国父家世源流考未足征信之点》二段。未完。下午续作二段。完。夜作签呈,即关于《国父家世源流考》一书事。未完。

三月十五日　　晴。午表六十二度。下午五时半表五十七度。

上午九时到总纂办公处，续作呈文。完。张主任委员来，余即将对于罗香林《国父家世源流考》一书意见说明，并将连日已成之稿摘要念读，似颇首肯。余乃将稿分交王伯勋与照弟二人分缮，俟缮就再送。又古公愚来函面交一阅。询《层冰堂精神〔华〕录》，已径寄一册，亦已收到。余请任公愚为本会名誉纂修，似赞可，惟须先征求本人同意，恐彼不要，将来反觉不妥。致翼中函一。下午三时到办公处，收回照弟所缮呈文及卅二年学术会议记录。关于议决俟时局许可再请主任委员派查总理世系案。写致十弟函一。阅十三四日报。

三月十六日　　晴。午表六十四度。下午五时半表六十二度。夜闻风声颇大。

上午九时到总纂办公处，校阅照弟所抄总谱内之国外大事专册廿六页。订成一本。下午三时到办公处，接黎守杰外侄孙函、子靖叔函各一。阅十五日《中央报》。复权超侄信一。又致十弟信一。本日《大公报》到，略阅而天已暗。夜接梁云从函一。

三月十七日　　晴。午表六十度。下午五时半表□□□。

上午九时到总纂办公处，旋往会，将淦甥去腊即一月十二日。汇来三千元之收据及省行通知书托安处长加盖会章。返处后，复黎守杰外侄孙函，即将收据等附托他入城代领。下午二时半到办公处，将关于总理世系案(一)本会调查经过，(二)罗书可疑之点，(三)学术会议讨论原案与签呈，共订一本，附缴罗书一册，交冯绍苏饬送秘书室，转呈张委员。接访秋叔二月十九日来信，内言万里弟已由上海逃还乡。一慰。且入中山大学读书云。夜写给亮儿信一。

三月十八日　　阴。风大。上午十时半表五十二度。午雨一阵，旋止。下午起风，天色复朗。五时半表五十四度弱。

是日为旧历甲申二月廿四日，值吾父九一冥寿之辰。余年十二岁，严父见弃，今计五十一年矣。去年余函托一谔弟请画工追摹遗像，卒未摹成。又欲今春回乡庆冥寿，亦迄不果。连日与杨氏商筹，今日在寓备办面菜拜祀，并请房东饮酒而已。阅十七日《大公报》《中央报》。下午三时到办公处，复启鹏信一、汝瑞弟信一。夜写致三兄信一、附学侄去年八月十四日信。南曾侄信一。附三兄去年十二月来信，言得曲江青年会美国人活乐氏复信，谓学侄汇款未到者。

三月十九日　　　星期　晴。午表六十四度。下午五时半表六十二度。

上午在寓阅梅县《中山日报》，并折叠存之。十时馀到总纂办公处，欲阅昨日报，未到。转往会，找照弟，未见，与刘尊权、钟孝先略谈。并将昨夜写信二封亲送传达室付邮。姜伯彰新介绍女同志到会，姓名为张泽兰，年约三十馀岁。见余所写致南侄信封面江西省工业实验处字样，谓是处处长即其兄，余询何名，乃书张泽尧号湘生。字样。余信已封好，不便拆开加写此事使南侄知矣。下午在寓洗身。自去秋九月至今约五个多月未洗身。浴罢颇快。闵孝吉来谈古公愚事，云彭精一李翼中均欲请公愚到渝一行，已由精一请楚伧向张溥老面荐，嘱余俟叶先生荐后，张公有话询余时，再从旁赞助此事，勿与孙铁人商，孙别有用意云云。去后，余预拟代张委员复公愚函前数日，张公在办公处面嘱代谢寄书者。如左。俟日间溥老来会，再录稿送去。□□先生道席：得接大著《层冰堂精华录》一册，华国雄文，矞皇瑰玮。值兹抗战胜利之际，诚不可无此大手笔以润色鸿业，鼓舞人心。浣诵再三，曷胜钦佩。前托林纂修一厂代达奉邀来渝微意，昨据得复，以道远未允遽行，闻之怅然。白露苍葭，至深回溯。尚望不我遐弃，时惠玉音。先此鸣谢，即问著安。四时馀再到办公处，报纸仍未到。

三月廿日　　　阴。午表六十二度。下午五时半表六十五度。

上午九时到总纂办公处，阅十八、十九日《大公报》、《中央报》。遂不及往会参加纪念周矣。写致学侄信。附陈果夫先生信、伟章侄通讯地址。下午三时到办公处，复梁云从信一。阅本日报。姜伯彰之子由山洞带来。接张仲纬寄农行汇款通知书、亮儿三月十七日来信。

三月廿一日　　阴。晨雨一阵旋止。午表六十度。下午五时半表同上。

上午九时半到总纂办公处，旋往会，将农行通知书托沈科长盖会章，又托林毓芳贴现，得三百五十二元，向合作社购物。返处，复亮儿信一。接印维廉信一。下午三时到办公处，阅蒋总裁训词《对当前党政与青年团工作之指示》，卅三年一月八日在中训团励志社出席党政会议讲词也。要旨大别为二：（一）党政干部工作应注重的各点；（二）英国能以少数人统治多数人的道理。阅本日报。

三月廿二日　　阴雨。晨雨一阵，旋止。午又雨一阵。俱见檐溜。

上下午在寓增修《总理年谱长编》稿抄本。第一册。内惟国内大事栏未修改，其他二栏已改。下午接重庆市党部执行委员会任用书，以余为第四二区第九区分部监察员（三十三年三月十六日），任用书监人字第四〇五号。文曰："兹任用林百举同志为本会第四二区第九区分部监察员。"主任委员杨公达兼负监察专责，委员吴少初。"少"字模糊，似人字。又代电？监字第一五三号（三十三年三月十四日）文曰："重庆市第四二区第九区分部林百举同志：查党员监察网组织为健全本党之主要工作，关系本党前途至深且巨，而斯项监察工作之推进，尤恃对党具有热忱之同志共同努力。兹经本处审慎选定同志为该区分部监察员。除任用书另发外，兹随电附发监察员履历表暨誓书各二份。党员监察网组织纲要、党员监察网施行细则。监察员的责任和职务各一份，工作月报表六份。希查收分别存报，并即开始工作为要。重庆市负监察专责委员办事处。虞。（0314）。"即附件如文。夜阅监察员履历表、誓书、责任、职务、工作月报各件。

杨氏原拟本月底往助产学校分娩，乃本日下午五时馀觉腹内一阵一阵作痛。七时，请房东吴太太及老佃户周嫂子准备一切生产应用事物。至九时十分，吾家钟慢二十分，应为九时半。生下一女，啼声清亮，母女均安。

三月廿三日　　阴。午表五十六度。下午五时半表五十七度。

上午九时到总纂办公处，开区分部小组会议，旋往会，请欧医生开生化汤及小儿开口方，即托李治中科长派工人往欧医家取药。今日适会中发薪，并嘱工友金品朝代领。返办公处，阅昨日《中央日报》。下午三点到办公处，阅报载党史史料一则，抄存如左：

《苏报案之前后》（一）

吴稚晖先生自述民国以前奋斗事迹

苏报案之前引　苏报案者，余初公开谈革命之时也。何以能谈及革命，一面，自受总理所造空气之影响，而一面八股陋士持此途必有其渐，故略叙苏报案前二十馀年个人之大概行动，以为前引。余一岁至十七岁儿童及在学塾时代，求为八股陋士而不得，绝不知有所谓革命。自十八岁作私塾先生起，其时适有甲申中法之战，略知随人愤慨中国之怯弱，想望富强，却不知革命。光绪八年壬午，余十八岁（一八八二），在无锡城心冯氏，作私塾先生，教学童六七人。光绪十年甲申，余二十岁（一八八四），在无锡北门外，作私塾先生。是年中法战事起，常与朋友谈中国之不振。光绪十三年丁亥，余二十三岁（一八八七），仍充私塾先生，常与同学十数人聚无锡城中一茶社曰"春源"，谈论经史间,喜谈经世文编等,讲求时务。是年,余补阳湖县学生员,且结婚。光绪十五年己丑,余二十五岁(一八八九),因以古文学考试第一名,入江阴南菁书院,住院读书。山长为定海黄以周元同及江阴缪荃荪小山。同学有钮永建惕生等,惕生是年二十岁,亦以善作古文为茂名杨愿〔颐〕所赏拔,并为广东梁星海所赏,后劝入湖北陆军小学,梁长该校之故。光绪十七年辛卯,余二十七岁(一八九一),是年秋试,余捷乡举,座师为广东金葆泰、江西李盛铎。光绪十八年壬辰,余二十八岁(一八九二),春,入北京①会试,余堂备未捷,拔余卷者房师为安徽洪某(大理寺少卿,今忘其名),座师为高阳李鸿藻即石曾之父。光绪十九年癸巳,余二十九岁(一八九三),与丹阳王英冕同寓苏州紫阳书院,识吴县陈颂平及弟桂一等。光绪二十年甲午,余三十岁(一八九四),春,入北京会试,未捷,王英冕得庶吉士,与之同居镇江会馆。六月,中日之衅起,七月一日宣战。九月,王英冕南归,余往天津,在同乡汪渊若太史家教其子女。十一月,战局更紧,汪家迁保定,余重入北京。住锡金会馆,亲见同乡徐仲虎每日至荣禄处四②谈措施。终觉不合。十二月二十四,亲至菜市口,见杀卫汝贵。光绪二十一年乙未,余三十一岁(一八九五),正月,战局益不利,派李鸿章全马关议和。三月会试,康有为到各会馆抄录会试举人姓名约二万人,上书于光绪帝,言变法,名曰公车上书。四月,康有为中进士,余等落第南阳〔归〕,在朋友家教私塾学生。冬,总理兴第一次革命于广州。我等不知其详,略载于《申报》,以为土匪"孙汶"想造反而已。光绪二十二年丙申,余三十二岁(一八九六),在苏州吴县学官陈容民家教其子。容民随李鸿章有二十年,作私人秘书,当时曰幕友。闻说清廷西太后等之黩乱,李鸿章无法纠正,即微有疾恶政府之意。是年,康有为得张之洞之同情,立强学会。从前张之洞因康治公羊,作《孔子改制考》,本名祖贻,自号长素,言比孔子之素王为长,故虽同治公羊,颇不喜之。及是,康改名有为,又中进士,且立孔教会,于是又与同

---

① 所记原作北平。今径改,下同。——整理者
② 原文如此。——整理者

讲维新，故立强学会。及五月出《强学报》于上海，又封面题孔子二千几百几十年，不写光绪几年，张之洞大骇，解散强学会，把《强学报》收毁。七月，梁启超便在上海出《时务报》，人皆欢迎，争讲维新。是年，盛宣怀在天津开北洋学堂，请美国人丁家礼为监院。严复、孙宝琦等在天津出《国闻报》，响应梁启超。冬，总理在伦敦蒙难，报上亦载得不详。大家都以为"孙汶"有洋人保护，或是通洋大盗。冬，余生湿疮，回无锡闲住。光绪二十三年，丁酉，余三十三岁（一八九七），在无锡治疮五个月方全愈。因明年又会试，故又至天津一电报学堂教国文。至则教席已为别人占去。适北洋学堂新开铁路班，邀我代教国文。十月，在铁路班当国文教员。因我教国文用新法，北洋学堂总办宁波王菀生观察约我明年教北洋高级第三班。是年十二月十五放年假，往北京访友。十七，与同乡廉南湖、绍兴陶杏南，同至米市胡同南海会馆访康有为。我问康，要改新中国，哪件〈事〉最要？他说，有应去之三害，（一）鸦片，（二）八股，（三）小脚。我说，那就省便，鸦片只要大家不吸，八股只要大家不做，小脚只要大家不缠。他翘起两手之大拇指狂呼曰：好极了！我生平看见康有为，止此一次。是年，北京官场欢迎康者，约有维新党一小部分，深恶而言非杀不可者，亦有一部分顽固官僚。我因与康有约，从明年戊戌起，就不会试，而梁启超依旧会试，也未中进士，余便疑怪康梁之随便。是年冬，颇闻严又陵、夏穗卿、王菀生等之高论，益自以为维新党矣。

三月廿四日　　　阴。晨初天颇朗欲出日。旋转阴。午表五十八度。下午五时半表仍五十八度。天色转朗。

上午九时到总纂办公处，阅昨日报。《中央日报》继续登出吴稚晖自述民国以前奋斗事迹。《大公报》不登。

续录《苏报案之前后》（二）

光绪二十四年戊戌，余三十四岁（一八九八），在北洋高等学堂教第三班学生。同作教员者有薛竹书、陈锦涛、温宗尧。头班学生有王宠惠、王宠佑兄弟、薛颂瀛仙洲等，二等学堂学生有王正廷等。三月，余不喜学生骂皇帝为公奴仆，以为康梁邪说，出一课题率土王臣义，学生大都反驳孟子之说。余每卷批至数百字或一二千字。其立论以为皇帝虽昏,终是皇帝,如女人嫁丈夫,亦不能再嫁。总办王菀生为国文总教习,课卷必送阅。彼批我之议论曰:照此说法,乃孔子之周流、孟子之历聘皆不规于大道矣。余见之,无颜再上堂,推说家父无人照料。他再三留我,我决计辞去。适南洋公学于去年成立,少一师范学长(略等现在教务长),欲聘我去,那我自然回乡往就。五月到上海,入南洋公学。其时康梁适将翁同龢说得同意,翁告光绪帝。光绪即召康入见,一听,大赞同。六月,热狂的变法,每日有维新上谕。七月,因同时罢撤礼部六堂官,尚书怀塔布之母,西太后之长亲,刚毅等请她入见西太后请死。西太后大怒,八月初,即幽光绪于瀛台,自出垂帘听政,杀谭嗣同等六人,康梁远遁,是为戊戌政变。康梁变法时,适余暑假回无锡,亦在无锡与诸友毁寺院、开小学。然听卖菜人骂康有为,言康要割人辫子,辫子乃祖宗以来一直有的。余虽颇笑其愚,然有人问我曰:辫子如何?我对曰:我们维新图富强,便是保辫子,辫子不能发生问题。此友暗笑余之顽旧。下半年在南洋公学,任职颇勤,每日上下楼梯要数十次。一切吃饭睡觉,到约翰书院等参观,管得秩如。光绪二十五年己亥,余三十五岁(一八九九),是年仍在南洋公学作学长。是午梁启超在日本作《清议报》,我等因西太后之昏乱,且光绪受屈,故特表同情于康梁,而总理之事仍不了了,惟略以为不是土匪,而是造反矣。是冬,西太后欲立端王之子为太子,将废光绪。浙江经莲珊在电报局通电反对。经虽遭通缉,然废光绪不成。光绪二十六年庚子,余三十六岁(一九〇〇)。余仍在南洋公学当学长。夏秋之交,团匪之势大张,致八国联军进京。南边南洋公学总办何梅生本兼盛杏荪铁路总局秘书,怂恿盛杏荪电张之洞请南中国中立。张商于两江刘坤一、两广李鸿章,遂宣布中立。钮惕生、陈景韩同由湖北陆军小学来作教员,要购军火,把南洋学生组织军队。何总办虽表同情,然事出创举,未实行。余因许学生组织军队,不成,故辞去学长。何总办婉留,余即教四班国文,不执学长职务。是秋,唐才常等在汉口革命,未成。是年,南洋、北洋、湖北、上海制造局各派五六名学生至日本。先父十月殁于上海徐家汇,从此余夫妇二人及一女一子,至今仍四人。光绪二十七年辛丑,余三十七岁(一九〇一)。正月,何总办中风猝逝,接手者为张菊生。余时刺激于团匪,颇维新出轨,欲赞成学生与总办教员合议校务。张不赞同。三月,余即辞去南洋,赴日本留学,与钮惕生同居神田区明凌馆。惕生欲入成城,不成。余日往高等师范上课。有一日,成城学校之吴禄贞、牛込区农校之程家柽同来明凌馆,约惕生去横滨同见总理,亦邀余往。余不愿往,约在浅草之精养轩待彼等归。彼等于傍晚归,在精养轩小餐。余问惕生,孙汶是否像一大盗?惕生曰:胡说!是一老实之绅士。余大奇。他并说,孙汶气象甚伟大。余问,像某某么?彼曰:皆不似,总之,其伟大,余不能形容恰当,未见过第二人。当时余不甚确信,而已疑怪,以为必是激烈的大维新党,不是土匪与强盗,并叹息满洲之昏乱,必要弄成革命。十一月,余友陆炜士(即著商务印书馆《词〔辞〕源》者)与两广幕府武进方子仁同言于总督陶模,其子哲存尤赞成,邀余至广东,计划改广雅书院为广东大学堂;邀惕生计划黄埔陆军学堂,一同至广州,住督署西花厅。是时,幕友中有候补道福州沈雁潭(沈宝〔葆〕桢之孙),其家西席胡清瑞胡展堂兄弟。展堂即日就余等谈。展堂是时并未识总理也。是年在东京常至清华学校(初名大同)与范静生、蔡森波〔松坡〕、蒋百器、蒋百里等往还。是校乃梁启超暗中主持。闻余至广东,梁自北海道归,约余至校相见,余初与梁周旋。嗣后,余在广州曾数次由藩署送来梁信,藩台李端棻①,梁之内兄也。光绪二十八年壬寅,余三十八岁(一九〇二),上半年,计划广东大学堂成,取录学生古应芬、杨永泰、胡毅生等一百馀人,复试剔成整一百人。余决计不在官场,便偕同沈雁潭堂弟沈刚(其六叔子,刚十五岁)、子沈觐恒十一岁(现名沈恒,在立法院)、小子觐鼎九岁(即译总理三民主义为日文者,现为南美某国公使)。又水师提督李准之弟某十七岁同至上海。又增修〔加〕无锡学生吴震修(传说今在上海为敌伪上海银行总经理)等共二十六人,同赴日本。正在部署学生入学等事,因公使蔡钧允送三学生至成城,中悔,余与孙叔方往使馆理论,二十六学生随往,争至半夜不出,蔡钧唤日警

---

① 原文如此,系误记。——整理者

扶我等出。从此东京中国学生连日大闹使馆。日警即拘余与孙叔方同去警署，即夜宣布驱逐出境，明早押解上道。余在警署泰然，彼等将纸来嘱我写对，我写西乡隆盛等格言与之，拟明早出，过小桥投入小河而死，不令日本辱我学生，且写遗言，劝人忠于光绪等。早过桥，即突然入水。日警即刻跳入，拉余上小船，扶余回署换衣再发。至车站，梁启超亦亲来送余。车至神户，住客店中，警察四人严守。明早押入法国邮船时，蔡子民方在日，闻此事，特赶至法船同归，防余等或入海也。拘入警署之前夜，范静生邀至牛达区(余住小石川区)寓中，商一事。言有山东某秀才(今偶忘其姓名，日记有之。)在奉天赤峰造反，已占有七百里地，欲约梁先生往，梁先生无暇，拟请尔去，去则杨晢子(即杨度)叔祖方率清兵万人可内应。余约考虑。明早出范寓，即有日警随余至寓与孙叔方同拘去驱逐出境〈之事〉。六月抵上海，即租一老垃圾桥馄饨铺楼上住下，与一堂弟治日文，拟译书生活。一日见报，赤峰之事已败，某秀才捉去斩首。在四马路客栈遇杨晢子，讲起其事，杨曰：笑话，笑话。(未完)

　　下午在三时到办公处，阅党员监察网组织纲要及施行细则，觉此事余实难担任。接权超侄廿日来信。夜阅《中山报》十五页。

三月廿五日　　阴。午表五十六度。下午五时半六十度。

　　上午九时到总纂办公处，询报纸未到，因往会，在人事室询关于小孩产生领公家补助费有何手续。钟孝先引余看通告牌。看通告须医生或助产士具证明书。余颇不悦，以杨氏在家生产，未经医师助产士之手，何得证明书？钟谓此不过手续问题，可先具签呈于主任委员，俟批准再补完手续也。遂即书一签呈，由钟着人送入秘书室，闻张主任委员今日或来会云。旋往新建运动场一览。原厕所改作同乐会，在场边。又往观水井。余已三年未观水井，已多开水池三口矣。返处写致权超信。十一时半昨日报始到，阅《大公报》、《中央报》。

　　下午三时到办公处，抄《中央日报》《苏报案之前后》(三)如左：

苏报案时之概略

光绪二十八年壬寅（一九〇二），余三十八岁。十一月以前之事，见于前引。十一月，忽南洋公学因第五班学生戏弄郭某教员，置墨水瓶于师座，污其衣，欲开除学生。众争之。又开除数人，激成全体罢学。适蔡子民、乌目山僧、蒋智由等有教育会之组织，容纳罢学学生，乌目山僧为言于英商哈同之妻罗迦陵，借泥城桥房屋为校舍，名为爱国学社。学生家中大都不赞成，故学费无所出。子民等即邀余指示学生和汉文读法之译书，拟译书自给。初因开办费，子民自任往商于南京龅光典，方上轮船，子民之长子忽病死寓中，竟未回视，即乘轮而往，得五千元归。全体学者〔生〕留者大约有十分之六七，其三四皆散归家，却无一留校，其特班生有黄培炎、邵力子等归家，穆藕初之兄抒斋，又贝季眉等同入学社。学生高班有胡敦复、沈步洲、曹惠群等。其时各省闻风罢学，故南京陆军小学亦有六人来。陈独秀则他往。章行严、林立山等皆入社。章太炎、陈去病等亦来任教或上课。

光绪二十九年癸卯（一九〇三），余三十九岁。学社帮忙之人有广东徐雨之之侄号觐吾者，向在四马路设小书铺，曾为野鸡出花榜，故予之外号曰野鸡大王，熟于沪事。正月，彼建议每礼拜租借张园安恺第开演说会（是时上海为创举），所说颇激昂。是时，总理革命空气已隐隐充满于社会，故直接演说革命，听众亦异常欢迎。

苏报者，本一日人所创始辗转而为陈梦坡所有，设立在三马路，不甚知名者，已有一两年。梦坡名范，号叔柔，湖南举人，曾任江西铅山县知县，本一寻常官僚，后开报馆，且为风气所动荡，亦颇激昂为维新党。爱国学社成，学生沈步洲其外甥，故常投稿，鼓吹罢学。陈兄伯商，名鼎，翰林院编修，浙江主考，为蔡子民中举座师。其弟季凝，亦举人。季凝即今有名之女教授陈衡哲之父也。至张园演说会成，苏报即为其机关报，虽主要鼓吹各省罢学，而登张园之演说词，惟避去革命字样，亦颇激烈。正月至四月，弄成不安之空气遍于全国。日本留学生亦有种种刊物响应，余与徐觐吾、蔡子民、章太炎等同被巡捕房传唤者有四五次，惟皆问有无实行暴动之计划，有则捕房不能许，若止要求革新，捕房不干涉。四月，张溥泉与邹容因在日本剪去监督钱某辫发驱逐回国。邹容初住社中，出《革命军》，众皆悦读。惟彼作正论，嫌学生把持校务，与学生争，至不欢，邹容即去虹口，与张溥泉同住。五月一日，陈梦坡赏章行严之文才，图将其女陈杏〔撷〕芬配之，而未言，招章入馆，司主笔政，即揭登章太炎之《客帝篇》、章太炎所作《革命军序》。从此每日苏报公开载革命文章，将张园之演说词亦大登特登。

余并未主持苏报。去年及今年不过常常采登余文而已。其时又有为俄事，日本学生派钮惕生、汤尔和往见袁世凯被袁斩首之谣。两江总督魏光焘本倾向新党，其孙亦赴日本留学。其时之候补道陶森甲、俞明夷、蒯光典等，皆与蔡孑民素识，故其子弟赴日本，皆至爱国社来周旋。至是时，魏派陶森甲赴日本，尽劝其子弟归国。陶森甲等亦常至社，劝蔡孑民注意，言论稍温和，免为北京所惧。我等皆漫应之。五月十二三，俞明夷之子曰大纯者，方二十左右，已留须，自日本归，急入余房，余未起，揭帐问惕生斩首，确乎不确？是时已知不确，即告之而别。五月十七，在社旁空地（今为华安人寿保险公司等，是时空出有十许亩，民元尚拟用三十万元为同盟会购其地。）开中国第一次运动会，观者一两万人。有沈葆桢之外孙何梅士，用齿咬薛仙舟之侄十五岁学生之衣，盘杠上回旋三次，众皆骇服。

是日，余在场照料，甚辛苦。傍晚，运动会散，回至社中，方入门，张溥泉递余一纸，大言曰：你看！我接了欲纳入袋中，曰，我定细看。彼怒斥曰：不看还我！夜间开会。余怪甚，即答曰：夜间准到会。夜开会于社中一书房，有蔡孑民、章太炎、张溥泉、王小徐、吴建常（时为会计，现在审计部为参事。），学生有穆抒斋、贝季眉、胡敦复、张步洲、曹惠群（现为大同大学校长）。章太炎先开口："学社乃教育会之附属品。"沈步洲说："有学社才使教育会有会所。"蔡孑民即板起面孔，似表两方皆鄙陋。余至此方知章太炎日日与学生暗斗，将逐去学生，另开学校。余即笑曰："如此争执，两方皆有主持校务之意，然校又无校款，只有台凳一套而已，宁争台凳耶？"蔡孑民闻余说得太毛细，即怒而起曰："何至争及琐末！不成话说。"即起去。余亦起。众皆散。溥泉悻悻而去。

明日,蔡子民即表示欲往青岛,不愿再问社事。众留,不可。渠略收拾,二十三日,竟出校上轮赴青岛。二十四日,余眷新由曹汝霖陪送归,住泥城桥东水月电灯公司楼上。余亦出社回寓,不问社事。二十九日(恐系三十日,在日记记清,今不能确忆。)沈步洲与何梅士同至余寓,曰:"今日社中吵得不得了,章太炎大发火,学生亦不弱,为胡敦复等五六人执持其手足。章行严之弟陶年脱下皮鞋,掌其颊四五,一哄而散。"余皱眉曰:"闹得太不成〈话〉了。"

三月廿六日 **星期** 阴。晨雨一阵。上午转晴日出。旋复阴。

晨及上午阅贵阳《中央日报》,并写致亮儿信。将午李翼中、彭精一二人来,旋往闵孝吉家,谈甚畅,午饭后三时许始去。余与精一在民国二年同寓上海三洋泾桥大安栈,今别三十年矣。彼与翼中、孝吉均为古公愚之学生,今因欲为公愚谋来渝事,特相访,足见其爱师情重。又泛言梅县各情形,娓娓不倦。余原拟今日修改总理年谱,乃搁置未动。

三月廿七日 阴。晴。昨夜似曾下雨,今晨路湿。上午略见日色。午表五十八度。下午六时表六十度。

上午九时到总纂办公处,旋往会,交代拟谢古公愚书函稿与张主任委员。张委员向余道喜,谓得千金,已阅余前日签条也。旋交千元与罗本初买米三斗。据云须照官米价,每斗四百元,余不得已允之。返处抄录廿五日《中央日报》苏报案之前后(四)。

闰五月四日,星期日,余在寓尚未起,见有穿蓝呢马褂四十许上等人入室,递与余女一函而去。拆阅,乃俞某明夷之子大纯致余者,言适自南京来,有要事奉商,请至大兴里七号进士第杨相晤。余起,有同乡前任广东香山县知县朱仲超来,遂同出,至盆汤弄桥上船上送孙叔方。(即前年同在日本逐回者,后曾任南京教育部简任秘书。今已死。)船开,余告朱仲超,愿往大兴里进士第杨否?彼欣然。至则所谓大兴里者,乃上等私门妓之巢窟,有二十馀石库门小楼房,至七号,果有牌子曰"进士第杨"。入门,一青布长衫二十许少年方据师座,有清洁穿蓝竹布衫小女,皆十二三岁五六人,为学生。是时上海尚少女校。大奇。少年即起问何事? 余曰:上有俞先生约余等来。彼即让余等上楼梯。既登楼,即见靠窗坐一老官,面目依稀俞大纯,心知必系俞明夷恪士。彼起立笑而相迎曰:"是稚晖先生乎?"余想既客气,或无险事,即应之。彼又与朱相谈,亦表闻名已久。坐定,见送信之蓝马褂人抱水烟袋入坐床上,不与余等招呼。俞开口即曰:"苏报案闹得太厉害了,梦坡我熟人,余昨往彼,适出门,见其会计陈吉甫先生等,能劝其温和乎? 太炎先生似乎闹得亦太凶。"余曰:"二人脾气,恪士先生所知,但朝政如此,亦难怪出言愤激。"彼皱眉曰:"话如此说,太厉害,亦叫当道受不了。"即起至窗前案上,抽出一公文示余。即两江总督部堂魏所发:"照得逆犯蔡元培吴敬恒昌言革命,煽乱谋逆,着俞道会同上海道密拿,即行审实正法。"看至此,彼即抽回压入书堆曰:"笑话,笑话! 我们吃面。"其时下面青布长衫之先生托一木盘,有面三碗、饺头两盆。俞先生坐下,且每盆先吃一筷,曰:"我们不客气。"若表示面与菜皆未下毒。余等亦泰然而食,且曰:"请先生照公事而行可矣。"因我于半月前又被老巡捕房捕头蓝博森传至其寓曰:你们藏兵器? 我曰没有,没有。他曰,没有兵器,你们说话好了,我们能保护你们。所以我心中亦知道你[他]们不敢捕。彼又曰:"笑话,笑话。我想最好多到外国去留学,可帮国家改新。"我曰:"法国很便宜。"他说:"法国不好,还去美国,我的小儿要他去美国。"余等见无语,即起身告辞。彼送至楼梯头,不下,曰:"我住南京芝麻营六号,我们可以常通信。你称我俞燕,我叫你吴谨好了。"我莫名其妙,唯唯而别。出门方知所居必系驻沪办事处,常住之州某某即蓝马褂之进士杨也。青布长衫先生,或系小舅子。女学生皆左右妓家之养女,识字而便学唱也。不知是否。出门,朱亦大笑。同往四马路五层楼茶馆,约晤友人许侣肖、董茂堂,告以即刻之事。董结语曰:"所谓俞燕,表示燕安不捉拿了,你吴谨者,你谨慎点罢。"大家皆笑曰:"想来如此。"是夜,沈步洲、何梅生又来余寓,言外面传说南京来捉人,苏报捉了一个账房陈吉甫去,尚要捉五人,有章太炎、陈梦坡等。我曰:"盍往苏报馆一探?"三人同行,行至日升楼前,章太炎与嘉兴学生敖孟姜同由东边走来,余等告以捕人事。彼等亦随余等赴苏报馆。至则陈梦坡父女皆出见。梦坡曰:"可怪之至,前日俞恪士从南京来,我心知有异,推说出门。他与我账房陈吉甫略谈报事而去,今早巡捕房派巡捕二人来,先见陈吉甫,问明姓名,即被拘住。又见余。彼等近在邻处,甚知余者。余即遁入,使人告知已出门。彼等却亦未入内搜捕乃去。拘票一纸,上有陈吉甫之名,又有六名陈范、陈梦坡、章炳麟、邹容、刘保恒、龙积之。将我一人变成二人,且吉甫拘住,我则认识又任我入内而不拘,至今亦未再来。吉甫拘去,请求保出,要具六千元保单。我请文明书局出保;文明书店局因保费要现款六千元,不肯保。这种怪现象,不知是何缘故?"我闻巡捕认识梦坡而不拘,心知有异,且误陈范陈梦坡一人而二名,此事必系俞明夷所为,俞与梦坡熟人误为二名,表示不由于他拘住吉甫不拘梦坡,延长一日不拘人,必系拘一账房使余者逃去,不(日记眉注:疑不字系事字之误)可从轻发落,且可对付北京。然当时章敖二人听了,方冷笑,梦坡女吉〔撷〕芬,又急急向我催问,要我解释,且言已认识而不拘,必有缘故,要想说出宜乎逃遁又不肯说,然情景毕露。章即对敖言:我们去罢。表示鄙此畏缩,愤愤而去。

　　章敖去,我即告吉〔撷〕芬曰:"他既认识而不拘,想要放我们逃走;既放我们逃走而不逃,那就先将脑袋送去,方鼓吹革命可矣。"梦坡微笑。吉〔撷〕芬曰:"我亦劝父亲且去避一避再说。"沈何二人亦赞同。即去唤黄包车二乘,梦坡披了风帽算病人,其妾挟铺盖同行。我与何沈三人在未上车前先行,约在爱国学社宿舍同入宿舍再议。走至爱国学社宿舍,车亦至,时已十一点。敲门久,楼下徐觊吾出启门,彼已经章太炎告其事,即鄙梦坡之逃,将门闩丢了,便跑入曰:"夜深又来闹。"我等上楼,楼上空铺纵横,睡三人,一即章太炎,在被中骂人"小事扰扰"。一为王小徐,推被起坐,呆视余等不语,无所表示。一为王允宗,蒙被若不知。未几,吉〔撷〕芬亦来。数人七手八脚铺被空床,使梦坡下楼闩门,我等五〔三〕人出,各散归。临行约沈步洲明早回到宿舍,迁梦坡于吴彦复新闸寓中,宿舍不可居。(彦复即章行严之岳父,为吴长庆之子;长庆奉李鸿章之命带兵至朝鲜,捉朝鲜王之父大院君回天津者。其役张謇袁世凯皆随去,世凯以同知升知府作驻朝鲜委员。)

下午二时半到办公处,张委员着人送下亲笔所写谢古公愚函,稿内只改数字,"林纂修一厂"改为"一厂先生","并问著安"改为"遥颂著安"。嘱写封面之寄信地址为写"梅县东湖路廿一号"。余久未至梅城,前见古君来函,已印有"新塘圩滂溪文园"字样,而旁加墨书"东湖路廿一号",殊不解,曾询问孝吉,是否新塘圩已开马路、编门牌?孝吉言未到过梅县,不明白。昨以问彭精一,始知东湖路为梅城东门外之东门塘,原路拓大,改名。公愚有屋在焉,但是租屋或自建,未询及。今日乃得确书之也。

续抄上午未完之《苏报案之前后》稿。上页第五行是夜以下至末即下午续抄者。会计室送来余前日签请发给产生女子补助费呈文,已经张委员批准照发,但会计室援中央法令须由医院具证明书,此书仍待补具,再向领款。阅廿六、七《中央日报》。

三月廿八日　　阴雨。昨夜半下雨有声。今晨庭中犹有积水,且小雨未歇,九时后雨止。午表五十四度。下午五时半表如午。

上午九时到总纂办公处,抄《苏报案之前后》(五)如左:

闰五月五日,星期一,全上海皆知苏报事,要捉许多人。然自早上至下午五时,并无举动。早上余至爱国社,沈步洲亦到。正在探问,有叶浩吾入门,即对余拱手曰:"稚公!留此身以有待。枚叔先生何在?"彼且说且由后门往宿舍。余等随往。彼已出门,亦有"留此身以有待"声浪,随即匆匆而去。我等入宿舍门,章太炎在楼下一方桌上食粥,见我等即哼哼。我一面上楼,一面报以滑稽曰哈哈,上楼收拾,沈往唤洋车三辆,下楼章已不在,我等乘车径赴新闻。(日记此页眉注:稚晖非生平不坐人力车之证。)彦复已赴天津(袁世凯每月送钱),我等至,说明来意,彦复之母吴太夫人大骇,竟曰:"速去,速去,迟则将唤巡捕来!"我等无奈,改往白克路修德里常州汤中之人演译社,汤欣然客纳,我等各归。至夜,沈步洲、何梅士又来余寓,告曰,今日六时巡捕多人走至爱国社，章太炎方在账房算账，巡捕出拘票，问有某某等否，章曰，馀皆没有，章炳麟是我。巡捕即以索系之，欲回宿舍取物亦未许。我曰，他以坐牢为荣，亦很好。沈何亦微笑。六日，报亦披露，满城风雨，且闻陈梦坡之子与刘保恒皆被捕，（刘保恒者，每当张园演说亦必登台，惟语无伦次，人以其自说开过大矿，要款子，大亦不紧要，甚奇之。彼日往苏报，至五月，我与蔡子民发现其介来一人，欲去广西起兵，要借五千元，刘且同来。即刘常说有钱，何以其友人又来借五千元，我一告梦坡，恐刘不可靠。梦坡曰：稚公勿疑，刘至圣至仁至义。我听了大骇，且亦不值反驳，反正我们既讲革命，听他好了，即笑笑而罢。至民国后，我与蔡子民谈及。子民说，梦坡当时曾告我，刘是孙文化名，我不信，然不驳，笑笑。国民政府到了南京，刘又出现，方知为镇江一流氓，又吹其子曾出洋，什么外交他都能办，因其坐过三年牢，亦漫应之。然未敢求官。抗战前尚未死，不知今在否。

　　晚又哄传章太炎已在捕房写信，劝邹容，龙积之自行投到。后闻邹容已被张溥泉藏匿虹口教士处，得章信，邹即出（龙积之，桂林人，本康梁派，亦常至张园，人极老实，后为焦易堂岳父。今尚健全，年八十四，住桂林。当时亦禁三年。）七日，邹龙皆自首。早上开庭，成一大案。然捕头蓝博森等保证惟有言论，不允拘人，何以食言，当时莫名其妙。后余到英，方知英国除藏兵器及得罪英王外，任作何语空言，必不拘。当时南京控告之词，因章炳麟文中骂载湉小丑，骂了皇帝，所以照例要拘，并非着重革命。当时上海人无知此例者。南京请了律师，以骂皇帝必要引渡，照例可以引渡。捕房允定罪而不引渡他们，算是看重革命党。当时我等皆不知。九日，余与老巡捕房探看彼等五人，章太炎、邹容、陈子某、刘保恒、龙积之，同居一室。彼等环立铁棚内，我在棚外，我亦不好意思多开口。彼等颇沮丧，见余自由，必且内忿。然彼等可逃不逃，逃又自首，亦不屑计较我之自由。章太炎漫然向我点头。巡捕在旁，不许我等多言，即挥我出。余出捕房，适遇南洋公学账房江趋丹，此人遭公学开除，彼见我自由，大奇，凶目对我，我不顾而行。

　　十日，许侣肖（许为李四光之岳父，今已故。）方佐福开森在盛杏生寓内译书,来告我曰:昨日江趋丹来告福开森,请福告盛杏生,要求捕房并捕我;福虽未允,然江必大煽动,你不如稍避。你既知演说革命不必先送头去,应一避。余笑颔之。余女即雇洋车送至虹桥一石灰公司楼上住,此公司乃与余同晤俞恪士之朱仲超其兄所设也。数日,许与沈何等皆在外接洽轮船。闰五月十六日早上,即车至金利源码头,上太古轮船。送余至船上者,章行严、沈步洲、胡敦复、伍某(即南洋公学置墨水瓶于师座之人,后久在申报任事)、曹惠群等。陪余行者何梅士。彼亦拟赴欧留学。船至香港,余住下,何梅士至广州,向其六舅筹川资,为舅父扣住,不许出。其时余滞香港半月,晤陈少白、冯自由等。有洪某者,闻亦革命党人,其子方留学伦敦,作书介我于其子。过十日,余友陆炜士挟来六百元,乃彼与方子仁、庄思缄各赠二百,我欲赴法,彼强我赴英,(我所以欲赴法,因爱国学社初开时,李石曾偕同曹汝霖、夏霜秋同访我,聚餐于四马路杏花楼。彼其时随孙宝琦赴法,曾戏约我亦赴法,炜士必强我赴英者,惧法为革命策源地也。)其时方有疫,禁坐三等舱,遂以二百八十元买日本丹波丸二等舱票而行。上船晤林文庆,彼前进京晤肃王,曾来爱国社演说。彼介我认识苏格兰人鼓浪屿中西学堂校长兰庚。兰偕夫人与小女同行,并有厦门学生夏雷二人同去。我与夏雷二人同房后,至苏亦同住两年。彼学我蓝青官话,我与彼等同居,说中国话为便。初出,说话之锋芒一挫。嗣后又不离中国人,至英语不能自由。是年八月,至伦敦住三天,入一大旅馆。众已知余名,有数人举我升高,以表欢欣。我则莫名其妙。久后方知,中国之事,凡有关系者报载不详,外国则反载得甚详。苏报案彼算一大事,报上日日有载,且载数次。即随兰庚等赴英格兰。住苏京爱丁堡。苏报案自余行后,闻交涉至久,审判亦多次。结果则章邹等各禁三年。邹则于二年死狱中。后张溥泉曾言,狱中章邹又曾不协也。

下午接启鹏侄廿六日信一。柳非杞寄亚子鬻书润例一束,阅之不胜感慨,亚子一贫至此,竟无能为之援手者,岂亦天乎!三时到办公处,再抄苏报案之前后(六)如左。三月廿七日《中央报》所载。

苏报案后相连之行踪述略

壬寅,一九〇二,八月。住苏格兰。光绪三十年甲辰,余四十岁(一九〇四)。是年,住爱丁堡八月。下半年,丁文江、李毅士、庄文亚三人自日本到爱丁堡,三人囊中已罄。在爱丁堡无中国人,缓急无可设法。留江〔丁〕、李,托兰庚,余与庄同由利物浦转至伦敦。伦敦有南洋公学学生在,如吴润之等(润之后为汉阳炼铁厂厂长,今在相国寺兴业公司作顾问)。光绪三十一年乙巳,余四十一岁(一九〇五)。余上半年住伦敦。总理由法、比、德至英,至余寓访谈,乃第一次晤面也。是年,总理绕至日本,开同盟会。余下半年再赴苏格兰住,北边有大学之城曰扼卜顶。光绪三十二年丙午,余四十二岁(一九〇六),下半年仍回居伦敦。冬,张静江至伦敦。人皆疑其为侦探。余往晤,知为石曾同事好友,众疑皆释。彼约余往法。光绪三十三年丁未,余四十三岁(一九〇七)。春,余至法,留于巴黎,与张静江、李石曾、褚某、汪某等朝夕相共作《新世纪》录①。是年,蔡子民亦去德,常通信。光绪三十四年戊申,余四十四岁(一九〇八),仍在巴黎作《新世纪》报,并刊世界美术报等。是年,日本所出《民报》,章太炎又与胡汉民等不协,并在日本《革命评论》上作《邹容传》,言俞明夷到上海,我将邹容《革命军》交俞,说是章邹讲革命真朋说。我见俞在闰五月四日,《革命军》与《客帝篇》登刊于《苏报》,远在五月一、二号,一月以前,尚待我之告发耶? 见者皆笑。后彼文集中稍改动,然仍指杀告密。前年余曾在商务印书馆《东方杂志》大诘之,其时彼在苏州,默不答。章行严时与密切,劝我勿生气,亦有论登《新闻报》,然太炎之文讫不改也。(日记眉注:此《东方杂志》须检阅参考。)

宣统元年己酉,余四十五岁(一九〇九)。是年,余因《新世纪》可在伦敦寄稿,向静江、石曾各借三百元,嘱余妻及子女同出,知伦敦可俭住,以我一人之消费,可给一家四人,免上海又筹费用也。秋,余眷三人乘日本船到伦敦,总理适与同船,待余子女甚厚。秋,总理亦由法至伦敦,其时章太炎与《民报》

———————————

① 原文如此。——整理者

之人大闹,张溥泉亦于去年赴法。是年,章与陶成章大攻击总理,漫骂之文章四处刊登。余反驳其《邹容传》,书函往来三次。彼一味谩骂,称我为康有为之走狗,其信亦有书坊间采作《章太炎文存》者。而彼却无聊,欲投降张之洞①。彼寄刘申叔之妻五函,皆商投降。此等章函及陶成章谩骂总理之报,余剪贴一大册保存,因珍贵,尚未送党史会,恐党史会或未有。(日记眉注:本会应向索。)是年大半年,余偕眷住伦敦。宣统二年庚戌,余四十六岁(一九一〇)。是年,余住伦敦,总理又道欧赴美,仍来伦敦住数天,即赴美。是年,杨毓生投利物浦海中,余与石蘅青往纪其丧。杨遗嘱赠总理百镑,后总理命交黄克强。宣统三年辛亥,余四十七岁(一九一一)。余住伦敦,著小册,两年共成三种,皆由文明书局出版,得钱养家也。是年,阴历三月二十九日黄花岗、八月武昌起义。起义后,总理由美到伦敦,曾命余与朱卓文同往吴北牌露,劝程璧光将海圻船升青天白日旗,未允。总理与李晓生、朱卓文、美人花幕李②去返法国③,使我与石蘅青绕柏林至意大利返国。阳历十二月到上海,时总理已赴南京矣。余明年(民元)正月四号赴南京。二次革命失败又去伦敦,住至民国五年五月回上海,任《中华新报》主笔。此次出洋与《苏报》无连带关系。(完)

(附记:《中央日报》自卅三年三月廿二日刊载此文。上有按语,略云此文系"去年五月全国学术审议会会议时稚老自写"。)阅本日《中央日报》。

三月廿九日　　昨夜雨声颇大,今晨仍小雨,旋止。重雾,午天始开。下午日出。

本日为革命纪念节。早起拟往会行礼,因雨未果。九时后在寓修改《总理年谱》第二册抄本。一本。下午续改《总理年谱》第三册,未完。又改总谱之国外大事专册。自十九岁至卅一岁。初欲将国

---

① 应是端方。——整理者

② 按又译作何马李。——整理者

③ 原文如此。日记眉注:去法返国。——整理者

外大事一栏先改,但发现各事有互相影响,须同时修改为妥,因中止。现总理本身事迹仅改至十八岁,即第三册。晚饭间接黎守杰外侄孙廿六日复函,谓省行汇款已如数收到,暂存新桥农民银行,俟四月十五日免费汇至山洞农行,因以行员名义汇款得免汇费,而数额有限制,且须在半月发薪之期间,故俟十五日始函嘱桥行汇出云云。

三月卅日　　阴。午表五十六度。下午日出。六时表五十八度。

上午九时到总纂办公处,阅廿九日《中央日报》,载第一届青年节三月廿九日前称"黄花岗纪念日",现由青年团呈请中央党部规定为青年节,即由本年开始。蒋主席发表告全国青年书,略如左:

今天是我们革命先烈纪念日,也是我全国青年所应共同珍护的第一届青年节。我们所以特别选定这一天为青年节,就是因为当年为革命而成仁的黄花岗诸烈士,大半是二三十岁的青年,他们纯洁热烈的爱国精神,成仁取义的革命精神,正是今日青年所当效法的先烈之血,国族之光。这光辉是照耀万古的,是导引着我们青年向革命建国成功之道路而前进的。我在今天特地要为我全国青年简要郑重的说明我青年与革命建国的关系。(下分五段,其节目及大意如左。)

第一,我们全国青年要立志继承我们革命的历史:我们国父号召有志青年组织兴中会,正是在国家蒙受倭寇侵略奇耻大辱的甲午年,到如今正是五十年了。五十年来历史要青年来特别爱护,求其发扬光大。

第二,我们全国青年,要继续达成我们革命先烈的目的:我们国民革命的目的,在求中国之自由平等。要继承革命的历史,达到革命的目的,就应该竭尽责任,严守纪律,牺牲个人的自由,而求取国家的自由。

第三,我们全国青年,要切实负起革命的责任:凡是中华民国国民,不论男女老幼,人人皆有复兴民族、建设国家来完成他革命应有的责任。尤其是今日中国的青年,更应该踊跃担当与接受革命成败、国家存亡、民族盛衰的责任,驱逐敌寇,光复河山,扫除建国的障碍,建设我们中国为一个现代的民主国家。

第四,我们全国青年,要积极履行革命的义务来实现三民主义;实行三民主义的入手方法,就是要完成心理、伦理、社会、政治、经济五大建设。五大建设的完成,当然有待于青年们充实智识,立定志气,而尤其重要的,则在于具备革命人格之修养。所谓革命人格之修养,就是《中国之命运》第六章《革命建国的根本问题》所说的,服膺国父的学说,能真知能力行,思想必切实际,生活必循纪律,任事必负责,行动必守秩序。不以个人的利益妨害国家的利益,不以个人的自由侵犯他人的自由。

(末段即结论,未列第五字样,大声疾呼曰)全国青年们! 你们今天所处的时代,是五千年来所未有的大时代,你们肩头所负的责任,亦是空前无比的大责任。今天我们中国在抗战建国的大业中,着着有进步。但正有不少的落伍思想和种种邪说莠言与颓风恶习,在阻碍着我们进步。因之,我对于我第二生命的全国青年,不得不十分的关怀。你们必须认识今日的时代,认识革命的环境,更要认识国民革命的历史,要明察是非,辨别真伪,洞识国家民族和个人成败荣辱的前途,切莫因循迷惘,误入歧途,作了革命先烈和国家民族的罪人。要发扬三月——十九日黄花岗革命先烈的芬芳,继承国父创立兴中会五十年来国民革命的光荣历史,完成我们抗战建国的伟大事业。

写致翼中、精一函共一封。下午三时到办公处,接一谔弟三月十八日来信,附汝瑞弟论文。阅之,颇佳。即复一谔弟信。未完。往会,开党年鉴设计委员会。余前日奉派为设计委员九人之一。到五时半始散会。返抵办公处已六时。

三月三十一日 阴。微见日色。午表五十九度。下午日色甚亮。五时半表六十二度。

上午九时到总纂办公处。阅三十日报。续写致一谔弟信。完。下午三时到办公室,阅本日《中央日报》。向档案处调到总理与卢夫人结婚日期卷一件,阅后抄录如下:总理与卢夫人结婚为一八八五年清光绪十一年四月十三日。总理时年二十岁,夫人十九岁。原案即交王伯勋饬送归档。

四月一日　　　晴。微阴。午表六十五度。下午五时半表六十三度。

上午九时到总纂办公处。旋到会。借得二千元,指生产补助费作抵;又借四月份生活费四百四十元;并在人事室报告增添人口。返处写致十弟函一。下午三时到办公处,阅本日《大公报》,首见大字标题曰"大队美舰长足西进"、"猛攻帛琉群岛"、"敌舰逃窜美军续攻"。又次大字标题曰"美机炸土鲁克及新岛北部"、"共击毁敌机一百七十馀架"。其电文曰:"华盛顿卅日合众急电,海军部今日宣布,大队美舰本月廿九日,开始开向距土鲁克一千零五十五哩之帛琉群岛猛攻。此次攻击,已使美国海军进至距菲律宾不足五百二十哩处。日军发现美舰驶近后,日舰即于美舰到达前,四窜奔逃。现攻击仍在继续进行中,详情未悉。"又曰:"西南太平洋盟军总部卅日合众电,总部公报称,驻西南太平洋之解放式机本月二十九日袭土鲁克,在伊顿岛投弹二百枚,毁地面日军四十九架,并将起飞拦击之机九十架击落五至二十五架。美解放式机仅损失一架。廿八日夜间及廿九日,解放式与闪电式机袭新几内亚北部之荷兰蒂亚,毁日机一百一十八架。日机共损失一百七十二架以上。"此近十馀日来最令人兴奋之消息也。又阅本日《中央日报》,该报社论内有"最近倭寇从东三省抽调了它久顿苏俄边境的生力军入关南下,显然是企图再在中国战场作一度的蠢动"等语,此则为足令人担心之消息。

四月二日　　　星期　　雨。晨即小雨。上午八时馀檐溜出。十时后雨止。午天略朗。下午三时后天益朗,有晴意。

上午在寓修改总谱一通。自二岁至二十三岁。下午续修总谱一通。自二十三岁至二十九岁。夜写复子靖叔信。

四月三日　　　晴、雨、阴。晨六七时日出颇朗。上午九时忽雨一阵，后转阴。十时半后日又出。午表五十八度。下午日色甚佳。五时半表五十九度强。

上午九时半到总纂办公处，旋到会，参加纪念周。唱党歌，诵遗嘱，鞠躬、默念后即退席。原定九时开会，是日因候徐副主任委员，至九时二十五分始开会。余返至办公处为九时五十分矣。阅二日《中央报》，未续载帛琉群岛战讯。阅杨虎啸天所撰《革命缀言》于右任序，吴稚晖跋。内数节。此书内多重要史料，宜详阅。刻系孙镜纂修手借来，即还去。下午三时到办公处，接三兄三月十五来函一、权超侄卅一早函，附邮汇票一纸五百元。为贺生女之礼，内有小庭兄嫂一百元云。收之喜且愧也。又附像片一张，权超旁立一妇人抱小孩，未知是小庭兄之女名榛者否？榛妹在成都邮局工作，惟余尚未见面。抄总谱内二十四年十一月铅印本。总理生〔自〕传如左：

（前略）仆姓孙名文，字载之，号逸仙，籍隶广东广州府香山县。生于一千八百六十六年，华历十月十六日。幼读儒书，十二岁毕经业。十三岁随母往夏威仁岛。始见轮舟之奇，沧海之阔。自是有慕西学之心，穷天地之想。是年，母复回华，文遂留学依兄，入英监督所掌之书院，肄业英文三年。后再入美人所设之书院肄业，此为岛中最高之书院，初拟在此满业，即往美国入大书院，肄习专门之学。后兄因文切慕耶稣之道，恐文进教，为亲督责，着令回华。是十八岁时也。抵家后，亲亦无所督责，随其所慕。居乡数月，即往香港，再习英文。先入拔萃书院。数月之后，转入香港书院。又数月，因家事离院，再往夏岛，数月而回。自是停习英文，复治中国经史之学。二十一岁，改习西医，先入广东省城美教士所设之博济医院肄业。次年转入香港新创之西医书院。五年满业，考拔前茅，时二十六岁矣。此从师之大略也。文早岁志窥远大，性慕新奇。故所学多驳杂不纯。于中学则独好三代两汉之文，于西学则雅癖达文之道，而格致政事〈亦〉常游览；至于教则崇耶稣，于人则仰中华之汤武暨美国华盛顿焉①。

阅本日《中央日报》、《大公报》，均未续载帛琉群岛战讯。寄十弟信。仅催复函即写在《中山日报》纸上。此纸有汝瑞弟论文一篇。夜复三兄信一。

四月四日 晴。日色甚好。午表六十六度强。下午五时半六十四度。

上午八时到总纂办公处。加写十弟信。附致三兄昨所来函。复权超侄函、致亮儿函各一。下午三时到办公处，接亮儿卅一日来禀。附一谓弟及畅曾致他信各一。阅本日《中央报》、《扫荡报》，帛琉群岛战况仍未发表。又阅《大公报》。

四月五日 午表六十五度强。下午五时半表六十度。

上午九时到总纂办公处，阅杨虎《革命缀言》廿二页。其目次：(一)立志革命经过 一、家世及幼年 二、赴宁入将弁学堂 三、服务第九镇新军 (二)参加辛亥革命 一、第九镇南京起义 二、进攻南京城外天保山 (三)东渡参加中华革命党 一、讨袁失败后本党政组 二、小兄弟二十人结义 (四)上海发难讨袁 一、刺杀郑汝成 二、袭取肇和兵舰 三、英士先生遇害 (五)由讨张到护法 一、衔命北上联合讨张 二、追随总理南下护法 (六)护法运动再接再厉 一、军政府宣言移滇 二、西行入川，策动革命。

下午二时到办公处，续阅《革命缀言》廿页。(七)总理广州蒙难 一、驱桂系后陈炯明叛变 二、结纳海军护卫总理 (八)总理回粤讨陈 一、各军回师讨逆 二、总理亲征惠州 三、焦门惊跸遇险 (九)总理

---

① 日记所录文字，与《孙中山全集》（第一卷，北京中华书局1981年出版）所载，微有不同。此处不复逐一参校。——整理者

北上前后　一、解决反革命商团　二、参加二次革命　（十）襄助总裁继承总理遗志　一、削平东江馀孽　二、潜往上海募兵　三、赴赣训练俘虏（十一）清党运动　一、共党之阴谋篡夺　二、本党清共经过　三、帮会协助清共　（十二）八一三抗战之役　一、所谓虹桥机场事件　二、事变前之布置　三、军事外交之折冲　书后纪感。完。

四月六日　　晴。午表六十五度。下午五时半六十二度。

上午九时半到总纂办公处，接云从四日信。附还学侄十二月廿日函，又学侄二月廿八日托李惟果带交云从之函。复阅《革命缀言》，摘录如左：

小兄弟二十人结义

民国二年冬，余东渡参加中华革命党时，在旧党员中，为年龄较幼之一人。本党老同志多以小弟兄视之。余生平落拓不羁，尤好结交天下贤豪，因与同时加盟之方刚、王介凡、程壮、曾杰、刘光等十五人志趣相投，年岁亦相若。于是，彼此订金兰之交，结为十五小弟兄，以齿序排行如左：

方刚　王介凡　程壮　宁武　高普　蒯楚桥　曾杰　石俊青　哈复生
刘光　李元著　孙祥夫　杨虎　向海潜　张宗海

此十五人者，当时信为热心革命绝对服从总理之忠实同志，具有冒险犯难之精神，能牺牲一己之生命自由权利，为党奋斗，且富胆略，各有专长，为本党革命行动之青年干部，总理至为器重。嗣后，中华革命党时代之革命斗争，多由余等小弟兄担任。方刚、王介凡、刘光、石俊青、张宗海等并以身殉。后陆续加入者又有夏之麒、俞子厚、蔡突灵、夏尔屿、尹神武等，俱富于革命精神，合为二十人。兹将余以外十九小弟兄之革命略历开列。

方刚，号剑飞，安徽怀远人。任中华革命军安徽司令长官，兼浙江司令长官署参谋长。民国五年，在山东被捕殉难。

王介凡，陕西三原人。任中华革命党陕西支部长，民国五年在沪与陈英士先生同时遇害。

程壮,号锐生,江苏镇江人。任中华革命军南通司令长官。曾于民三民五奉总理命倡义讨袁,先后两次在南通发难,不避艰险。本党同志在南通殉国者,有程壮、洪毅、顾振黄、伏龙、葛相九等数十人。

宁武,号梦岩,辽宁海城人。任中华革命党奉天支部长。

高普,号效安,安徽蒙城人。任中华革命安徽司令长官署副官长。

曾杰,号孟起,河南固始人。任中华革命军河南司令长官。

蒯韩,号楚桥,江苏徐州人。任中华革命军徐州司令长官。民四病殁于上海。

石子琪,号俊青,湖北襄阳人。任中华革命军襄樊司令长官。民十四阵亡于信阳州城内。

哈复生,号子农,江苏泗县人。任中华革命军清江司令官。民国三十年病役于广州。

刘光,号鉴庵,山东诸城人。任中华革命党山东特派员。民五在鲁与方刚同时殉难。

李元著,贵州人。任中华革命军海军司令部参谋长。

孙祥夫,山东黄县人。任中华革命军浙江司令长官署副官长。

向海潜,号松坡,湖北大冶人。辛亥革命后任鄂省卫戍司令,旋任援湘总司令。癸丑讨袁,任南京总司令部参谋长。民四回鄂任鄂北区司令。民八任湘粤联军第一军总指挥。民十一随总理出发桂林,任大本营军事委员兼鄂东招讨使。民十三任建国军第二军第十师师长。民十五任鄂北绥靖公署第五路司令。

张宗海,号汉青,甘肃人。任中华革命党甘肃支部长,继任甘肃军事特派员。民二十三被敌人暗杀。

夏尔屿,号次岩,浙江青田人。任中华革命军浙江司令长官。民五在浙游说夏超独立,遇害殉国。

夏之麒,号任卿,浙江青田人。任中华革命军江西司令长官。民四在沪遇害。

蔡突灵，号少黄，江西峡江人。任中华革命军江西司令长官署参谋长。

俞奋，号子厚，江西广丰人。任中华革命军东北军第一梯团司令。

尹神武，奉天营口人。民四本党同志在上海协谋讨袁，刺杀上海镇守使郑汝成时，为掩护孙祥夫逃脱，遂挺身自承，被捕引渡殉难。

本日办公室揭贴通知，谓邹委员鲁之随从医师李士梅，在山洞西山街九十三号设诊所，凡党史会职员或家属，诊费减半，药费亦酌减。下午三时到办公处，摘录《革命缀言》一段如左：

焦门惊跸遇险

总理重返广州，复任大元帅后，鉴于中国之日趋紊乱，以历年经验所得，谓继续革命事业，必先整顿党的组织，遂决意改组国民党，并决定联俄容共政策，时苏联派鲍罗庭来粤，任顾问，总理与会晤后，遂偕大南洋船浏览虎门各要塞。孙夫人及陈友仁均与焉。余平日管理海军之责，此次亦随往，俾就便指挥照料。在虎门盘桓数日，总理复命余驶入焦门游览。时陈氏遗孽犹潜伏粤垣附近，未全肃清。总理以大元帅之尊深入险地，诚恐有惊跸之虞。自不能不慎重将事。余力谏之，不获允诺。不得已令舰遵命驶入，惟加意提防，以备万一。时河流湍急，吾等溯江而上，至焦门停泊。以水流过急，抛锚时船首乃为水力冲转，转向来时方向。总理与鲍罗庭立船眺望，而四周匪徒早闻声来袭，枪声大作。余急请总理下舱，总理犹称应传令告知彼等"大元帅在此，勿滋误会"。幸而此时匪徒尚不深悉大元帅在此，如确知其事，将更尽力来袭，其事危矣。余心虽知之，然苦于外人在座，既未敢直言无隐，免至贻笑外人，又不能不为万全之计，以免或有意外。因一面强劝总理入舱，一面急令拔锚疾驶，幸来时舰已掉头，得立即开行，脱离险境。总理以余违命起碇，颇震怒责余。而余以维护总理安全，虽未蒙明察，因而受过，亦所不顾也。事后，总理深悉当日情形之危险，设非余审度机宜，断难驶去，且有不测之虞，对于余忠诚持护，颇为称许。及返抵省垣，秘书长杨庶堪先生来迎，总理告以遇险经过，庶堪先生因谓，大元帅此后外出，不可一日无啸天。自是总理对余益加信任，倚为股肱心腹焉。

接十弟三日来信,又山洞中农行通知书,亮儿于卅一日汇来千元。阅本日《中央报》,广告栏姚雨平兄之母三月廿三日在原籍平远大柘乡逝世。雨平奔丧,挽诗词交重庆上清寺交通部公路总局姚处长宝猷转。张太夫人寿八十九。又阅《大公报》,载华盛顿四日合众电,"美海长诺克斯称,美混合部队上周击沉伤停泊于帛琉乌来亚及雅浦各地之全部日方船舰,复于附近击沉日船三艘"。又英新闻处雪黎五日电:美海军部发表美海空军上星期进攻菲岛以东六百英里帛琉群岛之详情。此次进攻之范围,系以帛琉为起点,一直返伸至加罗林群岛之乌来亚及挨拉杜,《中央日报》译挨拉杜为雅浦。在此范围内各港停泊之敌方船轮,全部沉没或被毁。日本军舰一艘在帛琉附近沉没。另有军舰二艘,在乌来亚附近沉没。美军方面,在此次进攻中损失飞机二十七架。关于美国军舰有无损失一节,现尚未接报告。《大公报》载姚楠撰文《曼尼坡述略》,于印缅间地理详述,惜无暇摘录。

四月七日　　阴。午表六十六度。下午五时半表仍六十六度。夜十时前有月色,十一二时间雷鸣,急雨一阵。后又见月。是月〔日〕为旧历三月望。

上午九时到总纂办公处,开区分部党员大会。写致一谔信一。又复十弟信一。下午三时到办公处,接谢一声来信一。旋往会,在文书科写《总理年谱长编》抄本之说明数条,应沈裕民科长之请,即嘱细看,如有意见,再来商酌。又将权超侄汇来五百元之邮汇票托李治中科长贴。昨汝照弟往山洞邮局询得须向重庆上清寺储局领也。返处阅本日《中央》、《大公》报。夜写复亮儿信一。

四月八日　　晴。微阴。午表六十度强。下午五时半表五十九度。

上午九时到总纂办公处,旋往会,将昨在文书科所作总谱长编抄本说明稍加修正，昨件已由文书科抄正送核，经副主任委员批"如拟。主任秘书批交总务处办理"字样，余即在该抄正稿内修改。又将山洞中农行通知书及正副收条托沈科长加盖会印。复古公愚信一。下午三时到办公处，复核新征史料。钟天静事略、田蔚革命事略、郭公接传、郭希仁记辛亥陕西光复事（原题为郭希仁先生从戎纪略）、有关胡汉民先生之著述十种（未完）。阅本日《中央报》。

四月九日　　　星期　　阴。晨雨。上午阴。午又小雨一阵。晚转晴。夜有风，月出。下半夜有雨声。

上下午在寓作题《风雨一庐图》诗一首。夜改诗。未妥仍须再改。

四月十日　　　阴。午表五十九度。下午三时后日出。五时半表五十九度。

上午九时到总纂办公处，接学曾侄二月一日来函，由"巴中西籍记者招待所十七号梁琪英代缄"寄来。初误为梁琪英或系云从兄之本家，及拆阅，始知为美国人。所谓"巴中"当即巴县中学之简称。其信照录如左：（原信俟南侄信来转去。）"元月二十八日，由中央银行电汇国币千元，连津贴可得二千元，以奉大人肉资，祈为笑纳。侄工作如常，今乘同事美人梁琪英往中国之便，特肃数句。敬请金安。"阅今日《大公报》，珍珠港七日合众电："本日美混合海军部队袭击帛琉群岛雅浦及乌来亚等岛军舰，本身毫无伤损，乌立齐岛亦在被袭之列。"按此为中太平洋美海军再攻帛琉也。结果如何，尚未发表。其第一次进攻结果，同日珍珠港合众电发表谓，尼米兹将军总部公报称，击沉日舰二十五艘，计驱逐舰二，未能判明种类之军舰一，大运货船二，中运货船六，小运货船八，大油船三，中油船一，小油船一，巡逻船一。续阅有关胡汉民先生之著述十种。完。下午三时到办公处，阅本

日《大公》、《中央》报。阅《兴中会史料汇编》《人物志》(一)。摘录如左:

陆皓东　少总理二岁。年十二在上海学习电报。二十三岁毕业,擢至领班。二十七岁与总理北上天津。二十八岁就义(乙未九月二十一)。香山大都隔田乡人。名中桂(宗桂),字献香。父晓帆经商沪上(操航业于沪上)。九岁而孤。胞弟华显。母王氏。妻黎氏。按据供词,年廿九。邓慕韩撰《陆烈士轶事》云,生于清同治七年戊辰西一八六八年,八月十五日辰时。八岁出外就傅。毕业于上海电报学堂,后调芜湖电报局领班。廿三岁返粤。廿六岁与总理提倡革命并在顺德设立中兴蚕纸公司。又《陆皓东世系》云:先世由南雄珠玑巷迁于新会古劳都唐井村,又移居于香山场白沙墩。其始祖贯魁公生于明洪武十六年丙寅,享年九十有四岁。二世祖瑞戌公再徙于同邑隔田村。七世祖邦桂公遂著籍翠亨乡。

郑士良　名安,学名振华,士良及弼臣,其参加革命时之名也。惠州归善县淡水墟人。十九岁在广州油栏门入礼贤会学校,从德人何牧师受洗礼。遂依基督教,随进博济医学校,得识孙总理,结兰谱。生于同治二年癸亥正月廿日。又一传云,少有大志,尝从乡中父老练习拳技,与邻近绿林往还。及长,至广州求学,入油栏门德国教会所设礼贤学校,遂皈依基督。毕业后入博济医院习医,与总理及杨襄甫、邓德山同学,惟与总理志同道合。未几,总理转学香港,郑亦辍学归惠州,在淡水墟开设同生药房,专从事于联络三点会为举义之预备。夜改诗。仍未妥贴。

四月十一日　　晴。晨日甚耀。午表六十三度。下午五时半表六十一度。

晨在寓又改诗一过。上午九时到总纂办公处。嘱照弟往山洞中农行代领亮儿汇款千元。阅《兴中会史料汇编》一本。陆皓东、史坚如、郑士良(三传昨下午阅过,今午阅)、程奎光、陈少白、邓荫南、程璧光、尤列、秦力山、黄咏商、余育之、谭发、杨衢云、谢缵泰诸传。此卷名《兴中会人物志会员传》(一)。摘录史坚如生卒籍贯。

史坚如　生于己卯五月五日,就义于庚子九月十八日,年廿二岁。广东番禺县人。

下午三时到办公处,续阅《兴中会史料汇编》《人物志会员传》(二)黄隆生、骆连焕、崔通约、傅慈祥、梁新祥、梁新荣、刘秉祥、宋义山、宋居仁、夏百子、李安邦、李纪堂、胡凤璋、宋斌(少东)、黄大汉(同)、磻溪和尚、舒炳荣(民气)、陈瑞芝、邝锦昌、江恭喜各传。此本均阅毕,以黄隆生李纪堂传为较有关系,但未暇摘抄。

略阅本日《中央报》。夜改诗。似已妥矣,拟暂置数日后复阅再写。(昨由徐忍茹转来沈君寄纸一方。)

四月十二日　　阴。午表五十九度。上午十二时小雨一阵。四五时间又一阵。五时半表五十六度。

上午九时到总纂办公处,阅昨日《中央报》。写致梁琪英函一。谢其带学侄信,此为余第一次与外国人之通信也。阅昨日《大公报》。美国国务卿赫尔九日在华盛顿之哥伦比亚广播电台广播美国外交政策,其中论未来世界局势最扼要之语云:"美英苏中四国之真正利益,若不能融合一致,意见行动亦不一致,则由胜利而建立之持久和平,终属无望。""此四大盟国对基本目的利益及彼此之义务,如无永久之谅解,一切维护和平之组织,均为空谈,新侵略者亦可揭竿再起。"以上系《大公报》社论中所节之一段余更摘出者。但细阅美新闻处原译如下:(美新闻处译稿,《中央》、《大公》两报均载)"如果美英苏中等国的真正利益不能协调,如果他们意见不能一致,并作共同行动,胜利仍无转变为持久和平的希望。""这四大国家在他们的基本目标利益和彼此间的义务方面,如果没有持久的谅解维持和平之一切机构,仍将徒托空言,新的侵略者仍旧可以兴起。"下午一时徐启鹏侄由城来,自廿六年南京别后始得重见,已不认识。询因出差至山洞,顺便来访。驿运总管处派至山洞,察看新购骡子。现川产骡子一头仅四五万元,若豫省产须十馀万元云。旋照弟来,谈至三时,返城。四时许,余乃到办公处,阅本日《大公》、《中央》报。接十弟九日来信。

四月十三日　　阴雨。晨小雨。上午十时馀雨一阵,檐溜出。下午三时又小雨。至五时半未止。表五十度。

上午在寓,本欲修改总谱,但昨下午略阅《兴中会史料汇编》(三),见其内列兴中会会员名〈表〉,此本全系会员名表。有可采入总谱者,本拟携回摘抄,乃觉天寒,明日必晴,可往抄。数年经验,渝地春寒则晴,暖则雨。殊今忽雨? 天仍颇寒。史料未齐,修改无益,遂复改诗一过。自九时至十一时始毕。下午三时到总纂办公处,寄一谔弟信一。附十弟九日来信。开学术会议,至五时半始散。阅本日《大公》、《中央》报。

四月十四日　　阴雨。晨小雨檐溜出。上午仍霏霏,至午始止。下午五时半表五十三度。

上午在寓作诗五绝〔首〕。前作题《沈君匋风雨一庐诗》为七古三十四句,共二百三十八字,但已迭改仍未惬意。今拟弃之,另作七绝五首,俟比较斟定再用。

下午三时到总纂办公处,抄《兴中会史料汇编》《人物志》(三)"兴中会会员表"(原表所列事迹错误太多,兹姑录存以便随时校正。)

姓名	籍贯	职业	组织时期	事迹
陆皓东	香山		甲午前	与总理为总角交。乙未广州之役殉义。
郑士良	归善			与总理同学博济医院。乙未庚子二役为主干,后在香港暴卒。
尤　列	顺德			总理在香港西医学校时,与尤、杨

				（鹤龄）、陈（少白）放言革命。
陈少白	新会			与总理同学西医学校,被称为"四大寇"之一,后为创《中国日报》主干。
杨鹤龄	香山			
程奎光	香山	水师统带		乙未之役被逮,瘐死狱中。
程璧光	香山			（日记眉批:绝非兴中会员,姑录之。）
程耀臣	香山			与奎光同族兄弟,乙未之役被逮。
区凤墀	南海	教士		总理在广州博济学校与之交游,兼从之研讨国学。（日记眉注:凤墀一名逢时。）
魏友琴	归善	教士		乙未之役被通缉。
孙 眉	香山		甲午	总理之兄,有传。
陈 南	香山	檀山侨商	同上	参加乙未之役,后在《中国日报》任职。
简吉堂	香山	同上	同上	与总理结为兄弟,乙未之役颇助财。
黄 桂	香山	同上	同上	与总理之兄交厚。
杨文纳	香山	同上	同上	总理母杨太夫人之弟。（日记眉注:或作文炳。）
郑 金	香山	同上	同上	曾为檀香山海关译员,与总理结为兄弟。
郑 照	香山	同上	同上	金之弟,亦与总理结为兄弟。
邓荫南	香山	同上	同上	乙未庚子二役均参加。有传。
何 宽	香山	同上	同上	檀香山卑涉银行华经理。兴中会成立即开于其寓所。
钟 宇	香山	同上	同上	

李　昌	香山	同上	同上	檀香山兴中会成立即为干事。
刘　祥	新宁	同上	甲午	
刘　寿	新宁	同上	同上	
刘　卓	新宁	同上	同上	
唐　洪	香山	同上	同上	
谢万宽	香山	同上	同上	
黄　亮	香山	同上	同上	
曹　寿	香山	同上	同上	
黄华恢	南海	同上	同上	檀香山兴中会成立时为司库。
钟木贤	香山①	同上	同上	
李　禄	香山	同上	同上	
周德明	香山	同上	同上	
宋居仁	香山	同上	同上	参加乙未之役，有传。
程蔚南	香山	同上	同上	与总理有戚谊，曾设《檀山新报》（又名《隆记报》），总理至檀尝主之。（日记眉注:《隆记报》为商业通讯。）
李　六				
钟亚贤				
钟　以				（日记眉注:按即钟宇。民卅三年尚在檀。）
谢万欢				
李润贵				
李光辉				
何　军				（日记眉注:即何卓。）

---

① 应是五华岐岭王化村人。——整理者

邹德明				（日记眉注：即周德明。）
李　纪				（日记眉注：即李杞。）
侯毅全				（日记眉注：即侯艾全。）
梁　亨				（日记眉注：一作莫亨或莫高。）

自李六至此十一人，见黄大汉所著《兴中会各同志工作史略》宋居仁一篇内，其籍贯职业事迹均不详。

李安邦	香山	警吏	甲午	为檀香山警局侦探。甲辰总理游美为保皇党所厄，李汇款援救。
曾长福	香山	檀山侨商	甲午	别号望雄。
许直臣	香山	教员		檀山新报主笔，后创华文学校，设教二十馀年，檀华侨子弟多从之读。
李　金				曾与总理、郑金、许直臣四人合照像，为驻檀领事移交粤吏查办。
黎　协	香山	檀山侨商	癸卯	为檀香山希炉埠侨商巨擘。
黄　振	香山	同上	同上	同上。
卢　球	香山	同上	同上	同上。
杨　锐	香山	同上	同上	同上。
杨锡初	香山	同上	同上	同上。
郑　仲	香山	檀山侨工	同上	为檀香山大埠及茂宜、希炉三埠工界之领袖。
唐　安	香山	同上	同上	同上。
胡　锦	香山	同上	同上	同上。
郑　鎏	香山	同上	同上	同上。
黄　义	香山	同上	同上	同上。
李华根	香山	檀山侨工	癸卯	同上。
黄旭升	连州	教士	同上	号扶桑，与毛文明有戚谊，任檀岛

				基督教会宣教师。
夏百子	新会	檀侨商	同上	为黄大汉编《兴中会各同志工作史略》内之一。（日记眉注：另有夏亚伯，未知是否一人。）

夜自审阅先后所作题风雨一庐图诗，似可并成一首，前七古类序，后七绝加以"又歌曰"三字。

四月十五日　　　阴。午表五十三度。下午五时半表五十五度。

上午九时到总纂办公处，因孙纂修昨下午窥余日记，知我作诗，索取一阅。今将稿与商，决明日写去，了一件事。阅昨日（十四）《中央报》。今日为旧历三月廿三日，吾母忌辰。在寓设拜。十一时馀即返寓。下午三时半到办公处。摘录兴中会会员表。

杨衢云	福建海澄	教员	乙未	字肇春，庚寅与谢缵泰等在香港组织辅仁文社。乙未并于兴中会。广州起义失败后，走印度及南非洲。己亥至日本，复谒总理。庚子返港。惠州事败，为粤督德寿遣刺客狙杀于结志街杨自立之英文私塾。
谢缵泰	开平	商	乙未	字康如，著有英文《中国革命秘史》小册（与杨衢云均有传）。
庞文卿	不详	医士	甲午	在香港西医学校与总理同学，后佐总理之广州东西药局。
余育之	新会	商	乙未	香港日昌银号主，杨衢云介入中兴会。乙未之役，曾助杨万数千元。有传。
黄咏商	香山		同上	有传。
王质甫	花县	教士	同上	乙未之役，驻广州圣教书楼，败后亡命日本，旋返粤，与官场往来。
徐善亭	香山	牙医		
周超岳	不详	商	同上	以辅仁文社社员加入兴中会。

朱贵全	不详	会党	同上	乙未广州之役与陆皓东同殉义。（日记眉注：贵全或作桂铨。）
邱 四	不详	同上	同上	与陆皓东同殉义。（日记眉注：四或作泗。）
朱 浩	清远	同上	同上	
陈焕洲	南海	同上	同上	（日记眉注：即陈锦胜。）
侯艾泉	香山	同上	同上	乙未与李杞回国统率香山隆都等地会党。（日记眉注：似系檀香山入会，甲午。）
李 杞	香山	同上	同上	
吴子材	潮州	同上	同上	乙未之役在汕头招岭东各属会党三千人赴港，为主干。
李 芝	新会	同上	同上	
夏亚伯	新会	商	同上	（日记眉注：似与夏百子同一人。）
莫 亨	顺德	同上	同上	
黄丽彬	清远	同上	同上	
大炮梁			同上	
朱 淇	南海	教员	同上	乙未之役有卖党嫌疑，后在青岛办《胶州日报》，又在北京办《北京日报》。
容星桥	香山	商	同上	乙未后在汉口充俄国洋行买办，庚子助唐才常林奎，后返港为文裕堂印刷公司司理。
梁 棠	顺德	会党	同上	乙未之役统率北江英德一带会党，后在沙口墟为清总兵诱杀。（日记眉注：似即大炮梁。）
刘 裕	顺德	会党	乙未	又名大头馀，乙未在英德下游牛屎湾与安勇刘居德战阵亡。
杜 照	南海	同上	同上	乙未在大站山被执就义。
蒲 伍	南海	同上	同上	同上。

张　沛	花县	同上	同上	同上。
钟　生	花县	同上	同上	乙未奉梁棠命在花县白坭起义战死。
张　云	花县	同上	同上	同上。
刘秉祥	清远	粤督署 卫队十长	乙未	兴中会各同志工作史略之一。
胡凤璋	湖南 汝城	粤督署 卫队十长	乙未	同上。
毕永年	长沙	学者	戊戌	号松甫，己亥招湘鄂会党至香港，与兴中会联合，后为僧，名悟玄。有传。

阅本日《大公报》。将诗交徐忍茹一阅；彼亦出所作五律一首交阅。夜阅梅县《中山日报》十一份并折叠。十时就寝不寐，想昨诗第五首可删去，将第四首略改便完。十二时起，以铅笔就床前写出。

四月十六日　　　星期　阴。下午五时半表五十八度。

晨在寓录诗稿于左：

题风雨一庐图

古渝岩邑已新都，泮沼依稀亦后湖。沈君性雅爱山水，曩曾湖畔寄璇庐。倭氛所至百鸟有，频年侨寓复焚如。乃择沼旁结茅舍，风景幸不吴蜀殊。招邀亲友来相於，石猪之外书鱼蔬。此间乐且好家居，自公退食堪委蛇。适逢华诞年知非，彭篯上寿绘以图。图成尺幅具千里，貌君却似山川臞。东江叶叶君兄弟，乍喜连床爱笑语。蹙眉握管忽瞿然，曰盍榜庐以风雨。连床风雨一时情，但我关心有正谊。固尝不乐小桃源，刿今信美非吾土。间关从难戒怀安，风雨飘摇慎牖户。维风及雨正鸡鸣，中夜闻声应共舞。匈奴未灭何家为，愿勖男儿坚壮志。昆阳剧战雷雨威，沛上高歌大风起。伫看凯奏迅收京，再觅前墩营别墅。（日记眉注：沈君曰，唯众起寿。大学先生为作记,吾因之亦作。) 又歌曰:风风雨雨正春融,山上花开粉水红。燕子飞来含诇意,谁家庭院此玲珑。薰风筛过竹阴多,骤雨时擎曲柄荷。长夏檐前人静坐,鱼儿跳跃沼生波。秋风秋雨湿秋畦,乱草沙泥一例锄。嘉客于焉永朝夕,盘餐虽薄足园蔬。冬宵风雨苦凄凄,却听邻鸡远近啼。递破群阴催梦觉,闺中警旦有贤妻。共三百五十字,加又歌曰三字,连上下空格作五字。

　　附《风雨一庐图记》　汪东旭初

　　风雨一庐者,君匋就巴县中学游泳池畔结茅屋数楹而楚伧题之,意谓聊庇风雨而已。民国三十一年,君匋年四十九,值其生日,高安彭醇士作图并他画为寿。以余方寝疾,不克操丹青和之,乃嘱为记,乞尹默书,书与画并美而文不称。然余不得辞者,以习君匋久,且知之深,虽微其请,固宜有言也。君匋,沈氏,世居吴东南乡之周庄,地濒淀湖蚬江,风物秀绝,志称为小桃源。君匋乐其乡土,又耆搜集全石书画,胸次廓然而顾委身国事,不以自佚。民国四年,讨袁军兴,佐楚伧、力子主持上海《民国日报》,鼓吹正义。自后奔走粤汉、平津间,或参机要,或撰述文字,赞襄大业,厥功实多。迨十六年南都既宅,民困略纾,君亦于城北构堂,榜曰"璇庐"。临玄武,枕卢龙,波光云气,摇荡几席间。余方与吴瞿安教授中央大学,其馀知友,自乡里至者,必至君所。酒酣则瞿安度曲,吴湖帆、陈子清、彭恭甫、潘博山诸子,往往挥毫染素,合为画障,而余亦参焉。倭寇难作,政府以重庆为行都,君匋弃其所有,间关以从。既至,始僦居通远门,转徙春生路、马鞍山诸处。寇空军肆虐,先后燔焉。于是,连年所居,凡四毁,随身之物,荡然无遗,而君执志弥坚,未尝一日旷职守以去。顷者,环庐之旁,植竹树蔬果,畜鸡于埘,养鱼于沼。自公退食,则躬给灌饲之役,以拟伏腊,以待友朋。《语》所谓箪瓢陋巷,不改其乐;《诗》所谓风雨如晦,鸡鸣不已,吾于君匋见之。醇士所绘,冲融而清穆,非唯貌其庐,且肖君之性情。曩者璇庐之作所弗如也。明年,君五十矣,称觞之日,使余得杖而起,必将寿君于斯庐,分画中一席,君匋其许之乎!岁次壬午六月,吴汪东记。

　　风雨一庐图,承当世硕彦、远近知好,多有投赠。刻已汇集百馀人,拟即裒辑《风雨一庐百咏》一册,以寄罂求,藉留抗战中一段嘉话云尔。风雨一庐主人敬附志。

上午李振宽来,谈国际情势将生剧变,美、英有与德议和、转敌苏联之说,近日德军撤退,并非苏联战胜,乃别有策略云云。余不能信,询何所见?曰《新民报》透露此消息。余谓此说显有矛盾,但余固向少阅《新民报》。因看《大公》、《中央》两报也。十时许往总纂办公处,拟检阅该报,未得,与姜伯彰小坐而返。昨档案处来条,催还史料四件:著甲455、168,杂66、67,乃检出预备明日送还。下午阅诗,再改数字。三时半再往办公处,检得昨日《新民报》一阅。李说虽见该报,但无足信。按邱海珊函及纸二张,嘱写金婚图题句。阅本日《大公》、《中央》报及《新民报》,已不复见英、美、德和议之谣。

四月十七日　　　　阴。午表五十九度。下午五时五十三度。

晨八时十五分到总纂办公处,欲往会参加纪念周,乃各友已回。询自本日起纪念周改为八时开会矣。仍往探问前晚沈裕民、莫纪彭二家失窃之情形,及向事务科问前托罗本初买米事。据谢同志言,罗本初已往高滩岩为陆咏黄办丧事。陆于前晚在高滩岩中央医院病逝。中风仅数日即逝。昨下午闻孙、许二君言,今乃闻其治丧事也。返办公处写致李翼中信、十弟信各一。下午二时到办公处,因闻人言陆咏黄之柩已由高滩岩〈移〉至党史会。但遗体未殓,先送空棺,其女及婿主张在会入殓云云。似颇奇异,急往会询问办法。刘主任秘书谓,会内照章给治丧费五千元,从前中央规定公务员在职逝世给治丧费五百,现增加十倍为五千元。其他事,会不过问,听其家属自行处理,会内只在后山预为掘一墓穴,俟殓葬时公祭一堂,如黄嘉梁丧中办法,请余拟一挽联备用。乃即拟联如下:"有烈士在雨花岩,千里孤魂犹望父;寄遗骸傍亚光寺,万缘俱断莫思乡。"时见会后山黄嘉梁墓侧已有工人掘土矣。返处，徐忍茹、孙铁人来，徐言陆女办事殊谬，孙谓会内大家均不以为然。但龙铁元不置一词，余亦无可插话矣。将题《风雨一庐诗》用小字写毕。四时半偕众往会后山公祭陆氏，约数十人。搭有篷厂，置柩其中。其女及婿与小孙女在内。余与其婿沈思约前在江苏民政厅同事。立谈片刻，即行祭，旋散。返处阅本日报纸。

四月十八日　　晴。日色颇亮。午表六十七度。下午五时半表五十七度。

上午九时到总纂办公处。孙铁人带有好印泥来，余拟借用，以钤昨写诗稿，急返寓取图章。行至半途，闻空袭警报，到寓取得图章后复来处，各友多走了。此为今年第一次警报。余意寇机必不来，心甚定。抄录《兴中会会员录》如左：

史坚如	番禺	学生	己亥	原名文纬，广州格致书院学生。庚子炸抚署案死难。有传。
史古愚	同上		同上	坚如之长兄。
史憬然	同上		同上	坚如之妹。
李纪堂	新会	商	庚子	有传。
张硕臣	四川	学生	同上	与史坚如同在广州格致书院学生，助坚如运动甚力。
黎俊民	东莞	学生	同上	同上。
苏复初	广东	教徒	同上	在左斗山所办大光观书楼司事，坚如兄弟尝往观书，因与结识。
吴义如	顺德	绅士	庚子	尝充武弁，庚子助史坚如、邓荫南运动军队。
李寿卿	鹤山	商	同上	助史坚如、邓荫南运动军队。
练达成	番禺	医生	同上	船户出身（或云兴宁、五华人），与内城旗人有交游，史坚如炸案多得其助。

苏焯南	番禺	教徒	同上	其乡近黄埔,助史坚如邓荫南运动军队、接济军械。
宋　斌	旗籍	商	同上	字少东,助史坚如炸案。有传。或云贵州黎平人寄籍南海。
黎　德	广东	工	同上	史坚如案之炸药,多由黎德搬运。
宋玉臣	旗籍	同上	同上	与宋少东均由左斗山介绍结识史坚如。
黄　福	广东	同上	同上	史坚如炸抚署,初以黄担任炸将军署为响应,未果。
温玉山	广东	同上	同上	九月初五夜,史坚如在抚署后掘地道,温为之助。
毛文敏	连州	传教士	同上	后更名文明。庚子炸案,毛住西城宝华大街长老会,史坚如假其地贮藏炸弹。
胡心澄	广东	教士	同上	
胡心泉	广东	同上	同上	与心澄为兄弟,驻油栏门鸿兴客栈。史坚如常出入于此,九月初六劝史避去。
黄　福	广东	会党	同上	又名盲福,与助史坚如之黄福同名,久在婆罗洲。庚子归,助郑士良。惠州败后,仍返南洋。
黄耀庭	新安	同上	同上	三洲田之役任先锋。
黄阁臣	新安	同上	同上	新安县属之绿林多受其节制,助郑士良甚力。
江恭喜	新安	同上	同上	为郑士良任取新安及虎门,因郑军改道向东,未果。
梁慕光	博罗	商	同上	与郑士良约在博罗起事,后又助壬寅洪全福之谋。
李植生	博罗	制药师	同上	精工化学,善制炸药,亦三合会前辈,博罗起义,多其所策划。
江维善	新安	学生	同上	天津北洋书院学生,博罗起事参谋。

曾捷夫	归善	会党	同上	三点会首领,助郑士良最力。
曾仪卿	归善	同上	同上	捷夫族侄,在平海一带党徒甚众,曾响应郑士良。
林海山	博罗	同上	同上	亦三点会首领,助郑士良。
邓子瑜	博罗	商	同上	三洲田之役郑士良号召会党多得助于邓,败后走南洋营旅馆业。
蔡牛	新安	会党	同上	三洲田义军将校,力战阵亡。
陈福	河源	同上	同上	同上。
黄杨	归善	同上	同上	同上。
刘运荣	博罗	同上	同上	同上。
何崇飘	新安	同上	同上	同上。
杨发	归善	同上	同上	同上。
蔡景福	归善	同上	同上	同上。
陈怡	博罗	同上	同上	同上。
蔡尧	新安	工	同上	史坚如就义后,李纪堂派赴粤垣收葬史尸者,即蔡尧也。
梁少文	南海	商	同上	经商美国旧金山大埠,黄三德介绍加入兴中会。有传。

十时后警报解除。沈思约来谈陆咏黄丧事,用费约五万元。陆身后所有生前存款,须回歇马场查其箱箧看有无簿册方知多少。前据说山洞存款一万五千,组织部新领一万,拟与沙坪坝友人汪浩合赁营商。沈思约云,在沙坪坝曾与汪君见面,询收有陆款数千,陆死时其身上有六千元。询从前江苏省厅旧友沈舒安,现在歇马场司法院任法规委员会秘书,李亚儒则与思约同任秘书。下午到办公处,借得孙君印泥,将诗加钤章,拟明日寄君匋。旋开区分部党会大会。后阅黄友圃《六十年之我》内云:"甲辰三月,与黄箕孙、杨徽五、黄季伟、李肩仲、梁少慎、饶一梅等七人东渡。到汕头,再加入张觉生。梅县人

往日本留学者，先有二人。一由福建往者，为雁洋之李锡青；一由上海往者，为丙村之王伯谟。真正由梅县直达者，则吾等为第一批也。"李锡青仍为仲强之兄，即李域丞姑丈之子。犹忆民国二年，余在上海，初识域丈时，域丈曾询及与锡青认识否，锡青曾加入革命党云云。余答不识。及后来闻再言，因域丈固反对革命，其子入党，大不喜欢，惟已早逝，曾抱一子为嗣，名承先，廿八年春似仍在上海。此后闻泰昭姑言及。拟有便与仲强通讯时，一询其究竟。阅本日《中央》、《大公》报，并载昨（十七）下午一时，寇机来川侦察，重庆于一时三刻悬挂三角球，二时放落。此为重庆本年第一次悬三角球云云。本日上午之空警，当即由此而来。

四月十九日　　　阴。昨夜下雨，晨路甚湿。午表六十二度。下午五时半表仍六十二度。

上午九时到总纂办公处，写致黎守杰外侄孙信、沈君匋、叶楚伧信各一。并抄诗一首附叶信内。下午三时到办公处，抄录《兴中会员名册》如左：

陈瑞芝	高要	庚子	参加邓荫南史坚如之广州运动。有传。（见《兴中会各同志革命工作史略》）
刘　地	不详		以下十三人俱为陈瑞芝传中所述，当必为会党及庚子入兴中会者。
王　德			同上。
马　地			陈瑞芝述少与黄福马地等为莫逆交。
罗　来			同上。
张　才			同上。
耿三妹			同上。
舒炳荣	番禺		字民气，十六岁入兴中会，炸德寿，事败后走新加坡（《兴中会各同志革命工作史略》）。

磻溪和尚	清远			广州白云山僧,史坚如败后走新加坡。有传。
黄大汉	南海			自述由邓荫南、苏焯南介绍入兴中会,即《兴中会各同志革命工作史略》之作者。
李　新	不详			同上。
邓廷翼	不详			同上。
黎　礼	不详			同上。
环芝和尚				同上。原姓江,史坚如炸德寿时约此人在观音山升青天白日旗,不果。
李云彪	湖北	会党	己亥	自李以下至师氏七人,均由毕永年介绍至香港,与兴中会合作。庚子春为康有为之徒贿买,毕永年劝之不听,愤而为僧。李等旋至上海,助唐才常,谋在汉口起义,索赏不遂,又分裂。张尧卿且于民国二年充袁世凯之侦探,与刺宋教仁案有关。
杨鸿钧	湖南	会党	己亥	
辜鸿恩	湖北	同上	同上	
辜仁杰	湖北	同上	同上	
李和生	湖南	同上	同上	
张尧卿	湖南	同上	同上	
师　襄	湖北	同上	同上	
陈　清	南海	商	乙未	总理甲午冬自檀香山归国,舟经横滨,与清认识。乙未四月,清回粤,参加九月九日起义。(日记眉注:清或作青。)
冯镜如	南海	商	同上	总理第一次革命失败后,赴日,组织横滨兴中会分会,以镜如为会长。
冯紫珊	南海	商	乙未	镜如之弟,横滨兴中会分会司库。

谭　发	三水	商	同上	字奋初,甲午冬因陈清言,于舟中谒总理。乙未总理至日,首访谭。有传。
杨心如	香山	商	丁酉	台北美最时洋行买办,丁酉陈少白至台湾,颇得其助。
赵明乐	香山	商	乙未	横滨出口业商永庄号东,兴中分会初举之为司库,坚不受。乃改推冯紫珊。
赵峄琴		商	同上	明乐之弟,横滨兴中分会书记,后亦不到会。
温遇贵		商	同上	横滨兴中分会干事。
温　芬		商	同上	字炳臣,横滨兴中分会干事。
黎焕墀	南海	商	同上	横滨法国邮船公司买办,兴中分会干事。总理每游欧美、南洋,眷属与书函均托黎照料。
梁达卿		商	同上	横滨兴中分会干事。
郑晓初		商	同上	同上。
陈　才		商	同上	同上。
陈　和		商	同上	同上。
黎简卿		商	同上	同上。(日记眉注:与焕墀是否一人,待考。)
陈植云	南海	商	戊戌	横滨人和洋服店、永乐酒楼主,党人集会、聚餐皆假座永乐酒楼。
容祺年	香山	商	同上	经商台湾,经杨心如介绍入兴中会。
马文秀	福建	商	同上	同上。(日记眉注:或作吴文秀。)
赵满潮	广东	商	同上	同上。
黄焯文	香山			横滨英国轮船公司买办,何时加入兴中会,未详。但在戊戌之后。
邝华汰	广东	教士		总理在旧金山召集基督教友开兴中会筹饷会,举邝为会长。(但原册为癸卯冬,有误。)
冯自由	南海	学生	乙未	镜如之子,自述十四岁在横滨入兴中会。
王　炽	番禺	商	丙申	总理第一次起义失败后,杨衢云至南非洲创

兴中会,炽及以下诸人加盟。

王　进	番禺	商	同上	同上。
陈　妹	顺德	商	同上	同上。（自妹以下至禧,曾与杨衢云合拍照像。）
何　炽	同上	商	同上	同上。
马子方	同上	商	同上	同上。
马　康	同上	商	同上	同上。
何　盛	同上	商	同上	同上。
江　均	同上	商	同上	同上。
何　禧	同上	商	同上	同上。
梁伯佳	同上	商	同上	杨衢云在南非洲彼得马士尼堡创兴中会,加盟。
黎民占	广东	商	同上	黎自加盟后于丁酉年偕王炽随杨衢云归香港。
霍汝丁	广东	商	同上	号胜刚,与黎民占等同时加盟。

孙纂修转借来《清鉴》一本,又《清鉴辑览》二套,均为许师慎所有,孙君借出以转借余也。拟自阅《清鉴》,其馀二套交照弟阅之,据以校改总理年谱之国内大事。

四月廿日　　晴,微阴。昨夜又落雨,晨路湿。十时后日出但有雾。午表六十六度。下午日色佳。五时半表六十八度。

上午九时到总纂办公处,交《清鉴辑览》二套并嘱照弟将总谱原本校阅,有不对者另纸录出,勿在原本上更改。接十弟十八日来信一。抄录《兴中会会员名册》如左:

| 黄隆生 | 新宁 | 商 | 壬寅 | 洋服商。壬寅冬,总理至越南河内参观博览会认识,遂成兴中会。有传。 |
| 杨寿彭 | 南海 | 米商 | 同上 | 杨为河内巨商,被推华侨粤商领袖,与黄隆生同时设立安南兴中分会。 |

甄吉亭	新宁	洋服商	同上	黄隆生介绍入兴中会。
甄　璧	新宁	洋服商	同上	吉亭之弟,亦隆生介绍入会,时璧居海防。
张奂池	南海	学界	同上	河内广东会馆书记,兴中会成立兼会内书记。
刘岐山	新宁	杂货商	同上	名凤鸣,海防华商领袖。

　　以上兴中会会员。(日记眉注:应另查檀香山美国各埠有无兴中会员补入。)

欧洲革命团体人名(原组织栏称欧洲同盟会,实不合,故改之。)

贺之才	湖北	留学生	乙巳	字培之,癸卯由鄂省派赴比国留学。乙巳春,与史青、胡秉柯朱和中等迎总理至比,组革命团体。
史　青	湖北	同上	同上	字丹墀,总理至比,即寓史家,组革命团体成,总理所写誓书由史保藏。
魏宸组	湖北	同上	同上	留比学生,加入欧洲革命团体第一次开会。
胡秉柯	湖北	同上	同上	同上。
孔庆叡	湖北	同上	同上	同上。
喻毓西	湖北	同上	同上	同上。
陈宽沆	湖北	同上	同上	同上。
刘荫芾	湖北	同上	同上	同上。
李蕃昌	湖北	同上	同上	同上。
李仁炳	湖北	同上	同上	同上。
胡　铮	湖北	同上	同上	同上。
王治煇	湖北	同上	同上	同上。
程光鑫	湖北	同上	同上	同上。
朱和中	湖北	同上	同上	字子英,留德陆军学生,闻总理来欧,至比欢迎,参加第一次会。后偕总理赴德。
刘家佺	湖北	同上	同上	留德学生,由朱和中介绍入团体。

陈匡时	湖北	同上	同上	同上。
周泽春	湖北	同上	同上	同上。
马德润	湖北	同上	同上	同上。
钱汇春	湖北	同上	同上	同上。
孙鸿哲	无锡	同上	同上	字揆伯，留英学生，总理由德返英，得孙一人加入团体。
唐豸	湖北	同上	同上	留法学生，总理由英赴法，朱和中即由德来介绍各学生加入团体。
汤芗铭	湖北	同上	同上	留法海军学生，与下向王王三人旋叛悔，盗取誓约。
向国华	湖北	同上	同上	留法学生。
王发科	湖北	同上	同上	留法学生。
王相楚	湖北	同上	同上	留法学生。（日记眉注：二王为留德学生。）

以上欧洲革命团体人名表，似未完全，但原表批有"乙巳入同盟会者可删"字样，或被删去，仍应查补。

二、兴中会时期革命同志表

杨少欧	南海	报界	己亥	己亥冬，陈少白在香港创《中国日报》，杨为编辑人之一。后曾赴青岛办报。
陆伯周	番禺	报界	己亥	号文冲旧侣，香港报界之老记者，入《中国日报》时仍兼任《中外新报》事。在《中国日报》约一年。
洪孝冲	番禺	同上	庚子	号龙津小隐，又号敦煌五郎，亦香港报界之老记者，入《中国日报》，不久辞去。
陈春生	广东	同上	己亥	任《中国日报》记者十馀年，收藏革命史料甚丰。现任党史会采访。
陈诗仲	番禺	同上	壬寅	字小配，癸卯转任新加坡《图南日报》总编辑。
王军演	番禺	同上	癸卯	名世仁，后易名蓬字秋湄，癸卯甲辰间，任《中

《国日报》记者。

何冰甫	南海	同上	曾充《中国日报》副编辑。
何雅选	南海	同上	同上。
梁新武	广东	同上	字博君,甲辰往日本留学,与胡毅生同任横滨华侨学校教员。
卢信	顺德	同上	字信公。以王军演之介绍,曾任《中国日报》记者。
廖平庵		同上	与卢信同时入《中国日报》,后改名平子,字肩任。
丁雨辰	广东	同上	曾充《中国日报》副编辑。
郭云衢	广东	同上	曾充《中国日报》英文翻译员。
冯扶	广东	同上	同上。

三时到总纂办公处,接权超侄十六日来函。附像片二张,一交照弟。闻会内请叶青演说,余未往听。写复十弟、权超侄信各一。闻十九日《中央报》载前日(十八)空警情形如下。防空司令部公布:十八日上午八时许,湖北长阳上空发现敌机多架西飞,至万县附近,知我有备,即分散在川鄂边境盘旋后,先后东逸,渝市八时四十六分发警报,九时五十六分解除。

四月廿一日　　晴。晨日即甚亮。午表七十四度。下午五时半表如上。

上午九时到总纂办公处,写致一谔弟信,附复铁曾侄信。共一封。写致市党部公函附各件。文如左:

敬陈者,三月廿二日接奉三月十六日监人字第四〇五号任用书、达监字第一五三号代电暨附件,任百举为第四二区第九区分部监察员等因,正拟填表陈报、开始工作间,适闻区分部呈准改划区党部。旋又见区分部召开改划区党部筹备会。四月十日,新划第五七区党部开成立会,内划第一至第八区分部,共八区。百举被改列第一区。十八日,第一区分部开成立会。似此组织变更，百举当然不能开始工作。理合将任用书、代电暨各附件奉还，请赐注销是荷。此呈主任委员杨兼专责委员吴。党员林百举谨呈。三十三年四月廿一日。

下午三时到办公处，接经济弟三月廿四日信，内云余前埋在胡承福家书籍土瓮，已被土匪逼令承福挖起，看是书籍，悉行焚毁，毛旭东全家离散，不敢住乡云云。续抄《兴中会时期革命同志表》如左。

何瞭然	不详	教员	甲午前	总理在广州博济医院时之化学教员，喜谈佛，常言不有而有，有而不有，总理以为笑柄。
杨襄甫	新会	教士	同上	博济医院初期学生，后充助教，颇通中外历史。总理敬仰之。
龙裕堂	顺德	医生	同上	博济医院初期学生，总理与友善，尤列即由裕堂介绍订交，盖裕堂之族人也。
廖巽鹏	惠州	商	同上	博济医院学生，癸卯至日本，总理与同寓，并介绍返香港印务公司充办货员。（日记眉注：此在下本作翼鹏，同一人也。）
尹文楷	南海	医生	同上	区凤墀之婿，曾在天津西医学堂毕业，总理在广州开东西药局时，尹即为助，乙未役后，尹居香港。（日记眉注：文楷名端模。）
何　启	南海	律师	同上	香港雅丽氏医学院即何创办。乙未之役，何甚出力，但不列名党籍。
关心焉	南海	医生	同上	雅丽氏医校同学，尝与总理、陈少白、杨鹤龄、尤列合摄像片，或云已入兴中会。
郑汉琪		医生	同上	总理在雅丽氏医校同学，后赴菲律宾行医，辛亥后始入同盟会。
王泽民	东莞	医生	同上	雅丽氏医校同学，后赴南洋行医，与保皇党

				发生关系,总理不相往还。
曹子基	香山	商	同上	澳门商人,尝资助总理在澳设中西医局。
何穗田	香山	商	同上	与曹同,但后康有为在澳创保皇会及《知新报》,以何之助力为多。
江英华		医生	同上	檀香山侨生,返香港,与总理在雅丽氏医校同班毕业。
陈赓虞	香山	商	同上	陈父为檀香山巨商,与总理之兄眉交好,在澳门设中西药局,颇得其助,后与陈少白交。
王煜初	东莞	教士	同上	王宠惠之父,香港道济会堂宣讲师。乙未事败前一日,总理至河南王寓赴喜宴,即此人。
王　韬	苏州	学者	甲午	号紫铨,又号天南遯叟。
何汝铭	香山	教员	同上	字星铸,香港保罗书院院长,与总理及杨衢云均交善。
宋嘉树	琼州	教士	同上	号跃如,宋子文之父。
刘学询	南海①	绅士	同上	清季进士,甲午乙未间,与总理往还。刘承办广东闱姓赌饷,总理欲利用其财。
左斗山	番禺	教士	同上	广州双门底圣教书楼司事,总理初在粤垣行医,悬牌于此,乙未败后,左被捕,由美领事保释。
廖德山	开平	医生	甲午前	总理在广州博济医院同学。
梁乾初	开平	医生	同上	同上。
黄康衢	广东	医生	同上	博济同学,后在新加坡行医,庚子总理至新营救宫崎寅藏,颇得其助力。
吴杰谟	福建	医生	同上	同上。
林文庆	闽同安	医生		南洋英属有名医学博士,总理旧识,庚子营

---

① 刘系香山古鹤人。——整理者

救宫崎寅藏,得其力至多。

刘锦洲　广东　商　　　　基督教徒,在广州开表画店,史坚如租抚署后楼房,刘为担保,事败被捕,由博济医院保释。

黄守南　广东　教士　庚子　庚子史坚如炸案,密藏炸弹所为五仙门外福音堂,黄即该堂司事,与练达成交好。

崔通约　高明　教员　同上　原名洞若,广州格致书院教员,史坚如被捕时,曾奔走营救。或云已入兴中会。有传。

钟荣光　香山　教员　同上　字惺可,清举人,广州格致书院国文教员。史坚如之师,史被捕时,托校长美国人尹士嘉营救。

陈锦涛　南海　留学生　甲辰　总理在美研究中国问题时,以王宠惠介绍,与陈共同研究,陈时在某大学学经济。

薛颂瀛　香山　留学生　甲辰　同上。

伍盘照　新会　教士　癸卯　旅美华侨基督徒,庚子在旧金山创《中西日报》。癸卯冬,总理由云至旧金山,被厄,伍与致公堂救之。(日记眉注:俱似应改为甲辰。)

伍于衍　新会　报界　癸卯　与伍盘照同创《中西日报》,总理旧金山之厄,亦得其助。

司徒南达　广东　教士　同上　旧金山基督教堂牧师,总理被厄时,以左斗山、杨襄甫致伍盘照及南达介绍函示之,亦得其助。

雷清学　新宁　商　　同上　旧金山华生隆育捷经理,癸卯冬,总理在美筹款,得美金二千元,以雷捐二百元为最多。

刘　柏　新会　工　同上　旧金山福和号古物店厨司,癸卯冬,总理在美筹款,刘奔走甚力。

张　果	香山	商	戊戌	字能之，横滨侨商，与总理有通家之好，其女阿娥拜总理为父。
章炳麟	浙江	学者	己亥	字枚叔号太炎，丙申与梁启超等在上海办《时务报》。己亥由台北至日本，始与总理相识。
谭嗣同	湖南	学者	丁酉	字复生，戊戌政变被杀。（日记眉注：谭在丁酉曾否与兴中会结识，可疑。）
梁启超	新会	学者	己亥	戊戌政变后，梁亡命至日本。己亥春，屡与总理会商联合组党，不果。后乃为敌。
韩文举	番禺	学者	同上	字树园，又名扪虱谈虎客，亦康徒中欲与兴中会联合者。
欧榘甲	归善	学者	同上	字云樵，号太平洋客，初亦尝欲与兴中会联合，后反革命甚力。
罗　普	顺德	留学生	同上	字孝高，在横滨《清议报》撰小说颇倡革命。
张智若	广东	留学生	同上	康徒中以运动绿林会党著名，与总理陈少白往还颇密，倡联合组党最力。
罗伯雅	广东	学者	同上	亦康徒中运动绿林会党者，与剧盗区新、傅赞开交善，为康门十三太保之一。
梁子刚	广东	留学生	同上	横滨福生泰号少东，拜康有为门。当梁启超商联合组党时，梁极力迎合。
唐才常	浏阳	学者	同上	字佛尘，己亥秋东渡，由毕永年介见总理，商合作。旋返上海，创正气会，庚子起自立军。
林锡圭	湘阳	留学生	同上	字述唐，己亥秋入东京高等大同学校。冬，应唐才常召返国，助自立军，庚子与唐同及难。（日记眉注：庚子兴中会保皇会均有关系。即林圭。）

　　阅昨（廿）今（廿一）两日《中央报》。接中图审会印维廉兄廿日

快信一。

四月廿二日　晴,热。

上午九时到总纂办公处,录《兴中会时期革命同志表》如左:

秦力山	长沙	留学生	己亥	名鼎彝,号巩黄。湖南时务学堂与林锡圭同学,己亥又同东渡,庚子加入自立军。有传。
李赞宝	湖南慈利	同上	同上	学历与林锡圭、秦力山同,并与林同返国,助自立军,与唐才常同及于难。
田　邦	慈利	同上	同上	字均一,事迹与林锡圭同。
蔡忠浩	武陵	同上	同上	字述珊,与林锡圭同学,庚子汉口事败,在湘被逮死之。
黎　科	香山	同上	同上	天津北洋学堂学生,己亥东渡,入东京日华学堂。与林锡圭同赴汉口。事败与林同殉义。
傅慈祥	湖南	同上	同上	字良弼,武昌自强学堂学生,己亥入东京成城学校。冬,返国,入自立军,事败殉难。
蔡丞煜	直隶	同上	同上	字蔚文,天津北洋书院学生,己亥入东京日华学校。冬赴汉口,事败,与唐林同就义。
戢翼翚	湖北	同上	同上	字元丞。戊戌以官费留日,为公使馆学生,与总理往还。庚子参加自立军。后返东京,办《国民报》。
安煌琮		同上	同上	上海南洋公学学生,己亥入东京日华学校,庚子秋归国,加入自立军。死汉口。
郑贯一	香山	留学生	庚子	名道,号自立。东京高等大同学校学生。初任横滨《清议报》编辑,与冯自由刊《开智录》,被逐。

冯斯栾	鹤山	同上	同上	号自强,东京高等大同学校学生,亦创刊《开智录》之人,辛丑创广东独立协会于东京。
周宏业	湘乡	同上	同上	字伯勋。东京高等大同学校学生。为《清议报》译小说。壬寅,发起支那亡国纪念会①。冬,组青年会。
李　群	湖南	同上	同上	字彬四。东京高等大同学校学生,壬寅支那亡国纪念会发起人之一,但后不承认。
蔡艮寅	湖南	同上	同上	字松坡,后名锷。东京高等大同学校学生。己亥任《清议报》撰述。庚子助泰力山。自立军败,仍返日,毕业士官。
温宗尧	新宁	教员	庚子	字钦甫。香港皇仁书院教员,与杨衢云、谢缵泰等设辅仁文社。庚子为自立军驻沪代表。
黄世仲	番禺	同上	同上	字小配,号禺山世次郎。初充康党《天南新报》记者,尤列介之入中和堂。壬寅冬任香港《中国日报》记者。
黄伯耀	番禺	同上	同上	世仲之兄,由天南报转入中和堂后,至甲辰春,任《图南日报》副编辑。乙巳,主香港《世界公益报》。
康荫田	顺德	同上	同上	初与世仲同,后亦任《图南日报》记者,又曾充香港《少年报》、暹罗《华暹新报》记者。
翟美徒	广东	商	戊戌	横滨德国洋行书记,陈少白、尤列在横滨设中和堂,以抗保皇党,推翟为会长。

---

① 全称为支那亡国二百四十二年纪念会。下同。——整理者

| 杨少佳 | 香山 | 商 | 同上 | 横滨某洋行职员,中和堂成立,颇得其助。有弟名计伯,横滨华侨学校教员。 |
| 鲍　唐 | 广东 | 商 | 同上 | 在横滨开裁缝店,有号召工界之能力,中和堂之中坚也。 |

四月廿二日　　午表七十八度。下午五时半表七十九度。三时馀高至八十二度。夜八时馀雷鸣,至十一时雷震数次,并急雨。但檐溜出,未久即止。

上午十一时接写。

洪全福	花县	航海家	壬寅	原名春魁,号梅生。壬寅冬,李杞堂谢缵泰等议起事,拥之为首领,拟国号"大明顺天国"。(日记眉注:或谓全福为洪秀全异母弟,或谓为从侄,太平天国曾封瑛王,称三千岁。天国亡后,为外国轮船厨司,七十馀岁,返居香港。)
谢日昌	开平	商	壬寅	谢缵泰之父,澳洲侨商,年老返居香港,为三合会前辈,与洪全福交好,壬寅之役,实其主动。
谢子修	开平	商	同上	缵泰之弟,壬寅之役,其父子主谋。事败后偕全福逃往新加坡。
冯通明	广东	会党	同上	壬寅之役,冯与宋居仁担任运动北江各属会党响应。
刘大妹	广东	会党	同上	北江著名盗魁,壬寅之役,由梁慕光任命,在广州城北起事。
梁慕义	博罗	商	壬寅	慕光之弟,在粤垣同兴街信义洋货店同事。壬寅之役事败被捕遇害。
陈学灵	广东	商	同上	壬寅之役与梁慕义先后被捕,同时遇害。
叶　昌	广东	商	同上	同上。

刘玉岐	广东	教徒	同上	同上。
何　萌	广东	教徒	同上	同上。
苏　居	广东	商	同上	同上。
李秋帆	广东	教员	同上	同上。
李伟慈	博罗	学生	同上	李植生之子,原名顺。壬寅之役被捕,与龚超即苏子山同判处二十年,辛亥始释。
梁纶初	博罗	商	同上	梁慕光之侄,原名梁平,壬寅在广州信义洋行被捕,判监禁二十年。
叶木容	广东	教徒	同上	壬寅之役,被捕,判监禁二十年,未凡,瘐死南海县狱。
沈子铭	广东	商	同上	广州芳村德商某洋行货仓司事。壬寅之役被捕,行贿三千元得释。

接李翼中、黎守杰、十弟复信各一。翼中一附致邱海珊信一页。十弟信附汇票二百元。云为小女弥月贺礼,收之有愧。下午三时到办公处,续录《兴中会时期革命同志名册》如左:

李自重	新宁	留学生	辛丑	名炳星,东京东亚商业学生,辛丑与王宠惠、郑贯一等组广东独立协会,总理赞许之。
王宠惠	东莞	同上	辛丑	庚子冬,与秦力山等办东京《国民报》,辛丑因传清廷割广东与法,故倡独立协会。后官费留美。
马　和	桂林	同上	壬寅	又名同,字君武,初为康有为学生。壬寅,章太炎在东京倡支那亡国纪念会,马为发起人之一。
王家驹	浙江	同上	同上	又名嘉榘,号伟人。东亚商业学生,亦支那亡国纪念会十人之一。
王思诚	湖南	同上	同上	同上。
程家柽	安徽	同上	同上	字韵笙,与戢翼翚、沈云翔、秦力山同创办东

京《国民报》，并为支那亡国会发起人之一。

梁仲猷	广东	同上	同上	广东独立协会会员。
杨廷栋	吴江	同上	同上	东京《国民报》译述文字甚多，为留东学界译述家之前辈。
杨荫杭	无锡	同上	同上	字补堂。同上。
雷奋	松江	同上	同上	同上。（日记眉注：杨杨雷三人为己亥日本出版《译书类编》社社员。）
卫律煌		同上	同上	充国民日报社庶务。
唐才质	浏阳	同上	同上	字法尘，才常之弟，庚子汉口败后，与秦力山同至《国民报》社。后充澳洲悉尼《东华报》主笔。
张继	沧州	同上	同上	初名溥，字溥泉，别名自然生。直隶留学界，继及蔡丞煜金邦平最先言革命。
陈冷	松江	报界	辛丑	字冷血，号景韩。辛丑东京《国民报》停刊，戢翼翚回上海，创《大陆》月刊，陈为记者，后入《申报》。
董鸿祎	浙江	留学生	壬寅	字恂士，早稻田大学生。壬寅冬，与秦毓鎏、叶澜倡设青年会，为留东学生倡排满最大团体。
秦毓鎏	无锡	留学生	壬寅	字效鲁，早稻田学生。东京青年会章程即出其手。癸卯春，任《江苏》杂志总编辑。
叶澜	仁和	同上	同上	字青漪。癸卯与钮永建、秦效鲁等组织征俄义勇队，旋改军国民教育会。冬，创上海《国民日日报》。
张肇桐	无锡	同上	同上	字叶侯，号轶欧。早稻田学生。与周宏业、冯自由等同倡青年会。癸卯为《江苏》杂志编辑人之一。

蒋方震	诸暨	同上	同上	字百里。辛丑偕蒋尊簋东渡。初入东亚商学院,后入士官。壬寅加入青年会。癸卯入《浙江》月刊社。
金邦平	直隶	同上	同上	字伯平。天津北洋书院学生。己亥入早稻田。壬寅与董鸿祎等同倡青年会。后自宣告脱离。
苏子谷	香山	同上	同上	号曼殊,后名玄瑛。初横滨大同学校学生。壬寅入早稻田。冯自由介入青年会。癸卯入上海《国民日日报》。
陈由己	安徽	同上	同上	字仲甫。后名独秀。东京青年会会员。癸卯为上海《国民日日报》记者。
汪荣宝	江苏	同上	同上	字衮甫。日本庆应大学及早稻田学生。壬寅冬,加入东京青年会,后亦与会渐远。
胡景伊	巴县	同上	同上	字文澜,东京青年会会员。
谢晓石	江西	同上	同上	东京青年会会员。
萨端	侯官	同上	同上	同上。
华鸿	无锡	同上	同上	同上。
嵇镜		同上	同上	同上。字涤生。
吴绾章		同上	同上	东京青年会会员。
钮镘		同上	同上	同上。
熊慕邃	江苏	同上	同上	同上。
董辑堂				同上。
潘赞化	江苏	同上	同上	同上。

以上自谢晓石至此共九人,虽为东京青年会会员,后至乙巳丙午间,惟潘尚奔走革命。

| 蒋智由 | 诸暨 | 学者 | 同上 | 字观云,初为《新民丛报》记者。癸卯任《浙江潮》总编辑,上海爱国学社教员。 |

濮振声	浙江	会党	同上	字景潮。清贡生。不满清政，自组白布会。壬寅夏秋间，起兵占桐庐、分水二县，事败，监禁仁和。
刘成禺	湖北	留学生	同上	字禺生。东京成城学校学生。壬寅冬倡《湖北学生界》月刊。癸卯元旦，在留学生会馆演说排满，官费被取消。
李书城	湖北	同上	同上	字晓垣。东京成城学校及士官学校学生，《湖北学生界》记者。
时功玖	湖北	同上	同上	字季友。《湖北学生界》记者。
吴炳枞	湖北	同上	同上	《湖北学生界》发起人。与刘成禺李书城在东京竹枝园认识总理。
程明超	湖北	同上	同上	《湖北学生界》编辑之一。壬寅冬，程家柽、刘成禺宴总理于竹枝园，明超与焉。
蔡元培	山阴	教育家	同上	字民友，号鹤卿，又号孑民。清光绪庚寅翰林。壬寅冬，与章炳麟、吴敬恒等在上海设中国教育会。癸卯，复办爱国学社。苏报案起，避地青岛。旋返上海，与刘光汉等办《俄事警闻》及《警钟日报》。甲辰冬，陶成章、龚宝铨等发起光复，被推为会长。（日记眉注：光复会在上海成立事在癸卯冬。）

阅本日《大公报》，载"军委会发言人谈一周战况（四月十五日至廿一日）敌寇自常德会战蒙受重创后，在国内战场曾经三四个月比较沉寂的时间，复在上月初开始调动部队，运输军实，情况至为繁忙。本人在三周前即判断，敌寇将在我国战场发动一大规模之蠢动。近来敌在豫东豫北等地调集兵力约五六万人，于十七日夜（十八日晨三时）由豫东之中牟南北地区，分三股强渡贾鲁河（黄河泛滥区）向我进犯。我守军分头迎击，已将犯白沙镇之敌军一股压迫

后退；其馀两股刻仍与我在中牟以南及西南地区继续激战中，敌我均有伤亡"。"此项豫北敌寇之蠢动，早在吾人预料之中，其初期兵力已有五六万人，似将在平汉沿演成自常德会战以后之大会战"。

四月廿三日　　　星期　晴。晨曦即甚丽。上午九时馀表七十度。今日为旧历四月朔。夜九时后至十二时雷鸣数次，又雨数次，檐溜出，较昨夜稍久。

上午九时至总纂办公处，稍坐，看寒暑表已降。旋到会，在秘书室与刘尊权主任略说，昨午徐副主任委员下条，调汝照弟往秘书室，惟总纂办公处工作未完以前，仍在原处云云之事。当时冯绍苏持条与余看，甚讶，谓我增修总谱必须此人助理，何能他调？既知工作未完以前仍在原处，又何必下条？殊不可解。后孙铁人解释，谓此因人事宜须造报各单位职员表册，近增加王玉华，黄嘉梁之遗妻。无可安插，乃编入总纂办公处，而人数逾额，故移入秘书室册内，但事实上王不能办事，仅具虚名云云。余不复争。惟就王个人立论，谓大家既然念黄嘉梁故谊，则对其妻亦应妥为安置，徒以虚名领薪，而使之独居原寓，究不相宜，何如令其每日到办公处，任其能力所及写多少字，我们勿加督责，俾免闲寂。孙甚赞同。旋龙秘书铁元来，余复以此语之。下午徐来，孙又以余不赞成调汝照事告徐，向余解释如上午孙所言。余谓此为造表册起见，余已不争；但王事另一问题，即复以上说语之。徐谓亦然。今再与刘主任说明原委也。旋出，见路旁田亩已有新秧，出水寸许，惟近寓门前一带田仍干涸，未落种。山田高低不齐，相距非远，景象绝异。返寓检阅日记，拟增修总谱，但近午矣。下午增修总谱一、二、三册一过。

四月廿四日　　　晴。微阴。日光比昨稍弱。上午九时馀表六十七度。午七十二度。下午五时半七十二度。下午日光转强。

　　晨八时到总纂办公处，旋往会，参加纪念周。返处，阅昨（廿三日）《中央报》。续抄《兴中会时期革命同志名册》如左：

吴敬恒	江苏	教育家	壬寅	字稚晖，清辛卯举人。壬寅充粤督陶模幕，派遣学生胡汉民等赴日留学。冬，与章蔡等在上海办中国教育会。癸卯办爱国学社。苏报案起，亡命伦敦。
黄中央	常熟	僧	壬寅	释名宗仰，又名乌目山僧。中国教育会发起人之一。苏报案起，走日本横滨，与总理同寓。
杨守仁	长沙	留学生	壬寅	原名毓麟，字笃生。壬寅春东渡，入宏文书院及早稻田大学。发湖南《游学译编》，著《新湖南》。
钮永建	上海	教育家	癸卯	字惕生。清癸巳举人。陆军将弁学堂毕业。壬寅，粤督陶模任为广东将弁学堂监督。癸卯东渡，谒总理于横滨。与秦毓鎏等发起拒俄义勇队。
蓝天蔚	黄陂	留学生	同上	字秀豪。日本士官学生。与吴禄贞昌言革命。癸卯，为拒俄义勇队队长。
陈天华	湖南	同上	同上	字星台。癸卯春东渡。与杨守仁同办湖南《游学译编》。又著《猛回头》、《警世钟》、《国民必读》等书。
梁焕彝	湖南	同上	同上	湖南《游学译编》编辑人（后为宪政党人）。
樊锥	湖南	同上	同上	同上。
翁浩	福州	同上	同上	字友虬。与秦毓鎏等同发起军国民教育会。癸卯秋，总理办青山军事学校，翁为学生。
郑宪成	福州	同上	同上	癸卯军国民教育会发起人之一，亦青山军事学校学生。甲辰长沙明德学校教员。

贝礼铺		同上	同上	
陈定保		同上	同上	
桂廷銮	南海	同上	同上	字少伟。清举人。癸卯东渡,先后入拒俄义勇队、军国民教育会、青山军事学校。回国后发狂病死。
黎勇锡	高要	同上	同上	字孝渊,号仲实。广东时敏学堂学生。壬寅东渡。癸卯参加军国民教育会,入青山军事学校。
胡毅生	番禺	同上	同上	原名维廉,广东高等学堂学生。壬寅东渡。癸卯参加军国民教育会,青山军校。
朱少穆	南海	同上	同上	癸卯春东渡。先后参加拒俄义勇队、军国民教育会、青山军校。
卢少岐	东莞	同上	同上	天津北洋书院学生。壬寅东渡,入早稻田。入军国民教育会、青山军校。甲辰,入香港《中国日报》。
伍嘉杰	南海	同上	同上	字小魏。癸卯参加军国民会、青山军校。甲辰回粤,病死。
黄　轸	湖南	同上	同上	字廑午,后名兴,字克强。两湖书院学生。壬寅东渡,入宏文书院。
程树德	福州	同上	同上	先后入拒俄义勇队、军国民教育会。
林志钧	福州	同上	同上	同上。
邹　容	巴县	同上	同上	字蔚丹。壬寅东渡。入东京同文书院。癸卯与张继同割留学生监督姚某辫发。回沪著《革命军》。(日记眉注:吴稚晖云,留学生监督为钱某。)
蒋维乔	武进	教育家	同上	字竹庄。与蔡元培、吴敬恒等同办中国教育会、爱国学社。任爱国学社教员。

黄炎培	川沙	教育家	同上	字任之。中国教育会董事兼爱国学社教员。
何梅士	侯官	学生	同上	南洋公学学生。因校中禁谈时事,全体退学,设爱国学社,刊《学生世界》,《苏报》封后,办《国民日日报》。
沈 联	武进	学生	同上	字步洲。爱国学社学生中坚之一,《苏报》主人陈范之外甥。
叶 瀚	浙江	教育家	同上	字浩吾。爱国学社教员。叶澜之兄也。
穆湘瑶	上海	学生	同上	字抒斋。南洋公学退学生,爱国学社学生中坚之一。穆湘玥藕初之兄也。
敖嘉熊	浙江	学生	同上	字梦姜。爱国学社学生。甲辰与陶成章、魏兰、陈梦熊组温台处会馆,联络会党图起义,事不成。
计烈公		同上	同上	南洋公学退学生,爱国学社学生中坚之一。
胡敦复	无锡	同上	同上	南洋公学退学生,爱国学社学生中坚之一。在《学生世界》发表文字颇多。
俞子夷		同上	同上	同上。
曹梁厦	宜兴	同上	同上	同上。
何震生	金山	同上	同上	同上。
贝寿同	吴县	同上	同上	同上。
章士钊	长沙	学生	癸卯	字行严。南京陆师学堂退学生,转入爱国学社并任《苏报》主笔。"苏报案"后,入《国民日日报》。
林 砺	丹阳	同上	同上	后名懿均,号力山。南京陆师退学,转入爱国学社学生。后与金天翮组自治学社于吴江县。
孙翼中	杭县	教育家	同上	字耦耕,别号江东。壬寅东渡。入秦毓鎏等青年会。与王家驹蒋智由等同办《浙江潮》

				月刊。癸卯归国，办《杭州白话报》。
许寿裳	山阴	留学生	同上	章太炎弟子，《浙江潮》编辑。
陈范	衡山	报界	同上	原名彝范，字梦坡。清举人。江西铅山县知县。癸卯接办《苏报》，被封后走日本，曾谒总理。
汪文溥	阳湖	报界	同上	号幼安。陈范之妹婿。癸卯充《苏报》编辑。后为湖南醴陵知县。丙午萍浏醴之役，保全党人甚多。
陈仲彝	衡山	报界	同上	陈范之子。在上海《苏报》供职。该报被封时，入工部房狱多日，得释。
陈海鲲	侯官	留学生	同上	自号仇满生。癸卯四月赴日本，欲入拒俄义勇队，闻已为清公使蔡钧请日政府禁止，愤极遂投海死。
程吉甫	吴县	报界	同上	《苏报》司帐员，报案发被捕，后得释。
钱宝仁	丹徒	报界	同上	字允生，在陈范之女撷芬所办女苏报馆办事。"苏报案"起，《女苏报》亦被封，钱遂被捕，后得释。
陈撷芬	衡山	报界	同上	癸卯春夏，创爱国女学堂及《女苏报》。报案发，随父至日本，入横滨基督教共立女学校，后赴美留学，嫁蜀人杨隽。

下午续抄《兴中会时期革命同志名册》如左：

徐敬吾	香山	商	癸卯	原名鉴字镜湖。癸卯春夏间专以出售革命书报为业，爱国学社成立，亦与有力。（日记眉注：觊吾，尝撰上海野鸡花榜登小报，得野鸡大王之名。）
徐宝姒	香山	商	同上	徐敬吾之女。敬吾倡议每星期日在张园安垲第开演说会，演讲革命。父女偕往，女尤

善演说。早死。

丁初我	常熟	教育家	同上	中国教育会常熟支部主持人之一。该支部创办塔后小学,与下二人同事。
徐觉我	常熟	同上	同上	同上。
殷次伊	常熟	同上	同上	同上。《苏报》事起,中国教育会解散,殷愤自杀,塔后小学即停办。
柳弃疾	吴江	学生	同上	字亚子。爱国学社由东吴大学转入发起中国教育会吴江黎里支部,与金天翮办自治学社。
金天翮	吴江	同上	同上	中国教育会黎里支部发起人之一。创明华女学,撰《女界钟》。"苏报案"后,自治学社犹支持三年。
陶赓熊	吴江	同上	同上	字佑汉,号佐虞。爱国学社学生。与金天翮同资助邹容出版《革命军》,亦中国教育会黎里支部发起人。
汪德渊	安徽	教育家	癸卯	字允中。中国教育会董事。
钟宪鬯	崇明	同上	同上	字观光。同上。
王季同	吴县	同上	同上	字小徐。中国教育会董事。被解散后,王钟汪及蒋维乔迁于爱国女学社旧址,保存教育会名义。甲辰蔡元培归自青岛居此。
刘季平	上海	教育家	癸卯	后更名刘三。爱国学社盛时,创丽泽学堂于上海华泾乡,旋移上海新闸路,名青年学社。甲辰王之春刺案被封。
刘东海	上海	同上	同上	季平之从兄,为丽泽学堂创办人之一。
费公直	吴县	同上	同上	号天健,与秦毓鎏同为丽泽学堂教员。
蔡　寅	吴江	同上	同上	字治民。爱国学社学生。邹容之《革命军》初在大同书局出版,以蔡之力为多。

陈竞全	甘肃秦州	书籍商	同上	字竞存。清进士。曾任知县,不满时政,罢官居沪,开镜今书局,专印刷革命书籍。死葬上海华泾乡近邹容坟。
伍汉持	新宁	医生	同上	癸卯与史古愚、崔通约等在九龙办光汉学堂,推行革命教育。
陈典方	新会	教员	同上	陈少白之堂弟。九龙光汉学堂教员。
林 护	新会	商	同上	香港殷商,营建筑业。癸卯郑贯一与崔通约、谭民三创《世界公益报》,林出资甚巨。
李大醒	新会	报界	同上	《世界公益报》出版,李助郑贯一。郑旋辞,以李继。乙巳,以鼓吹抵制美货,被港吏驱逐出境。
冯活泉	广东	商	同上	《世界公益报》大股东之一。癸卯夏,偕郑贯一,苏绰南东渡日本,购印刷机铅字。
谭民三	香山	商	同上	《世界公益报》经理,与郑贯一交至深。
区金钧	广东	留学生	同上	广州时敏学生。壬寅东渡,入同文书院。癸卯,入青山军事学校。越年返粤,早死。
卢牟泰	广东	同上	同上	字可峰。与上同。惟返粤后曾任各校体操教员。亦早卒。
李锡青	嘉应	同上	同上	癸卯先入拒俄义勇队,后入青山军事学校。归国后以忧愤卒。(日记眉注:此为李域丞姑丈长子,详情俟函询仲强表弟,或能知之。)
郭健霄	潮州	同上	同上	癸卯入青山军事学校,归上海后经商(或为潮阳县人郭某之子。)
刘维焘	兴宁	同上	同上	癸卯先入拒俄义勇队,后入青山军事学校。
饶景华	兴宁	同上	同上	同上(日记眉注:刘饶二人表误为潮州人,余已签明。)

张泽黎	香山	报界	同上	字孺伯。癸卯至檀香山,改组《檀山新报》。初聘香港《中国日报》陈诗仲,不果,改聘张为主笔。
卢和生	东莞	同上	同上	字东步。香港生长。英海军工程毕业。历任上海各西报记者。癸卯,《国民日日报》以卢出名为发行人。(日记眉注:卢取得英国籍,故《国民日日报》欲藉其保护。)
连梦青	江苏	同上	同上	上海《繁华报》记者。《繁华》本为小报,专登花事。癸卯亦大谈革命,徐敬吾常假之以发表高论。
黄三德	新宁	会党	同上	总理癸卯冬赴美,旧金山登岸被阻。三德援之。后偕总理游各埠,倡洪门致公堂注册。(日记眉注:总理抵旧金山为甲辰三月。)
唐琼昌	恩平	报界	同上	旧金山《大同日报》总理。初为保皇党利用,癸卯总理至,唐乃逐主笔欧榘甲,改请刘成禺。
邓干隆	新宁	报界	同上	基督教徒,兼致公堂干事。唐琼昌改组《大同日报》时,入为营业部司理。
雷月池	同上	商	同上	纽约致公堂书记,总理游美东时,雷招待甚殷,并助筹饷。(日记眉注:总理至纽约应在甲辰。)
黄溪记	同上	商	同上	纽约致公堂董事,总理游美东,常假其店为通讯处。
梅宗炯	新宁	会党	癸卯	波士顿致公堂大佬,总理数度在美东筹款,颇得其助。
杨廷光	新宁	商	同上	洛杉矶商人,兼致公堂司事,总理游洛杉矶机埠,得其热心赞助。

吕统积	新宁	商	同上	同上。
黄暖家	新宁	商	同上	美疏拉商人,兼该埠致公堂司事。总理游该埠,亦得其助力。
谭淦明	新宁	商	同上	山爹古商人,亦该埠致公堂司事。同上。
陈秋谱	香山	商	同上	纽柯连商人,并该埠致公堂司事。同上。

阅本日《大公报》。夜审查中图会送《新中国三字经》。

四月廿五日　　阴。昨夜不知何时下雨,晨路湿。上午表六十六度。下午雨。檐溜出。

上午九时至总纂办公处,旋往会,交罗本初代买米款一千四百元,计三月份欠二百,四月份一千二百。并到秘书室与刘尊权谈职员生产子女补助费须医生证明问题,俟张委员返会再解决。返处续抄《兴中会时期革命同志名表》如左:

张　恭	金华	学者	同上	字伯谦,号开伯。清举人。癸卯冬在金华发刊《萃新报》,触忌被封。后专联络会党,立龙华会。
刘　焜	金华	学者	同上	金华《萃新报》记者,被封时逃沪。
盛　俊	金华	学者	同上	同上。
龚宝铨	浙江	留学生	同上	字薇生,别号味荪。壬寅留学日本。先后入拒俄义勇队,军国民教育会。癸卯被推为浙江归国实行员。在上海发起光复会。(日记眉注:章炳麟丙午出狱,以女妻龚。)
陶成章	会稽	留学生	同上	字焕卿。癸卯龚味荪在沪倡光复会,陶首先加入,并使会党首领多人加入。
魏　兰	仁和	同上	同上	字石山。癸卯夏在日本入军国民教育会。冬归,以濮振声介绍,偕陶成章联络会党。(日记眉注:徐忍茹云,字石荪。)
王金宝	青田	会党	甲辰	拳师,充双龙会首领,又入终南会。甲辰秋,

				陶成章、魏兰约其响应湖南华兴会,事泄被捕,死。
周云祥	云南	矿商	癸卯	初,闻清廷许法国划云南为其势力范围,立保滇会反对。癸卯四月起兵,占临安、石屏、阿迷州各城。
黄显忠	蒙自	矿商	同上	与周云祥有戚谊,同起兵,攻下阿迷州,宁州。事败,匿迹边区,惟周云祥不知所终。
潘公复	湖北	留学生	同上	字善伯。《湖北学生界》月刊于癸卯外改名《汉声》,潘任记者之一。
但焘	蒲圻	同上	同上	字植之,别号天因。癸卯冬渡。任《汉声》杂志记者。后又发刊《汉风》月刊,以阐扬国粹为主。
陈楚楠	福建同安	商	同上	星加坡合春木厂主。癸卯初,与尤列结识,"苏报案"起,与张永福联电沪英领。旋组《图南日报》,甲辰春出版。(日记眉注:别号"思明州之少年"。)
张永福	饶平	商	同上	星加坡新长美布店主,与陈楚楠同发起《图南日报》,延香港《中国日报》陈诗仲为主笔。
林义顺	潮阳	商	同上	字发初。张永福之外甥,"苏报案"起,陈、张出资翻印《革命军》五千册,使林回闽粤散布。(日记眉注:陈、张改《革命军》为《图存篇》。)
骆观明	博罗	海员	甲辰	向在美国邮船充厨司,庚子曾助梁慕光。甲辰与冯自由、梁慕光在横滨组洪门三点会。
李自平	新宁	留学生	同上	冯自由之妻。癸卯随冯东渡,入横滨基督共立女子学校,参加骆观明之三点会,被封为纸扇。

廖翼朋	广东	商	甲辰	甲午在广州博济习医,与总理同学。癸卯经商日本,总理招与黄宗仰同寓。甲辰参加骆氏会。(日记眉注:此条重出,前作巽鹏,同一人也。)
陈湘芬	衡山	留学生	同上	陈范之妾,不知其姓,原籍浙江。在横滨参加骆观明之三点会。
刘复权	湖南	同上	同上	骆氏三点会初封胡毅生"红棍",李自平"纸扇",冯自由"草鞋"。第二次开会,又得留学生十馀人,刘封"红棍"。(日记眉注:刘名炎,后为端方侦探,辛亥革命被捕枪决。)
秋 瑾	会稽	同上	同上	名璿卿,别名竞雄。甲辰春东渡,与刘道一等加入骆观明三点会,封"白扇"。

下午因雨不能出门,在寓审查《新中国三字经》。完。写致十弟信一。晚间照弟来,带到三兄四月二日来函一,农行通知书一,本日《大公报》,略阅一过。

四月廿六日 雨。晨及上午均小雨。下午一至四时雨止。四时后又小雨。五时半表六十二度。

上午在寓修改总谱一、二、三册又一过。接亮儿廿一日来禀。附宝田舅致他信。下午四时馀至总纂办公处,将农行通知书托安处长盖会章后,交照弟日间天晴往兑取。返处,阅本日《大公报》,豫省寇来势颇凶,郑县似已失。夜复亮儿信一。

四月廿七日 晨七时日出而薄,后渐转晴。午表六十六度。下午日色甚佳。五时半表六十七度。

上午先在寓修改总谱第四册一过。十一时路干,到总纂办公处。托冯绍苏调取《总理全书》,拟抄兴中会章程。总谱原稿内有一篇为香港所发布,另有一篇拟补入,乃檀香山所布者。下午三时到办公处,冯绍苏检交《总理全书》内有兴中会章程二篇。适同时编辑处送请复核史料一件,为四月廿四日中秘处来函抄送梅景周关于兴中会成立情形电希查照参考由,内开:"案查关于兴中会系于甲午年何月何日创立一案,经电准檀香山梅总领事景周复称,'查兴中会首次在何宽府上开会成立,议订宣言书、会规。第一次收入会银为一八九四年十一月廿四日,是否正式成立日期,各方探询,无法证实。钟宇老同志亦谓不能记忆'等语。除分函宣传部外,相应函达查照参考为荷。"编辑处签称:"查《总理年谱长编初稿》内称,'开第一次会议于卑涉洋(日记眉注:按年谱初稿为银。)行经理何宽家。'复查冯自由邹鲁等著作,亦载有同样史迹,而均无月日记载。本件载有第一次收入会银月日。拟存作史料参考。"孙纂修铁人以询,余阅之大喜,盖余正查兴中会成立日期,可藉此为线索也。惟忆余往年曾见会内有檀香山所寄史料兴中会成立章程一件,其末有无押署月日,未记清楚。刻查《总理全书》所载为抄稿,非原件,因再嘱冯绍苏调取该原件查核,兹先将抄稿录左:

　　檀香山兴中会成立宣言(纪元前十八年)

　　中国积弱,非一日矣。上则因循苟且,粉饰虚张;下则蒙昧无知,鲜能远虑。近之辱国丧师,剪藩压境。堂堂华夏,不耻于邻邦;文物冠裳,被轻于异族。有志之士,能无抚膺!夫以四百兆苍生之众,数万里土地之饶,固可发奋为雄,无敌于天下。乃以庸奴误国,荼毒苍生,一蹶不兴,如斯之极。方今强邻环列,虎视鹰瞵,久垂涎于中华五金之富,物产之饶。蚕食鲸吞,已效尤于接踵;瓜分豆剖,实堪虑于目前。有心人不禁大声疾呼,亟拯斯民于水火,切扶大厦之将倾。用特集会众以兴中,协贤豪而共济。抒此时艰,奠我中夏。仰诸同志,盍自勉旃。谨订条规,胪列如左:

　　一,是会之设,专为振兴中华、维持国体起见。盖我中华受外国欺凌,已非一日,皆由内外隔绝,上下之情罔通,国体抑损而不知,子民受制而无告。

苦厄日深，为害何极。兹特联络中外华人，创兴是会，以申民志，而扶国宗。

一，凡入会之人，每人捐会底银五元。另有义捐，以助经费，随人惟力是视，务宜踊跃赴义。

一，本会公举正副主席各一位，正副文案各一位，管库一位，值理八位，差委二位，以专司理会中事务。

一，每逢礼拜四晚，本会集议一次。正副主席必要一位赴会，方能开议。

一，凡会中所收会底各银，必要由管库存贮妥当，或贮银行，以备有事调用。惟管库须有殷商二名担保，以昭郑重。

一，凡会中捐助各银，皆为帮助国家之用，在此外不得动支，以省浮费。如或会中偶遇别事要用小费者，可由会友集议妥允，然后支给。

一，凡新入会者，须要会友一位引荐担保，方得准他入会。

一，凡会内所议各事，当照舍少从多之例而行，以昭公允。

一，凡以上所订规条，各友须要恪守；倘有善法，亦可随时当众议订加增，以臻完美。

又抄《兴中会时期革命同志名册》如左：

刘道一　衡山　留学生　甲辰　字锄非。刘揆一之弟。横滨三点会第二次拜盟诸人，由道一所召集，被封为"草鞋"。

仇　亮　湘阴　同上　同上　原名式匡，字蕴存。刘道一引领入横滨三点会。乙巳春，与田桐、白逾桓等组《二十世纪之支那》杂志。

王时泽　湖南　同上　同上　字泽生。入横滨三点会后，在商船学校毕业归国，在海军处供职。

彭春阳　四川　同上　同上　参加横滨三点会。

胡兰亭　湖北　教士　同上　武昌基督教圣公会牧师。甲辰春，与黄华亭另创日知会于高家巷，为革命机关。

黄华亭　湖北　同上　同上　长沙圣公会牧师，创日知会于吉祥巷。黄克强、刘揆一、宋教仁、胡瑛、陈天华、易本羲、

　　　　　　　　　　禹之谟皆为会员。

刘贞一	湖北	同上	同上	字敬安。少入基督教,道号保罗。与胡、黄同为日知会发起人之一,兼主持会务。
曹亚伯	兴国	留学生	同上	武昌两湖书院学生,胡、黄介绍入基督教,假日知会演讲革命。乙巳春,东渡留学,仍假福音堂讲革命。(日记眉注:原误湖北,但兴国县似属江西,应查。查兴国今改阳新。)①
刘揆一	衡山	留学生	癸卯	字霖生。癸卯东渡,入宏文书院。是冬,与黄克强组华兴会。甲辰,归国,任醴陵中学监督。长沙事败仍东渡。
马福益	湘潭	会党	甲辰	湖南哥老会龙头。华兴会副会长。长沙事败走广西。乙巳回湘,被捕就义。旅东同志为开追悼大会。

　　阅今日《大公报》、《中央报》。照弟午饭后代往农行兑取黎守杰汇款,如数收到。

　　四月廿八日　　晴。午表七十二度。下午六时七十一度。

　　上午九时到总纂办公处,拟本会十四年纪念门牌联一。星宿于焉尊北斗,风雷应见启金滕。原拟龙气于焉冲北斗,以示孙铁人,谓龙气与风雷不对,乃改星宿尊三字。续抄《兴中会时期革命同志名册》如左:

| 宋教仁 | 桃源 | 留学生 | 甲辰 | 字遁初。甲辰参加日知会,华兴会。奉黄兴命,设华兴会支部于武昌,后走日本,创《二十世纪之支那》。 |
| 谢寿祺 | 湖南 | 会党 | 甲辰 | 向充军老会行堂之职,刘揆一与马福益交,即由谢介绍。乙巳马回湘欲再举,谢至沪, |

────────────

　　①　按:湖北兴国州,不误。——整理者

				欲东渡邀黄兴归国。
萧继生	同上	同上	同上	马福益所部之有力者,甲辰九月初旬,事泄被执遇害。
游得胜	同上	同上	同上	同上。
何少卿	同上	同上	同上	同上。
郭鹤卿	同上	同上	同上	同上。
飞毛腿	同上	同上	同上	此人不知姓名,善走,故绰号"飞毛腿"。哥老会行堂犹三点会之"草鞋"。甲辰马福益知事泄,遣飞毛腿走报长沙,一昼夜行一百九十里。
胡瑛	桃源	留学生	甲辰	字经武。甲辰与宋教仁同设华兴会支部于武昌,运动武阳夏三镇新军。
姚宏业	益阳	同上	同上	甲辰参加华兴会。
张荣楣	四川	同上	同上	甲辰奉华兴会命,由沪入蜀,接洽会党与湘、鄂响应。
周维桢	四川	同上	同上	同上。
陈福田	湖南	会党	同上	哥老会头目。甲辰马福益令之专任联络军队。
刘月升	湖南	同上	同上	同上。
韩飞	湖南	同上	同上	同上。
徐佛苏	湖南	留学生	同上	曾充长沙明德学堂教员,亦颇尽力兴中会[1]。甲辰事败,走上海,又闻黄兴等被捕,后往日本投梁启超。
胡元倓	长沙	留学生	同上	字子靖,与翁友巩同任长沙高等学堂及明德学堂教员,参加华兴会,颇出力。(日记眉

---

[1]　应系华兴会。——整理者

注:或言明德学堂为胡创办。)

周震鳞	湖南	教育家	同上	字道腴。甲辰与张继、秦毓鎏任长沙明德、经正两校教员。华兴事败,仍留湘主持党人与学界联络事。
龙　璋	新化	官吏	同上	字研仙,清举人。为刘坤一赏识,历任江苏知县。长沙明德、经正两校开办捐赞甚多。甲辰华兴会之役,亦阴资助。
谭人凤	新化	教育家	同上	字石屏。素热心学务,好结交会党。甲辰长沙之役,助黄兴甚力,后以宝庆会党株连始出走。
禹之谟	湘乡	留学生	同上	少留学日本,习工艺。庚子归国,参与汉口自立军,事败返湘,创立毛巾厂。甲辰华兴会之役,黄兴大得其助。

写复黎守杰信一。下午三时到办公处,续抄如左:

周来苏	湖南	留学生	癸卯	东京军国民教育会推与黄兴同归国为实行员。甲辰夏,杨守仁、苏鹏至北京,谋炸清宫殿不果,仍东渡。
苏　鹏	湖南	留学生	癸卯	字复初。壬寅东渡留学,先后参加义勇队、军国民教育会。甲辰由北京南下,与长沙之役。事败走上海。
徐象黼	浙江	拳师	甲辰	家传拳技,甲辰应刘三聘为丽泽学堂体操教员。数天后为平湖敖嘉熊私人保镖。戊申敖为仇人所害,徐仰药死。
杭辛斋	海宁	报界	同上	名慎修,字夷则。好联络会党。甲辰秋,杨守仁在沪谋应长沙华兴会,杭为规划江浙方面事,后往北京办《白话报》。
李柱中	湖南	留学生	同上	字燮和,长沙明德、经正学生。华兴会起事,

				奔走甚力。事败东渡留学。
宁调元	醴陵	同上	同上	字太一。同上。
柳扬谷	湖南	同上	同上	字聘农。同上。
萧继堃	湖南	同上	同上	曾留学日本。甲辰秋,应黄兴之召回国参加长沙之役。
柳继贞	同上	同上	同上	同上。
万福华	寿州	教员	同上	甲辰春任上海某学堂教员。秋,黄兴、刘揆一从长沙败后至沪,万因吴春旸而识黄、刘。十月十三日,枪击王之春,被捕禁。
吴春旸	合肥	留学生	同上	字旸谷,皖人之运动革命最热心者。万福华之击王之春,即吴主动。
郭人漳	湘潭	官吏	同上	字保元,清侍郎郭嵩焘之子,与黄兴、张继友善。万福华案起,郭适访兴,因同被捕,沪道袁海观、赣抚夏时营救,均得释。
赵世暄	湖南	教员	同上	郭人漳赴任江西巡防营统领,过沪在途遇此人,告以黄兴在新闸路馀庆里,郭因往访。(日记眉注:世暄名梅,江西人。汤增璧识之。)
朱启陶	湖南	教员	同上	甲辰上海新闸路馀庆里被捕者之一。
杨 任	湖南	教员	同上	字晋康。甲辰助黄兴联络会党。又任上海馀庆里事。乙巳黄兴由日本回湘抵沅陵,被清兵所困,杨引避得免。
薛大可	湖南	教员	同上	甲辰上海新闸路馀庆里被捕者之一。但薛实非华兴会,乃因访友而至,后东渡投梁启超。
何德如	广东	报界	同上	甲辰春,佐陈诗仲任星加坡《图南日报》记者。
丘焕文	同上	同上	同上	同上。

胡伯镶	同上	同上	同上	同上。
徐锡麟	山阴	教育家	同上	字伯荪,清癸卯副贡。壬寅游日本,与陶成章、龚宝铨结识。甲辰冬过沪,加入光复会后,偕成章遍交浙省会党。
许仲卿	绍兴	商	同上	乙巳秋,徐锡麟创大通学堂,许首捐五千元。锡麟、成章、宝铨捐官亦由许助款先后五万元之巨。
蔡元康	山阴	学生	同上	字国卿,元培从弟。甲辰冬入光复会。乙巳春,与徐锡麟谋劫钱庄为革命经费,未果行。
竺绍康	浙江	会党	同上	字酌仙,本读书,因父为土豪蔡老虎所害,组平阳党,谋报复。甲辰秋,陶成章约起兵应长沙华兴会,未果。冬,入光复会。
曹钦熙	山阴	教育家	同上	字荔泉,清副贡。为许仲卿业师,许助徐锡麟,乃曹说项也。
沈荣卿	浙江永康	会党	同上	原名乐年,字瑛一,龙华会正会主。陶成章、魏兰所联络会党,以此会为最有力。敖嘉熊、秋瑾亦利用之。
周华昌	缙云	会党	同上	原名金海,字安澜。与张恭同为龙华会副会主。甲辰敖嘉熊组温台处会馆,周与有力。
吕毓祥	云和	教员	同上	字子文。早年与魏兰同办处州先志学堂,与各派会党联络。甲辰,敖嘉熊组温台处会馆于嘉兴,吕魏之力为多。(日记眉注:原作魏兰之堂侄,何以异姓称侄,不解。)
吕熊祥	缙云	商	同上	字逢樵,在壶镇开杂货店,与沈云卿、周华昌交莫逆,为温台处会馆干事。
吕嘉益	缙云	会党	同上	熊祥族侄,有党徒数千,敖嘉熊、徐锡麟、秋瑾之革命运动皆得其力。

陈梦熊　浙江　留学生　同上　字乃新。由敖嘉熊聘充嘉兴温台处会馆
　　　　　　　　　　　　　　　干事。

　　阅本日《中央日报》、《大公报》。夜写复三兄信一。

四月廿九日　　　晴。午表七十三度。

　　上午九时到总纂办公处，写致十弟信一。续抄《兴中会时期革命同志人名册》如左：

丁　铼　缙云　商　　　甲辰　字醉三。由敖嘉熊聘充嘉兴温台处会馆干
　　　　　　　　　　　　　　事。

赵　卓　缙云　商　　　同上　字洪富。同上。

魏毓藩　仁和　学生　　同上　嘉兴温台处会馆干事。

魏仲麟　仁和　学生　　同上　同上。

冯　豹　乐清　商　　　同上　字地造。同上。

李造钟　缙云　商　　　同上　同上。

　　自陈梦熊至李造钟七人，于浙江学界及会党各有相当势力。甲辰乙巳间，温台处会馆隐然执全浙革命党之牛耳。及敖嘉熊遭家难商业亏折，会馆不能支持，诸人始散。未几，徐锡麟组大通学堂，党人之大本营乃由嘉兴移于绍兴。——原注

刘光汉　仪征　留学生　甲辰　原名师培，字申叔。清癸卯举人。甲辰冬入
　　　　　　　　　　　　　　光复会，上海《俄事警闻》、《警钟日报》记者，
　　　　　　　　　　　　　　助敖嘉熊之温台处会馆。（日记眉注：后任
　　　　　　　　　　　　　　芜湖安徽公学及皖江中学教员，撰书及中国
　　　　　　　　　　　　　　民族志。后变节。）

林　獬　侯官　留学生　同上　字白水，号少泉。甲辰在沪助蔡元培，任《俄
　　　　　　　　　　　　　　事警闻》及《警钟日报》记者，后创《中国白话
　　　　　　　　　　　　　　报》。

孙寰镜　无锡　报界　　同上　字静庵。《警钟日报》及《二十世纪大舞台》
　　　　　　　　　　　　　　记者。

林宗素	侯官	报界	同上	林獬之女弟子。甲辰任《警钟日报》副编辑。为上海报界女记者之第二人。后东渡,与陈撷芬同学。
陈去病	吴江	报界	同上	字佩忍,号巢南。甲辰任《警钟日报》记者。别创《二十世纪大舞台》杂志。著《清秘史》及《陆沉丛书》。
胡子晋	南海	报界	同上	字骏男。向任广州进取学堂教员。甲辰至香港任郑贯一所办《广东日报》、《有所谓报》记者两年。因广东报排外,为港吏驱逐。
陈树人	番禺	报界	同上	名画家居廉弟子。甲辰任香港《广东日报》编辑。
劳纬孟	广东	报界	甲辰	甲辰《广东日报》副编辑。此报出版未及一载,郑贯公去职即停刊。
田　桐	蕲春	留学生	乙巳	字梓琴。武昌文普通学堂学生。甲辰东渡。乙巳春与白逾桓宋教仁等创《二十世纪之支那》月刊。
白逾桓	湖北	同上	同上	字楚香。甲辰东渡。乙巳与田、宋等办《二十世纪之支那》月刊,因评日本之侵略政策,被禁止,仅出二期。
刘炳标	襄阳	同上	同上	原名湘,字仲文,后改名公。乙巳东渡。《二十世纪之支那》由刘之力最多。
鲁　鱼	湖北	同上	同上	字雯青。《二十世纪之支那》编辑。月刊出版二期被禁,后改为《民报》。
王　汉	湖北	同上	同上	字涌涛。乙巳春,日知会刘敬庵等闻清廷派铁良南下建兵工厂,组暗杀团,王任其责。伺铁于彰德车站,不遂,自杀。
章陶严	长沙	学生	癸卯	行严之弟。爱国学社学生。因不受中国教

育会制裁,章太炎斥之,陶严反批其颊,学社
卒与教育会分裂。(日记眉注:陶严又名陶
年。)

以上兴中会时期革命同志。完。

下午三时到总纂办公处,开五七区第一区分部第一次小组会
议。续录《兴中会史料汇编第三·人物志》。

三、外籍会员及革命志士表

宫崎寅藏	日本	学者①	丁酉	号白浪滔天、滔天。由曾根俊虎介绍识总理于横滨。著有《三十三年落花梦》。有传。
平山周	同上	同上	同上	曾奉总理命,偕毕永年赴湘鄂运动会党。丁未后因事与总理不合,往还渐疏。
萱野长知	同上	军官	己亥	操我国语精熟,与宫崎协助总理同得力。总理自传中述及。

以上三人为兴中会会员。

曾根俊虎	同上	武官	丙申	海军大尉,居我国北方多年,通华语,著《太平军战记》一书。陈少白在日本识之,因而识宫崎。
犬养毅	同上	政治家	丁酉	日进步党首领。由宫崎介绍与总理相识。号木堂。
平冈浩太郎	同上	商	丁酉	九州福冈煤矿主。由犬养毅介绍识总理。丁戌间,总理居东京费用多由平冈供给。
福本诚	同上	学者	庚子	号日南。著作颇富。庚子夏,随总理至香港,图入惠州助郑士良,未果。
内田良平	同上	同上	同上	日本黑龙会干事。庚子随总理至香港,

---

① 宫崎寅藏等三人系日本浪人。——整理者

				参加惠州革命军参谋团,以道梗未至惠州。
伊东正基	同上	军人	同上	庚子随总理至香港。同上。
原口闻一	同上	学者	同上	同上。
末永节	同上	军人	同上	同上。
远藤隆夫	同上	同上	同上	同上。
山下稻	同上	同上	同上	同上。
清藤幸七郎	同上	同上	同上	同上。
岛田经一	同上	同上	同上	同上。
山田良政	同上	同上	同上	庚子惠州之役,总理在台湾,命山田从间道入惠州,传令郑士良。士良退兵,山田迷失道,为清兵所害。
山田纯山郎	同上	商	同上	良政弟。总理自传云:山田兄弟为革命奔走始终不懈。
头山满	同上		同上	黑龙会首领及在乡浪人首领。中村弥六之骗案,由头山满斡旋和解。

阅本日《中央日报》。

四月卅日　　星期　晴。昨夜不知何时下雨。晨路湿。

上午与兆女携抗儿到总纂办公处。姜伯彰兄给抗儿百元,固辞不获,暂收下,日间设法送还。旋二儿自回。余往会一行亦回。续录《兴中会时期外籍会员及革命志士》如左:

高桥谦	日本	学者	己亥	日本东亚同文会粤分会会长。己亥史坚如由广州赴香港加入兴中会,见陈少白杨衢云,由其介绍。
秋山定辅	同上	议员	壬寅	总理居东京时,尝相往还。
幸德秋水	同上	学者	癸卯	日本无政府主义学者。著述颇富。总理尝与讨论社会主义之实行多次。

日野熊藏	同上	军人	癸卯	癸卯夏,总理为留学生组织革命军事军校于青山,请日野任教授,盖炮兵大尉也。
小室健次郎	同上	同上	同上	日野之友。青山军事学校教员。善制炸弹。学生从之学习,成此技者不乏人。
寺尾亨	同上	学者	己亥	日本著名法学家。总理自传以"尽力革命"称之。
大崎	同上		庚子	惠州之役,曾随总理至香港。(见冯自由《开国前革命史》)①
岩崎	日本		庚子	同上。
伊藤	同上		同上	同上。
副岛种臣	日本		己亥	总理自传以"尽力革命"称之。(日记眉注:副岛种臣为东亚同文会会长。)
大隈重信	同上	政治家	丁酉	总理居东京时,犬养毅介绍识之。时为内阁首相。
大石正己	同上	同上	同上	同上。
尾崎行雄	同上	同上	同上	同上。
中野铃木	同上	同上	同上	同上②。
安川(敬一郎)	同上	同上	同上	同上③。
犬塚(信太郎)	同上	同上	同上④	(总理)自传云:对于中国革命事业多作资助,尤以久原犬塚为最。
久原(房之助)	同上	同上	同上	同上⑤。
菊池(良一)	同上	同上	同上	同上。(总理)自传云,菊池及岛津弥

---

① 应是尾崎行昌,浪人。——整理者
② 应是中野德次郎,矿主;铃木天眼,《九州日报》编辑。——整理者
③ 企业家。——整理者
④ "满铁"职员。——整理者
⑤ 企业家。——整理者

				藏为革命奔走始终不懈。
岛津弥藏	同上	政治家		宫崎寅藏之兄,自幼出继岛津氏,以岛津为姓。由基督教某牧师介绍识陈少白,不久病死。
清藤	同上			庚子偕总理到香港后,与宫崎寅藏同往星加坡,为康有为诬为刺客,冯史卅二章作此名也。(日记眉注:上列清藤幸七郎同一人。清藤为姓,幸七郎为名。)
儿玉源太郎	同上	军政界	庚子	台湾总督。庚子惠州之役,曾许赞助,后以日本内阁更迭,被禁与中国革命党接洽,乃中止。
后藤新平	同上	政界	庚子	台湾总督府民政长官。奉儿玉密令与总理接洽,协助惠州革命军。(冯史卅二章)
副岛义一	同上			见冯史卅二章。
户水宽人	同上			见冯史卅二章。

(以上共日本人四十一人。原注四十二人者,清藤作二人也。)

康德黎	英	医师		香港雅丽氏西医学校校长。总理之师也。总理自传译为简地利。(日记眉注:James-Cantlie)
毛生	英	医师		西医学校教授。亦总理之师。或译为孟生。(日记眉注:MauSon)
黎德	英	报界	乙未	香港德臣西报记者。乙未之役,兴中会对外英文宣言为黎德与高文二人起草。(日记眉注:Thomas M. Reid)
邓勤	英		同上	香港士蔑西报记者。与黎德均尝在报上抨

				击满清政治。邓勤尤有鼓吹革命言论。港政府传诫之。（日记眉注：Chesney Dancan）
高文			同上	与黎德同草兴中会英文对外宣言。（日记眉注：T. cower）
摩根	英	学者	丙申	总理于丙申秋到伦敦识之。庚子来华，颇力助革命。随往安南、星加坡、日本等地，又为史坚如助。（日记眉注：摩根一作摩近。）
马礼逊	英	学者	壬寅	英国有名法学博士，与谢缵泰友善，洪全福之役，谢草英文革命宣言，马氏参加意见。（日记眉注：G. E. Morrison）①
沈宁汉	英	报界	壬寅	香港某西报记者。洪金福之役，谢缵泰草英文革命宣言，克为付石印。事败后又力救党人。（日记眉注：Aifxed Cuninghan）
柯尔	英		丙申	总理伦敦蒙难，赖柯尔转递密函于康德黎、孟生，营救脱险。
希加②	美	牧师		总理十八岁在香港美国纲纪慎教会受基督教洗礼，希加为之施洗。陆皓东亦同时受洗。
嘉约翰	美	医生		广州博济医院院长。总理入博济习医时之师也。
香忭文	美	教士	乙未	常出入圣教书楼，与党人过从甚密。乙未九月九日事败，党人赖其传递消息脱险者众。
尹士嘉	美	教育家	庚子	广州格致书院院长。甚爱史坚如。炸案发，坚如被逮，钟荣光请尹转托美领事营救，被拒。

---

① 通译作莫理循，后任《泰晤士报》驻京记者。——整理者
② C. R. Hager，又译作喜嘉理。——整理者

那文	美	律师	癸卯	旧金山律师。总理至美被保皇党运动关员阻困。那文受致公堂委托,向美京抗争,始安然登岸。
韬美	法	军政界	同上	越南总督。早识总理。癸卯总理参观河内博览会,即应韬美之请。
哈德安	法	政界	同上	越南总督署秘书长。总理至河内时,韬美返巴黎,哈德安代为招待,与总理同拍照。

(以上共欧美人士十六人,似遗漏甚多,应加查补。)

原注云:"本表所列,大都以《大风》各期内冯自由著《兴中会时期总理之好友及革命同志》一篇为根据;其采自他书者,则于备注栏注见某书,或某史料字样。惟仓猝成书,遗漏必多,仍拟随时查考增补。"编者附志。

一厂按,编者即党史会编辑处撰拟科科长贾道曾也。惟其内容多为干事、助干、录事等所写,非尽科长亲笔,故即字亦错误不少,姓名、籍贯、时代、事迹错者往往而有。应复加查考,方足示人。否则贾君创此汇编之卓识精心,反为所掩,殊属可惜。至壬寅癸卯间,全国革命志士风起云涌,其未及此编者犹众,应从各省革命志中(如《四川革命志》、《山东革命志》之类,当尚有鄙人所未见者)搜辑增补,方称"兴中会史料汇编"之名,此尤必要。鄙意应将此表查考工作仍请贾同志原手担任其增补工作,可另指派数人分任之,然后汇编成书存会,以便将来编订各书时检阅;此乃本会编纂史料之中工作,抑顾名思义吾人所必应有职责也。

原书外签为《兴中会人物志》,内签为《兴中会时期革命人物志》。1.兴中会会员表。2.兴中会时期革命同志表。3.外籍会员及革命志士表。校计1.一百九十七人。附欧洲革命团体二十五人。2.三百二十六人。3.五十七人。

五月一日　　晴。

晨七时半往参加本会十四周年纪念及国民月会典礼。阅时事照片展览,内有中美军在缅北开辟公路工作情形,印度缅甸妇女亦搬石挑泥相助。又国军在桂省受美军官训练新军器使用各情形。

十时余先返。兆先女儿与其学友参观演说唱歌馀兴等,至十二时散会始返。下午兆儿返校,带去第二期菜金七百五十元,上学期应缴费至此缴清。结算四月份用款,共用去八千三百六十元零五角。幸是月收淦甥接济三千元、亮儿一千元、权超侄伍佰元、黎守杰外侄孙四百元、启鹏侄伍百元,丁姜贺贰佰元。除用外仍存三千三百五十四元。若非有接济则殆矣。另纸抄录香山兴中会宣言及规条,以备日间补入总谱。略阅卅日《中央报》。

五月二日　　　　晴微阴。午表七十六度。下午六时表七十二度。

上午九时到总纂办公处,阅一日《中央日报》。豫省战事,我军渐见转机。将前日阅毕之《兴中会史料汇编人物志》三册交工友王汝伦换得一册。未注门类者。其第一页为"十九惠州庚子之役",最末一页为"兴中会时期总理行踪图"。查阅卅一二年本办公处之复核史料目录。四本。欲查檀香山兴中会宣言原件,似觉往年曾见有檀香山印刷宣言一页。乃档案处言无。故查。是否用本处复核送还秘书处转发档案处,乃竟不获。接谢一声四月廿六日来函一。下午三时到办公处,接靖叔四月十一日函一、小田四月十日函一。前接小田二月廿四日来函,未复。兹来函述关于罗香林所著《国父家世源流考》书中公馆背地名问题如左:

"一厂我兄大鉴:前承嘱调查总理先世源流事,现据紫金友人函复云,'忠坝孙氏总祠系名黄牛挨磨,祠址在公馆背之右,现已坍塌。公馆背乃系孙姓连升馆之背,非村名也。公馆背之左,名为上孙屋,有孙姓约二三十人,并无绅士及读书人可以咨询其先世源流。最近县府及地方人士拟成立纪念总理先代连昌公筹备委员会。又黄牛挨磨总祠传下三大房,共有百馀人,散居袁田等处,多数业农'云。据调查所得如此,未知有足资参证者否?

"弟近承陈旅长介绍奉委兴宁县聚点仓主任。此仓组织简单，系收储馀谷。年来寅食卯粮，安有馀谷可储？惟喜得以就近关照家庭，他无可图也。近年百物日益昂贵，军政人员薪俸有限，生活困苦，已成普遍性。惟有节食节衣，得过且过耳。近来颇有述作否？便请寄示一二件，俾资领益为幸。此候

旅祺

　　　　　　弟　小田拜启　卅三年四月十日"①

即并复小田函一。将上午所阅本处复核史料目录内有关总理及乙未广州起义史料录出一纸，交冯绍苏向档案处调阅。阅本日《中央报》，豫北虎牢关已失。

五月三日　　晴。晨曦甚丽。午表七十五度。下午六时七十六度。

上午九时到总纂办公处，摘录五月一日《中央报》载中原战场风土志如左。

《虎牢关古战场》

虎牢关属汜水县，西距洛阳二百四十里，东距郑州仅有一大的路程。汜河绕其东，黄河绕其北，嵩岳之佛山崎其南，历史上称为五大雄关之一。现已无关门，只是大山紧抱中，一条自东北而西南的土坡路，长达八里。路窄而陡，骡马从关口至关，须力加鞭策，方能通过。关前有一小平原，则天成战场。山顶亦有一片平旷地，只供据守者建筑营舍。其形势易守难攻，因守者已得居高临下之利，而八里长坡，仰攻者处处受迎面及左右之侧击也。三国时，刘、关、张三战吕布，即在关前小平原战场。今关南北犹有吕布、张飞安营

---

① 原函二纸，写在"陆军独立第九旅司令部条"上。原日记仅录前半部分。兹据原函全录。小田姓饶，一厂在汕头《中华新报》任职时之同事，事见前记。——整理者

扎寨遗迹。此次倭寇以一千人来攻,守兵四百与战。初击毙敌六百,而守兵亦仅馀三人。旋敌增援愈多,我亦有兵援救。激战数日,卒于四月廿八失守。

《汜水荥阳一瞥》

汜水县地形,如漏斗挂在黄河边。南北长一百里,东西最宽处约六十里。而在南端,漏斗之尖宽不过十里。县城在北部。城内原有居民三万,商业颇繁荣。唐柳公权书玄秘塔碑,即矗立城中。去年八月,因汜河水涨,冲坏城墙一角,县治始移于东边不远,古称东虢国之上街镇。汜水东边与荥阳交界处,地名鸿沟,即秦汉间刘项初次划界之鸿沟。沟深十丈以上,平均宽度亦四五丈,古称天堑,现架有石桥,称为天桥。过鸿沟而东即荥阳县境。全县比汜水稍大,且除西毗连汜水多山外,馀皆平原,丘陵起伏。县城偏西,城内居民二万馀。东距郑州九十里,西距汜水四十里。

《窑洞与柿园》

在汜水荥阳一带旅行,常听鸡鸣狗吠声,而不见人民房屋。盖人民多在山谷崖壁上凿洞而居。洞中冬暖夏凉,且有凿深而高架构楼房、装玻璃窗、布置整齐者。据称初因不忍以房屋占耕地,故洞居云。两县俱多植柿,一二百里以内,柿园连亘,秋深柿熟,累累压树,其红如火,一望无尽。居民能将柿子晒干运往南洋;柿子糖霜熬制成饼,运往北京售卖,为河南著名土产。又荥阳出产草帽鞭。汜水农家多以养蚕种桑为副业。有人称荥阳汜水是河南的比利时,盖谓其似欧洲之比利时国,地窄人稠,而居民产业发达,教育普及也。

写第二次题金婚好合图稿诗一幅,连李翼中诗,一并封寄邱海珊。写致海珊函一。下午三时到办公处,写复翼中信、谢一声信各一。录兴中会史料汇编,未知何类门,即昨日换得者。内兴中会分会及其他机关表如左:略加删改及批。(日记眉注:此表宜依岁次顺序改编。)

地点	组织名称	创设人	时间	说明	所据史料
澳门	young china party(日记眉注:译名为少年中国会。)	总理	癸巳或壬辰	此即兴中会之初基,以英语名之,尚无具体组织。	本会编《总理年谱》
澳门	中西医药局(日记眉注:原作名称中西医药房,误。)		壬辰	或称中西药房	冯著《开国前革命史》一章。
广州	东西医药局	同上	壬辰	或称东西药局	同上
檀香山	兴中会	同上	甲午		同上
香港	乾亨行	同上	乙未	是为兴中会干〔总〕部	同上书第二章。
广州	农学会	同上	乙未	是为举兴机关。总部在城内双门底圣教书楼。分会在咸虾栏及河南十馀处。	同上。及邓慕韩《乙未广州革命始末记》。
横滨	兴中分会	同上	乙未		《开国前革命史》
旧金山	兴中分会	同上	丙申		廖平子著《辛亥前之美洲革命运动》
顺德	中兴蚕纸公司(日记眉注:一作蚕子公司,以西药治蚕病者。)	同上	癸巳		《陆皓东轶事》

香山	石岐东西药房(日记眉注:此条新增加,原无。)	同上	癸巳		本会《总理年谱长编初稿》
长崎	兴中分会	同上	戊戌		同上
神户	同上	同上	同上		同上
马关	同上	同上	同上		同上
横滨	中西学校	陈少白	丁酉		冯著《开国前革命史》、《革命逸史》
香港	《中国日报》	陈少白	己亥		陈少白《兴中会革命史要》
青山	军事学校(日记眉注:青山在东京附近。)	总理	癸卯		《开国前革命史》卅二章
西贡	兴中分会	杨衢云	乙未		《开国前革命史》第二章及谢缵泰英文笔记选译
新加坡	兴中分会	同上	同上		同上
麻加剌斯	兴中分会(日记眉注:是否麻六甲,待查。)	同上	同上		同上
哥林堡	兴中分会(日记眉注:今科伦坡。)	杨衢云	丙申		冯《革命逸史》杨衢云传
尊尼士堡	兴中分会	同上	同上	.	同上
彼得马尼士堡	兴中分会	同上	同上		同上

卡尔格达	兴中分会(日记眉注:新增,连上三条均非洲地。)	同上	同上		《开国前革命史》第二章
九龙	中和堂	尤列	丁酉	中和堂以工界为单位乃兴中会之先派	尤列寿辰征文启
西拱(日记眉注:或即西贡。)	同上	同上	同上		同上
新加坡	同上	同上	同上戊戌		《开国前革命史》第四章

阅本日《中央报》。

五月四月　　晴转阴。午表七十五度。下午六时七十三度。

上午九时到总纂办公处,续录兴中会分会及其他机械表如左。又录总理在兴中会时期所至南洋各地年月考及各表。

槟榔屿	中和堂	尤列	丁酉戊戌		同上
吉隆坡	同上	同上	同上		同上
暹罗	同上	同上	同上		同上
怡保	同上	同上	同上		同上
芙蓉	同上	同上	同上		同上
横滨	同上	同上	同上	尤列创中和堂,初无革命性质。戊戌冬,己辛春,横滨中和堂与保皇力抗。	同上

檀香山	《民生日报》	程蔚南 张孺伯	甲辰	癸卯秋总理到檀,将程原办《檀山新报》改组,请张孺伯任主笔。	《开国前革命史》第六章
旧金山	《大同报》	唐琼昌 刘成禺	甲辰	原为致公堂所办,甲辰总理至旧金山,为改组,请刘成禺主笔。	同上

《总理在兴中会时期所至南洋各地年月考》

（据邓慕韩制《孙中山先生所至南洋各地图》）

一至河内,在壬寅至癸卯间

六至西贡

一次在庚子五月　　由日本经香港至此,嗣往星洲

一次在壬寅冬　　由日本至此,嗣往海防

一次在癸卯春　　由海防至此往暹罗

一次在癸卯夏　　由暹罗回此往日本

两次在乙巳　　　一在夏间由欧洲经过往日本　一在秋间由日本来此往堤岸宏泰街(日记眉注:秋间应改冬间。)

二至星洲

一次在庚子六月　　由日本经西贡至此

一次在乙巳六月　　由欧洲过此往日本

一至暹罗在癸卯　　由西贡至此复回西贡往日本

二至海防

一次在壬寅冬　　由西贡经此往河内

一次在癸卯春　　由河内经此往西贡

《兴中会会员各地人数表》

（此表根据各书而成，不尽不实，姑照录之。）

广东	八十	见冯自由著《开国前革命史》
香港	五十	同上
檀香山	六十	陈春生述南洋华侨与革命
新加坡		
横滨	四十	冯著《开国前革命史》
台湾	十	陈少白《兴中会革命史要》
旧金山	十	廖平子述辛亥前美洲之革命运动
彼得马尼士堡	廿	谢缵泰英文笔记选译
麻加剌斯		陈春生《南洋华侨与革命》
哥林堡		同上
河南(内?)	十	谢缵泰英文笔记选译
婆罗洲	十	冯自由述兴中会革命工作同志
长崎		本会编《总理年谱长编初稿》
神户		同上
马关		
澳门	十	见（日记眉注：原只书见字，想不敢下笔矣。）
西贡		陈春生《南洋华侨与革命》
尊尼士堡		谢缵泰英文笔记选译
槟榔屿		尤列征文启　谢缵泰英文笔记选译　黄警顽编南洋华侨革命史迹
叻能		同上（日记眉注：并无叻能地方，或庇能乎，然即槟榔屿也。）
吉隆坡		同上
坝罗		同上
怡保		同上
芙蓉		同上

霹雳	同上
湖南	冯著《开国前革命史》及《毕永年削发记》
湖北	同上

（表内仅有地名而无人数者居大半，可怪。原书如何记述，应调取一阅。）

《总理前中会时期行踪图表》

（此表清晰可见，但多错误。随录随笔更正外，当有未及更正者。）

时　间				行　止			事要	依据资料	备注
年龄	纪元前	西历	月	出发地	到达地	经过地			
十三	卅四	一八七八	五	香山	檀香山	澳门	依兄就学	本会《总理年谱长编》稿	香山即中山
十八	廿九	一八八三	六	檀香山	香山		省亲		
	同上		秋	香山	香港		就学拔萃、皇仁两书院		月份不详以四时代
十九	廿八	一八八四	四	香港	香山		娶卢夫人（日记眉注：此应查新史料改。）		
	同上		十	香山	檀香山		应德彰公召		
二十	廿七	一八八五	三	檀香山	香山	日本上海	省亲		游美国各都市
	同上		七	香山	香港		复入皇仁书院		
廿一	廿六	一八八六		香港	广州		转入博济医院。		革命思想锐发时期
				（日记眉注：决非香港到广州。）			附设南华医学校。结识郑士良		

廿二	廿五	一八八七		广州	香港		转学雅丽氏医院附设西医学校,与陈少白、尤列、杨鹤龄订交。
	同上		冬	香港	香山		父达成公病
廿三	廿四	一八八八	夏	香山	香港		春丁父忧,在翠亨乡
廿七	廿	一八九二	秋	香山	澳门		创设中西医药局
廿八	十九	一八九三	春	澳门	广州		设东西药局
廿九	十八	一八九四	夏	广州	上海		访陆皓东
	同上		秋	上海	天津		偕陆皓东北行上书李鸿章
	同上			北京	上海		
	同上			上海	武汉		
	同上			武汉	香港		
	同上		九	香港	檀香山		是冬十一月在檀成立兴中会
	同上		十二	檀香山	香港		
三十	十七	一八九五	四	香港	广州		
	同上		十	广州	香港	澳门	九九第一次失败
	同上		十一	香港	横滨	神户	
				横滨	檀香山		

卅一	十六	一八九六	五	檀香山	旧金山			
				旧金山	纽约	沙加缅度		
						芝加哥	冯著《开国前史》	沿途所至多处
	同上		八	纽约	伦敦	利物浦	蒙难于驻英清使馆十二日	《总理年谱长编》稿
				伦敦	比、法、德等国		完成三民主义	多住伦敦
卅二	十五	一八九七	七	伦敦	横滨	加拿大	组织中西学校，宫崎寅藏、平山周结识	
	同上		八	横滨	东京		交结日本朝野名流志士	住东京数月
卅二	十四	一八九八	夏	东京	横滨		联络康、梁，助菲岛独立运动	（日记眉注：助菲事应改在冬及次年春）
	同上		秋				史坚如、毕永年来谒	
卅五	十二	一九〇〇	五	横滨	香港		谋广东独立，策动惠州起义	此行未得登岸
				香港	西贡		向菲代表彭西商借寄存日本军械	

				西贡	新加坡		营救宫崎出狱	
				新加坡	神户	香港	在神户命宫崎入东京取菲械	返港未登岸赴日
	同上		八	神户	上海			
				上海	台湾		与台督接洽,协济惠州革命军	
				台湾	横滨	上海	于舟中约刘学询会谈	冯著《革命逸史》	第二次失败
卅七	十	一九〇二	三	横滨	东京		参加支那亡国纪念会旋返横滨(日记眉注:原事要栏注支那亡国纪念会,今改于次年。)	《总理年谱长编》稿	往来京滨数次
	同上		十二	横滨	香港			
				香港	河内	海防	参观河内博览会	
卅八	九	一九〇三	春	河内	暹罗	西贡	成立越南兴中分会(海防河内同)	
			夏	暹罗	西贡			

				秋	西贡	横滨	设立青山军事学校	往来京滨
					横滨	檀香山	重振兴中会,会务始用革命党名称	加入洪门
卅九	八	一九〇四		春	檀香山	旧金山	重订《致公堂新章》,倡洪门总注册	此行为扫除保皇会邪说游南北美
					旧金山	纽约	美疏勒	
							经柯连、山的古、洛杉矶、芝加哥、波士顿	百数十埠经过之地名未能列举
四十	七	一九〇五		春	纽约 伦敦	伦敦 比京	哦斯丹 第一次革命团体集会新定誓词	
					比京	柏林	第二次革命团体集会	誓词同致公堂新章之宗旨
					柏林	伦敦		
					伦敦	巴黎	第三次革命团体集会	
					巴黎	伦敦		
	同上			夏	伦敦	东京	哥伦坡 星洲 成立同盟会	

　　下午三时到办公处,续录《兴中会时期总理行路图表》,自卅一岁至四十岁。完。接权超侄四月卅晚来函、中图会三日挂号函各一。

复云从函一。略阅本日《大公报》。

五月五日　　晴。午表八十二度强。下午三时八十五度（室内）。六时七十八度（室外）。夜月明。

是日为总理就任非常大总统之纪念日，会内八时举行典礼。余吃早粥毕欲往参加，行至总纂办公处，询已散会。即在处详阅昨日《大公报》。河南战事，寇初由中牟西趋荥阳汜水，有犯洛阳之势。现转向平汉路南下，企图打通平汉路全线。其在前线作战兵力，已增至八万馀人，后尚有大量机动部队。连日我空军飞豫助守兵作战。三日，向密县、中牟、新郑、郏县、禹县、郑县等地轰炸扫射，战果辉煌。平汉线上许昌被围，自一日晨至二日晚，敌已扑攻城垣，守军浴血与战。阅昨日档案处送来史料如左。

〇孙总理轶事。146号。无足采。

〇国父孙中山先生轶事四则。142号。采数句如下。（一）大本营宴湘、粤、滇、桂、豫军总司令时（事当在十二年冬），参军赵超侍奉，卫兵为区洪。（二）十四年总理在北京病中，闻广东省长廖仲恺有以党力压迫宗教之议，语廖妻何香凝曰，政党还政党，宗教还宗教，不能混而为一。

〇国父孙中山先生轶事四则。140号。可采者。（一）先生三十后（按即乙未事败之年，先生卅岁也），周流各地，未遑奉待慈母。庚戌由日本赴南洋，道经香港，欲上岸省其母，又为该地政府所不许，不得已嘱人迎其母至船，慰问备至。船将动轮乃别。（二）先生戊申在星洲时，云南河口之役，败兵数百至星洲，有因水土不服病亡者，先生亲率同志步行十馀里，送至坟场安葬，历述逝者之尽忠本党而所以励来兹。该地西报记此事称颂不置。（三）先生性强记。民国前粤人陈叔平留学日本，投身入党，老先生曾为主盟，后不再会晤。及民元先生解临时大总统职返粤，陈为某报记者。一日与同业往谒先生，一见即识之，并道前事。（四）丙午萍浏醴之役，日本各报称民军为叛徒，同盟会同志阅之愤甚，走诉先生。先生微笑答曰："常人毁誉，无足轻重者。

昔拿破仑战胜欧洲时,违法称帝,法人不特无非之〈者〉,反尊为神圣。后为列国所败,放逐海外,法人举国詈之。未几,拿氏突由戍所回法,其国人人转而欢迎,态度为之大变,经为敌人所执,置之荒岛,法人又怨之。至拿破仑死,灵柩归至巴黎,人民观者,举国若狂。同是一人,后先毁誉若此,则常人评论,实无标准。吾党行事,一本义理,义理所在,虽毁何伤? 悬此目的,务使达到而后已,天下后世,自有定评,日报所称,何足芥蒂!"(五)乙未第一次举义广州时,以王家祠为机关,以振兴农业为名,阳与官绅往来,外间并无疑及其有特殊举动者。即在农学会任职而非党人者,亦不知也。与其业医及同寓之尹文楷暨其家人,均不知先生日中所为何事。迨先生失败,满城盛传,尹文楷乃率其家逃避香港。此足见先生行事,镇静秘密,而尤不以私误公也。

下午三时到办公处,续阅档案处昨送来史料如左。

○续孙中山先生轶事。141 号。可采者。(一)壬寅,应安南总督韬美之请,由日本往西贡而至河内,适韬美有巴黎之行,嘱其秘书哈德安招待。哈德安以先生为中国革命党首领,恐清廷效庚子派人往香港杀杨衢云之故伎,拟派警探为之保护。先生婉辞,后到南圻西贡各处亦然。丙午先生南游吉隆坡,该地华民政务司烈智慧与佰长闻之,商拟派人护卫一切,先生亦辞谢。

(二)星洲侨商吴应培同志之父出殡,先生步行执绋送十馀里。星洲侨民习惯送丧均乘车,自是以后,乃多以步行为敬。(三)先生在伦敦蒙难,陷之者为邓廷铿。民元先生为大总统,邓竟来谒。左右欲报之,先生不允,遣之去而已。(四)民元南京总统府膳食,总统与僚属相同。一日议和代表伍廷芳、唐绍仪入见久谈,留膳。迨入席,除寻常公膳数簋外,无稍加饰。唐平日自奉至厚,乍睹食品粗劣,无可下箸,又不敢以不食辞,乃佯与伍曰,今日为吾辈斋期,不能茹荤,只可坐陪。先生以为确,亦不强,随食随谈,亦不介意。(五)先生解职后,应袁世凯请入北京。袁设行辕,备极隆重。一时官僚纷纷钻营行辕差委,以为一切供张,必在百数十万元,支销折扣,所得必优。先生既到,乃极省俭,综计所支,不得万元,充斯差者,大失所望。(六)戊申,先生在星洲时,有曾任安南总督府参赞法人里安尼,去职流寓星洲,以返国无赀告。先生当云南河口失败,经济正苦困乏,仅存二百馀元,乃悉赠之。陈景华为《华暹日报》主笔,后始入同盟会,旋欲返香港运动,特绕道星洲请示方针。先生谓,返港不可不备多金。适张静江赴法,道经星洲进谒,并赠金币数枚,因嘱家人取出予之。陈接收,觉币从囊中取出尚温,出以语人。时先生经济,固甚窘也。此亦戊申事。癸丑讨袁,南京不守,先生由沪与胡汉民、李朗如、梅光培等,乘往轮赴香港,欲入粤主持。道经福州,日本领事来见,言粤事不可为,往港恐为港政府所辱;福建都督孙道仁亦将变,不可留,请渡台湾转往日本。先生感其盛意,与胡等商,决诺之,并嘱李、梅赴港,与胡渡台。梅甫由美归者,乃谓之曰:君由美洲万里归来,志切革命,今不幸失败,去国日久,回港人地生疏,钱财不可不多带。即以所存六百馀元悉予之,梅不敢受。先生予之益力,言革命数十年,并未为金钱所扼。胡乃谓梅曰:先生所予,不可不受,至先生赴日用度,余尚有款,可以无虑。梅始受之。(七)乙未广州之役失败,先生濒行,往河南岐兴里瑞华坊医寓,命家人检应用物一二事,自携以行。至坊口,略一回顾,昂然逐去,绝无仓皇色。故其家人及同寓之尹文楷以为寻常出门,毫不介意。是晚,王煜初牧师因儿女嫁娶,宴客于河南大基头,先生犹赴其席,从容与煜初耳语,告以败耗,语毕欣然举杯与同席尽一觞,称因事失陪,再图后会,欢笑而别。行约十分钟而缇骑已至,先生则乘常备小轮由顺德驶往香山唐家湾转往澳,其镇静敏捷殊出人意外。惟一说谓先生赴王氏之宴,系在离广州之先一日,宴时已有侦探监视,但未得粤督令,不敢捕。戊申,总理居星洲时,邓慕韩相随。云南河口事败,实因军饷不继,盖清兵来降日众,当事纷电请款,先生筹措不得。左右见来电十不一应,相与愁叹,默然无欢。先生则竭力筹款外,从容观书若无虑然,已而觉察左右情绪沮丧,反慰解曰:"吾人办事,无论成败,于处置外,一有馀力,当立事他事,毋使成败之迹,稍留于怀,若略失意,即介介不自释,频然现于颜面,非丈夫本色。诸君当力矫此弊,方能有成。"民国七年一月三日,大元帅以粤督军莫荣新事事抗命,亲率同安、豫章二舰发炮,向观音山轰击。是夜,先生终夜指挥,疲劳已甚,即睡于舰中,态如平时。左右感叹莫及。先生雍容镇静,不以一时成败稍撄其胸,大率如此。(八)壬寅先生到安南参观河内博览会,事为清广西提督苏元春所闻,派干弁二人到河内侦查先生。一日,乃邀二弁宴会。二弁入席,不敢下箸。先生知其意,以己之杯箸易之,曰:吾人行事,光明磊落,断无置毒鸩人者。并详述革命宗旨,实为汉人之天职,苏亦汉人,宜早决心反正。请以此转告。二人讷讷不能置一词,自是河内不复见其踪迹。民七军炮轰观音山后,大元帅忽传言渡河。左右问何往?先生曰:往督军署。左右危之,先生曰:吾人行事以义,无伤也。遂往。莫荣新亦肃然出见尽礼。

　　○乙未广州之役殉难人名初录。著甲 515 号

　　乙未广州起义殉难者,后人只知陆、程、朱、邱四烈士。现据英德康祝年转述余得水所称,当日殉难者尚有七人。(一)梁棠,顺德人,五十馀岁。系会党领袖,在沙口圩被清总兵朱国安诱至韶州杀害。(日记眉注:按,云棠英德盗魁,任侠尚义,与信南韶连练兵结为兄弟,后被诱至韶州害之。)(二)刘裕,又名大头馀。顺德人。四十馀岁。在英德下游牛屎湾与安勇统带刘居德相战阵亡。(日记眉注:刘裕又名大头裕,死后斩首在英城天后宫前示众。)(三)杜照,南海人。三十馀岁。(四)蒲五,南海人,三十岁。(五)张沛,花县人,四十岁。以上三人均在大站山被执就义。(日记眉注:张沛以上三人被擒,在英城斩首示众。)(六)钟生,花县人,四十岁。(七)张云,花县人,卅岁。以上二人,系奉梁棠命在花县白坭起义阵亡。邓慕韩按:梁棠系当日英德一带会党首领,北江一路归其主持,童时已有传述;至云钟生、张云二人在花县起义阵亡,则未有所闻,当详查也。

　　○乙未广州举义殉难人名录补。名甲 141 号,与上著甲 515 号内容同,惟按语加详数语,亦邓慕韩稿也。不足采(补数语在上端)。

　　○乙未广州起义记,著甲 45 号。陈春生所撰,内可采者:(一)乾亨机器行,(二)粤垣农学会,在城内双门底王家祠云岗别墅及南关之咸虾栏张公馆二处,又分设办事处于顺德、香山各地,并于珠江南北分设小机关数十处。(未完)

略阅本日《中央报》。

五月六日　　　晴微阴。午表八十二度。下午三时表八十七度,室内外同。六时八十二度。夜月甚明。

上午九时到总纂办公处,续摘陈春生乙未广州起义记。(三)各处绿林如香山隆都之李杞、侯艾存、北江大炮梁等,均预约届时会合。在香港召集会党三千人,分帮赴粤。初八晚,附粤港夜班轮船"河南号"往粤垣,以木桶载运短枪,初九早抵羊城时,齐以刀斧开启木桶,取出枪械,先扑攻各军政机关;同时,埋伏水上及潜伏广州各处之会党,分路响应。另在香港召集潮州会党数千,于初八晚乘轮赴粤,担任警戒街道、维持秩序。以其人物〔地〕生疏,言语不通,不致有〈越〉轨行动也。(四)初八日,杨衢云在港,以布置尚未完备,遽通告延期二日,至初十夕,派丘四朱贵全统率散居新安县属深圳、盐田、沙头〈角〉各地集中九龙之会党二百馀人,乘港粤夜班轮船"保安号"赴广州。十一日"保安号"抵岸。船中有党员四百馀,枪械七箱,但箱面为他人之笨重货物积压,临时不能取用,无所措手。南海县令李征庸率勇前往兜拿,党员徒手不能抵抗,遂被难四十馀人,馀逃脱。李令移知税务司严查货箱,果得枪械七箱,面假充士敏土报关,系出香港皇后大道一百九十一号牌林允所寄云云。(五)初八之前,党员朱淇(篆生)之兄朱湘(獭生)用朱淇名义致函清平局勇,将革党密谋报告缉捕委员李家焯,李据以告粤督谭钟麟,谭不信。李一面暗中派员监视总理行动。某日赴某大绅之宴,见有兵丁环伺,知事机已泄,乃笑谓座客曰:兵勇其来捕余者乎!仍高谈雄辩若无事者。宴毕安然归寓,兵勇未敢将其逮捕也。(日记眉注:朱湘告密事在何日,原文叙述不明。赴某绅之宴是否即王煜初家喜宴,叙述亦不明确。)及初八日杨衢云在港云云,事为韦宝珊所闻,电告粤吏,使之戒备,而革命军所运短枪六百馀枝亦为海关检获,谭方信孙文造反,即令李家焯率勇至双门底、咸虾栏等处搜获党员程耀臣、陆皓东、程怀、刘次、梁荣等并洋枪、军械、大镬等件。(日记眉注:此捕陆程事当在初九日,所叙不详。刘次一作程次。)(六)十一日,粤督据洋人说"保安"轮内有党人六百馀,加派文武严查,先后共获六十馀人。(七)当时南海县令李征庸、番禺县令惠某会审结果,于九月廿一日由营务处签提朱贵全、邱四、陆皓东三人至校场斩首,程奎〔光〕程耀臣监禁。(日记眉注:当时讹传程奎光在营务处责军棍六百死。)

(八)陆皓东供词　姓陆名中桂,香山翠微乡人。年二十九岁。游沪多年,今始返粤。与同乡孙文同愤异制政府之腐败专制,官吏之贪污庸懦,外人之阴谋窥伺,凭吊中原,荆榛满目,每一念及,真不知涕泪之何从也。居沪多年,碌碌无所就,乃由沪返粤,恰遇孙君客寓过访,远别故人,风雨连床,畅谈竟夕。余方以外患之日迫,欲治其标;孙则主满仇之必报,思治其本。连日辩驳,宗旨遂定。此为孙君与余倡行革命之始。盖务求警醒黄魂,光复汉族,无奈贪官污吏,劣绅腐儒,觍颜鲜耻,甘心事仇,不曰本朝深仁厚泽,即曰我辈践土食毛。讵知满清以建州贱种,入主中国,夺我土地,杀我祖宗,掳我子女玉帛,试思谁食谁之毛,谁践谁之土?扬州十日,嘉定三屠,与夫两王入粤,残杀我汉人之历史,吾粤父老,犹多闻而知之,而谓此为恩泽乎?要之,今日非废灭满清,非诛灭汉奸,决不足以光复汉族,又决不足以废灭满清。故吾等尤欲诛一二狗官,以为我汉人当头一棒。今事虽不成,此心甚慰,但一我可杀,而继我而起者不可尽杀。公羊既殁,九世含冤,异人归楚,吾说自验。吾言尽矣,请速行刑。(九)乙未十月广东按察司之示文及赏格。钦命广东等处提刑按察使司按察使兼管全省驿传事务加三级记录十次张,为悬赏购拿事。照得土匪孙文,纠结夥党,暗运军火,约期在省城滋事一案,当经拿获匪犯陆皓东等多名审办。惟尚有首要各匪孙文等在逃未获,亟应悬赏缉拿,合行出示晓谕。为此示谕阖属军民人等知悉:尔等如能拿获后开赏格有名匪犯解案,一经讯明,定即如数给予花红银两。银封库存,犯到即给,慎勿怀疑观望。至此外案内被诱匪徒,准其改过自新,免予深究。如能拿获后开首要各匪犯解案,仍一律给赏,各宜凛遵毋违,特示。

赏格,计开:

孙文即逸仙,香山县人,花红银一千元。杨衢云,香山人,本籍福建,花红银一千元。朱浩,清远县人。汤亚才,花县人,以上三百元。王质甫,江西人。

陈焕洲,南海县人。吴正材,潮州人。魏友琴,归善县人。李芝,南海县人。以上二百元。夏亚伯,新会县人。陈少白即夔石,新会县人。莫享,顺德县人。黄丽彬,清远县人,以上一百元。

光绪二十一年十月　日示。(日记眉注:莫享又作莫亨。)

(十)粤督谭钟麟之奏折。(十一)乙未九月南香两县示文。奏折内有"光绪二十一年十月十六日奉上谕","本年九月初,广州谣传高州、惠州匪徒击散后,咸集香港,众四五万,将攻省城";"旋举管带巡勇、知县李家焯率千总邓惠良等于初十日在双门底王家祠拿获匪夥陆皓东、程怀、程次三名;又于咸虾栏屋内拿获程耀臣、梁荣二名,搜出洋斧一箱共十五柄。十一日,香港'保安'轮船搭载四百馀人抵省登岸。李家焯率把总曾瑞璠等往查,获朱贵铨、邱四等四十五名。馀匪闻拿奔窜,经海关税务司与厘厂委员于轮船起获红毛坭桶内装小洋枪二百零五枝,子药八十馀匣。"(十二)区凤墀为朱淇辨白书。(日记眉注:按此奏折内并无水师统带程奎光之名,或为讳隐之故欤?)

下午二时到办公处,续录乙未广州起义记。完。(自九至十二),下午所录。昨日《中央报》载许昌禹县纵谭一则,接录如左:

许昌禹县纵谭(摘录)

豫中的许昌、禹县,是抗战七年以来从未印上敌人蹄迹的一片干净土。廿七年开封的失陷,三十年春豫南的烽火,卅年秋郑州的战役,都是远在二百里外的暴风雨。这次西犯密县、登封的敌人,竟转锋南犯,使许禹两县弥漫着弹雨硝烟了。

许昌在河南全省中心,北距郑州一百八十里,西北距洛阳五百里,南距信阳有四日路程。城垣直径约五里,居民约十万,在豫省称二等都市。殷实商店,从城内连绵到南关外。电报局、报馆、银行、电影院俱有,并有面粉厂火柴厂,烟囱高矗,浓烟不断。自清末以来,出产美种烟叶,近数十年,英美烟草公司、南洋烟草公司,俱派人在许昌设庄收买。当地设立的大小烟厂,亦不可胜计。抗战前,往来许昌南关的平汉火车,终年运载烟叶向南北各地销售。自廿七年军事变化,平汉路拆毁,烟草同业的繁荣始消失。许昌全县地势平坦,境内大镇,东有五女店,是通鄢陵的大道,西北有石固镇,为许昌、禹县、长葛的咽喉。城西有八里桥,传说是曹操赠袍关羽之所。

禹县在许昌东〔西〕北九十里,北距密县的一日路程。地势西北丘陵起伏,东面平原坦荡。县城整齐壮观,每一商店,均是深宅大院,每条街两端,俱有类似城楼栅门。全城俱为药店,满街俱是药香,俗名小禹州。全国各地药材,几尽由此地集散。城中旅客,或来自云贵,或来自巴蜀,亦有远自甘青者,不是卖药,即是买药,抑或卖药兼买药。数百年来,使禹县成为富庶之区,皆药为之也。当地农民,亦多种植白芷、小茴香等类药物。县境亦产煤,县西神垕地方,更出一种有名之"钧磁",过神垕即为洛宛公路所以之临汝县。

(一)照弟送来校阅《总理年谱长编》稿内之国内大事栏一本。又《清鉴辑览》二函,铅印总谱一册。即以《清鉴辑览》校总谱之国内大事栏也。(二)又嘱照弟代检查中央图书杂志审查委员会以前送来已审未完及尚未审各件,开列一单。(三)区分部送来通告,小组会讨论题如下:1. 注重党的基层组织是否确属健全;2. 宪政实施前党部应有之一切准备工作;3. 战后党务复员计划。以上三事,均下星期须办者,拟明日趁星期之暇在寓先办(二)件,并复印维廉函。略阅本日《中央报》。许昌禹县"消息不明",似已失矣。确山县亦已失。

五月七日　　　星期　　晴。热。夜初月甚明,八时后云掩,旋又明。是日为旧四月望。

上午在寓改刘宪英诗。李振宽转托。诗为其夫马耐园寿李伯豪古体。下午检阅中图审会关于送审稿件之来函未复及已复而未粘存者,汇集一包。旋入浴,修指甲、趾爪,遂未能如昨日拟预工作。六时往总纂办公处阅报。《中央》、《大公》二报均已到。倭寇复西犯,至洛阳南三十里之龙门及更南之宝丰。惟连日中美空军往豫轰炸,寇亦受创不小。报不复载许禹事,想已并失。夜静坐生愁,出院外望月。念总理有言："吾人办事，毋使成败之迹稍留于怀。"勉抑愁。阅梅县《中山日报》三月廿二日所载靖叔寿邓仲元之母九十晋一诗。

五月八日　　　　晴。午表八十八度弱。下午转阴有雨意。五时半下雨。表七十二度。雨飞洒而过。夜多云有风，闻急雨声数次，但均不成阵。

上午九时到总纂办公处。接农行通知书，亮儿于五月二日汇来五百元，余芬子元龙弟妇也。五月三日来函。附四月十五日《东西（南？）日报》一份。阅照弟所录校阅总谱国内大事一岁至五岁。九页。细阅照弟是以《清鉴辑览》为主体，用总谱校正之耳。姑听之。下午三时到办公处，阅本日《中央报》。续阅照弟编录国内大事稿十三页。六岁至十四岁。夜欲作寿邓母诗，以靖叔诗内墙字韵，难押，不成。十一时就寝，仍于枕上思索，至二时始睡。

五月九日　　　　阴。瓦面地面有雨痕。下午三时略见日，旋复阴。六时表五十九度。夜月复明。

晨食粥后目涩思睡，复上床假寐，醒已十时半矣。增修总理年谱一、二、三、四册又一过。午食面。是午未煮饭。后续修至下午三时始止。三时至总纂办公处，阅照弟编校之总谱国内大事七页。十五岁至廿三岁。阅本日报。

五月十日　　　　晴。午表六十七度。下午三时七十三度。六时六十九度。夜月明如昼。十二时闻有飞机声。

晨食粥后目又思睡，恐成习惯。昨夜未作诗。强自振作出门。九时到总纂办公处，阅照弟校编国内大事稿十页。廿四岁至卅岁。下午三时到办公处。续阅校编国内大事四页。卅一岁至卅四岁。阅本日《中央报》。

五月十一日　　　　晴。午表七十一度。下午三时八十二度。六时七十八度。

上午九时到总纂办公处，阅校编国内大事三页。卅五岁。下午三时到办公处，续阅国内大事四页。卅六至四十岁。阅本日《中央报》。昨夜寇机袭川，一架在万县投弹，又在梁山先后投弹五次。重庆城内十时五十八分发注意情〔警〕报，十一时四十六分发空袭警报，零时十二分解除云。但山中未发警报。军委会十日发战讯云："敌寇此次发动豫境之兵力，经获证明者，计由中牟及邙山头向西南进犯者，为第五十九、第六十三、第一一〇师团、第一五混成旅团、战车第三团（该战车于三月由包头南开，四月中旬到豫北新乡，下旬通过黄河铁桥。）又由东北调来之独立第十二战车联队、炮兵联队。其由信阳北犯者为第三、第五十八师团。另有其他特种部队。刻战事激烈程度，仍有加无已。我在前线各将士，均能忠贞奋发，节节拼搏，敌未能稍获幸进。龙门附近，寇已迭挫，但仍在血战中。

五月十二日　　　晴。午表八十三度。下午三时八十九度。六时表八十六度。

上午九时到总纂办公处，阅照弟编国内大事三页。四十一岁至四十三岁。下午三时到办公处。午间在寓闻曾介木处长之岳母言，其丈夫为饶梅生，始知乃前卅馀年前在汕头之故人眷属也。忆自戊申三月余与梁少慎、陈迪予在汕创办《中华新报》馆，馆址初为永兴街。约四、五月间，陈佩忍来主笔。少慎先在上海托谢百庄代聘，至报纸出版后始到。秋冬间，佩忍以不服水土多病，且与少慎不睦，辞职，荐楚伧代。约十一二月，陈去叶来。清西太后母子迭殂电信到汕，报社狂喜，在酒楼庆宴，佩忍大醉，情状宛如昨，约其后数日，陈即离汕往香港，游罗浮山，楚伧亦旋到。报社既迁至至安街，酒楼庆宴之前，馆址已迁，但忘月日。嗣后与梅生及刁子琼、韩屏初、熊孟修日在至安街后某小街孟修所开之永和兴栈,过街接谈叙,至光复后乃各散西东,罕复见矣。旋询梅生于民十二年殁于汕寓。有子三人,其少子现在渝三民主义青年团服务,馀尚在汕,介木之妻为其长女云。续阅照弟校编总谱国内大事二页。四十四至四十五岁。摘录《清鉴辑览》内关于太平天国军最后在粤嘉应州。战事。同治三年甲子六月,浙江巡抚曾国荃复江宁,幼主洪福瑱出走。先是,四月城中粮绝,五月二十七日,天王秀全知事不可为,仰药死,遗命李秀成辅太子福瑱即位。三十日,国荃军力攻龙膊子山阴(所谓地堡城)坚垒,克之,筑炮台其上,而潜掘地道于下。是(?)月十六日,地道炸药爆发,城遂陷。秀成仓猝挟福瑱(时年十六岁)冲大北门缺口出,行三十馀里,遇劲兵,部众皆被击散,乃以所爱骏马与福瑱,使弟名成奉之,自率所馀九骑,登方山。至暮下山渡河,为村民挟送国荃军。自十七日至廿七日,亲书供毕,被害。福瑱为堵王黄文金迎至湖州。七月,湖州复为清军攻陷,文金挟之走宁国广德州。八月,广德又陷,文金挟走淳安,清军破淳安,文金死之。福瑱辗转走广信及石城,为清军席宝田追擒于荒山中。于是,太平馀众,仅存李世贤、汪海洋入闽一股。十月,李世贤、汪海洋破龙岩漳州,清军由苏浙追之,克漳州,又克永安。李世贤入粤镇平,又被败。乙丑四月,清军鲍超所部霆勇,因奉令出新疆,行至金口哗溃,由江西折入闽广,与李汪合。李汪势复振。世贤寻为海洋所杀。十二月,海洋踞镇平,霆勇与争粮,多降于清军之潮勇方曜。旋粤中清军康国器克镇平,海洋走平远,席宝田军扼之于赣南,乃由平远折还,破嘉应州城。而清军左宗棠自闽驰至,海洋出城与战,中炮死,馀众推嘉王谭体元为主,自南门渡河,走黄沙嶂,为清军四面包围歼灭。至是,太平馀众悉平。(以上所叙,与《嘉应州志》未尽相符,但大致不错。另有曾左所刊官书【忘书名,在南京阅过】,亦略如此。)接李翼中兄十一日信一。阅本日《大公报》。

五月十三日　　晴。午表八十度。下午三时表九十一度。四时馀鸣雷数次,旋急雨一阵。复晴。六时表七十九度。夜初有星,九时后转阴,十时后遥见闪电,约十二时雷震,旋大雨如注。

上午九时先到会,托安处长将农行通知书及收据盖章,旋交李治中科长托派工领,并与沈裕民小坐,后返总纂办公处,未办事,而许师慎来征集史料奖励办法。余意梅乔林前送总理亲笔书寿字巨幅,应加奖励,但彼送时未有规定奖励,可否被予奖励似有问题,拟采赠金办法。许谓,若由会奖赠,则不过千元或五百元;若由梅翁自援外人应征办法索价,则五万元以下由会决定,五万元以上由会转呈中央取决。拟明日与梅面商。写复靖叔信一。下午三时到办公处,写再修改后之题风雨一庐图诗,并函复元龙弟余芬子。接亮儿五月九日来禀一。阅本日《中央报》。

五月十四日　　　　星期　　上午阴,小雨一次。下午转晴。三时后日出。晚见红霞。夜半月明。

连日天热,昨半夜雨后转凉,今晨穿棉袄。目极涩,十时后小睡一觉,午饭后又睡一次。三时出门外眺望,田中已有水,农民正犁田,想梅县乡中此时禾已尺馀长,此间尚未落秧。亚光寺前田水稍足,昨见秧亦仅长二三寸,惟含谷乡白市驿等处低地有水之田或较好。此山中高地田本旱涸,不足为虑耳。返室将《东南日报》载胡朴安诗录左。

《入春阴雨连朝感赋》　　　胡朴安

(此次未如前载"自上海寄"字样,想仍在沪也。)

春到人间不是春,连朝阴雨总愁人。莺花三月东风紧,荆棘千村劫火新。亲友离居书莫寄,湿云绕树看难真。欲知此后从前溯,结果由来自有因。

不信穷阴竟不阳,春来渐渐百花香。根株未死冲寒出,风雨无聊尽日狂。草绿天涯生意转,人居绝域旅思长。迟迟斜照微茫里,何必心情问彼苍。

消长盈虚信有凭,前途无定几沉升。春回大地晴光遍,日落寥天阴气增。松树有心常劲健,樱花无力自翻腾。满腔郁结与谁语,更上高楼最上层。

平原纵目未能豪,细草繁花相乱交。要借长风吹白浪,好教芳蕤播青条。天心未必荣荆棘,人意终须爱羽毛。九十春光今已半,闭门终日雨潇潇。

正欲修改总谱,因兆先女儿上学无人同伴,即偕杨氏送往,至欧家坝附近遇其同学,余二人乃返,已六时半矣。

五月十五日　　　阴。近午小雨。午表六十六度。下午转晴日出。六时表六十八度。

晨楚伧嘱人送来一函,附写字四件,即复一函。附胡朴安诗。剪《东南日报》一角。上午九时到总纂办公处,将楚伧字分交王伯勋、邹器之代求各一幅,余自得一幅。又致邱海珊一函。附楚写金婚图三字。阅十四日《中央》、《大公》报。接谢一声侄九日来信一。下午在寓增修《总理年谱》第四册。未完。五时半到总纂办公处,阅本日《中央》、《大公》报。豫战略定,但洛阳城郊仍苦斗中。夜写复亮儿信。

五月十六日　　　阴。午表七十二度。下午六时七十一度。

上午九时到总纂办公处,写复十弟信、谢一声信各一。又致彭精一函。闻张委员昨日晚间返抵会。下午二时半到办公处,复权超侄信。阅本日《大公报》。

五月十七日　　　晴。午表七十四度强。下午二时半八十二度。六时七十六度。

上午九时到总纂办公处,开学术会议。价领《五五宪法草案》一本。即阅十页。八十二条。下午二时半到办公处,修改总谱内国内大事。一岁至十三岁。阅本日《中央》、《大公》报。夜在寓阅《清鉴》关于太平天国失南京及康王入嘉应事。较《清鉴辑览》纪载详实。

五月十八日　　　晴。午表八十度。下午略阴。三时表八十二度。六时八十度。

上午九时到总纂办公处。闻张委员昨下午往国史馆。修总谱国内大事栏第二册。十四岁至十八岁。下午二时半到办公处，接兆先女儿自振济中学校来禀，言其同学结党为难各情形。续总谱第三册一过。其国内大事栏内因另有专册，未带来，暂搁。阅本日《中央》、《大公》报。

五月十九日　　　阴。午表七十度。细雨霏霏。下午仍细雨。四时许稍大，檐溜出。后仍小雨不断。天气转凉。

上午九时到总纂办公处，修改总谱第四册一过。接张仲纬汇来三百五十二元。下午在寓续修总谱第四册。

五月廿日　　　阴雨。上午九时檐溜出。十一时馀又稍大，檐溜出。下午甚凉。

上午在寓修总谱第四册。下午续修一次。乙未广州失败事。完。兆儿回来，教以善处同学，诸事容忍，不得已时则请校长处断。

五月廿一日　　　星期　　阴。下午五时表五十八度。

上午休息。下午小睡后约三时往总纂办公处，阅十九、廿日《中央报》。与姜伯彰坐谈。见附近田已插秧。返寓阅贵阳《中央报》载梅重光之《五五宪草评议》五十九、六十等节。《评议》似颇佳，惜不完全。前函嘱亮儿剪寄，俟再阅。

五月廿二日　　　阴。午表五十九度。下午六时五十八度（是日为旧历闰四月朔）。

晨往会,欲参加纪念周,不及。将农行通知书张仲纬汇款正副收条托文书科加盖会章后交李治中科长贴现,并与沈裕民略谈,即返总纂办公处。阅昨(廿一)日《大公报》。修改总谱卅一岁。二节。下午三时到办公处,开区分部党员大会。接邱海珊复函,余诗及翼中诗均收到。市党部复文准辞监察员职。续改总谱卅一岁。二节。阅本日《中央报》。

五月廿三日 阴。十二时后小雨一阵。下午三时又洒小雨一过。六时五十九度。

兆先女儿昨下午返寓,言因身上发寒,适振济医疗所医生患病,学校教员嘱回家治理,乃请假回来。今晨由杨氏挈同往山洞卫生事务所诊治,余须兼顾小孩二人,不能出门。乃在寓修改总谱卅一岁。一节。卅二岁。一节。十一时半杨氏兆先回寓。云据王医生修恺诊验,病甚轻,取药而回,一慰。下午三时到办公处。续改总谱卅二岁。二节。阅本日《中央报》。

五月廿四日 雨。阴。晴。晨小雨一阵旋止。上午十时馀日出。午表六十四度。下午六时表如上。

上午九时到总纂办公处,阅昨(廿三)日《大公报》;又阅《新民报》晚刊,内有胡朴安诗、柳亚子文。写复张仲纬函一,又复李翼中函一。附邱海珊信。续修总谱卅二岁。一节。接中图会潘公展五月廿三日函、催审陆曼炎稿。一谔弟四月卅夜函。附汝瑞弟文。下午三时到办公处,续修总谱卅二岁。三节。龙铁元交阅潘公展致张委员函。

五月廿五日 阴。午表六十五度。下午小雨。六时表六十四度。

上午九时到总纂办公处,阅昨(廿四)日《中央》、《大公》报。豫省战事已大转机,洛阳坚守,他县亦为我军反攻克复城镇多处,寇势渐衰。修改总谱卅三岁。一节。下午三时到办公处,续修谱卅二岁。一节。阅本日《大公报》、《中央报》。

五月廿六日　　　阴。午表六十四度。洒小雨一晌即止。下午六时六十五度。

上午九时到总纂办公处,修改总谱卅三岁。一节。下午三时到办公处,续修总谱卅三岁。二节。阅本日《大公报》。

五月廿七日　　　晴。晨日出。上午阴。午表六十八度强。下午日出而薄。六时表七十度。

上午九时到总纂办公处,修改总谱卅三岁。一节。下午三时到办公处,修改总谱国内大事。十九至廿九岁。多疑义尚待再查《清鉴》。前只据《清鉴辑览》一书,未能确定。阅本日《中央》、《大公》报。洛阳苦战二旬,自廿五日晨已情况不明。

五月廿八日　　　星期　　晴。

晨八时与照弟同往山洞闲游,十二时始返抵寓。久未出山洞,此次意欲试验脚力。自觉近二、三月来每晨练习击技,颇有益。往时登至山顶,两脚甚软,膝、踝二部且拘挛不灵活,今果绝无此病矣;惟气急汗多,尚不能及少壮人耳。接权超侄廿五日信。附伟章四月十四日自美国新墨西哥致他信。兆先女儿下午四时返振济学校,临行哭诉在校受同学之气,再三勉劝,始收泪而行。

五月廿九日　　　晴。下午六时表八十二度。

晨拟偕杨氏往振济学校看兆先,以家中尚有二孩须照料,乃由杨氏独往。余上午在寓复改总谱廿九岁。国内大事。完。午间杨氏返寓,言见兆先无别事,稍慰。下午三时到办公处,修改总谱卅岁。国内大事三节。阅本日《中央》、《大公》报。

五月卅日　　　晴。午表八十五度。下午三时八十九度。六时八十五度。夜有月色。

上午九时到总纂办公处,修改总谱卅岁。国内大事四节。下午三时到办公处,续修总谱卅岁。国内大事。长四节、短六节。阅本日《中央报》。夜八时闻空袭警报,但无警急,九时馀解除。兆先女儿午间返寓,言各学生已和好。因会中未送米,故与许筠岚、李咸芬同返,明晨再往。

五月卅一日　　晴。午表八十七度。下午三时九十度。六时表八十五度。

上午九时到总纂办公处,修改总谱卅一岁。国内大事。接五月十一日访秋叔来信。下午三时到办公处,开区分部小组会议。加修上午所已修之总谱国内大事一大节。阅本日《大公报》。

六月一日　　晴。午表九十度强。下午六时八十九度。

上午九时到总纂办公处,修改总谱卅二岁。国内大事又卅三岁大事。二页半。未完。下午三时到办公处,续改总谱卅三岁。国内大事。完。阅今日《大公报》。

六月二日　　晴微阴。有风。午表八十八度。下午六时七十度。半夜雨声颇大。

上午八时到总纂办公处,将总谱国内大事专册十九至卅岁。各页已修改者拆出,另作一本,再加修改数处。又修卅四岁。国内大事二页。接谢一声函一。下午三时到办公处,续修卅四岁。国内大事一页。阅本日《中央报》。

六月三日　　阴雨。晨小雨。上午十时亦小雨。下午天转朗。六时表六十八度。夜有月色。

上午在寓接阅总谱国外大事栏抄本,又欲查总谱卅岁至卅四岁(乙未至己亥)。国事大事栏关于李鸿章之纪载,未获。下午二时到总纂办公处,将总谱国外大事栏抄本分成二本。阅《清鉴》。已亥、庚子两年事。阅本日《大公报》。

六月四日　　星期　阴。晨七时见日。旋复阴。下午五时表七十度。

上午在寓检已改之总谱抄本。十时馀到总纂办公处,将抄本第四册分出一部另订成册。但拟仍入第五册中。下午再检阅已改总谱抄本,拟将国内外大事栏专册,仍归入总理事迹并成一本,但工作颇多。适李振宽来谈,暂搁。四时馀到办公处,阅本日《中央报》。高考榜发,照弟无名,为怅然失望。

六月五日　　阴晴。午表七十六度。下午六时表七十五度。夜月甚明(是日为闰四月望)。

上午九时到总纂办公处。将总谱三栏并成二册。一、自一岁至十二岁。二、十三岁至廿岁。接一谔弟五月廿五。信、光文同日。信。下午三时到办公处,拆并总谱第三册。廿一至廿八岁。剪贴琐碎,工作繁难至极。未完。接公愚五月十八日函。附诗。略阅本日《大公报》。

六月六日　　晴。午表八十度。下午天转阴。六时表七十八度。六时后小雨一阵。夜又月出。

上午九时到总纂办公处,复阅昨日《大公报》。张委员来处,将余已改之总谱二册略阅。余并将中图审委会来函交阅,并声明决向该会辞职,并拟函复潘公展委员,在中央常会提案,凡关党义著述,可取放任主义,不必送党史会审查。续将昨日未完成之总谱第三册整理装订。完。又装并第四册廿九岁。一本。下午三时到办公处。装整总谱第五册卅岁。成。拟签送总纂而查阅第一册内尚有拟改而未改者,因检《清鉴》查改二事,签搁。俟明日再办。阅本日《中央》、《大公》报。

六月七日　　阴。昨夜不知何时下雨，今晨路湿。上午表七十二度弱。下午六时表七十三度。夜八时馀雨一阵颇大。旋止。月出。

上午九时到总纂办公处，修改总谱内之国内大事四事。已装并之第一、二册内事的有误处。接四月廿四日靖叔信一。下午二时到总纂办公处再修总谱第一、二册之国内大事三处。阅本日《大公报》。

六月八日　　晨七时日出，旋阴。午表七十五度。下午六时表如上。夜月明。

上午九时到总纂办公处。复阅昨日《大公报》。欧洲第二战场已于六日开始。英、美及其他各国之同盟军是日晨在法国北海岸登陆。摘伦敦六日合众电三则如下。（一）盟军总部今日公报称，艾森豪威尔将军指挥下之盟军海军在强大之空军掩护下，今晨在法国北海岸开始登陆。（二）官方宣布，盟方攻欧军总部英军总司令蒙哥马利将军所统率之军队，已进军法国海岸。其所统率之军队，包括美、加、英军。（三）同盟国已以有史以来空前伟大之进攻舰只猛攻法国北部。计出动飞机一万一千架，船舰四千艘，小艇数千艘。在最初数小时内，即占领数处滩头，"第一批英美加军系在上午四时与六时十五分之间由海空两方面登陆"，"盟方远征军统帅部宣称，四时至十六时之海军炮六百四十门以上猛轰海滩与敌方要塞，以协助陆军作战"。接中农行通知书，知亮儿于六月一日汇来五百元。接元龙弟快函，只寄五月廿九日《中央报》星期版内载余《题风雨一庐图》诗一首，错误甚多。即复元龙函一。下午三时到办公处。往会托安处长将农行通知书加盖会章。返处，阅本日《大公报》。写复子靖叔信。附修改汝瑞弟文一篇。夜复访秋叔信、光文弟信。并封入复子靖叔函内。

六月九日　　阴雨。下午六时六十七度。夜月明。

昨夜月甚明，不料晨忽下雨，檐溜出。上午不能出门，在寓阅任可澄志清。所讲滇黔护国史料贵阳《中央日报》刊载。及曾南丰年谱。杨希闵铁傭撰。近见报载教育部奖励某氏新撰曾南丰年谱,故特检此一阅。下午三时到总纂办公处,阅本日《中央》、《大公》报。

六月十日　　　　阴。午表七十三度。下午日出。六时表七十二度。

上午九时到总纂办公处。加修总谱第三册国内大事栏数处。下午三时到办公处,录《清鉴》三则如左:

光绪十三年丁亥,秋七月,两广总督张之洞奏设南洋各岛领事。先是,使臣张荫桓奏请筹议外洋捐(?)船护商情形,朝命两广总督张之洞派员调查。旋派王荣和余瑧等,于十二年七月十七日由粤启程,周历南洋各岛二十馀埠,凡小吕宋(日斯巴尼亚属);新加坡、麻六甲、槟榔屿、仰江(皆英属);日里各附埠,加拉巴各附埠,加拉巴三宝垅各附埠,泗里末(皆荷属);新金山之钵打稳、雪梨、美利滨、亚都律省各附埠、衮司伦、衮司伦各附埠(皆英属),皆往调查。至是回粤。之洞因呈华人在该处所受各国虐待情形,宜于小吕宋设总领事。新加坡原设领事,今宜添设副领事。馀如仰江、日里、加拉巴俱设副领事。而新金山雪梨埠,宜派设总领事。使华工得所庇倚,谋生益觉有资,云云。得旨允行。(日记眉注:仰江即仰光。加拉巴即吧城,又名巴达维亚。泗里末即泗水。衮司伦即纽西兰。)

光绪十六年庚寅十一月,薛福成奏请增设南洋各岛领事。光绪十二(?)年,张之洞奏请于南洋各岛分别设立总领事及正副领事。至是,出使大臣薛福成奏,查得尚未设有领事者,如新加坡附近各岛,曰槟榔屿、曰麻六甲、曰柔佛、曰芙蓉、曰石兰莪、曰白蜡,华商俱受欺凌剥削,无不环诉哀求。拟请各设副领事一员,即以就近就地公正殷商拟之,统辖于新加坡领事。又条其利弊损益,周详肫切。得旨允行。(日记眉注:石兰莪即锡兰莪。白蜡即霹雳,又作北叻。)

(右二条或可加入总谱国内大事栏,姑先记于此备用。)

光绪十九年癸巳,秋七月,薛福成奏陈滇缅分界情形。奏谓,查光绪十一年英兵进据缅甸之初,前使臣曾纪泽先与英外部会商,立君存祀,既不可得,英人自以骤辟缅甸全境,喜出望外,是以有允曾纪泽三端之说,则愿稍让中国扩展边界,盖指普洱边外之南掌、掸人诸土司,听中国收为属地也。此关于界务也。其关于商务者二端,则以大金沙江为公用之江,八募近处,勘明一地,允中国立埠设关。八募者,即中国所谓新街也(为滇省之边陲要地)。时纪泽以未深悉滇地情形,持论稍觉游移。又因中外往返商查之际,未能毅然断而行之,仅与外部互书节略存卷,旋即交卸回华。次年,英署使欧格讷与总理衙门议立缅约五条,三端未列入约中。臣去年奉命与外部议界。盖在欧使立约之后已六七年。查阅使署接管卷内,有曾纪泽议存节略,英文参赞马格里又系原议之人,臣屡与马格里赴外部,重申前说,外部坚不承认,据称西洋公法,议在立约之后,不可不遵,议在立约之前,不能共守,以其有约为凭,即不叙入约章,必有所以然也。臣思英人自翻前议,虽以公法为解,实亦时势使然。当其并缅之始,深虑缅民不服,及缅属诸土司起与相抗,万一中国隐为掣肘,彼则劳费无穷,因不敢不稍分馀利,以示联络,彼之所以骤允三端者,时为之也。既而英人积年经理,萃其兵力饷力,戡定土寇,复于缅境外之野人山地,稍用兵威胁服,收其全土,磐石之形已成,藩篱之卫亦固,彼之所以忽靳三端者,亦时为之也。前议三端,即不可恃,则展拓边界之举,毫无把握,适值秋冬以后,英兵游弋滇边,野番土目,惊耸异常。臣承总理衙门急电,照会外部,斥其违理,责令退兵。又屡赴外部,苦口争论,英兵稍自撤退,滇边至今静谧。臣又查野人山地,绵亘数千里,不在缅甸辖境之内,若照万国公法,应由中英两国均分其地,曾纪泽尝有此意,而未申其说。臣因是复照会外部,请以大金沙为界,江东之境,均归滇属。此议屡经梗阻,臣反复坚持,于是有就滇境东(?西)南让我稍展边界之说。方于孟定橄榄坝西南边外,让我一地,曰科干,在南汀河与潞江中间,盖即孟艮土司旧壤,计七百五十英方里。又自猛卯土司边外,包括汉龙关在内,作一直线,东抵潞江麻栗坝之对岸止,悉划归中国,约计八百英方里。又有车里孟连两土司镇边一厅,系从孟连属境分土,英人以两土司皆尝入员于缅,并此一厅,争为两属,今亦愿以全权让我,订定约章,永不过问。至镇西老界与老人山地界〔毗〕连之处,亦允我酌量展出。其驻兵之昔董六寨,虽未肯让归中国,愿以穆雷江北现驻英兵之昔勇归我,南起坪陇峰,北抵蕯伯坪峰,西至南嶂而至新陌,计三百英方里。又至穆雷江以南,既阳江以东,有一地,计七十英方里。是彼于野人山地,亦稍让矣。其馀均依滇省原图界线划分。虽获地无多,而裨益有五:风示各国,俾勿藐视,一也;隐备印度,杜其窥伺,二也;保护土司,免受诱胁,三也;捍卫滇边,防彼勘进,四也;援用公法,稍收明效,五也。疏入,从之。

(此件颇与现在及将来英国在缅界线或发生争议时可供参考,姑存此。)

阅本日《大公报》。

六月十一日　　星期　晴。下午六时表七十二度。

上午在寓阅贵阳《中央报》,载庄慕陵讲述故宫书画概说。又阅民国廿六年广东省行出版《最近之广州市财政》一本。往会,欲取阅宪法草案说明书,据图书室干事丁静如言,只有三本,俱为人借去未还。下午洗身后往总纂办公处,阅本日《大公报》。夜写致亮儿信一。附一谓四月卅夜信。

六月十二日　　晴。午表八十二度。下午六时八十度。

上午九时到总纂办公处,写致沈珊小姐信一。补行摘录昨阅《故宫书画概说》之前数段。

一、故宫博物院成立经过　故宫博物院成立于民国十四年"双十节"。先是,十三年九月,国民军驱逐废帝溥仪出宫之后,北京市面发现故宫古物。一部为溥仪赏赐旧臣如陈宝琛、罗振玉等者;一则为旧臣与宫内太监盗出求售者。舆论咸谓此种古物为历代流传,非溥仪个人私产,苟不清理保存,则此足代表中华民国文化之珍品,必将散失。以是清室善后委员会乃封闭各宫殿,禁止出入,以防再有盗窃情事。一面逐一查点各宫殿所存古物,嗣北政府派各部院人员会同办理,以清室善后委员会乃临时组织,进而组织故宫博物院,为点查保管机构,至十四年"双十节"宣告正式成立。

二、故宫博物院之组织　故宫博物院,计设一处三馆。处,总揽全院事宜,即院之本身。(略如国民政府各省政府之文官处、秘书处。)馆,一为图书馆,藏各珍贵古籍。一为文献馆,藏宫廷档案,如硃批上谕、大臣奏章不发表者,太平天国史实亦有之。一为古物馆,藏金石、铜器、磁器、玉器、雕刻及书画等品。其各馆工作,则为举办展览,或印刷流传,并将每件古物考订,作简略解释,或装配零缺古物以成全豹等。写至此,黎守杰外侄孙来,即搁笔,时亦已十一点半钟矣。返寓。守杰之妻侯齐云已先到,谈次知他(她)由梅动身前曾到式好堂,见大兄大嫂,均甚康健云。彼夫妇均乘花竿来,轿夫在门外候之,饭后告辞。余不便留。下午三时到办公处,开审订总理年谱谈话会。无结果而散。续摘《故宫书画概述》如左:

　　三、故宫博物院之迁移　民国廿年九一八之后,因北方局势日趋严重,各馆所藏之物,不下几千万件,不便保藏,二十三年乃开始运往上海,以五列火车,运数万箱,半年始毕。嗣见上海法租界之库房,仍不能保险,乃于南京朝天宫设立分院,另建库房移存。二十六年抗战开始前,又疏散西南各物〔地〕分藏,贵阳分藏一部分。(本年□月□日重庆开故宫书画展览会,四月十日贵阳亦开故宫书画展览会,即分藏之一部。)

　　四、故宫博物院与类似机关　中央博物院、古物陈列所、历史博物院与故宫博物院,原为四个不同之单位,但常人多混而为一,兹辨明之。中央博物院在北京时,为教育部所筹办,但至今迄未成立。古物陈列所,在北京袁世凯时代,为内政部所办,由内长朱启钤将热河行宫与奉天行宫之古物,移集北京文华殿武英殿,称为古物陈列所,供人游览。抗战后合并于故宫博物院。历史博物馆系将河南、山东两省运至北京之古物,陈列于天安门至保和殿,而称之为历史博物馆。(天安门至保和殿称为外朝,文华殿、武英殿等殿称为内廷。)

　　(按统观以上情形,在故宫博物院成立之前,及迁移之际,与疏散分藏之后,遗失必多,而历史博物馆之物,抗战后情形更未见提及,所谓西南各地,亦未将地名述明。)

　　阅本日《中央》、《大公》报。

六月十三日　　　晴。午表八十度。下午六时表如上。夜七时许小雨一阵旋止。

上午九时到总纂办公处,复修总谱(一)一本。一岁至十二岁。接亮儿八日来函一。复修总谱(二)一本。十三岁至廿岁。下午三时偕杨氏往李昭文家,借得总谱三本,立借单交他存据。此系昨日谈话会上,众言李君尚存此书,内有在南京开会时修正之记录,可为参考。但秘书办公室往借,李君不允,须余以私人资格往借云。返至办公处,已五时半。阅本日《中央报》后即返寓。作写复亮儿函一。

六月十四日　　　雨。晨小雨,八时后较大,十时后渐小。午止。下午六时表六十六度。

上午在寓复修总谱(三)一本。廿一岁至廿八岁。又修总谱(四)一本。未完。下午三时到办公处,接子靖叔五月廿四日信。装订照弟所抄油印总谱第三册之国内大事栏。未完。阅本日《中央报》。将李书第一册交照弟,嘱将其内第八十五页抄出,因会内存此册缺此页,须补入也。

六月十五日　　　雨。昨夜半后即闻雨声。今晨又雨一阵,颇大。八时后止。下午三时日出,旋阴。六时表七十度。

上午在寓复修总谱(四)一本。完。又修总谱(五)一本。下午三时到办公处,接权超侄十日来信,附汇款二百元,将照弟手抄总谱国内大事栏五十一岁至六十岁。分装二本。校阅总谱国内大事四十六岁至五十岁。一本。略阅本日《中央》、《大公》报。

六月十六日　　　阴雨。晨六时小雨旋止。午表七十四度弱。午小雨一阵复止。下午天色转朗。将晚又阴。六时表七十二度。

上午九时到总纂办公处,旋往会,开区党部党员大会,选举出席市党部代表二人，返处已十二时矣。未工作。下午三时到办公处，将照弟手抄总谱国外大事四十六岁至六十岁。装成一册。校阅总谱国内大事五十一岁至五十五岁。一本。阅本日《中央报》。

六月十七日 　　雨。昨下半夜雨声颇大，晨犹淋漓未已。上午十时后始渐小，有止意。

上午在寓将总谱卅一岁至卅四岁。已改未完之本装订，预备续改。下午修改总谱卅四岁。三页。晚间略阅本日《大公报》。照弟带来。

六月十八日 　　星期　晨日出旋阴。下午甚阴有雨意。

晨寓内发觉昨夜被盗。由厨房壁上挖洞手启门入。房东失旧破不用之被盖一付，豌豆三升，较值钱余零物。内有锡茶壶一具略值钱。余家失湿衣未干四件，余汗衫一、杨氏汗衫一、阿婶衣裳各一。俱旧破，惟尚可用者。近日米贵，山中穷人多，夜盗猖獗。莫、沈、方、敖诸同志家先后被盗，今乃及余矣。一叹。上午在寓将总谱卅一至卅四页。之本事、国内外大事三种汇订成册，并加修　过。工作繁琐，至晚始毕。

六月十九日 　　阴。十时雨。午表七十二度。下午六时表七十一度。

上午九时到总纂办公处，旋到会，将权超侄邮汇票交罗本初代领。与方干民谈失盗。方欲叫警往捕山中著名积匪杜某。余谓无证据，不能径行指名捕捉。未决。询敖凤雏前失盗事，有人愿赔偿，确否？彼云其人现已走了，亦未见赔偿云云。返办公处校阅照弟手抄总谱国内大事五十五至六十岁。一本。下午三时到办公处，校阅总谱国外大事四十六至六十岁。一本。阅本日《大公报》。

六月廿日 　　雨。

上午在寓加修总谱卅四岁。数事。下午修改总谱卅五岁。三节。未阅报，不知战局如何。夜闷坐，作诗一首：往日炎炎方患旱，连朝曀曀又愁霪。焦濡地各宜时物，明晦天难合众心。桑海尘雍妖儆悔，衡湘电捷讯何沉。蚊雷一缕烟燻散，且撤残书酒独斟。

六月廿一日　　雨。是日为旧历五月朔，夏至节。山中最旱之田已水满，正补栽秧。大洞沟亦流水，谅田水已足矣。

上午在寓改总谱卅五岁。一节半。下午续改四节。晚间照弟带来昨今两日《大公报》。惊悉长沙已失。略阅一过，未详阅。惟美副总统华莱士已于廿日下午四时到渝云。

六月廿二日　　阴。十时馀日微现。午表七十二度。下午五时后又下雨。六时表如上。夜闻雨声颇大。

上午九时半到总纂办公处，再阅廿一日《大公报》，将长沙失陷情形摘录如左。

军委会廿日发表战讯。（一）敌寇此次向湘省发动大规模之攻势，其使用兵力之庞大，为自开战以来所仅见。敌寇之目的，显欲企图打通粤汉路，其重点不在长沙。我对敌之奸计，洞若观火。为阻滞其行动，乃于长沙一带尽量消耗敌人。激战自本月五日在外围展开以后，迄至十四日晨，为时经旬，始进至长沙郊外区域。当晚分向长沙郊外及岳麓山麓进犯。经我军坚强堵击，敌屡扑屡创。至十六日午后，未能获得寸步展进，乃于十七日拂晓调至少五万以上之兵力，配合飞机大炮，向城郊进行穷凶之攻势。同时，并以强大力量，猛攻岳麓山。我奉令守备部队之全体忠勇官兵，奋勇迎战。分于各面与优势犯敌反复冲杀，白刃搏斗，寸土尺地，均必发挥其杀敌之决心。至十八日午，经过约三十六小时空前之恶战，敌陈尸于城郊，累累皆是。午后，敌复使用其所有之炮火，向城内轰击，掩护其步兵向城内猛扑。敌机更不断滥肆轰炸，若干建筑物致被燃烧。我军以于长沙外围迄至城郊已予敌人极大之创伤，达成消耗敌人之任务，即按预定之计划，作战略上之转进。傍晚，敌寇进入长沙，并大肆宣传,一曰歼灭我军若干,再曰虏获我军装备若干,目前实无辩证必要,俟战局发展至敌受到惨重打击时,方知其自吹法螺,将归于昙花一现。

接山洞农行通知,亮儿于十五日汇来五百元,内有百元为余前次寄登《中央日报》之诗稿酬金,云向来报纸副刊诗稿不计酬金,何《中央报》忽有此?且所谓前次,不知是否《秋兴》八首,抑《题风雨一庐图》之稿,余先后寄两次也。下午三时到办公处,修改总谱卅五岁。一节半。阅本日《大公报》,满纸华莱士,长沙未克复。

六月廿三日　　　　自晨至午雨淋漓颇大。下午六时表七十三度。大洞沟及门前小沟水俱畅流。小山背来自黑天池之沟水尤大。门前小沟今年始见水也。

上午苦闷,将前夜诗改如左:炎炎遍世方虞旱,曀曀连朝忽受阴。不见迅雷能一震,翻教大陆遂将沉。尽工狐媚惑人术,谁识离骚爱国心。欲向汨罗江上吊,巴山有客发哀吟。下午在寓修改总谱卅五岁。二节半。已完。又改卅六岁。一节。约近四时往总纂办公处,旋往会,托安处长将农行通知书加盖会印,及与李治中罗本初略谈即返。阅本日《中央报》。

六月廿四日　　　　晴。晨日丽。上午多云,时阴时晴。午表八十度。沟水尽涸。下午日色略好。六时表七十八度。

上午九时到总纂办公处,修改总谱。卅六岁。二节。完。下午三时到办公处,复核新征史料如左:

一、丁亥黄冈起义史略补述　　　　二、丁未潮州黄冈举义记

三、国民党时期总理革命的历程　　　　四、总理伟大之一斑(内云护法之役总理到汕训话)

五、国父在广西之旅程及遗训　　　　六、联义社革命史略

七、兴中会老会员许直臣　　　　八、翠亨村公祭陆皓东先生

九、故陆军上将邓仲元传　　　　十、陈翘革命事略

以上各件均即交王伯勋收。

阅本日《大公报》。

六月廿五日　　　星期　是日为旧历端午节。上午日色甚佳。午飞雨一阵。下午日又好。

上午在寓拜祀先父母及大姊神位。长沙失后，倭氛将及岭表，梅县或将隔绝（或寇由赣南下，则梅首当其冲），思之颇苦。下午丁六阶夫妇来谈。晚间照弟带来本日《大公报》，略阅。华莱士廿四日离渝。长沙未有克复消息。寇便衣队已扰及衡阳。

六月廿六日　　　晴。午表八十四度。夜十一时馀闪电响雷，飞雨一阵。旋止。

上午八时一刻到总纂办公处，旋往会，参加纪念周，并参加时事照片展览。返办公处，写致权超侄信一。附还伟章原信。十一时半后返寓，偕杨氏抗儿往刘家槽李昭文家午餐。是日李夫人生日，请丁、邹及余三家聚餐也。下午三时馀始返寓小睡至晚间，照弟带来今日《大公报》，衡阳附近已开战矣。

六月廿七日　　　晴阴不定。午表七十六度。下午六时表如上。

上午九时到总纂办公处，修改总谱。卅五岁。国内大事。未完。下午三时到办公处，续修国内大事二节。未完。阅本日《大公报》。

六月廿八日　　　晴。微阴。午表八十四度。下午六时表八十二度。夜闻雨声数次。

上午九时到总纂办公处，修改总谱。卅五岁。国内大事三节。未完。张委员来，余以审订旧总谱与增修工作冲突，拟停止增修。承答谓余误会，增修决不能停，前所谓审订，乃不过将旧总谱略加查看，如有可加入增修稿，抄录增入之而已。乃作一签请批交文书科，仍将增修稿抄录，分送审订。接邱海珊十日信。附范石湖浯溪碑墨揭一页。下午三时到办公处，续修总谱卅五岁。国内大事。完。阅本日《大公报》。

六月廿九日　　雨。上午八九时雨大且久，十一时始渐小。十二时后雨始止。沟水涨。下午阴。六时表七十四度。

上午在寓修改总谱。卅六岁。国内大事。完。但参考书不全，仍待复修。下午三时到办公处，复修卅六岁。国内大事。完。阅本日《大公报》。

六月卅日　　小雨，至十时后止。下午一时后又雨。晚转晴。夜见星目。

上午在寓再复修理卅六岁。国内大事一过。修改总谱卅五、卅六岁。国外大事。又复修卅一至卅四岁。国外大事。俱完。下午在寓将总谱卅五、卅六岁三栏汇装成一本，并查阅一过，略改数处。自三时至六时始毕。晚间照弟带回本日《大公报》，略阅衡阳战事，已达最高潮，寇逼城郊，且迭用毒气炮。华莱士廿四游昆士〔明〕，廿七飞成都。

七月一日　　晨至上午十时雨。午转晴。下午日出。六时表七十六度。

上午在寓详阅昨日《大公报》，及贵阳《中央报》所载滇边怒江西部战事补述。怒江即泸水，昔诸葛武侯五月渡泸之地，现其各地均有孔明庙，土人谓"不毛"即"八莫"，云云。甚有趣，惜无考证。下午二时到办公处，复核新征史料如左：

一、总理行谊（马超俊述）　　　二、总理广州蒙难（中宣部严恩纹编）

三、亦禅亦侠的潘达微（陆丹林）　四、我所景仰的朱执信先生（力郎）

五、李纪堂先生革命事略（冯自由）六、郑士良传（张镜影）

接谢一声甥廿六日来信。致亮儿函一。略阅本日《大公报》。

衡阳我军敌〔阵〕地屹立。华莱士赴成都前先飞桂林,勾留二小时,与白崇禧、张发奎等晤谈后再飞蓉,廿七下午四时到蓉,廿八日赴灌县参观都江堰。

七月二日　　　星期　　朝曦已出,旋阴且洒雨一阵。九时雨止。云散。午表七十八度。夜月明。

上午九时到总纂办公处,始知会内昨始放暑假,每日上午七时至十一时办公,下午放假。将总谱卅七八岁。三栏汇装成一册,以便工作。往先修改完成再装订,今则先装订后修改也。下午在寓阅《文汇周报》。晚间洗身后在门外小立,遇许师慎,询经阅本日报纸,衡阳尚未失,惟寇兵已至耒阳。又在粤寇兵亦分六路来犯。夜口占诗一首如左:引领中原望洛阳,狂锋忽又及衡湘。将军三捷威犹在,顿废前功亦自伤。(午间在办公处,邓振编审来谈,长沙之失,我军自退未战,有诱敌至衡阳再歼灭之之说。然今敌至衡阳数日矣,尚未歼灭,不能解敌之策,出自何人。薛岳将军现在何地?军事进退,局外人固未能测,但一为倭寇侵占之地,人民遭殃,殊可悯也。)

七月三日　　　晨日出旋阴。八时洒雨一阵,旋止。十时后日出犹薄。午表七十九度。夜月明。

上午九时到总纂办公处,补阅昨日《大公报》。衡阳连日恶战,寇屡用毒瓦斯弹,我守军仍拼死固守。卅晚城垣仍无恙。耒阳有敌便衣队侵入,被我歼灭大半。粤省自六月廿八日寇由广州、增城、三水分三路向北江图犯,不遑。次日增援,分为六路。其中四路由三水之芦苞、石角、圩下、大角等地犯清远之洄澜市、太平寺。一路由广州之银盏坳(粤汉路线)犯清远之洲心圩,一路由增城之证果犯龙华,北向龙门。我军分途阻击。卅日仍在洄澜市、太平寺、洲心圩及龙华以北附近继续激战。将总谱卅九岁。三栏装成一本。照弟交回已增修之总谱第一册一本。下午二时女儿兆先由振济学校回，谓学校管理膳事人谓，所送米不足额，须补足二十斤，否则明日停膳。因往会与罗本初商，明早饬工补送。返寓后将照弟所抄总谱增修订成一本。一岁至十二岁。共三十页，并校对一过，至晚始毕。

七月四日　　大放晴。午表八十五度。夜月甚明。是日为旧历五月十四日。

上午到总纂办公处，阅昨日《大公报》。衡阳仍在剧战。粤战未见扩大。华莱士副总统于卅日午由成都飞至兰州，参观造林中□山。及畜牧加工。复兴公司皮毛、猪鬃等出口产品。二日晨七时半由兰乘机回美国。同行者拉铁摩尔、范宣德、哈查德。一日晨九时曾由兰垣至铺隆山祭成吉思汗陵，表示崇敬英雄意。正欲增修总谱卅七、八岁。本，乃陆曼炎来访，谓所编《晚清革命文献》及《辛亥革命开国史略》二稿，昨谒溥老，面洽蒙允，亲来取回云云。当即交还，并致印维廉　函，由陆带交。接谢一声蝈信，云已于卅日到渝垣，在启鹏侄处寄住，曾见李翼中兄，约定五日上午往交部人事处，与人事处长见面，俟有结果，再来面叙云云。陆曼炎赠《革命春秋》一本。略阅。下午在寓修改总谱卅七、八岁。第一节。此节原本所无，完全新增。五时到办公处阅报。本日《中央》、《大公》报，俱阅一过。

七月五日　　晴。午表九十度弱。晚七时馀大雨一阵。雷电交作。

上午九时到总纂办公处，修改总谱卅七岁。一节。下午在寓续修总谱卅七岁。一节。未完。因此节又须完全改作。五时馀到办公处，阅本日《中央》、《大公》报。衡阳仍屹立。粤方寇亦无大进展。薛司令长官岳在湘北某地，昨邀随军之美空军军官举行美国独立纪念日庆宴。七月四日为美国国庆日也。自长沙失守，余久盼薛岳消息，今乃一见，颇慰。

七月六日　　　阴。午表八十五度。下午甚阴，有雨意。夜八时半大雨一阵。雷电继作。稍停复雨。

上午九时到总纂办公处，修总谱卅七岁。一节。仍未完。下午在寓续修。完。颇得前日陆曼炎所增《革命春秋》之力，否则须向档案处调阅史料。一字之微，常费数日。

七月七日　　　晨犹大雨。昨夜雨声滴滴，直到天明。九时后雨渐小。午天始朗。下午日出。小沟水盛涨。夜月极明。下午六时表七十八度。本日为小暑，旧历五月十七日。

本日会内举行七七抗战建国、七九国民革命军誓师联合纪念会，有话剧助兴。兆先昨下午邀其新结义姊张雪芳绍兴人。来家，拟往看戏。余亦拟参加典礼，乃因雨，不能往。旋闻话剧改期开演，期未定，俟天晴即演云。上午在寓改总谱卅七岁。一节。未完。下午续完。关于中国教育会及爱国学社事全改。五时馀到办公处，阅本日《中央》、《大公》报。夜八九时间闻空袭警报，旋解除。

七月八日　　　晴。昨夜半后雨一阵，今晨路面犹有雨痕。门前沟水已涸。惟大洞沟尚有微流。午表八十七度。

上午九时到总纂办公处，修总谱卅七岁。一节。又将昨修处增修。添一节。共二节。下午三时往会观补演话剧。五时馀返至总纂办公处，阅本日《大公报》。

七月九日　　　星期　晴。

上午在寓写致元龙弟信。十时馀亲送往总纂办公处饬工友投邮筒。下午在寓检阅编辑处编《兴中会史料汇编》内关于总理到安南参观河内博览事。五时馀到办公处，阅本日《中央》、《大公》报。

七月十日　　　晴，微阴。午表八十四度。

上午九时到总纂办公处，修改总谱卅七岁。二节。未完。接亮儿六日来信一。下午在寓装订总谱增修本十三岁至廿岁。一册，并校阅一过。夜写致亮儿信一。

七月十一日　　　晴。午表八十八度。

上午九时到总纂办公处，修改总谱卅七岁。二节。完。又修卅七岁。国内大事。完。下午在寓修卅七岁。国外大事。完。顺修卅八岁。国外大事，亦完。又改总谱卅八岁。二节。未完。秘书办公室送来张委员交下潘公展六月廿八日催审图书稿事函，拟由余直接答复，似未妥，待商。

七月十二日　　　晨小雨一阵旋止。日现但犹阴。午表八十一度。下午日出。

昨夜反复不寐，今晨早起。八时到总纂办公处，旋往会，见张委员，谈对中图审会事不能不辞，但积稿太多，颇难为情，愿于本暑期内尽力将现存各稿，一律审还，以后即不再任。并将陆曼炎日前来取稿事告。张委员嘱余代起稿复函，并将陆事叙入复函中。返处即起草。又自致印维廉函稿。下午在寓将致印函录正，连同代张委员函稿，送张委员阅，并求提升汝照弟为干事。阅本日《中央日报》。

七月十三日　　　晨小雨一阵。旋阴。午表八十二度。午洒雨一阵。下午又小雨一阵。但地面仅湿，檐溜未出。

上午九时到总纂办公处，修总谱卅八岁。二节半。下午在寓将照弟本午送到抄录总谱增修本廿一至廿八岁。装订一册，并校阅一过。昨致印维廉函录存如左：

维廉吾兄大鉴：前迭奉示，催审各稿，稽复，歉甚。昨又由张溥公交下六月廿八日潘主任委员致溥公函，附送审图书目录一件，所列书目,有《中国国民党革命史》一种,原系送党史会收、非送一厂收者,已归党史会审查,其馀十种,弟早应审毕送还,无如环境困难,不堪缕述,延搁至今。本月四日午,陆曼炎君来言,三日曾往张公馆,谒溥老,商请交还所编《晚清革命文献》及《辛亥开国革命史》二稿,蒙允,亲来取回等语。弟询溥老手条,则云客多未写。询兄函示,则云适有清恙,时相过从,俟返城自负责说明,立付收条交弟存据。时当盛暑,即须搭车返城,弟念书生劳苦,且必不作谎言,只得匆草一函,托附带致兄,声明该稿应由贵会审定,弟不能多与人争论。现阅数日,未奉示复,不知陆君果有转达否? 清恙已痊愈否? 顷溥公来会,弟特谒告此事,乃云当日只对陆君谓,可往向一厂接头,实非允其取还原稿。似此陆君之言颇滋疑问矣。该《晚清革命文献》稿,全系抄录而成,如检阅一遍,内无诋毁本党、反对革命之文,自可准其出版。惟弟未暇全阅,故未签批。至《辛亥开国革命史》稿,早经阅完,觉虽有小误,尚无大谬。然因前经党史会同人批评,不准出版,弟难为翻案,故久久未敢下笔签批。兹已被取还,诚恐经在市图审处批准给证,弟将来不免负咎,用特将经过再函详陈,倘兄犹未见前函,请速向陆君追问,将稿仍送贵会审定。陆君在市图审处未谂现任何职,谅亦不便以自著之稿而自行审定之。弟前数月即感兼任审查,实大不宜。文人相轻,排挤倾轧,自古已然,于今益烈。自顾何德何能,应早请贵会解职。前尝函述微意,惜未获邀洞鉴,兹并披吐苦衷。弟虽贫困,然性不嗜利,非嫌此兼职报酬菲薄,实因动遭妒忌,环境迫压,不能长忍受耳。顷承溥公意,拟将现存八种之稿,尽于此暑期内陆续审毕寄还,藉表鄙诚而补吾过。请贵会即作为弟已解聘,勿再送新稿,是所至祷。不另陈潘主委,幸兄鼎力一言。其陆曼炎取还二稿,追问结果如何,并乞示知。原收据或须退还,并示其住址。专此,即请暑安。弟林○○。卅三、七、十二。

附代溥公复公展先生函稿

公展先生大鉴:接六月廿八日大函,附送审图书目录一纸,当于昨日照转林一厂同志知照办理。兹据面称,查所附目录开列送审图书十一种,其中有一种系送党史会审查,非送一厂审查者(即卅二、五、卅一所送《中国国民革命史》)。馀十种内之《辛亥开国革命史略》、《晚清革命文献》二稿,经于七月四日由著作人陆曼炎亲自前来取还此稿,可否准予出版,应请贵会核夺,并经具函贵会副主任印委员维廉声明,该函即由陆君带交。除上三种以外,现存一厂手内之稿,计共八种等语。查林同志在本会任务甚繁,实难再兼此项审查之责。顷与商定,尽于本届暑期内(即七月一日至八月卅一日止)将现在八种速行审毕,陆续送还,以清手续。相应复请查照为祷。敬颂时祉。

七月十四日　　　晴。午表九十度。夜繁星满天。

上午九时到总纂办公处,修改总谱卅八岁。一节。又查补卅七岁国内大事一条。下午在寓修改总谱卅八岁。二节。内一节将各稿析出而成。五时馀到办公处,阅本日《大公报》。

七月十五日　　　晴。午表九十度。

上午八时半到总纂办公处,修改总谱卅八岁。二节。须补抄总理论文一篇入之,故未完。下午在寓抄录总理论文三页。未完。兆先本日放学回家,校中自十八日起放暑假二个月。因奉令下学期起男女分班授课,又原为春季始业改为秋季始业,致课室不敷,须添造。故下学期停办一下、二下两级。惟增三上一级,在一上、二上两级之学生,无级可升,故在暑假期内,特设补习班。二上生教授国文、代数、几何、英文四科，自十八日起至八月廿日止，一个月结业。届期试验，如各科能及八十分者，即升入三上，否则仍插入秋季之二上。每人缴补习学费六百元，走读，不寄宿云云。余允缴费前往补习，冀其能升三上，否则仍插入秋季始业之二上，是变相的留级矣。五时馀往办公处，阅本日《大公报》。

七月十六日　　　星期　晴。

上午在寓续抄总理论文。完。此文原不入总谱。余细思，总理自丁酉由伦敦至日本，经戊戌、己亥、庚子、辛丑、壬寅、癸卯数年，历受康梁扰乱，藉此文以窥见当时苦心之一二，且与谱内前后之照应，故抄补之。计三页。又四行。全论七页四行。午间谢一声甥由城来寓，携启鹏侄函。附带豚蹄一方。又一声送泸州大曲酒三罐，云南沱茶二团。渠由宜宾南溪李庄同济大学来也。下午将补抄总理论文加入总谱稿内，并阅一过。又改总谱卅八岁。数处。

七月十七日　　　晴。午表九十四度。

上午八时半到总纂办公处，增改总谱卅八岁。一节。完全改造。接张仲纬汇款通知书。下午在寓改总谱卅八岁。一节。又重修上午及日前之稿数处。

七月十八日　　　晴。午表八十六度。

上午九时到总纂办公处。修总理年谱卅八岁。国内大事。完。并复修昨日改稿数处。往会，将昨接农行通知书托安处长盖会章，并与沈裕民、许师慎谈市党部选举及振济中学停办二下级事。许女筠岚拟不往补习，在家休息一学期，明年春校续办二下级时，再往续读。沈裕民录市党新委名单如左：执委：包华国　骆继常　汪观之　吴茂荪　吴人初　龙文治（原市委，再当选）宋宜山　季源溥　王思诚　鲁佩璋　徐中齐（新当选）　监委：庆琛庵（监察院秘

书）　张兆(原执委)　徐鸣亚(原执委)　孙芹池(中央总务处长)
龚云村(市府参事)　　下午在寓复阅上午已完之总谱稿并略修数
处。又增修卅九岁。一节。未完。五时馀到办公处，阅本日《大公
报》。

七月十九日　　晴。午表九十二度。

上午九时到总纂办公处，开区分部党员大会。接印维廉十八
日复函如左：

　　本月十二日手书敬悉，并已转陈公展先生。陆君早已离渝。审查处所著
两稿，依照新办法，本会及渝审查处均不负责。如须出版，应由作者自负其责
也。兄长贤劳，至为感荷。公展先生并嘱弟代致谢忱。专此。敬叩大安。弟
廉拜启。七，十八。

　　据此，陆曼炎事，即可了结矣。一慰。又开区分部小组会议，
至十一时四十五分钟始散。不能工作，只写复张仲纬函一、致启鹏
侄函一。阅昨日《中央日报》，载自贡十七日电："盐商王德谦独献
一千二百万元，超过本地盐商余述怀一千万元之数。王氏素居乡
间，鲜来城市。闻冯委员到此倡导献金，即前往晋谒，并慨献此项
巨款。冯委员深致嘉勉。"下午在寓改总谱卅九岁。一节。昨未完之
稿增成。六时到办公处，阅本日《大公报》。

七月廿日　　晴。午表九十二度。下午一时馀大雨雷震，至二时雨
止。六时表八十度。历书云，今午日食，因阴将雨未见。据人言，在田间曾见
食半。是日为旧历六月朔。

上午九时到总纂办公处。因欲为中审会审查《中国国民党廿
年来奋斗史》一稿，前略阅一过，觉其内有中国共产党"投顺"一段，
其"投顺"二字甚为刺目，应根据廿六年抗战初起该党到南京时发
表文件所用字样方合。特检阅去年九月本党第十一中全会会议录
内，有关处理中共案决议如左：

（上略）我神圣抗战，历六年馀之艰苦奋斗，举国一致所企待之伟大胜利，业已在望。中央为争取国家民族永远之自由幸福，把握抗战之最后胜利，深感非先巩固国家之统一，即无以完成抗建之大业。所以，对中国共产党，只冀其不破坏统一，不妨害抗战胜利，不惜再三委曲求全，加以涵容。兹仍本此一贯之精神，交常会负责处理，详为开导，促其觉悟。希望中国共产党能幡然自反，切实遵守其在二十六年九月二十二日所宣言：（一）为实现三民主义而奋斗。（二）取消暴动政策与赤化运动。（三）取消苏维埃政府，期全国政权统一。（四）取消红军，改编为国民革命军，受国民政府军事委员会之统辖等四项诺言，以拥护国家民族之利益，军令政令之贯彻，俾抗建大业，确获胜利成功之保障，庶慰国民热切之企望。至于其他问题，本会议已决议于战事结束后一年内，召开国民大会，制颁宪法，尽可于国民大会中，提出讨论解决。本会于贯彻执行完成国家统一，把握抗战胜利之坚决意志之中，不惜寄于最殷切之期待也。

此决议原题为《秘书处提出关于中国共产党破坏抗战危害国家案件总报告》。陈委员泮岭等十三人提《彻底解决中共问题以固统一案》。盖并案讨论而得决议也。决议前有"总裁提示"一段，略云"本席听取中央秘书处关于中共案件之报告及各委员所发表之意见后，个人以为全会对于此案之处理方针，当仍依照十中全会之宣言，'凡能诚意信仰三民主义，不危害抗战之进行，不违背国家之法令，无扰乱社会之企图与武装割据之事实者，我政府与社会，应不问其过去思想行动之如何，亦不问其为团体为个人，一体尊重其贡献能力、效忠国家之机会'。本此方针，始终容忍，竭诚期待该党之觉悟，并应宣明中央对于共党亦别无其他要求，只望其放弃武力割据，停止其过去各地袭击国军、破坏抗战之行为，并望其实践二十六年共赴国难之宣言，履行该宣言中所举之四点，即（一）为实现三民主义而奋斗。（二）取消一切推翻国民党政权的暴动政策及赤化运动；停止以暴力没收地主土地的政策。（三）取消现在的苏维埃政府，实行民主政治，以期全国政权之统一。（四）取消红军名义及番号，改编为国民革命军，受国民政府军事委员会之统辖并待命出动，担任抗日

前线之职责。"(下略)

观此,"投顺"二字,或改为"宣言"或"共赴国难之宣言"方妥。

增修总谱卅九岁。一节。下午在寓审查《中国国民党二十年来奋斗史》一册。六时到办公处,阅本日报。

七月廿一日　　晴。午表八十八度。

上午九时到总纂办公处,写致印维廉函。改总谱卅九岁。一节。下午在寓将照弟再抄总谱增修稿装订成一本,并校阅一过。六时到办公处,阅本日《中央报》。

七月廿二日　　阴雾。十一时日出。午表八十八度。夜十二时大雨,鸣雷。

上午九时到总纂办公处,修改总谱卅九岁。一节。完全重造。下午在寓复修昨今两日所改稿并清录一过。五时馀到办公处,阅本日《中央报》。

七月廿三日　　星期　晴。下午三时大雨一阵,旋止。本日为旧六月初四日大暑节,但晚凉如新秋。

昨夜大雨后,寓房天窗之光瓦忽碎坠,幸雨已止,房内不致雨水淋漓,(查被猫爬破,猫下坠,故打破茶盅。)只敲破茶盅一个。今日请房东雇工修理未得。上午十时馀到总纂办公处,将已审查完毕之《革命文献》、《新中国三字经》、《中国国民党二十年来奋斗史》三稿加总评及盖章。包封未完。午饭后杨氏将瓦二块自垫于天窗口,雨来幸不漏。下午在寓修改总谱卅九岁。一节。六时到总纂办公处,阅本日《大公报》。

七月廿四日　　晴。午表八十八度强。

上午九时到总纂办公处,包封昨日审校评章手续完了之史稿三件,写好封面,交工友王汝伦送会传达处,交邮差递寄。预付邮票十五元。**修改总谱卅九岁。一节。**并将前昨两日所改及清录稿加入稿本内。下午在寓增补总谱卅九岁。一节。计三页,抄《重订致公堂新章》,可以见当时总理对三权分立之运用。

七月廿五日　　　　晨七八时间大雨一阵。旋阴。午表七十八度。

上午十时到总纂办公处。昨嘱冯绍苏调《总理全书》函札。兹据检交副本一册,内有甲辰总理在美致黄宗仰函,告扫除保皇邪说一札,照录如左。原副抄误甚多。

中央上人大鉴:顷接来函,一切深悉。同志近日困穷如此,不禁浩叹。弟近在苦战之中,以图扫灭在美国之保党,已到五六处,俱称得手。今拟遍游美地有华人之处,次第扫之,大均三四个月后,当可成功。保毒当梁贼在此之时,极为兴盛,今已渐渐冷淡矣,扫之想不为难。惟是当发始之时,保党不无多少反动之力,因此有一二康徒,极恐彼党一散,则彼个人之利益,大有损失,故极力造谣生事,以阻吾人之前途。所幸此地洪门之势力极大,但涣散不集。今已与各大佬商妥,设法先行联络各地洪家,成为一气,然后可以再图其他。故现时正在青黄不接之秋,尚无从为力以兼顾国内及日本之局面,大约数月之后,当有转机也。幸致慰在东同志,暂为坚守,以待将机之来。除洪家之外,弟更有数路可以有望以图集力者,惟成败未可必耳。前挪上人之款,尚无从归赵,请宽以月内为期,想能应付也。弟有函致黎公,意亦同。上海同志近来境况志气如何? 东京留学生又如何? 闻陈梦坡已在横滨立一馆地,欲联络各处志士,此意甚美,未知现办成如何? 能与此地致公堂通消息,互相照应,则来往船上之人,尽可招集也。上人在东有暇,亦望与此处致公堂并《大同报》潜通消息,以鼓舞人心,则更可增多势力也。此致,即候大安不一。弟孙文谨启。西六月十号。加利科尔省发。

又录在檀岛致宗仰函

中央上人英鉴:横滨来函已得拜读。弟刻在檀岛与保皇大战,四大岛中已肃清其二,馀二岛想不日可以就功,非将此毒铲除,断不能做事。但彼党狡诈非常,见今日革命风潮大盛,彼在此地则曰"借名保皇,实则革命"。在美洲则竟自称其保皇会为革命党，欺人实甚矣。旅外华人真伪莫辨，多受其惑，此计比之直曰保皇如康怪者尤毒。梁酋之计狡矣。闻在金山各地，已敛财百馀万。此财大半出自有心革命倒满之人，骗得此财，以行其保皇立宪，欲率中国四万万人，永为满洲之奴隶，罪通于天矣，可胜诛哉。弟等同志，向来专心致志于兴师一事，未暇谋及海外之运动，遂使保皇纵横如此，亦咎有不能辞也。今当乘此馀暇，尽力扫除此毒，以一民心；民心一，则财力可以无忧也。务望在沪同志亦遥作声援，如有新书新报，务要设法多寄往美洲及檀香山分售，使人人知所适从，并当竭力大击保皇毒焰于各地也。匆匆草此，即候大安。弟中山谨启。寄信地址：Dr. Y. S. Sun To Mr. HO

下午在寓将右录二函补入总谱卅九岁。稿内。一补完。一未完。并增修一节。未完。原文先后颠倒，须移动页数方能下笔修改矣。六时到办公处，阅本日《中央》、《大公》报。

七月廿六日　　晴。午表八十六度。下午五时大雨数阵。六时始止。夜颇凉。

上午九时到总纂办公处，将总谱卅九岁。稿各页移易增补，再装成册，以便修改工作。未卜笔。下午在寓增修总谱卅九岁。二节。将昨下午增补未完之各事均补完。

七月廿七日　　晴。午表八十六度。

上午九时到总纂办公处，补阅昨日《大公报》。增修总谱卅九岁。一节。下午在寓补入总谱卅九岁。一节。五时半到办公处，阅本日《中央》、《大公》报。

七月廿八日　　晴。午表九十三度。

上午九时到总纂办公处。余日前编总谱卅八岁，癸卯。上海"苏报案"后，《国民日日报》等继起情形，系略据陆曼炎《革命春秋》及本会编《兴中会史料汇编》而成。昨偶阅冯自由编《革命逸史》所述殊异，未知孰确，兹未便据以改余之稿，将冯说摘录备查。

上海《国民日日报》与《警钟报》(原书一九五页)

自癸卯闰五月苏报案发生后,海上著名革命党人,除章炳麟、邹容已入狱外,馀多亡命他国。然革命思潮,益风起云涌,长江沿岸各省之志士,及已解散之爱国学社学生,仍多散放宣传小册,及日本出版之各种书报,为《苏报》之代。是年十月,遂有《国民日日报》继续出版。是报初由章士钊、张继、何靡施、卢和生、陈去病等筹办数月,因虑易招清政府仇视,乃以广东东莞人卢和生为发行人。盖卢系英国海军工程毕业之老留学生,自幼生长香港,曾任上海西报记者有年。《国民日日报》可用其名在英领署注册,以避免清吏鱼肉也。担任是报文字者,除章、何、张、陈外,尚有苏曼殊、陈由己、金天翮、柳弃疾诸人,主张与《苏报》同,而篇幅及取材,则较《苏报》为新颖。发刊未久,风行一时,时人咸称为《苏报》第二。未几,报中经理、编辑二部,忽因权限问题,大起争执,卒向外国公堂,提起诉讼。经在沪同志冯镜如、叶澜、连梦青、王慕陶诸人,奔走调处,仍难收效。香港《中国日报》社长陈少白闻之,以同党内哄,有碍大局,特亲至上海,设法和解,并设宴邀集沪上诸同志,联络感情。卒由双方各允息事而止。然《国民日日报》经涉讼风潮,竟致停刊。和解后虽欲重振旗鼓,亦以大伤元气,更无复版之望矣。甲辰(一九〇四年)冬,(日记眉注:甲辰冬,疑有误,似癸卯冬也。)俄兵进驻奉天,中外震动。时蔡元培已由青岛返沪,因与诸同志发起《俄事警闻》,专录载俄人侵满消息,以唤起国人注意。旋扩大篇幅,改名《警钟日报》,渐借外交失败事件,攻击满清政府,实继承《苏报》与《国民日日报》之系统。主笔政者有刘光汉、陈去病、林獬、林宗素诸人,销路亦殊不恶。至乙巳(一九〇五年)二月二十日,以批评外交失败,为清吏所忌,卒被封禁。此外,陈去病(佩忍)所为之《廿世纪大舞台》杂志、林獬(白水)所为之《中国白话报》,亦先后为当道干涉停刊,上海革命党人之喉舌,自是缄默者数载。

(余于廿五年在南京曾检党史会所存《苏报》、《警钟日报》、《俄事警闻》、《国民日日报》、《廿世纪大舞台》等,查录其地址及出版年月日,发行人、编辑人姓名等,汇列成表,寄上海柳亚子,为编《上海通志》之用,甚为详备。可惜原稿底在陆郎桥寓内书箱皮藏被焚,而上海通志亦未存,不知他人有否,无从校核。)

下午在寓改总谱卅十九岁。一节。六时到办公处,阅本日《中央》、《大公》报。

七月廿九日　　晴。午表九十四度。下午甚热,李振宽言,山上表百零二度。

上午九时到总纂办公处,改总谱卅九岁。一节。未完。接印维廉廿七日来函,云:"廿一日手教奉悉,新办法与尊见不谋而合,故尚有稿五种,拟请即交还作者自行负责。专此。即颂大安。弟廉拜上。七,廿七。"阅之一慰。此事完了,余后可全办修改总谱矣。下午调到邹鲁《党史稿》一本,苏鹏撰《柳溪忆语》一本。即阅《柳溪忆语》一过。依此忆语再改本上午所改之稿,仍未完。六时到办公处,阅本日《中央报》。

七月卅日　　星期　晴。

上午在寓摘录《柳溪忆语》六段如左。下午续录五段。六时往总纂办公处。阅本日报。

(一)拒俄义勇队(日记眉注:原文无拒俄二字。)　留学同人组织义勇队,欲效命疆场,冀以敌俄人而有以钳日人之口。主之者为黄君瑾午。每星期三、星期六午后及星期日,分赴京桥区及各体育场,实弹射击,练习枪法。每次各人自备弹费三十钱(即三角)。无何,为清、日两政府协谋解散,遂改名军国民教育会。

(二)军国民教育会　本部设东京。由黄瑾午、杨笃生、陈天华(均湘人),刘禹生(鄂人),荆若木(皖人),张溥泉(冀人),何海樵(苏人),王伟丞(浙人),广东胡君(忘其名)与予(即苏鹏)等主之。设支部于上海,由蔡子民、吴稚晖、章行严、刘申叔、赵伯先、吴樾、徐锡麟、于右任等主之。以爱国女校为总机关。

（三）学习制造炸药　军国民教育会之组织，是谋对满清君臣实行暗杀之政策。予与杨笃生、何海樵及广东胡君、江西汤君，均忘其名①。离东京到横滨赁一屋，为制造场所。初聘广东李翁为教习，据称曾在江南制造局掌理制造火药，所教者不过中国旧出版物（《化学大成》）所载之成法，旋即辞退。乃向日本化学书籍中，搜集制药之法，计能制成之药，为硝酸银（中国旧名雷银，性最危险）、硝酸水银（名雷汞，为弹药之发火药）、棉花火药（即普通之无烟药）、褐色火药（即普遍之有烟火药）、黄色火药、二硝基偏利斯尼等品。

（四）被炸伤目　横滨所赁屋在临海山腰，不意该埠闹鼠疫，警察将按屋清检。同人乃将制成之药用瓦缸盛水，倾药水中，轻浮水面，以玻璃管向水中搅和，使之混沉水中，便于倾弃。不幸砰然一声而爆发，予与笃生之眼，同被炸伤，在神田区眼科医院就诊，经一月馀，幸未失明。此项制药之法，笃生编辑数十页，后在上海英租界馀庆里八号，因万福华刺王之春案，机关被破，此书亦同丧失。

（五）谋炸清西太后　同人以制药颇堪应用，议往北京炸清西太后。同行者为杨笃生、张溥泉、何海樵、周来苏及予。初到天津，租一屋，将药料铁弹电池电线购就部署已定，相偕入京。于草头胡同租一屋，探听那拉氏行动。氏居颐和园，乃于西直门与颐和园之间，在途中埋窖地雷，因其出入警跸，人不能近前，别于地雷上装制电线，人隐芦苇中，以司发火。不料氏深居简出，伺候五阅月，尚无还宫消息。吾辈旅费告罄，不得已南下。

（六）往东京又回沪　予等伺京数月，计无所施，正拟回东京，适黄瑾午在湖南联络会党谋起义，须派专人赴日本，邀湘籍留学陆军学生归国，主持军务。嘱予前往。时士官学生之毕业者，湘籍仅四人：蔡松坡、周仲玉、张孝藩、刘介藩。其馀因日俄交战不能入士官，仍在各联队中。当与蔡等约，俟举行正式毕业即归国外，程潜（颂云）、陈伟丞等亦皆愿归。乃返抵沪，而黄兴起

义事已败矣。

（七）启明译书局　黄兴起义之事失败后，由明德学校逃入北正街圣公会。化装出走，逃至上海。时湘中志士由湘逃至者与自日本归者，麇集于沪。乃于英租界大马路旁之馀庆里第八号，租设启明译书局。群居于此，铩羽少休，徐图再动。时有万福华刺王之春一案发生。因章行严探狱，一语不慎，致将启明译书局机关被破。除杨笃生由予暗示临时逃脱外，被捕者为予与周来苏、黄瑾午、张信（即溥泉）、薛大可、章陶严、徐佛苏、郭葆生及两随员汤、彭二君。清廷向英人极力交涉引渡。（日记眉注：查邹著《党史稿》，当时被捕十三人，在公堂所载之姓名为张杏年、周咏曾、周密、章士夏、赵洪和、张信、龙善行、赵梅、汤祚贤、郭宝〔葆〕生、李寿芝、万云卿。按实即十二人。郭宝〔葆〕生即郭人漳，张杏年即章行严，张信即张继。李寿芝似即黄兴，供称湖南长沙人，九江民立蒙学堂汉文教习，同郭来沪，采办图书仪器。邹稿内无苏鹏，但有周咏曾、周宝山或作寅山、章士夏、赵洪和四人，俱供湖南善化人，其中之章士夏当即陶严。）

（八）黄兴被拘三日即脱险　予等同被拘留于英大马路新巡捕房。（老巡捕房在四马路）最危险者为黄瑾午。因其新自湘逃出，清廷悬赏五千元缉拿。幸郭葆生为现任江西巡防统领（郭为江南候补道，赣抚夏时调充此职），到沪采办军火服装，此次访友来此，被误捕；又与上海道袁海观为姻娅。拘留三日，经袁解释证明，得释放。瑾午谎称为郭随员，一同释出。

（九）余在巡捕房拘留月馀　各人经日本东京、上海、南京、湖南、广东各地同志募汇数千金，延中西律师四人辩护。在会审公堂审讯六七次，方得开释。惟周来苏身怀手枪，犯租界妨害治安罪，判监禁一年三个月；万福华监禁十年，骈肩押入西牢。当时杨笃生、刘光汉（申叔）、林白水（獬）、蔡子民在外奔走营救。

（十）王之春被刺之由　王之春，湖南衡阳人，前任安徽巡抚，又充出使俄国大臣。与俄皇尼古拉（当时为太子）颇交善。日俄战时，尼古拉为俄皇。王在沪遂倡联俄拒日。留日学生界已决议惩创之。乃借吴公子某名（日记眉注:按是十月十三日假吴葆初之名),宴王于四马路一枝春番菜馆,推两手为执行员,一在宴厅下手,一伺门首梯边,俟厅中响枪不中被逃出时,加以补击。万福华即其任补击任务者也。

（十一）郭人漳被捕之由　　章行严已泄启明译书局地址,捕房派探捕跟查,苏鹏出应门,答以未住此人。探捕带鹏至捕房相质。章言:"吾有行榻在,言之庸何伤!"盖章固设一榻于其弟陶严室也。探捕复带鹏返启明译书局,逼问章所居室。杨笃生方小睡,鹏暗示之去。陶严见探捕,力拒检查。探捕愈疑,乃大肆搜检,及于各室。在笃生榻下,搜去党人名册及制炸药书本、手枪、手弹、倭剑、照相器等违禁物甚多。并在厨房搜出鼓风炉及假银毫二千元。乃将在内诸人(即七段所列)一并捕去。将出门,郭带二随员来访,大踏步一人头门,探捕视为同党,即邀之同行,为缧绁之友。

七月卅一日　　晴。午表九十五度。下午二时半雷鸣。天暗似大雨将至,乃三时许洒雨一阵即止。但四时后天犹暗也。五六时间有雨意,曾洒降疏粗雨点为风吹散。夜顿凉。

上午九时到总纂办公处。复印维廉函一。续录《柳溪忆语》如左。下午在寓续录十六七节。

（十二）假银毫之来历　　假银毫与鼓风炉何由而来? 言之颇堪发噱。先当党费竭匮时,笃生亲赴江苏泰兴县令龙研仙先生处筹款。研老夙喜接济党人,此次猝无以应,即将下乡所破获之假毫洋二千元与之,携带来沪,聊济困穷。笃生尝阅日本出版之合金学一书,内载人造黄金,配合成份为紫铜与纯锑或镍,加媒介剂,合冶而成。遂购此鼓风炉,以供试验,冀为本党生产。不期被搜,捕房不惟认此为革命党之机关,且兼为制造假银洋之场所矣。

（十三）巡捕房内趣事　　初捕十一人同住一室,夜每人发灰色线毯一条为被。又各给粥一盂,其盂不知经何年月,外作灰黝色,同人面面相觑,皆不敢食。惟黄瑾午捧之大喝大嚼,顷尽一盂,问曰:君等不食乎? 又尽一盂。如是者连尽三盂。同人皆笑。破晓,将毯收去,每人给粗饭一盂,佐以咸蚕豆十数粒,白菜十数茎。瑾午谈笑自若,时向陶严调侃,问陶严曰:吾辈惟你最少,何年将满二十耶? 亦曾几度亲美人芳泽否? 陶严悉举以对。同人闻之,皆相笑成欢。室中四壁徒立,无以消遣,乃各将佐饭之蚕豆节馀数粒,以供拇战。每胜十筹者,得豆一粒。郭葆生常立室门外铁栅之间,纳两手于衣袋中(西装外套),而左右摇曳,若临风之柳。溥泉则时时唱其不甚高明之京调曰:过了一天又一天,心中好似滚油煎。每周之中,蚕豆佐饭外,可吃牛肉一次,咸鱼一次。释出后,阮囊羞涩,惟行严有腻友李香苹诗妓,接居香巢,过其似蜜非蜜之生活,同人皆不胜健羡之至。

(十四)炸铁良之经过　苏鹏出巡捕房后,张学济(溶川)自赣来沪,谓在赣与廖名缙(笏堂时为赣新军参议)商议,清廷派铁良为钦差大臣,南下检阅各省新军,果使清廷军备整饬,于革命前途障碍实大。且铁宝臣(良号)谙军事饶谋略(士官学生出身),为满员中之铮铮人物,非去之不可。今长途跋涉,狙击之机会必多,天赐吾人以便也。鹏曰,容商之。廖急促曰:何见小挫即不顾大局耶! 人财已均备矣,所缺弹药耳,今决以兄一言定进止。鹏乃与廖同赴汉。胡经武(瑛)、成邦杰、孙国华、王汉及鹏廖遂同事。残腊将尽,鹏将炸弹配,同人分携至浚湖荒僻之地(时京汉路未全通车,汉口大智门车站亦未设。)装试弹药、通电引火,结果适用。探知铁良将抵汉赴武昌。榕川雇芦苇划船一艘,由宝庆码头载弹药电线锄枭之类,向武昌黄鹤楼下出发,拟于平湖门官码头装埋炸弹,通电发火。乃舟将傍岸,有警卫弁兵,呼"速来检查"。同人令划子转舵下驶,并漫应之曰:"是载客往轮船码头搭船者。"幸免被检查,然计亦不售。鹏遂趁势搭轮东下沪门。嗣闻王汉独怀手枪,紧随铁良北追,过黄河至正定,仍不得逞,以手枪自杀于途以见志。(日记眉注:然则铁良北上王汉追之耶? 此与他书不同。待考。)

(十五)过镇江往泰兴借钱返里　鹏由汉口舟抵镇江,已腊月廿九日矣。乙巳正月初八日。由镇江往泰兴,到县署住数日,龙研仙赠以四十元作盘费。乙巳春遂返故里(湖南新化)。其母不准再出门,旋在时荣桥设小规模之造纸厂。未几,应游学预备科监督罗仪陆聘充教员。

（十六）往日本迎陈、姚遗榇　　予（鹏）应聘未久，日本政府取缔中国留日学生。学生界主张一致归国以抵制之。尚有少数学生违背公议不归者。陈烈士天华（星台）愤激投大森海湾而死。遗绝命书万馀言励国人团结救国。吾舅周叔川先生系革命先哲，亦病逝神户。湘学界推予渡海接运两榇。同时，益阳姚烈士宏业在沪办中国公学，亦因愤激投海死。予均护运以归。三榇抵湘，学界在天心阁开追悼大会，议决公葬陈、姚二烈士于岳麓山。

（十七）陈、姚二烈士墓地之风潮　　天心阁议决后，旧绅唆湘抚尼之，谓张革命党人之目。时学务处长并游学预备科总办张鹤龄（小圃）升署按察，召予及各校校长商调停之法。予建议价买方氏私管岳麓外围之天马山为墓域。该山附庸岳麓，位濒湘岸，与湘垣隔江相峙，帆船上下，数十里外可望而见。朝野双方或可迁就，众韪予言。按察司署即交二百元委予办购地事。予谒方君叔章，契买天马山巅纵横百数十丈，除备窀穸外，犹可建华表也。筹备葬事者为予与禹之谟、谭心休、覃振、陈家鼎诸君。乃再于左公祠开大会，报告买山备葬事，殊众又不谓然，尤以禹之谟为激烈，意气之盛，直冲牛斗。立即议决发引。学生执绋者万馀，强葬于岳麓山云麓宫之阳。湘抚庞具奏于朝，密旨究治，拿办党魁，停办学校，卒将陈、姚墓改阡，瘗诸山北荒坡中。吾湘学界掀起大波，高压之下，湘中士气因之不振者数年，恸哉！（日记眉注：陈、姚葬事，邹永成签云：系丙午年夏。应在刺铁良之前，云云。但刺铁良事邹云在丙午秋冬之间，查各书所记及此忆语均云在乙巳春。应考。邹说不对。）

近六时，到总纂办公处，阅本日《大公报》。

八月一日　　晴。时序如流，忽至八月，心为一惊。午表八十七度。

上午九时到总纂办公处，续录《柳溪忆语》。

（十八）俞饰华狎妓受辱　　饰华（日记眉注：曾朴所记为秩华，似较确。）为经正学堂校长，俞经贻之叔，曾留学日本速成师范，与陈凤光、颜习庵辈同学。归国后，张小圃处长委之为学务处总文案兼长沙城内外廿四小学校监督,为人精刻。各小学教员多衔之。好冶游。一日设牌局于私娼家,为小学教员侦悉,纠众捕捉,拘至西长街濂溪祠,反缚其手,左右各系长绳,学生二人牵之。割其发辫,纽诸裤带之上。褫其上衣,肉袒而立,若待决之囚。集众议处,或主游街示众,或主痛加鞭挞,或主投诸江流。经赅往游学预备科请罗仪陆设法解救,因促苏鹏往。鹏请众送学务处惩办。众赞成。临行并解黑纱绸汗衫衣之,始得脱。饰华不知鹏为经赅、仪陆所使也,反怨之。

(十九)陈、姚墓案之清廷压力 西太后那拉氏最忌新党,以湘省学界强葬陈、姚二烈士于岳麓山,密旨严加封闭惟一学校(即广益学校之前身)、游学预备科等数校。惩办首魁禹之谟,借他案充戍靖县,旋密杀之。苏鹏亦悬赏五百元拿办。馀皆散走。予于丁未春出奔桂林。(日记眉注:观末句则陈、姚〈墓〉案在丙午发作无疑。惟葬与案发另为一事,非同时也。仍俟考。)

(廿)苏鹏任桂高警教员 广西按察使余诚格任内,创设高等巡警学堂,自兼总办,以曾叔式为监督,叔式聘鹏为理化教员。旋布政使张鸣岐升为巡抚,余按察调布政使,院、司不和,张鸣岐停警校,抑余藩,鹏乃闲居,游玩桂林山水。时蔡松坡在桂办广西陆军小学,兼随营学堂(民国以后桂系人才如李宗仁、白崇禧等为是时陆军小学学生),乃函荐广东黄埔陆军小学,任理化日文教员。同时,蔡荐刘五典为广东陆军速成学堂教员。

(廿一)苏鹏在黄埔陆军小学 黄埔陆军小学,建筑宏敞,为张之洞督粤时所设武备学堂改作。比邻为水师学堂及船坞。附近为长洲炮台。皆张之洞所修。距广州六十里,专备差轮,以供来往。时监督为韦汝聪。教员有姜若(丹徒人,号证禅。日记眉注:姜若即可生之兄,民十八余在沪见之,曾言及在黄埔陆军小学事,谓雨平即其学生。)、赵懿年(桂林人,号兰孙)等。嗣赵声继任监督,与鹏交尤善。居此席年馀,凡湘籍党人来粤者,每主其家。如邹代藩(价人)原在桂与臬司王芝祥忤,旅粤半载,皆鹏供给。谭人凤(石屏)与克强策动云南河口之役及镇南关军事,往还皆至鹏处。及河口败后,光绪与西太后殂,广州巡防营起事,粤大吏严缉党人。时韩国钧(紫石)为广东督练公所总办,陆军小学,向归督练公所管辖。韩语伯先曰:"汝校某教员,可令其请假离校。"此不知其何意也。鹏乃即日请假离校,束装归湘。各职员治酒饯行。酒酣,伯先嚎啕大哭曰:"凤初唯你知我!"挥一足,踢木壁成洞,并赠词曰:"好男子,为人役;好身首,何须惜。看锋刃不伤,血花狼藉。对此聊堪图大嚼,伤心快意都无迹。独何来,触耳动雄愁,吹箫客。"又伯先尝有诗曰:"我欲穷师极北鞭骆驼,一军直抵莫斯科。又欲驱策下濑与伏波,片帆直渡苏士河。无如坛坫不称意,十年依旧山之阿。文章本为进身阶,不进不如从荷戈。"鹏离黄埔后由香港至沪,访旧居英租界大马路徐庆里八号,故人星散,不胜风去台空之感。尤以徐锡麟、秋瑾两烈士死事为惨。徐、秋二烈士固均为军国民教育会会员也。

(廿二)返家半载后再赴曲江开矿 梁鼎甫在法国以巨金购得炼纯锑之法,在湘开华昌公司,以西法炼锑。开工二三年,获利巨万。乘其邑人袁海观督粤之便,因分组宝昌公司,拟往广东韶关獭老顶,开办锑矿。特往新化,邀鹏同往,在新化招矿一百廿馀人,冒暑南行。至矿发生湿瘟病,死者逾百。交冬,鹏亦带病返里(工人仅十八人得生还)。又调治三月后始愈。

(廿三)辛亥光复 辛亥春,予下长沙,与彭庄仲、曾伯兴、龙研仙、谢祝轩及醴陵龙云稚等,合组百炼矿务公司。首由临武、桂阳之香花岭,开采砒、锡。甫三月而武汉反正,湖南响应,予在山闻悉,成"梦江南"五阕。词不录。此书即摘录完毕,中多可采入总谱。

下午在寓装订照弟抄好总谱增修本卅岁。一册,并校阅一过。五时馀到办公处,阅《大公报》。昨下午渝城暴风雨,死伤四十馀人。又该报特派员孔昭恺报告西北旅行中外记者西北旅行团之一。(四)内《陕甘宁边区的政治》云:目前中共在陕甘宁边区辖地有九万九千〈平〉方公里,人口有一百四十八万。中共及其军队于民国廿四年进入陕甘宁边区,厉行收没人民土地,廿六年停止没收,保护私人财产。现在陕甘宁边区政府主席林祖涵,副主席李鼎铭。边区政府委员会暨正、副主席之下设办公厅、民政厅、财政府、教育厅、保安处、高等法院、民族事务委员会八个平行机构。

八月二日　　　晴。午表九十二度。夜月甚明。是日为旧历六月十四。

上午九时到总纂办公处,查阅邹著《党史稿》,摘录芜湖安徽公学事、云南同盟会以前事如左。

(一)安徽省沿江大镇,曰安庆、曰芜湖。清季创办学堂,以芜湖为最早。清光绪廿九年(癸卯),皖籍在湘之官商,设旅湘公学于长沙,由卢仲农主持,黄兴、张继、赵声均被聘兼课。革命学风,传入校中,官绅惊惧。是冬,将校迁至芜湖,改名安徽公学,殊提倡革命分子,刘光汉、陈独秀、柏文蔚、张伯纯、陶成章、龚宝铨、段昭(日记眉注:段昭后改名云书。)等,更陆续到校,公开宣传革命,尤以刘光汉之种族演讲,最易动人。时安庆有武备练军学堂,学生柏文蔚、郑赞丞等,亦提倡革命,创立岳王会以为机关。

(二)纪元前九年(癸卯),临安周云祥在个旧起事时,有田谦谷献议,分兵数路,取省城为根据地,然后出兵川、黔,进略陕、鄂,定中原而除满清;并约李伯东在省城联络同志及哥老会为内应。哥老会首余占标,不密其事,为滇吏侦捕枭首。而周云祥不用田谋,旋为清军所灭。是年省城创办高等学堂。次年(纪元前八年,甲辰),昆明人杨振鸿留学日本,将告滇中父老书痛陈满清断送滇省。寄回高等学堂。学生读之,发指眦裂。李伯东与李鸿祥、何瑛、李治、谢树琼、李伟、杨洛图诸人,因设立誓死会,暗中宣传排满革命。又是年考送出洋学生至日本,有吕志伊、李鸿祥、李根源、唐继尧、谢汝翼等。

接靖叔六月四日来信,光文五月卅日信各一。下午在寓续查摘邹著《党史稿》如左:

(三)同盟会成立以前,山东省籍之留日学生,有刘冠三、徐镜心、蒋衍升、谢鸿焘、邹秉绶、陈干、邱丕振、于洪起、丁惟芬、王朝俊等。蒋衍升与丁惟芬创刊《晨钟报》,提倡革命。

(四)纪元前九年(癸卯),清廷令各省编练新军并开办武备学堂,养成军事人才。前八年,孙道仁奉命练军,遂收旧日左宗棠在闽所遗之湘军,成立为常备军左右二镇。后二年(日记眉注:即丙午。)开办讲武堂,延日本士官学校第二期卒业之许崇智为帮办兼总教习。许于教授军事学术之馀,灌输各学生革命思想及理论。又教授陶骏保(日记眉注:原作赖保)亦于校中从事鼓吹。自是革命种子广播于福建军队中。同盟会成立前,福建籍之留日学生,数已不少(但未能详查)。最初入同盟会者,有林文等十馀人。迨取缔风潮发生,罢学归国,乃于福州成立中国同盟会支部,创办《建言日报》于城外梅坞岭,作支部机关,分遣黄光弼、林师肇、施明、许卓然(此数人疑为留日学生)往建安、莆田、泉州、厦门设立机关,扩充会务。

　　(五)同盟会成立前,豫籍留日学生,有曾昭文(可楼)、朱奋吾、车钺、杜潜等。同盟会成立,即日加盟。次年(丙午),河南武备学堂派遣学生五十名留日,内有刘积学、潘印佛、杨曾蔚(少石)、刘醒吾、陈伯昂等,陆续加盟。先是,河南人士自纪元前十二年(庚子)清廷会试改在开封,一时各省文人聚会,有分设开明书店者,贩卖各种新书新报多种。会试后,沈实甫接收其底货,续办开封派报处。由此人民知识大启,始有种族革命思想。车钺(翰如)、王梅溪、王钟远、蒋立(秋抟)、刘积学、朱奋吾、安沼白等,创设半日学堂,除教授普通课程外,兼宣传革命理论。逾年,车钺、朱奋吾、安沼白留学日本,刘积学就学武备学堂,王梅溪、王钟远往新蔡县就县立高等小学教员。原半日学堂仅由蒋立主持。越年半,第一班学生卒业,而蒋立以劳卒。由是,革命机关移于武备学堂。堂内学生阎子固、刘醒吾、李子仪、段厚甫、潘印佛、陈伯昂、南玉笙、王治军、李绚斋等十馀人,日与积学计划革命,拟毕业后共投袁世廉翼长部下(时袁世廉为河南陆军翼长兼武备学堂督办),充下级军官,联合各部队以实行革命。未几,阎子固以信札不密,为人告发,事连积学等。幸清巡抚陈夒龙遇事宽大,仅革去阎子固学籍,并徇学生请求,派武备学堂学生赴日本留学。

　　五时半到办公处,阅本日《中央》、《大公》报。

　　八月三日　　　　晴。午表九十五度。夜初月甚明。忽起黑云闪电,有大雨欲来之势。继以风颇大,约一小时许,云开月复出,凉风习习,暑气顿消。

今日为旧六月望。

上午九时到总纂办公处,摘录邹著党史稿。

(六)丙午萍浏醴之役后,南京党狱漏泄机密之供词。①杨卓林供:我是孙文之副将军杨卓林,革命党廖子良李发根二人乃我骗来造教习的,受我之害,拖累无辜,恳各位审判官保全二人生命。②廖子良供:学生廖德磻号子良,湖南醴陵人,自去年八月十五往日本,到东京时,杨卓林即来迎接。十一月间,日本取缔事出,同乡即议抵制,不成,全体归国。故学生于廿日偕同邑四人回国。今年在中国公学肄业。四月间,杨卓林回申,到公学迫学生入会,至于再三。学生允之。后卓林往南〈京〉各军队内演说运动。九月,又到河南、天津、北京等处。后又到浙江江苏等处。后复至沪,得萍醴起事的消息,孙文有信与卓林,使往广东起事响应。旋闻萍醴事败,往粤之举作罢。适萧亮、刘炎二人来沪,欲往东京投孙文,卓林止之,谓〈其〉即可代孙文作主行事。即委刘炎为南洋淮扬等处革命军都督,萧为南洋淮扬等处革命军总执法兼参议。另任赵姓(绅士)为南洋淮扬等处革命军总参议。同时发表拟在长江一带起事,乘南京之虚,由瓜州出江。萍醴事虽暂败,然湖南之党已成流寇,难以扑灭,若长江事起,广东响应,萍醴之事又可复兴。于是议发扬州,力劝学生同往;初不敢应,卓林以三十元接济。十二月十一日,在法租界鼎吉里夏寓总机关部,卓林以炸弹给看曰,系萧、刘在上海机器局购得者。又言,制炸药之种类甚多,银人硝酸、或水银人硝酸,或木棉人硝酸,或酒精人硝酸。吴樾之事未成,伊必成之,等语。此次到扬州,学生本不愿,因李发根竭力相挽。卓林初谓邀学生到扬当教员办学堂;继又谓为游历起见。及到扬州,落客栈,刘炎来邀到酒楼用餐。不料杯酒未干,巡警即来将三人缚束。祸从天降,时也,命也。③李发根供:李发根号芋禅,湖南醴陵人。去年八月间到日本,肄业宏文书院理化科。夜入东京实科学校。杨卓林在东京认识,伊在横滨学英文,又闻学制炸药。学生与廖子良此次到扬州,杨卓林谓系到萧、刘处过年,踏看该地情形,为后日之预备。该处离扬州八十里,卓林说,伊亦去到过。学生在东京听柳颂云说孙党之好,故亦人之。柳颂云在东京正则英文学校。学生于十二月中旬回至上海，适卓林在沪，伊系孙文党。孙文尝为陆军大将，与萧、刘札通各一通。法租界鼎吉里七号王寓、英租界留学生招待所张保卿处卓林均常往。伊在上海组织革命机关部，在机关部任事者朱光环、张保卿、朱保康、高某、蒋保勷。以上三人系在扬州就捕。④孙毓筠供：孙毓筠号少侯，安徽寿州人。去年九月，妻汪珏携两儿赴日本留学，均在晓星中学校肄业。汪珏自入奎文女子美术学校。毓筠今年三月始赴东，拟入早稻田大学文科，在校外预备英文、日文，须二年工夫，方能入校。今年十月，安徽提学使赴东，邀毓筠回国，在安庆建立佛学堂。此次同伴，只有权、段、程三人，拟在宁勾留数日，即返安庆。因病作，尚未动身，今晚遽被逮捕。（余供甚多，泄漏秘密者在此，然亦实不尽。）⑤段云书供：段云书号子翔，安徽寿州人。光绪卅一年游学日本之同文书院。九月间归国。今年十一月复往日本东京，住二日，与孙少侯偕返国，至南京，住长安栈，于十二月初六夜九时被逮。云年廿始闻革命之事。廿一（甲辰）离家至安庆，欲入武备练军学堂，不果，变计为日本之游。乙巳三月，得孙少侯助百金乃成行。四月抵日本，见留学界腐败，举目皆势利小人。某月，孙君逸仙至日本，学界开放欢迎大会，余亦在焉。越数日，得入中国同盟会，而为革命党人。九月底，余挟炸弹六枚返上海，寓新大方栈，欲步北京车站（按即吴樾事）之后尘。然无机可乘，住数日，寄炸弹于黄仁（浙江人已到温州），而返里时已腊月上旬矣。今年丙午正月，离家至上海，晤孙少侯，言此刻无计可展，只有暂时蛰居，以俟机会。孙君赴日本，余即入芜湖之安徽公学，名段昭焉。以上邹史稿已摘录毕，即连《柳溪忆语》二件，送回档案处。交冯绍苏王伯勋二人经手饬送。

下午在寓改总谱卅九岁。一节。未完。六时到办公处，阅本日《中央报》。

八月四日　　晴。午表九十三度。

上午九时到总纂办公处。续改总谱卅九岁。昨日未完之一节。完。又复修七月廿九日未完。之稿。仍未完。下午在寓阅陆曼炎之《革命春秋》，欲考赵伯先始东渡日本时间，未得。六时到办公处阅报。

八月五日　　　晴。午表九十四度。

上午九时半到总纂办公处，改总谱卅九岁。一节。即昨未完之稿。接权超侄八月一日信。附邮汇票五百元。下午在寓增修总谱卅九岁。一节。六时到办公处阅本日《大公报》、《中央报》。《大公报》社论，西北旅行(参观)后感，希望中共实践诺言，持论公允。

八月六日　　　星期　晴。下午二时骤雨一阵，旋止。

上午在寓装订总谱四十岁。一册，预备修改。下午阅陆曼炎之《革命春秋》。欲写信，未果。六时到总纂办公处，阅《中央》、《大公》报。

八月七日　　　晴。微阴。午表九十度。夜月甚明。

上午九时到总纂办公处，复权超侄函一。修改总谱卅九岁。国内大事栏。完。下午在寓修改总谱卅九岁。国外大事栏。完。又复修总谱卅九岁。增加一条。徐锡麟入光复会事。可破他人谓徐非同盟会员之说。盖光复会丁乙巳并入同盟会，则以前光复会员皆取得同盟会员资格矣。又芜湖安徽公学及安庆岳王会事，岳王会为柏文蔚、郑赞丞所设，柏、郑二人后皆为同盟〈会〉中坚。六时到办公处，阅本日《中央》、《大公》报。

八月八日　　　晴。微阴。今日立秋(旧六月廿日)。午表九十二度。

上午九时到总纂办公处。复查总谱卅九岁。已修稿，增修数行。关于乌目山僧事。从照弟手取回增修本(八)，将总谱卅八岁。国内大事栏复加增修二节。接十弟五日来信，附林声亮七月七日自印度来信。询照弟，言声亮为匡宇之侄也。(日记眉注:声亮通信地址:云南昆明转印度军邮三四五局河字第五五一号信箱转军需处。)下午在寓复阅已修完总谱卅九岁。一本，修正数字，似可定稿。惟赵声赴长沙为教员之前尚有事未叙及，殊嫌突兀，仍应查补。六时往办公处，阅本日《大公报》。

八月九日　　　　　雨。昨夜甚热。今晨七、八、九时各大雨一阵。天转凉甚，须穿夹衣。下午四时表六十八度。五时天又小雨。夜须盖被。

昨夜三时始睡，今晨七时半后起床。连雨数阵，不能出门，在寓写致亮儿、复十弟信各一，未工作。下午三时到总纂办公处，闻会内展览时事照片，因往览，并在会阅本日《大公报》。衡阳已被倭寇侵入，我军在巷战中，能否克复及以后如何变化，殊堪忧念。夜将致十弟、亮儿信各加批一纸。

八月十日　　　　　晴。阴。上午十时表六十八度。下午略见日。五时表七十二度。

上午九时到总纂办公处。因拟将中央图书杂志审查委员会所存各稿件寄还，先将其已印、未印。各件分别检阅。昨下午在寓曾阅胡去非所编《总理事略》，已印。检查一过。内有癸卯冬在檀香山事，误编于庚戌秋在槟榔屿。今午阅曹朴所编《辛亥革命漫忆》，未印。详阅数段。全稿共十二段（即一事为一段）。内有陈天华遗书大意，似为他书所未有。摘录如左：

《陈天华遗书》大意　　　曹朴《辛亥革命漫忆》

（天华在一九〇五年投海死。死后他的同志们才发现他的遗书，那书里大意是说）"今日的世界，是一个弱肉强食、优胜劣败的世界。中国在专制顽固、猜忌险狠的满清统治之下，不能振作自强起来，除开革命，没有生路。现在有志之士，倡导革命的也不少，鄙人亦是革命队伍中的一员。可是，理论上却是相当纷歧的。有的着重在民族主义方面的，只要驱逐满清、恢复汉族的江山，什么共和帝制，都可以不管。有的着重在政治方面，便欲推翻专制建立共和。其实在今天而讲革命，满清统治的推倒虽然是第一义，而共和民主的建立，也是必须确定的目标；否则中国终归不能富强起来，在生存竞争的环境中，站稳自己的脚。鄙人体弱多病，不能对祖国有什么贡献，自愿投东海以谢国人,惟愿同志同胞,团结到底,努力奋斗。"

禹之谟似乎是护送天华遗体回国的,满清官吏以岳麓山为官地,曾、左、彭、胡赫赫有功之中兴名将,尚未葬在岳麓,陈天华何人,能葬此名山?阴历五月,禹之谟预先布置,即以长沙城内外中小学生数万人,白衣送榇至岳麓山上云麓庙〔宫〕前安葬,官吏不及阻,尽一天内墓已成功。后耸动学生捉善化某绅狎妓者(事详《柳溪忆语》),因此二事,之谟乃为官绅构死。

八月十一日 晴。午表七十八度。

上午十时到总纂办公处,复阅总谱增修本(九),仍改数处。下午在寓装订总谱增修本(八)。成。并校阅半册。卅七岁,壬寅年部分。六时到办公处,阅本日《大公报》。兹补录九日《中央》、《大公》报,载衡阳守将方先觉等最后电如左:

"衡阳血战四十七日,我忠勇守军先后于郊区歼灭敌寇约达二万。自本月四日入晚以后,寇以山炮野炮彻夜轰击,更以飞机数十架轮流狂炸。其步兵以梯次队形全面冲扑。至七日晨,我城北郊区将士多已殉职。敌即由此突入城内。八日晨,我最高统帅部接得守备衡阳指挥官第十军军长方先觉七日晚来电以后即无电,至情况不明矣。

敌人今晨由北城突入以后,即在城内展开巷战。我官兵伤亡殆尽,刻再无兵可资堵击。职等誓以一死报党国,勉尽军人天职,决不负钧座平生作育之至意。此电恐为最后一电,来生再见。职方先觉率参谋长孙鸣玉、师长周庆祥、葛先才、容有略、饶少伟同叩。"

八月十二日 晴。午表八十四度。

上午九时到总纂办公处,将中央图书杂志审查委员会存稿《中国历史讲话》一种签批二条包就,待付邮寄还。又阅曹朴所著《辛亥革命漫忆》抽阅二则。(十八)星旗九角临风飘。(十九)革命后的新气象。内容颇有可采,俟采录后再寄还。下午在寓校阅总谱增修本(八)半册。卅八岁癸卯年份,昨下午未阅完者。完。六时往办公处,阅本日《中央》、《大公》报。应检阅胡去非编《总理事略》。欲查陈天华遗书,不得。偶见所记丁未黄冈之役,总理派员有梁鸣九之名。因思余于戊申春往汕头开《中华新报》时,在各梅县同乡谈话间,每闻鸣九上年在汕如何如何活动,及李准兵一到汕即悄然离去(梅人以为笑谑),似此事甚确。但比年见本会史料中,无言及鸣九者,未敢遽用入史。今既有该书根据,应采录之。又民廿五六(?)年邱映芙在南京曾录鸣九事略交余,惜既遗失。又陆达节所编《国父轶文集》,见内有致乌目山僧函,其"已到退位大处俱称得手"二句错误,与本会所编《总理全书》附本略同,惟"位"字附本又误作"伍"字。

八月十三日　　　星期　晴。

晨早起再阅胡编《总理事略》。内记癸卯(原书误作癸亥)总理由安南往西贡、暹罗事,与余现增修总理长编稿绝异,未敢遽用,姑录下。"(略)乃成立兴中分会,开粤、桂、滇三省边防之矢。不久,又往西贡,易名杜嘉诺,假充美国报馆记者,遇李卓峰、曾锡周、马培生诸人,引为志投道合。乃告以真名实姓,结为同志,复顺便至暹罗,因而结识萧佛成、王杏州、沈行思、何少禧等,先后来归,为他日钦廉河口诸役之得力者。"按易名杜嘉诺一节,他书未见;且西贡亦法国总督辖地。此时总理既为法总督之宾客,何所顾忌而须假名。至暹罗华侨王杏州、沈行思等姓名,亦尚待考查。该书错误太多。又该书上面有"比至,韬美已离任返国,嘱其秘书长哈德安殷勤招待。出后易名高达生,税居法人开设之三等旅馆,以观侨民倾向,从事革命运动,因函召陈少白来"云云一节,亦与余增修本略异。假名高达生乃本会史料所有者,余不取用。理由同上。总理此行为总督所请,无假名之必要。陈少白到安南仅后总理数日,非因函召而来也。又下有"是年九月,廖仲恺与妻何香凝及马君武、胡毅生、黎仲实(日记眉注:仲实即锡勇。)等多人会谒先生,表示赞成革命。先生乃托之物色在东京之有志学生,结为团体,以任国事。寻赴檀岛"等语。此可节取。但九月为八月。因总理于九月中旬抵檀,则必八月动程也。复修总谱增修本卅七、卅八、卅九等岁。各节。梁鸣九、廖仲恺等事均补入。下午在寓阅胡编《总理事略》。乙巳在东京成立同盟会。又阅《三国演义》头二回及新序。

八月十四日　　晴。午表八十六度。

上午八时半到总纂办公处,将前日所阅《辛亥革命漫忆》十八、十九二则内欲摘录之处补摘录如左:

关于湖南长沙光复时之情况

(一)九月初一日清晨,四十九标、五十标分两路攻城。一进新开门(此城门以前久闭,宣统年间始开,在北门与小吴门(东门)之间,民国改名兴汉门),攻占军装局;一进小吴门,初与巡防营小战,巡防营内有应之者,将城门大门〔开〕而纳之。巡防营统领黄忠浩遂被掳,劝之降,不肯,乃在小吴门城上以马刀杀之。旋攻抚署,巡抚余诚格早从后围墙钻穴逃去。善化县知县沈士登被捕,亦不肯降,在街上杀之。绅士常治、曹耀材、黄湘澄等,为革命引导。焦达峰、陈作新被推正副都督,即在抚署组织湖南都督府。四十标兵士在街上遇见人民未剪辫者,即拦住以马刀剪之,乡下人数日不敢进城。招募新兵用蓝色制服,背心贴一白圆布,中写国民军三字。各学校学生,亦组学生军一营,在法政学堂驻扎,军长为修业学堂体操教员蒋宝三。

(二)九月初十日,正都督焦达峰从府出,至署门外大坪上,忽被几个兵士打死。副都督陈作新骑马经过北门外油铺街,亦忽被人开枪打死。当时城内人民慌张,但未几即有兵士在各街贴出纸条,大书"公举谭延闿继任都督"字样。下午,都督府布告,谭延闿就都督职。谭先在府署门外当众演说,略谓焦、陈两都督被刺事变,是革命军本身的不幸,非常遗憾。希望以后大家严守纪律,团结奋斗,使这种现象永远不再发生;并要求大家此后服从都督的命令。如果大家答应,本人可以就职。当时群众拍掌,大呼服从。

从前湖南咨议局及地方自治研究所一派人士，原是赞同君主立宪，至本年清廷不允各省咨议局联名请求提早立宪及收铁路为国有，乃对君宪失望，渐转倾向革命。此派人物均非同盟会员，焦、陈是同盟会，与新军一部分联络，实为长沙起义发动人。当发动起义时，曾与转向派人士联络，及组织政府，亦相当容纳此派人士，但主要任务，则一切操在同盟会员手中，因此两方面造成格格不入之状态，卒酿刺杀二都督之变。谭就职后，极力调和内部矛盾，并于同盟会扩大组织时，立即加入同盟会。时都督府下设民政、财政、教育、军务四司。程潜（颂云）为军务司长。

（三）湖南新军援鄂。此时清军南下，武汉告急。湘都督府急派四十九标赴援，归黄兴指挥。另有原驻澧州王正雅部之新军，开往湖北，进攻荆州。湘军务司长增编军队为四师，以梅馨、王隆中等为师长。未几，王正雅报告，克复荆州。都督府发起举行祝捷大会，民众团体参加，提灯游行于东长街，甚为热闹，惟忽有一官轿，卫兵拥着，横冲游行队伍而过，适与学生队冲突。学生熊绪方、饶沃二人，被卫兵打一个"耳刮子"，秩序大乱，散队而罢。轿中之官，即第四师师长王隆中也。不久，新编军亦出发援鄂。嗣后回省，气势异常骄悍。四十九标老兵尤凶。民国元年上半年，长沙城内又发生惊扰。新编第一师师长甘兴典自援鄂回，被都督府包围缴械，据说将率部叛变。一时步枪、机关枪声交作，子弹呼呼在头上叫，幸数小时即解决。

将十二日包好之《中国历史讲话》一种交工友钱汉沈送邮寄出。再阅《辛亥革命漫忆》三节如左：

（十五）十丈桅杆倒地栽。（十六）大哉湖南。（十七）一本奇书。按"十丈桅杆倒地栽"是述庚戌上半年（似春夏间事）。长沙饥民暴动，事略如下：

洞庭湖附近岁荒，大批饥民逃到长沙。湖南巡抚岑春蓂在任五年，人极糊涂，对于备荒救济，毫无主张，反说："现在茶馆里的茶，也卖百把钱一盅，并不曾听见闹茶荒，偏偏未贵到百把钱一升，就闹起米荒来了，这不是奇怪？"一任外间大闹，所有拨款赈济，开办平粜，限制米价，招待难民，种种应办之事，均不办理。难民在南门外鳌山庙附近一带抢米，巡警道赖子佩带亲兵八名往弹压，被灾民擒打几死。灾民旋涌入城，全城巡警罢岗，又涌至抚署，声言向来米卖三十文一升，何以现要百把钱？要请抚台说明。巡抚不出见，只悬牌限米价为五十文一升。灾民不散，愈聚愈多，涌入内署，岑抚竟穴墙逃走。署前十丈桅杆，被人锯倒。灾民又声言："米都是被洋人和洋学生吃贵了，非赶走洋人、绝灭吃洋教读洋书的，世界不会好！"又沿街揭贴"官逼民变，众怒难犯"帖子，而不署名。藩司庄赓良(武进人)素蓄阴谋，抚台逃后，乃出而代理巡抚。时抚署被人纵火焚烧，圣公会及各新学堂均被焚。庄代抚派人在西门外捉两人杀了，乱事始平。

下午在寓阅《三国演义》四回。六时到办公处阅本日《中央》、《大公》报。

八月十五日　　晴。午表九十二度。

上午九时到总纂办公处。续阅《辛亥革命漫忆》(十四)请开国会断指送行。(十三)古城的新发展。内有可作史料参考者，随手摘录如左：

①梁启超于《新民丛报》外加办《国风报》，勉强与同盟会之《民报》笔战。②一九〇八年清政府公布预备立宪期为九年，同年颁布咨议局章程，令各省召开咨议。一九〇九年(宣统元年)湘咨议局开后，即发起提早实行立宪之运动。地方自治研究所及省教育会常开会演说，各校亦屡开会请咨议局长谭廷闿、副议长徐茂循及各议员到校演说。副议长兼修业学堂(即明德分出之一部分)教员徐茂循演说激烈时，自断左指，血书"请开国会断指送行"八字于手帕，盖闻咨议局已与各省咨议〈局〉约定派代表联合入京请愿，代表为谭延闿、罗杰二人，不久将行也。③各省咨议局代表到京请求，结果被清太后申斥。湘议员渐悟立宪是清廷假以缓和民心的。当时湘首名代表为谭延闿，鄂首名代表汤化龙，川首名代表蒲殿俊，留京要求徐世郎〔昌〕再向清帝后进言。结果更加严厉申斥。因此，湘川鄂咨议局都有几分倾向革命。④何劲(雨农)改良民间歌谣最擅长，将"童子年年长，龙门岁岁开，家无读书子，官从何处来"之旧歌谣，改成"桐子年年长，茶花岁岁开。家无桐茶子，油从何处来？"又擅

通俗演讲,辛亥革命后创刊《湖南演说报》,销路甚广,湘省政府收归管理,改名《湖南通俗日报》。⑤长沙电灯,宣统年间开办。粤汉铁路亦宣统年间开办。株长段于辛亥春通车。电灯公司最初设在皇仓街。株长段车站设在北门外,粤汉铁路亦在此。

又续阅《辛亥革命漫忆》。(十二)皇殿的断片。(十一)中古气派的城市。再摘录如左:

⑥一九〇七年安徽巡抚恩铭被刺消息传来,使我们对于革命排满又加深了一层印象。女革命家秋瑾也在这一年成仁。秋瑾是浙江人,和湘潭王君结婚,因此湖南人特别关心她。辛亥革命后长沙建了秋烈士祠来纪念她。⑦黄觐武(即廑午)柳聘隆(即聘侬)是我乡所产的革命党人。黄家被缉捕队包围时,黄本人还在内,听见消息,立即登屋而逃,军队到时,包围还没有完成,他竟逃脱了。他在癸卯年(一九〇三年)和几个人创办明德学堂于长沙,自己就在那儿当教员。被缉捕的时候,他又到过这学校,也险些儿落入敌手。据说他刚刚走出校门,有一便衣侦探问他看见黄觐武先生没有?他即向前边指着说,刚向那边去。那人照他的话追去,他便拐过弯溜之大吉了。这是他的急智。⑧长沙城南北长而东西短,较繁华的南半部属善化县,较冷淡的北半部属长沙县。北半部多菜园、公馆、〈有〉贡院、省城隍庙。长沙县城隍庙、玉皇殿、玉泉山(观音宫)、长沙县学宫、曾文正祠、左文襄祠。南半部有祝融庙、财神殿、善化城隍庙、善化学宫、府学宫。热闹街市俱在南半部。热闹街市尤以南门正街至八角亭一段及玻〔坡〕子街为最。

接启鹏侄十四日来信。由照弟信内夹来。言一声甥已奉交部派令公路总局工作,十四日往报到。该局人事室签请派往筑西南公路局,尚待核示中。下午在寓阅《三国演义》一回。六时到办公处阅本日《大公报》。

八月十六日　　晴。午表九十四度。

上午九时到总纂办公处,开区分部小组会议与宪政座谈联合会。再阅《辛亥革命漫忆》。(十)小学生的功课。(九)烈士禹之谟。摘录如下：①在光绪丁未（一九〇七）到宣统庚戌（一九一〇）四年之间，曹朴读过四年小学。初由长沙乡下进城，入抚署小学。所读是初等小学的第一年功课。当时初小要四年毕业。乃一个月后跳升入皇庙（即万寿宫）之选升学校。当时此校是将城区各小学生较优秀者选入，提高课程，后改为高等小学。他的父亲在校教国文及历史，其族叔在校教地理。长沙著名地理学者辜天祐，曾参加兴中会及同盟会，编有地理教科书，该校即用此。黄克强在明德学堂亦教地理。关于烈士禹之谟事，与史料中之苏鹏所记略有出入。前已摘抄其陈天华遗书大意，今再摘抄如左：②禹之谟在前清末年为长沙最孚众望之青年运动领袖。其所领导两次示威运动，一为公葬陈天华，一为捕捉俞秋华。陈天华公葬岳麓山，湘抚以下官绅反对之。禹乃秘密进行，联合全城中小学生数万人，于一早晨白衣扶柩上山，即日葬祭完毕，官绅不及制止。天华为新化县人，在日本入同盟会后，因病不耐烦休养，乃激而自杀。（他人谓，其因日政府取缔中国留学生而投海，非确。孙镜亦言，天华遗书相传为章太炎伪造。）俞秋华事详前。兹将苏鹏《柳溪忆语》内所述当时湘人咏两事之谐联录粘于曹朴稿内（原稿所录未全）："其死也荣，其生也哀；天华千古，秋华千古。载易之地，载寝之席，新化　人，善化　人。"①

又阅《辛亥革命漫忆》。（八）破除迷信。未摘录。下午在寓阅梅县《中山日报》十馀份并折叠。六时到办公处阅报。英美联军十五日又在法国南部马赛等地登陆，以与前在北海岸登陆之军南北夹攻。照弟昨接大埔出版《正报》（卅三、七、十六），内有丘与言文一篇。据云，云南杨百里将军妻郭孟仁女士，名门闺秀，与阎锡山、赵丕廉及福建邱锐（于寄）之夫人，俱为姑侄行。杨百里于总理统军改道北伐之初为师长，某次战役阵亡。数月后，其妻生一子名慰慈，流寓羊城。改醮，慰慈随之。廿六年吴铁城由沪回粤为省政府主席，

---

①　日记原稿作"善化一天"，似系笔误。兹径改。——整理者

约锐南来,馆之,优礼有加。廿七年夏,广州空警频繁。铁城悯锐年老,奔避警报之苦,辟新亚酒店二楼新亚酒店为羊城水泥钢骨建筑坚固之屋。当时羊城无防空设备,有钱人均藉此躲警报。一室居之。一日,敌机来袭,郭女士携儿女走至新亚酒店对门之白宫。白宫似亦坚固之屋,且为酒店(广州大旅社皆名酒店)隔街瞥见锐,相别十馀年矣,重聚甚慰。锐询杨氏遗腹子,郭指慰慈以对。锐与国府林主席及吴铁城从前在九江从事秘密工作(辛亥前,浔海关革命同事),关系甚深。陈英士以肇和军舰起义时,并尝任秘书。(日记眉注:据文内称,陈英士肇和起义时,蒋介石任参谋,杨虎任副官,邵元冲任书记,邱锐任秘书。)又与于右任邵力子等交甚笃。惟性耿介,喜直言,故官不显赫。林主席按月馈赠甚丰,陈其采亦如之。于是,锐乃将郭事函报林主席。主席即致书邱与言,嘱为慰慈负教养之责。时邱与言任惠州专员。或称广东第四区专员也。(日记眉注:或曰邱锐有此建议,以惠州无警报,故主席乃以此责付诸与言。)八月,与言自惠晋省,出席绥靖会议,锐即引慰慈见之,年十四岁。是月廿日,会议毕,与言即挈同其女芸,离惠返大埔。廿八年春,入虎山中学。至卅一年春,初中毕业,考入大埔县立中学高中。计至今(卅三)年冬可毕业。不料六月,在校以急病死。葬大埔城南华寺对岸。与言为题墓碑,文如左:

　　呜呼慰慈吾儿之墓　慰慈原为云南杨百里将军子。北伐之役,将军殉焉。七年前,国府主席林公嘱余教养之,遂归余。读至大埔中学高中,将毕业,忽以急病卒,方二十岁。痛哉!卅三年六月二十二日立石。(日记眉注:与言惠〔妻〕似姓罗,余在镇江相识。)

八月十七日　　晴。午表九十六度。下午照弟言,三时表九十九度。振宽言,六时山中表百零二度。

　　上午九时到总纂办公处,阅《辛亥革命漫忆》(七)放脚运动。连

昨日下午所阅(八)破除迷信。二段内有关社会重大事,摘录如左:

①放脚是中国妇女运动的第一个重要节目。太平天国就禁止过缠足。康梁维新运动中更组织过不缠足会。但内地乡村,直到二十世纪初头,才发生影响(光绪卅年前后),比太平天国迟了五六十年。至于北方,更为落后,最前进的山西,在辛亥革命以后,方才开始这个运动。当时阎百川将军曾通令各小学校学生都悬挂一块"不娶缠足女"的牌子,来作宣传。

②民元上海《民权报》副刊,有"载鬼一车"漫画,系长沙城内渤潭寺,长邑小学毁神像故事。渤潭寺内供奉关帝及其他神像,自满清开办学校以来,那神像仍保存着。至民元春,学校庶务员等秘密将神像毁去,剥其金装,而将像型捣碎,装于人力车,推出城外,欲倾弃河中。殊甫离校不远,街道不平,车簸动甚,像偶露出,被街坊行人看见,哄动群众,谓洋学生毁神像。蜂拥入校,大肆殴打,教员学生,逃避一空,警察不敢干涉。结果,县政府亦不敢办,惟赔偿学生每人损失十元,教职员每人五十元。学堂仪器图书等公物另筹款购置。时长沙、善化两县并为一县,曰长沙县。知县为教育界姜济寰,欲利用长沙城隍庙为学校,借两县合并为理由,向都督谭延闿呈请。谭鉴于前事,不敢作主,特请南京留守黄克强写公函致省。乃根据发布告,将长沙城隍迁入善化城隍,腾出地方,改办学校,但偏殿原供诸神未迁。至民九春夏间,学校始再迁之,又动愚民毁殴之举,不特公私器物被毁一空,且有黄、李二学生被群众找住,掷于火中焚毙,官厅亦不敢办,阅时半年,方捕一行凶滋事为首之人入狱了事。

又阅《辛亥革命漫忆》,(六)科举和贡院。未摘录。下午在寓阅《总理轶文集》电报。数页。内似有本会《总理全书》所未采入者,俟比对后再抄录。六时到办公处,阅本日《大公》、《中央》报。

八月十八日　　　晴。午表九十八度。照弟言,下午三时表百度强。

上午九时到总纂办公处,将昨日摘抄过之大埔《正报》一份送征集处,存作史料。续阅《辛亥革命漫忆》(五)旧绅士与讼棍。(四)科举时代的读书人。摘录如左:

①清季长沙大绅士以王、叶、孔、张并称。王先谦（益吾）、叶德辉（郋园）、孔宪教及张某是也。王著《荀子集解》、《庄子集解》二书，颇有名。叶家庋藏书籍甚多，著《书林清话》一书，为研究版本校雠之学者推重；其为人儇薄无行，曾著小说淫秽，甚于《金瓶梅》，为官厅禁止。又著一部名《双梅景闇丛书》，在长沙苏家巷叶公馆出版，版藏于家，不托书馆代售，人至公馆始能购取，内容是搜集古籍中淫词亵语积累而成。张竞生著《性史》是集西洋新法，叶氏则集中国古法，连春宫图、春药方，悉收辑之，传至上海，有一书局为之翻印，流传颇广。而叶反对康梁变法维新，亦极力，戊戌曾著《翼教丛编》一书，大意谓西洋人目前虽强，不久终归失败，中国有孔孟之圣教，向来夷狄无论如何骁勇，结果总在圣教之前自行消灭，如辽金元当日虽雄称，但后来消灭，几乎连历史都没有，还靠中国文字为他们写历史。后至一九一〇年长沙饥民闹饥荒，即由叶德辉孔宪教等袒护饥民焚毁学堂及教堂，不许官厅用武力弹压。巡抚岑春蓂无法应付，只得逃走。孔宪教对岑说，你既干不了，走也好，只要把关防留下，交给藩台。其时藩司庄赓良施用阴谋：初则与各绅和同反对平粜施赈，坐令灾民生变，继则反对武力弹压，坐令事变扩大。岑氏糊涂，乃中彼等之计。辛亥革命后，叶等势力乃渐替。但民元黄克强返湘，都督府拟将黄登岸入城之小西门（德润门）改名黄兴门，所经坡子街改名黄兴街，以作纪念。叶在坡子街设有商店，乃以全体商民名义呈府，说街名更改，对商业种种不便，且非纪念元勋适当办法，中国历史无此先例。当道不欲以小故违反商民公意，遂作罢。又后至民国〇〇（十六）年，共产军到长沙，开农业〔民〕运动大会，叶写一对联送会场，略曰："稻粱粟麦稷一切杂种，马牛羊犬豕六畜兴旺。"共产党羞而捕杀之。（日记眉注："又后"下系前阅贵阳《中央日报》星期刊所载（何月日忘了），顺笔记入此处。）

②甲午中日战役，湖南巡抚吴大澂原为考据学者，忽自请带兵出关，奉旨准了，兵到辽宁，布告略云："尔倭奴纵有南蛮孟获之枭雄，本大帅自有七纵七擒之妙策。"旋日兵到，闻炮声隆隆，魂不附体，即传令退兵。闻者传为笑柄。甲午后，外国轮船依《马关条约》开入长沙泊岸，岳麓、城南、校经堂三书院之

院生反对外国轮船行内河，聚到岸边掷瓦砾，打殴轮船，一时轰动民众甚多。后人皆谓〈读〉书人孩子气。又阅（三）平静的乡村。未摘录。下午在寓洗身后已六时馀，未往办公处阅报。照弟来，询悉报上无甚事。夜复启鹏函，附致谢一声甥函，共一封。

八月十九日　　　晴。午表九十八度。

上午九时半到总纂办公处。阅新征史料二篇。（一）述徐锡麟事。（二）述熊成基事。作者自称在皖抚恩铭幕中充奏折文案差。叙事较其他叙述此两案之件，比较详明。地点时间姓名三种，他人模糊，此独清晰。此为派给汤增璧复核者。汤见其文内将慈禧、光绪、抚台等字样，俱空格书，而于烈士就义，竟书为"就地正法"，谓不合用。但征集、编辑两处，在审订书内，有"此两稿合酬八百元"等语。汤与孙镜二人，议论之顷，余取阅，谓此种官僚所送之件，自不应给酬费，惟其内容，则有可取，应将全文另纸抄下备阅。孙乃作一复核意见，签请总纂，将原件斥还，并追回酬费八百元。（日记眉注：孙君旋往会，一响返处，询之云，此件原系张委员手征集的，作者现为国民政府科员，酬金亦由张委员所定，云云。此事即了。该文余拟另行摘存。）续阅曹朴《辛亥革命漫忆》，（二）没落的旧家。（一）炉边闲话。（前已阅过，兹复略查一次。）俱未摘录。（二十）三尺之童，亦解骂袁。摘录如左：

①民国二年三月，宋教仁被刺。时宋与黄克强同行于上海北火车站，黄幸而没有被难①。袁世凯令免赣督李烈钧、皖抚柏文蔚、粤督胡汉民。九江南京起义后不久，湖南亦响应独立。但当时官厅只□□民树国旗，并不宣布理由。人民问之，始曰独立亦不出兵讨袁。闻都督谭延闿与鄂督黎元洪约□□亦不入湘。未几，湖南军械局忽自爆炸，火焚了半夜。事后，仅传军械局

――――――

①　按此处虫蛀约十馀字。下文标□□（缺文）处亦缺字不等，不逐一注及。――整理者

管理员审讯了事,民□□派人到湘,将该局毁坏,免为革命党利用。赣宁独立取消后,湖南独立亦即取消。袁世凯任汤芗铭为湖南都督。谭延闿平和交代离省。有几个司长交代后,被汤拘捕枪毙,其中之一为杨华生(财政司长、乃杨守仁之兄弟,与曾任北京大学教授杨昌济之号相同,时人称为"小杨华生")。又有教育界之某校长文经纬及民党要人某均被枪毙。黄克强之族人黄孟养在家种田,忽亦被捕。一时教育界人人自危,目汤为"屠夫"。长沙报馆皆关闭,只存《湖南公报》一家,替汤作反革命宣传。有一日,著论谓:湖南在暴徒(即指国民党)影响之下,三尺之童亦解骂袁,此风非严加洗涤不可。于是摆出整顿学风口号,各校校长、教员纷纷更换。在"二次革命"失败之后,湖南入于黑暗时代者多年。下午在寓补阅昨日《大公报》。午间带返。六时往办公处,阅本日《中央》、《大公》报。闻李振宽言,山上表一百零七度。夜七时至十一时,东方天色通明,人言小龙坎火烛,未知是否。

八月廿日　　星期　晴。

昨夜热甚不寐。今晨八时始起床。欲写信致亮儿及权超侄,未果。前嘱亮儿剪寄梅重光《五五宪草评议》,久未见寄。自将往日所剪存者检出整理,但缺漏太多,仅预夹一簿中,未贴。下午整理照弟所抄《总谱增修稿》(六)一本,未装订。阅《三国演义》一回。热甚,不能久坐。六时到总纂办公处,阅本日《中央》、《大公》报。报载昨夜渝垣黄沙溪菜园坝民家炉灶失火,延烧二百馀家,损失约计七千万元。接亮儿十六日来禀,附致照弟信及森侄六月间致亮信。一慰。晚间起风,稍凉。

八月廿一日　　晨雨一阵。旋晴。午表八十六度。

上午九时到总纂办公处,将已校阅完竣之《辛亥革命漫忆》一种包封交工友王汝伦送邮寄还中图会第二科,又致印维廉函一。查自七月廿三日至是,先后寄还五稿如下:(一)七月廿三日寄《革命文献》、《新中国三字经》、《中国国民党二十年来奋斗史》三稿；（二）八月十四日寄《中国历史讲话》一种；（三）八月廿一日《辛亥革命漫忆》一种。复亮儿信一。下午在寓将总谱增修稿（六）装订一册并校阅一过。六时到办公处阅本日《中央报》。

八月廿二日　　晴。午表八十八度。

上午九时到总纂办公处，增修总谱四十岁。一节半。又复修卅九岁。已成稿内一节。下午在寓增修总谱四十岁。半节。六时到办公处，阅本日《大公报》。接山洞中农行通知书，亮儿淦弟共汇来二千元。

八月廿三日　　晴。午表九十度。晚间起云似有雨意，旋风作云散。

上午九时到总纂办公处，旋往会，托安处长将农行通知书加盖会章。又将三月廿五日签请主任委员发小女生产辅助费批准原签交杨会计收存。返处调得《总理全书》一本，将中图审会所送陆达节编辑《国父轶文集》内载民国五年三月至八月总理在日本及上海致居正电卅通校对，尚属相符，惟该集多错字，《总理全书》则所注发电日期多错误。除于全书内加签注明交还冯绍苏外，《轶文集》未予更改及签注。拟日间再阅其他各门毕即寄还。又将昨下午在寓增〈修〉总谱四十岁。半节装订入抄本内。因昨为另纸增添不便工作也。下午在寓增修总谱四十岁。稿半节。六时到办公处阅本日《大公报》。

八月廿四日　　晴。午表九十二度。

上午九时到总纂办公处，致权超侄、亮儿信各一。复核新征史料六件如左：（一）《革命史上的护国之役》，（二）《补正关于于右任先生在沪办报事》，（三）《朱执信祖籍萧山考》，（四）《革命通冯自由》，（五）《总理手订三民主义原稿附识》，（六）《国父轶事》。《国父轶事》内有可入史料者，摘录如下：

庚子五月廿一日，总理乘法轮烟迪斯号抵香港。时港吏不准登岸。总理欲见同志及家属，陈少白乃托在港充华人侦探长之邓耀，设法雇一小轮往烟迪斯旁，接总理至轮，移泊西营盘咸鱼栏海面；另派林景周雇小艇多艘，在小轮旁围护，总理太夫人与家属及各同志乃至小轮晤见。耀于丙申由罗三介绍入兴中会，在西营盘第三街六十三号三楼宣誓。当时系郑士良主盟监督。（右为邓耀自述，载《党义研究》杂志。）又摘录《补正关于于右任在沪办报事》于后。邵力子说，于和震旦、复旦两校学生共十六人，发起创办《神州日报》，力子也是其中之一。发起后，于和力子同往日本筹款。适有陕西教育界人士在日本聘请教授，力子被聘往西安去了，所以未参加《神州》报工作。《民呼报》停刊，因江督端方授意，沪道蔡乃煌以租界西人不肯封革命党报，乃因该报代收甘肃赈款，诬告于有舞弊侵吞情事于会审公堂，于被捕，该报即停刊。《神州报》出版于光绪卅一年，《民呼报》出版于宣统元年，《民吁报》出版于宣统二年，《民立报》出版于宣统三年。《民立》在法租界，《神州》、《民呼》、《民吁》均在公共租界。叶仲裕似非叶尔恺之孙，但是世家子，他父曾作满清官吏，以出钱办报，攻击清廷，为其父不满，后终于气愤投江而死。他是为革命报纸而牺牲的烈士，于是复旦学生每提及之，谓为革命精神之一。下午在寓增修总谱四十岁。一节。六时到办公处，阅本日《大公报》。

八月廿五日　　晴。微阴。午表八十九度。

上午九时到总纂办公处，开区分部党员大会。又复校新征史料三件如左：（一）陶成章《教会源流考》（天地会文献录），（二）《中国国民党简史初稿》（系往年本会所辑，严济宽主稿），（三）《党史拾遗录》（即将昨阅之《国父轶事》变名者，采访陈春生往往一稿而数名。）摘录关于陶成章事如左：成章字焕卿，浙江山阴人。素有大志，入日本成城学校习陆军。汪大燮为驻日公使，谋去之。诱以爵禄，令归国。既去而削其学籍，自是谋革命益坚，乃与同党徐锡麟组织光复会以为机关。锡麟之刺恩铭，成章实与其谋。

因走南洋，于新加坡创《中兴日报》，于仰光创《光华日报》，于爪哇创书报社及光复会分部。（按此说均未明何年事，宜加查考。）下午在寓将昨日所修之总谱四十岁。一节复加修改。六时到办公处阅本日《大公报》。夜阅六七月份梅县《中山日报》，并折叠十馀份。

八月廿六日　　晴。午表九十一度。

上午九时到总纂办公处。张委员来，出示中央常务会议议决，十一月十二日总理诞辰举行本党五十周年纪念案内，有编印本党五十年大事记一条，届时恐须本会负责编辑云云。余谓去年编辑处所编《中国国民党简史》正合用。再询详情，则中央刻下尚未决定指本会负责，不过暗中预备云云。又谓日前常务会议席上，邹鲁谓兴中会成立于壬辰（澳门成立），他人谓成立于甲午（檀香山）。假使邹说获胜，则今年为五十周年案即根本打消云云。将前昨二日所复核新征史料九件交王伯勋。又将增修总谱稿（九）内有杨守仁、张继、何海樵在京津图炸清西太后一条交张委员一阅。此为新增，以前所无者。承允加入。前屡有嘱生人事勿入史，余谓此事甚重要，亦宜久秘也。增修总谱四十岁。一节。下午在寓将上下午增修稿复核一过。六时到办公处阅报。

八月廿七日　　星期　晴。甚热。

晨八时到会，欲参加孔诞典礼，及门，已礼毕散会。张委员召见，云中央议决，孔诞纪念办法，只行礼，不演说，故今日早散会。又交阅苏鹏最近来函。又询闻人言余将迁寓，是否？余愕然，答无此意。不知何人造此谣也。旋叫会内木匠到寓，嘱做木架，为安放台上书物之用。下午在寓增修总谱四十岁。半节。六时到总纂办公处，阅本日《大公报》。

八月廿八日　　晴。午九十六度强。

晨九时到总纂办公处，增修总谱四十岁。半节。连昨下午未完之半节，合成一节。下午六时到办公处，阅本日《大公报》。

八月廿九日　　晴。午表九十八度。下午天转阴。六时曾洒雨点，但卒未雨。

上午九时到总纂办公处，因欲将壬寅、癸卯、甲辰等年之留日学生先后东渡姓名，著录于总谱内，庶于乙巳同盟会成立所纪载不致有冲突疏漏之嫌。连日搜集补订致卅九岁。（甲辰），稿太模糊，今改缮一页半。接亮儿廿五日来信。下午在寓将上午改缮之总谱卅九岁。一页半装入原册，并加修改数处。五时半到总纂办公处，阅本日《大公报》。夜阅梅县《中山日报》并折叠。

八月卅日　　晴。微阴。午表八十度强。下午浓阴有雨意。五时半表七十四度。六时洒毛雨。夜顿凉须盖被。

上午九时到总纂办公处，拟将陆达节所编《国父轶文集》寄还中审会，但其书内所列函札似尚多未采入《总理全书》者。兹无暇校阅，姑将关于民前七年乙巳。致陈楚楠函摘录如左：

"弟现与同志在东京创办一杂志，名曰《民报》，不日可以出版。近日吾党在学界中，已联络成就一极有精采之团体，以实行革命之事。现舍身任事者，已有三四百人，皆学问充实，志气坚锐，〈魄力雄厚之辈〉，文武才技俱有之。各人分门认担一事，有立即起程赴内地各省，以联络同志及考察各情者。现时同志已有十七省之人，惟甘肃省无之。盖该省无人在此留学也。各省中以广东湖南、湖北、四川人为最多；其次则广西、安徽、福建、浙江、江苏；再次则江西、云贵、山陕、河南、直隶等省。此团体为秘密之团，知者尚少。〈然如来投者陆续加多，将来总可得学界之大半；有此等饱学人才，中国前途诚为有望矣。〉在吾党中之留学生，有比宁、哐华等地之富家子弟，今有数人，不日拟回南洋，商请其父兄，出大赀财以助革命。弟于西十月七号由此发程去西贡，与彼中大商，筹办债券等款。拟筹二百万元，每券千元，实收二百五十元，大事成功,还本利千元。由起事之日始,限五年内清还。西贡、哐华、比宁已有富商之子弟认股,将来又说其父兄,倘能答应,则二百万元之款,不日可以筹足。"(末署名文,西九月□日。据《南洋与创立民国》)

又关于民前六年丙午。致张永福即祝华。函,摘录如左:

"握别后,于西十月九日抵日本,已与各同志相见。自弟离日本以来,会员增多千馀人。海外各地托东京印《革命军》者有数处。兹将河内同志所印者寄上一本,照此版式,每万本印费三百四十元,二千本印费九十元。前贵地同志已集款欲印,宜从速印之。南洋各埠,现在风气初开,必要先觉同志竭力鼓吹。"(末署名文,西十月十六日。根据同上)

又民前五年丁未。致陈楚楠张祝华函,摘录如左:

"抵此(日记眉注:'此'字似指安南河内。在河内始称高野。)曾上一函,不审尊处同人有无知弟行踪者;有之,切宜嘱以秘密,弟在此间,亦严守秘密也。惟法京使馆随员张人杰君,闻近将返国,若过星坡,定访兄等,则宜告以弟之近踪,并通电之处。"(末署名高野,无月日。根据同上)

"抵此间,曾上一函,尚未得复。兹有恳者,弟前与李水龙兄约办北海之事,今此事已有人办理,惟港中需财孔亟,水龙兄若仍有心,望速往香港相助。请两兄代为致意,俾其早定行止。"(末署名高野,第九号,五月一日)

"昨接惠书,敬悉。日来潮起于东,钦廉应于西,全省风动。尚有数路,次第俱发,当合广、韶、惠、潮、钦、廉诸军,以联为一气,则粤局事机宏远,大有可为也。李水龙君于数日前偕林干廷及一人来,弟前只约李君一人,今渠竟偕他友二人来,已为失约,而林干廷又不足信,故弟避而不见,托人推称已往香港。现林等二人复赴香港,李君尚留此间,大约数日必归星坡,兄如见之,亦告以弟已离河内可也。河内同志,已成立分会,会员多热心之士,办事认真,惟弟居此,严守秘密,除三四办事之人外,无知弟在此者。兄处如有书信至河内分会,不必提及弟之所在;其与弟往复信件,若系公函,可寄香港转交,若系兄等秘密函件,则寄来此处。"(末署高野,六月五日,第三十五号。根据同上)

"顷接来书,复言如左:(一)黄君燕南,弟所素识。庚子年有人介绍见弟于台湾,以为海陆丰一带,渠力大可发起。当时弟给以三千元,使往办事。去后杳无信息,事固未起,而运动之情形,开销之数目,亦未报。今接来信,乃始知在星坡也。如兄以为可用,望与商榷,谋所能为之事。弟行止未定,不必来见。(二)许雪秋兄再办潮事,深望各同志竭力扶助。前次雪兄办潮事,子瑜兄办惠事,皆能发起。弟谋运动军火,以为接济,惜潮、惠皆一起即蹶,其散太骤,故不能应手。今者运动得手,可得大宗军火,已与雪兄定议。如潮事发起,当拨新式快枪数千、弹百数十万以应之。惟雪兄尚缺运动费,各同志捐助三千元,实不敷用。以星坡会员之众,诚能奋发义侠,所得必不止三千元之数。前月广西边界有会党七八十人,谋潜入界,清吏发觉,密告法吏,称为劫盗。法吏捕获,讯供皆实欲回广西举义者,并非行劫。法吏以系国事犯,一律开释。但诸人皆无身税,不能逗留,欲令离境。河内分会闻之,立聚会员醵赀二千,代诸人缴齐身税。法吏见分会侠义如此,对诸人多所优容。法兰西人义会,亦感动为之助。此百馀人之分会,而救七八十人于危难之中,会员皆业小生意,财力不宏。星坡会员魄力,伟于河内何止十倍,而仅获此区区之数,非所望也。潮事只欠运动费,若能得数千元之数,专为潮用;更得数千元交子瑜兄,再举于惠州,以谋牵掣,则东路之师,必大盛。此万馀元之运动费,不能不望之星坡同志也。(三)中兴报,且夕开张,贺甚。(四)林干廷前来河内,形迹可疑;今则林之反侧,已有确据。"(末署高野,第七十九号,八月二十三日。根据同上)

"兹有梁兰泉(梁秀春)由河内、西贡来星加坡。此人作恶多端,负义反噬。河内同志人人切齿。其恶迹详述于左。梁本广西武官,平日纵勇殃民,无所不至。及为岑春煊查办,乃逃来河内。河内同志见其人久在边防带兵,于军界及会党,颇有势力,遂招入会。弟来河内时,本不欲令梁知,继因在此办事,不能不用人。梁虽不端,而所结识有用之人尚多,故彼所荐引之人,多收用之。梁贪而多忌,愚而自私,见弟任用其所荐引之人,反怀妒嫉,屡欲破坏。然其人虽系梁所介绍,而皆倾心听我使命,梁虽破坏,无如何也。弟许梁谋事,前后给以五千元,乃梁反复失约。其初命人三那,失约不去;其继命往海滨,占一地点,以接军火,又改期数次,均无行意。梁前招咕哩数百,随身侍护,谓入内地约众举事,但诸人多未纳身税,致有七八十人,行至边界,为法吏拘捕于警署数日,得巴黎电,令其释放,并由河内分会集资救出,(即前函所述)殊梁见分会集得三千元,反欲攘为己有,要求分会将款交其手分派。分会不允,则口出恶言,谓'我此时不能为公众之利,亦能为公众之害。如不从吾言,则吾将派人行刺高达生。今试看高达生家,前后左右,均有人埋伏'云云。是日傍晚,果有十馀人来弟寓围绕,以宣扬秘密为挟诈之计。分会同志,人人愤怒,欲处以重罚。弟以西路诸事,皆布置妥当,不当以小丑跳梁,牵动大局,始终和平处之。现梁手下人等,已由分会给赏遣散。龙州清吏,列梁在边防时贪污案十馀款,移文法吏提解。法吏以其为官犯,不能包庇,然前既释放其手下七八十人,亦不欲提解,故遣由西贡往星加坡。梁临行求见,同志告以弟已他往。乃又哀求分会作书,介绍星加坡分会,其意无非又欲出其棍骗手段也。"(末署高野,第八十三号,八月廿九日。根据同上)

八月卅一日 晨六时雨一阵颇大。上午十时徐又雨,檐溜出。午后一时又小雨一阵旋止。五时半表七十度。夜甚凉须盖被。

上午在寓抄《国父轶文集》内总理拟创立农学会书。据称民元〔国〕十八年广州《中西日报》,抄在另纸,拟即补入总谱乙未年内。下午又抄《支那现世地图·自序》一篇于另纸。拟补入总谱己亥年内。又录临时大总统设立国史院批牍如左:

临时大总统设立国史院批牍 民国元年三月十七日

查中国历代编纂国史之机关,均系独立不受他机关干涉,所以示好恶之公,昭是非之正,使秉笔者据事直书,无拘牵顾忌之嫌,法至善也。民国开创,为神州空前之伟业,不有使信史,何以煜耀宇内,昭示方来。该员等所请设立国史院之举,本总统深表赞同,应候提交参议院议决。至请先行派员筹办一节,俟遴选得人即行委任可也。(《临时政府公报》第四十一号)谨案,民国元年联名呈请设立国史院者为胡汉民、黄兴等九十七人,自属当时一大事。原呈亦附载《临时政府公报》。

五时往总纂办公处,阅本日《大公报》。接万里弟七月十七日函。汝瑞弟寄东山中学校刊一册。无函。

九月一日　　　阴。午表七十六度。下午天浓阴有大雨欲来之势。五时半往办公处不成,旋雨歇。六时半又雨一阵。

上午九时到总纂办公处。抄《国父轶文集》内总理撰《战学入门序》一篇于另纸。据《世界兵学杂志》第六期所载民国三年五月撰于东京。又录民国前七年乙巳十一月中华民务兴刊公司债券说明书如左:此件可入总谱四十岁。并可与上抄总理致楚楠函参看。

《中华民务兴利公司债券说明书》　　　民元前七年

中华民务兴利公司,今议立新章,兴创大利,以期利益均沾,特向外募集公债二百万元,以充资本。自本公司开办生意之日始,每年清还本利五分之一,限期五年之内,本、利清还。如到五年期满,有不愿收回本利者,以后即照本利之数,每年算回周息五厘,每年派息一次。特立此券收执为凭。广东募债总局立约。(革命逸史)谨案,所见债券照片,此说明书印在背面,正面则有“公债本利壹仟圆券”、“第一回黄字第壹百三十五号”、“广东募债总局五年内清还”、“总理经手收银人孙文”、“天运岁次乙巳年十一月十五日发”等等字样。此本国父进行时期所印发债券,托名普通公司,以掩饰世人耳目耳。

下午在寓将照弟代抄总谱增修本(七)整理一过。未装订。又抄《国父轶文集》内英文本《实业计划自序》于另纸。据称系《中央党务月刊》第二十三期所载,陆达节按云,谨案此序与中文本实业计划自序内容完全不同,即日期亦有先后之别。党员于去疾因特译出,呈请中央训练部审查云。五时半停笔,欲往办公处,而雨至未果。六时半又雨一阵。照弟带来本日《大公报》,阅之。晚饭间,李振宽来谈,传说蒋委员长近曾赴湘,与白健生等商军事,不久全面反攻,驱逐倭寇下海,气为一振。又据传说,于右任因有妾在陕北包庇种烟,被人控告,及反对祝绍周任陕主席二事,去其美髯,弃职,久不在渝或云回三原,或云在成都。等语。余意事未见报载,恐非确。但报上久无于之消息,亦难决其必无。读书人居高位,易受人蒙蔽煽惑,为之一叹。夜忽暴怒,骂杨氏一顿。十时馀就寝。

九月二日　　星期　雨。上午十时雨一阵,颇大。午后亦雨,较小。晚晴。夜月颇明。(是日为旧历七月望。)

晨六时起床,头微晕,再睡一觉,至九时始醒,精神疲甚。上午未作事。下午装订总谱增修本(七)一册并校阅。又加入一事(庚子总理抵港,由邓耀雇小轮保护来)。夜阅照弟带来本日《大公报》。内载有邵秘书长返渝事一则。谓国民参政会邵秘书长力子,前赴蓉转灌县青年团夏令营讲学,业于八月卅一日晚返渝。邵氏在蓉,曾晤监察院于院长右任。闻于院长前患痁疾,已渐痊愈,不久即将返渝。

九月三日　　　　雨。晨雨一阵颇大。上下午俱有小雨。天浓阴。

上午在寓补阅昨日《大公报》一过后,抄《国父轶文集》内临时大总统更定官制令如左:

临时大总统《更定官制令》　　　民国元年一月

查各省县光复以来,地方官职,均系各自为制,所定名称,难免歧异。兹值中央政府成立,关于设官分职事项,尤宜统筹全局,从新厘定,以昭划一。当经法制局将中央行政各部官制编纂草案,具呈前来,先后咨交议院在案。所有中央行政各部,既称为部,则各省都督府所属之行政各部,应拟改称为司,庶使中央各部与地方各部,示有区别。且各省亦已有先行之者,则彼此更不宜有互相歧异之处。合就令行贵部,仰即分电各省都督,将都督府所属之行政各部,先改为司。一俟地方官制草案议决后,即作为确定可也。(《武昌革命真史》) 谨案此乃令内务部者。

将前抄得《创立农学会书》、《支那现世地图·自序》二文分别补入总谱乙未、己亥年内。惟对昨日加下总谱（七）稿内一事，即庚子邓耀在香港保护一节，又发生疑点，因邓言总理当时欲见同志及家属，邓乃雇小轮至烟迪斯旁请总理过小轮安歇，各同志及太夫人与家属得遂至小轮会见。余初以为其言近是。因往见某种史料或陈少白之《兴中会革命史要》或邓慕韩所记内有谓尹文楷于乙未九月九日败后至香港，曾秘密招待总理家属九年之久者；又有某种史料谓，总理每次赴欧美，其家属函件等均由横滨同志黎炳垣代达者。合二说以思，则总理之太夫人暨家属自乙未秋往檀香山后必非在檀住，至丙午德彰公破产后始同回香港。故余觉邓耀之言可以采用也。然阅胡去非编之《总理事略》第十五章家属第七十六节妻室、第七十七节子孙。俱确称卢夫人于丙午德彰公破产后偕回港，居九龙。孙科自幼读书檀香山，辛亥革命始返国。意或者杨太夫人先返港，卢夫人等后返港，庚子在港者为太夫人，非卢夫人乎！亦合理也。俟再考订。（日记眉注：决为杨太夫人先返港无疑。）下午抄胡去非编《总理事略》第十五章第七十六节如左：

　　先生原配夫人卢氏名慕贞，同邑〈外〉坐乡卢显耀女，生于满清同治六年乙丑六月廿九日酉时，少先生一岁。光绪十年四月十三日结婚。婚后七年，二十五岁，生子名科。继生二女。长女于民国二年离世。次女名琬，配五华戴恩赛。当光绪二十一年乙未，先生第一次革命失败后，携子女避居檀香山先生之兄寿屏公处。丙申，先生伦敦遇难时，夫人闻耗，心伤胆裂，虔诚默祷，预备殉夫。三十二年丙午，寿屏公因革命破产，夫人随之迁居九龙。宣统三年辛亥，黄花岗之役失败，寿屏公被当地政府递解出境，又避居南洋庇能。八月十九日武昌起义成功，从先生偕子女回香港，居粤。次年先生辞大总统还乡，后应袁请北上，夫人从先生赴北京及各省游历，偶有所得，尝以意见贡先生、佐革命，先生笑而受之。民国二年，"二次革命"失败后，先后避居东瀛，夫人以父母年高,(日记眉注:此时总理之父早逝,此"父"字无着,且其时寿屏公居澳,似不致以夫人独负孝养之责。)愿税居澳门,以奉养堂上①。先生因念生平致力革命,未得晨昏定省,孝道多亏,遂承其志而乐从焉。先生居日后,电召夫人往商宋氏之婚。夫人为先生革命前途计,慨然同意,自愿退居澳门。侍养之馀,奉耶稣教,以救世大道,普济众生,为国祈福。现已年届古稀,萱龄笃祜。因子科从政南京,倚门望后(日记眉注:后字或有误),尝北来作淑训之诚也。

先生继配夫人宋氏,名庆龄。原籍浙江,生于广东②。少负笈美洲,毕业于美国威而斯连女子大学。民国元年南京临时政府成立,被任为总统府秘书。民国三年十一月二十五日,在日本东京结婚。夫人平日努力革命事业,先生得其助者颇多。民国十五年,当选中国国民党第二届中央执行委员,第三、四两次全国代表大会又被选为中央执行委员会(日记眉注:"会"字衍)。现居沪。(按胡编系二十六年十月初版。右文中之"现已"、"现居"二现字即二十六年也。)

又抄第七十七节如左:先生二十六岁时,生子名科,字哲生。自幼读书檀香山。民国纪元前哲生先生十六岁时,在檀香山发起组织中国革命同盟会,并在本党所办《自由新报》担任编译世界新闻及国际形势。辛亥革命返国,从先生周历各省,考察政治。民国元年赴美留学,考入加利弗尼亚大学,毕业得学士学位。旋转入哥伦比亚大学,专习政治经济,得硕士学位。民国六年归国,随先生参与革命。护法之役,任参议院及外交部秘书,兼任护法政府所办之英文《广州日报》编辑。民国九年,陈炯明率粤军自福建返粤之役,奉先生命,在港沪任联络各同志,筹济军饷。民国十年,任广东治河督办,旋兼任广州市第一任市长,规划新市政,进行各种新建设,成绩颇著。陈炯明叛变时,几遭不测,脱离危境后,赴香港,与同志策划讨逆及接济舰队饷糈,使先

---

① 按此时杨太夫人已不在世。——整理者

② 按,宋氏祖籍广东文昌,生于上海。胡编"事略"多系想当然之事,不复逐一指出。——整理者

生费用无缺,得以从容布置,功甚伟焉。后从先生赴沪,继续筹款讨贼之责。民国十一年陈逆被逐,复任广州市长。民国十二年国民党改组,奉派为临时中央执行委员,使筹备党务改组事宜,与各同志在广州市各区试行区分部制,并任筹备召集第一次全国代表大会会事。十三年五月,任广州市党部第一届执行委员兼组织部长。是年八月,卸市长职,衔先生命北上与段祺瑞张作霖接洽讨伐曹吴。曹吴既倒,中山先生北上,卧病市津,随侍在侧,奉侍汤药,无间昼夜,未尝远离。临终受训之际,俯首而泣,不觉泪湿沾襟,天伦之痛,无以复加矣。(未完)

九月四日　　雨。晨阴。上午九时后天如晦。十时馀雨一阵颇大。十一时馀又雨一阵。下午犹小雨且天浓阴。夜雨有声彻宵不已。

上午欲往会参加国民月会并观剧,兆先杨氏并抗儿已先往。余已穿草鞋将行,见天晦有大雨势,返回房内,阅《新时代史地丛书·中国革命史》。撰述者陈功甫,校阅者蔡元培,主编者蔡元培、吴敬恒、王云五。民国十九年十一月初版,二十三、二十四年五月国难后第一、二版,上海商务印书馆印刷、发行。内关于沈荩在北京被杖毙事,摘录如左:前余记此事为误入紫禁城被拿,疑必不然,今据所述应修正。

第一章　第三节　自立军之起灭

沈荩自新堤失败后,欲着手中央运动,乃走北京。至天津时,联军屯聚津沽,荩通刺谒联军诸将校,而与日帅尤洽,谋藉拳魁某,以覆满族。因条列诸凶名及其罪犯致诸职军。于是载勋、启秀、载漪、载润之徒,分别诛窜殆尽,闻者称快。民国纪元前九年,一九〇三年清光绪二十九年,会联俄党与俄订密约,沈侦知之,悉为揭载于日本各新闻,于是政府备受东京留学生及友邦之诘责。会有内务部郎中庆宽及检讨吴式钊,素皆识沈,以落职故,欲陷沈以图开复,乃协谋发沈以上事。先商之鄂督张之洞,前驻日使臣李盛铎,然后因李莲英以告密。即日传旨步军统领协同工巡局捕获之。沈既就逮,清廷令无庸复奏,即捶毙之。乃以竹鞭鞭背至四时之久,血肉横飞,惨酷万状,而犹未死,以绳勒其颈始绝。自沈死后,国中舆论大哗,上海人士于愚园开会追悼,男女至者千馀人,外人亦大为不平,亦可见其震动人心之巨矣。

又其纪沈在新堤事云,沈荩在新堤闻汉口以迁缓失事,亟起发难,附近之崇阳、监利及湖南之临湘、沅州、湘潭等〈处〉群起响应,然以中军已失,人心涣散,师遂溃。其党黄南阳、李寿金、曾广文、王昌年等皆被执,死之,沈走武昌。

下午在寓续抄胡去非编《总理事略》第七十七节如左:

十四年七月,国民政府成立,被任为国民政府委员及广东省政府委员,兼建设厅长。十五年一月,中国国民党第二次全国代表大会,膺选中央执行委员,兼中央政治委员会委员、军事委员会委员。是年九月,任国民政府交通部部长。国民革命军北伐后,政府迁汉口,任中央党部常务委员兼青年部长。十六年冬,改任国民政府财政部长。十七年一月,卸职,与胡汉民等赴欧洲各国,考察政治经济。十月返国,国民政府改组,五院成立,仍膺选国民政府委员兼考试院副院长、铁道部长,对路政颇多改进。十八年三月,中国国民党第三次全国代表大会复膺选连任中央执行委员兼常务委员、中央政治会议委员。(日记眉注:独缺十九年,应查何故。)二十年,宁粤分裂,不幸树帜一方,有如敌国。及"九一八"事变作,赴沪任调和之责,意见得以消除,被选任为行政院院长。二十一年,"一二八"上海战事起,国本摇动,迁都洛阳,南京虚危,旦夕惊恐。哲生先生独在骇浪之中,支撑危局。艰险过后,乃行告辞,虽中央复任以立法院院长,坚不赴任,意以国难严重,有感于国法之不立,则国家不可以图存,救亡大计,端在于此。因建议中央,订立宪法,经国民党第四届三中全会通过,由立法部〔院〕从速起草。乃于二十二年一月莅京,就任立法院院长职,首即延揽专才,组织宪法草案起草委员会,自兼委员长,努力其所主张之宪法起草焉。期年之间,初稿完成,已于今(二十五)年五月五日公布矣。此外,复任全国经济委员会常务委员、中山文化教育馆理事长,对革命建设、文化发展,建树甚多。二十三年夏,乘立法院休会期间,重洋远涉,赴檀香山,会美国总统罗斯福,倾谈之下,罗氏甚佩其经济计划,叹为中国之有数人才,可以慰中山先生于地下云云。二十四年冬,国民党第五次全国代表大会,当选连任中央委员,兼立法院院长如旧。吾观哲生先生貌,一若中山先生,而镇静寡言,言必由中,处世接物,相待以诚,故人多敬畏之。至立身行事,则一本中山先生之志焉,南乔北梓,克绍箕裘,洵盛事也。(日记眉注:"吾观"以下文气,似非胡去非之言,此篇究为何人所作,应考。)

哲生先生之夫人陈氏,名淑英,同邑陈秋光先生之女也。与哲生先生同学于美国。中山先生在日,同意订婚,民国元年七月二十二日在檀香山结婚。佐夫之馀,喜致力于慈善事业。婚后生子女四人。长子治平,今年二十三岁,现肄业于南京金陵大学。次子治强,今年二十二岁,在上海圣约翰大学读书,均天资聪颖,志气不凡,能用功于所学。其女穗英,今年十五岁,次穗华,今年十二岁,均在学校读书,成绩优良,人多称之。治平、治强、穗英,兄弟之生也,中山先生均亲见及,而为之置者,含饴乐后(日记眉注:后字有误),笑望桐枝,甚〔堪〕自慰焉。然一念国事之艰危,革命尚未成功,则又心恒戚戚,望国人之共起努力,以和平奋斗救中国也。痛临终之遗言,惟为国而忘家,此先生之所以为国父欤!

九月五日　　晨雨。上午阴。十时馀又雨,但天色略朗。十二时又雨。下午仍雨且阴。夜小雨,但月色现。

晨工友送来三四日《大公报》,补阅一过。上午在寓阅《中国革命史》。昨夜曾阅十馀节,觉此书对本党史实无甚详核之记述,惟自民国成立后各种事实较详晰,可为总谱内国内大事栏之参考。往年本会所编国内大事,以文公直之《总理降生六十年之大事记》一书为蓝本,余往年亦采用之,每有不详不备之处,翻阅各种报纸、杂志为补充,甚为辛苦。今后可采用此书,应可收事半功倍之益,故再阅。摘录其第五册内关于上海《国民日日报》等事如左:

《苏报》被封后,同年十月,章行严、张继等复组织《国民日日报》,其宗旨与《苏报》同而规模过之。出版未久,风行一时。旋以内部发生问题,停版。翌年(日记眉注:翌年即甲辰矣,但《俄事警闻》与《警钟日报》似非甲辰冬始出版。疑有误,应考。下翌年更误。)冬,俄满风潮益急,蔡元培等发起《俄事警闻》，旋改为《警钟日报》，实际承《苏报》与《国民日日报》之绪馀。主笔政者为王季同、刘师培、林獬等，然终以鼓吹激烈，翌年亦被封闭云。

将前日所记怀疑杨太夫人先由檀香山返香港事改入总谱卅一岁，丙申。部分，并将增修本（七）庚子回港。条内复加修正。午汝照弟带来权超侄八月卅一日信，附小庭兄生平事迹，托为作祭文或他种文。汝瑞弟七月十五日信、附作文三篇。李翼中兄九月二日信。托代笔撰述客人有关革命事实一、二则。下午复查关于上海《国民日日报》事。余前（七月廿八日记）摘录冯自由之《革命逸史》所记与《中国革命史》略同以三占从二之例，将总谱增修本（八）卅八岁。此条修正。《俄事警闻》、《警钟日报》二事移入卅九岁，即甲辰春条。夜略阅照弟带回本日《大公报》。

九月六日　　晴。晨阴，至午间日色始大亮。午表七十四度。下午又阴。六时表七十四度。夜半复雨。

上午九时到总纂办公处，接亮儿九月一日信。欲将《中国革命史》、《国父轶文集》二书寄还中图会，因无牛皮纸包封，未果。在《国父轶文集》内加签二条。一批刘学询所得总理函为捏造；一批甲辰总理致黄宗仰函错字。下午三时到办公处，旋往会，将《中国革命史》、《国父轶文集》二书托沈科长裕民代寄，并托寄发时将邮局挂号收条送余收存。据云须粘会计部报销根，惟在收发处有注明可查云云。余即自录包裹面字样录存备查。胡去非编《总理事略》一书，询档案处无存，因面请刘主任秘书饬处长用公函向中山文化教育馆理事长孙科索取。余处一本暂缓寄还中图会。写致印维廉函一。阅本日《大公报》。

九月七日　　晨大雨。上下午雨小，但断续不已。夜又雨。

上午在寓装订总谱增修本（五）。将前抄得《创立农学会启》嘱照弟再抄一份装入增修本。下午将前抄得总理著《支那现世地图·序》一文再录一份,装入总谱增修本(七)内。午间木工来寓添装壁架,置书架上,顿觉秩然不乱。夜结算上月用款。

九月八日 晨雨。上午十时天转朗。下午天朗。六时表七十二度。

是日为吾母诞日,杨氏冒雨往山洞购祀品,天甫明往,八时馀回,顺道经总纂办公处向照弟取昨日《大公报》。倭自陷我衡阳后,最近开始西进,似图侵桂。六日,军委会发表战讯:(一)敌侵至常宁城郊外围东、西、南三面,我守备部队艰苦奋战,未被撼动。(二)祁阳城五日拂晓被敌侵入,我守备队与巷战后撤至黄阳司莲塘、栗山铺等地。计黄阳司距城三十二里,黄〔莲〕塘等均距城五十里。下午三时到办公处写复李翼中函、权超侄函各一。阅本日《中央》、《大公》报。

九月九日 阴。午表七十度。午雨。下午连雨二次。至三时后天转朗。

上午九时到总纂办公处,将总谱增修本(九)内加入《俄事警闻》、《警钟日报》二事。合一条。附于甲辰九月总理著《中国问题之真解决》条后。下午在寓将前从《中国革命史》摘得沈荩在新堤发难及天津投八国联军事加入总谱庚子自立军。事内。又,近来心中常觉癸卯年有四川商人在沪因听张园演说革命,感动弃商回里,在川北某地起义事。欲补入总谱年内。刻翻阅往年所编《总理史迹》稿,乃知固有其人其事;然系丙午十一月,非癸卯也。顺便于该稿内摘出甲辰乙巳二年关于四川、河南两省留日学生事及孙毓筠留学事,备分别补入总谱卅九、四十岁二年内。自八月中旬余所增修总谱已至四十岁,原意八月内必可完此一册;乃中间发现以前各册尚有错漏,遂将四十岁一册中辍。今日觉错漏处补已毕,以后可续前工作矣。因将第十册即四十岁。前已修者复阅一过,略致修改。夜写复亮儿八月廿五信二页。下午六时到办公处,取得本日《大公报》,夜略阅。

九月十日　　　星期　阴雨。晨阴。上午八时雨,至下午四时始止。

上午补阅昨日《大公报》。雨中人觉烦闷,精神不振。下午阅《纪念节日史话》,此书前不知何人寄来,嗣得亮儿信,乃知他向曲江订购。并为作目录一册。第三册。夜续写复亮儿信。完。

九月十一日　　　雨。自晨至午雨未歇。下午又雨,且天色沉晦。

上午在寓阅《纪念节日史话》,并为作第四册目录。午饭间照弟来言,昨往新店子农林部见统计室主任钟培元,商定后日十三日。往该部室就干事职。新部长盛世才十六日接任,但统计室人员更迭不必待部长委任。又见其同学某君在该部会计室者言,彼初进部时亦未接委任公事,即先到差。现各机关之会计统计人事各室职员,均有独立性质。中央另有系统,主管长官不十分管制,可由各室主任签呈而决行云。余虽不愿照弟辞职他就,然在此既被人视为余所私用之员,孙在总纂办公处曾明言,照弟亲闻之。徐、龙二氏亦有此议论云云。此届考绩,他人多升级加薪,而照弟独未升。今往农林部,月薪较多廿元,又为其所学农科大学资格相符,自不便勉强留他。惟彼去后,余所编总谱稿无人代为清稿工作,实大有困难耳。照弟并带来昨日《大公报》,即略阅一过。下午复修总谱增修本(九)数处。又增修(十)数处。窗暗五时即看不见字。

九月十二日　　　雨。晨雨甚大。上午略小,仍连绵不断。下午二时后雨止。晚间红霞微现。

晨总纂办公处工友送来秘书办公室函一件及十一日《大公报》

一份。函谓"奉主任委员手谕:本会编辑本党五十年大事记,请林一厂先生为总编辑,龙毓峻先生为副总编辑。派严济宽、许师慎、曾介木、张镜影、秦凤翔、贾道曾、杨嘉猷、沈裕民、潘涵九同志为编辑等因(略)",附办法一份。查办法共六条,外附二页:(一)本党五十年大事记编辑工作分配表;(二)编辑凡例草案。办法第四条方法内期限定十月二十日完成初稿。工作采分工合作制。编辑九人分为三组(附件一编辑工作分配表列明:贾道曾编辑,民元前十八年兴中会成立起,至民元前一年。秦凤翔编辑,民国元年至民国九年。是为一组。杨嘉猷编辑,民国十年至民国十四年。严济宽编辑,民国十五年至十七年。张镜影编辑,民国十八年至二十年。又为一组。曾介木编辑,民国二十一年至二十三年。许师慎编辑,民国二十四年至二十六年。潘涵编辑,民国二十七年至二十九年。沈裕民编辑,民国三十年至三十二年。)草稿于十月十日前完成,送总、副编辑审核。办法第四条,编辑九人分三组,每组均注三人,与附件一表列人数不符。日间须往会与龙严诸君商谈。补阅前日(十日)《大公报》。下午代照弟拟具因病请停职疗养呈文。杨嘉猷来,商编辑本党五十年大事记,谓彼担任民国十年至十四年事,前由张委员交下余所编《总理史迹》自民十二年十二月至十四年三月十二日止。稿,适合需要。但关于蒋总裁受任黄埔陆军学校校长之命令,日前余交阅胡去非编《总理事略》内有之,而余《总理史迹》稿尚缺,特来抄录云云。余为愕然,何以此命令余稿竟漏入耶?彼谓俟回去再查。余即以胡编给予照抄。兹并自抄存如左:

　　　　十三年五月二日　　大元帅令
　　特任蒋中正为陆军军官学校校长此令
　　　　十三年五月二日　　大元帅令
　　特命蒋中正兼粤军总司令部参谋长此令

以上二命,均十三年五月二日总理亲笔书于八行笺纸。大元帅令四字在上横刻。右格外有第、号二字。左格外印中华民国年、月、日等字,由总理亲笔填十三、五、二等字。胡书影版插图列为遗墨之五。晚间照弟带来本日《大公报》,略阅一过。即留照弟聚餐。

九月十三日　　　　晨小雨旋止。上午阴。午表七十度弱。下午二时又雨一阵。

上午九时到总纂办公处,旋往会,与刘、龙两秘书商本党五十年大事记总、副总编辑可否加派孙、姜二纂修,因孙为总纂办公处复核史料主任,姜为编本党大事记主任,似嫌遗漏,且加二人审核较易。据谓:当时张委员正恐人多则事缓,现恐不便再议。龙拟俟编辑送稿时,彼先阅一过,以五日为限,再送余复阅,亦以五日为限云云。又向杨嘉猷检阅余去年所编《总理史迹》稿目录内十三年五月份,确漏二日之命令。即昨录存者。往会途中遇新店子农林部钟培元派来工友为照弟搬行李者。照弟准午饭后即往钟处,先向会请假三日,至请停职呈文,俟十八日再送。接李翼中十一日信一。下午在寓增修总谱四十岁。一节。夜写致元龙弟信详述照弟他就事。

九月十四日　　　　阴。有转晴意。日光时隐时现。午表七十度强。下午一二时日光略多。但以后转阴。六时表六十八度。六时洒小雨一阵。风起雨止。夜多风。

上午九时到总纂办公处,补阅昨日《中央》、《大公》报。复核特种考订二件。一、总理在澳门设中西药局地址为康公庙前草堤街。一、史坚如炸德寿为庚子九月初五日。接印维廉十一日函,谓所寄还《辛亥革命漫忆》、《革命文献》、《新中国三字经》、《中国历史讲话》、《中国国民党二十年奋斗史》。五种已收到。惟《中国革命史》、《国父轶文集》未到。

下午三时到办公处，阅本日《中央》、《大公》报。复核特种考订一、癸卯总理由檀赴美，檀致公堂未先电旧金山致公堂。二、戊戌总理在横滨山下町修竹寄庐，杨衢云晋谒。三、乙巳总理在东京创立同盟会，第一次开会之时间。四、同盟会执行部职员产生之方法。四件。代收汝照弟信二封。

九月十五日　　　　晴。晨日已丽。午表七十五度。下午六时表七十三度。

上午九时到总纂办公处，复核特种考订十七件。一、总理与卢夫人结婚日期。二、中国国民党改组时临时执委九人姓名。三、中国国民党改组临时候补执委。四、徐镜心为山东同盟分会时期。五、总理诞生之时地。六、总理出席香港兴中会干部会议时地。七、香港西营盘开会为七月初十日非初八日。八、总理纪元前十六年离火奴鲁鲁之时间。九、纪元前十六年总理莅伦敦之月日。十、蒙难伦敦清使馆之月日。十一、出清使馆之月日。十二、庚子总理由日本返香港时日。十三、总理入洪门之时地。十四、纪元前七年总理出席东京留学界欢迎会之时地。十五、〈纪〉元前七年东京同盟会成立会之时地。十六、东京开同盟会筹备会之时地。十七、民八年八月总理抵沪之时日（十三抵淞，十四上岸）①。又、十八、总理当选为同盟会总理之时间一件。代收汝照弟信一。下午三时到办公处，复核特种考订如左：一、总理为北伐致唐继尧电之时地。二、总理复段祺瑞电时地。三、总理祭夏重民文之时地。四、总理致大本营会计司长王棠函之时地。五、总理致邓慕韩函之时地。六、总理致叶独醒函之时地。七、总理致何佩琼函之时地。八、总理致黎元洪函之时地。九、总理致阮伦〈同志〉函之时地。此共三十三卷。俱核完，签名盖章，交王伯勋。略阅本日《大公报》。倭寇已由湘桂路沿线犯桂境全县。夜复阅《大公报》。在办公处携回者。写

---

①　原文为"民八年八月"。查民八年（1919）孙未离、返沪。8月14日上岸者，应系民十一年（1922）之事。——整理者

至启鹏信一。

九月十六日　　　晴。午表七十七度。晚天转阴。

上午九时到总纂办公处。欲为李翼中代笔记潮嘉方面辛亥前革命党之活动事实。先摘录胡去非编《总理事略》一段如左。

第三十四节　广州新军之战

己酉五月，黄克强胡汉民奉先生命，设南方统筹机关于香港。即于是年冬与赵伯先、倪映典、朱执信、陈炯明、姚雨平、张醁村、刘古香、邹鲁等，从事运动广州新军，联合举义。表同情者十之八。陆军速成学生徐维扬、巴泽宪、赵珊林、杨凤岐等，尤为激烈。运动既熟，拟于次年庚戌正月初六日发难。乃新军中有热心过度之士，乘十二月卅日，驻北较场二标营兵胡英元、华震衷，以刻图章与商店争价，向警察理论而动武。巡尉朱某受伤，警察会集，拘去新军二人。及晚，各标营咸到警局质问。巡士严阵以待，环而哗者数千百人。旋经巡警道高觐昌调停，及新军协统到局劝谕，当将新军释放，交管带周占魁领回，众始渐散。

新军回营，诉称巡警欺侮，馀众闻之大愤，即于翌日庚戌元旦假期，各执木棍，联众入城，遇巡警即殴，逢警局即毁。育贤坊第一警局、人东门第五警局及第六局，被拆最多。伤巡警七人，以图报复。粤督袁树勋闻讯，派兵弹压，并令将大东门、小北门关闭，由官吏分往各局解围，事始已。此为二、三两标之事，初与第一标无涉。时协统张哲培与第一标标统刘雨沛，鉴于军警之哄，恐兵士在年假中滋事，将初二、初三两日假期改为运动会，不令出营。翌日（初一）兵士请求放假，刘不许，因之大哗。步兵三百馀，蜂涌而出。倪映典见变已作，遂仓皇入城，乘机起事，声言巡警派大队攻营，当出抵御。于是全营震动，无论同谋与否，皆纷纷束装出发，闯入军械局取军械。刘雨沛大声喝止，复力辩巡警无破营事。各兵不听。张哲培知事变难以收拾，遂往后门走逃。刘雨沛出阻，被伤头部，血流倒地。是时，各兵虽已将军械取出，惟枪之扳机子弹均缴存局中，有枪而不能用。复相率赴炮工辎各营，抢夺快枪千馀支，由映典亲率一部分，从沙河进攻省城，迫横枝岗，馀向息鞭亭、小旗亭及东

较场、茶亭,分途进攻,均极闪速,俱存灭此朝食之心。广州大震。(未完)

顺便将胡书第三十五节由美东行之革命情形内错误处签注。"时槟〔檀〕埠华侨……亦为他处所未有",皆是檀香山事,《自由新报》即哲生先生所办也。插入此间,大误矣。接照弟十四日来信,谓已到农林部统计室差,但并未奉公文,系由室主任钟培元先向人事室代报到,并向主计处呈请委任,约一个月可奉委任公事云。似该统计室竟完全脱离部长关系。可怪。又接亮儿十日来信。李翼中转来邱海珊诗。在宜山作,无信,谅已由全迁宜也。又接亮曾前寄来梁广瑛带者。《五五宪草评议》(马宗荣遗著)等一包。下午在寓阅马宗荣遗著及洗澡后,五时到办公处阅本日《中央》《大公》报。夜为权超侄前函请代其二伯母作祭小庭兄安葬文。

九月十七日 　　星期　　阴。午间小雨。下午仍小雨数次。

上午将昨夜作文略修改,录寄权超侄,加函一。兹录稿如左:

小庭兄继室陈夫人祭夫文

呜呼!生离死别,谁不怀伤。况遭国难,辗转流亡。维我夫子,矢志报国。少年慷慨,驰驱东北。始服警政,继膺县治。凡有委任,事无不举。滨江桦甸,双阳双城。最后珲春,咸著循声。上邀懋赏,下听舆诵〔颂〕。我言非私,名久弥重。忆奉严命,与君结缡。抚院之女,邑侯之妻。人孰不羡,天也实知。居官十载,家徒四壁。避寇而南,欲归不得。苦累君者,为此妻孥。空望梅岭,爰止西湖。寇氛益迫,湖山变色。越赣逾湘,于川乃息。我脱簪珥,君解狐裘。客邸春寒,沽酒销忧。方待太平,徐图偕老。岂料俄顷,音容竟杳。呜呼哀哉!长子学成,诸女已嫁;我肩渐轻,白头易寡。惟念旅槟,难返乡关;聊卜窀穸,暂安是间。呜呼哀哉!锦水蓉城,美如天上;魂梦长通,毋劳怅惘。呜呼尚享!

下午续阅昨日《大公报》。中央政府自五月一日派张治中、王世杰往西安,与共产党代表林祖涵商谈中共问题。林于四月廿八日由延安启程。五月二日，两方面共三人先后均到西安。五月四日开始商谈，至十一日，共谈五次，作成纪录，由林祖涵修改签字，面交张王(张、王认为林代表所提出的具体意见，林谓这只谈了三小时就决定的，写了书面以后，作为两党参考)。十七日，三人同至重庆，张、王以报告中央。六月五日，张、王约林晤，面交《中央对中共问题政治解决提示案》，原文如左：

　　三十三年六月五日中央《对中共问题政治解决提示案》

　　兹以林代表祖涵在西安所表示之意见为基础，作以下之提示案：

　　甲、关于军事问题　(一)第十八集团军及其在各地之一切部队，合共编为四个军十个师，其番号以命令定之。(二)该集团军，应服从军事委员会命令。(三)该集团军之员额，按照国军通行编制(由军政部颁发)，不得在编制外另设纵队、支队或其他名目。以前所有者，应依照中央核定之期限取消。(四)该集团军之人事，准予按照人事法规，呈保请委。(五)该集团军之军费，由中央按照国军一般给与规定发给，并须按照经理法规办理，实行军需独立。(六)该集团军之教育，应照中央颁行之教育纲领、教育训令实施，并由中央随时派员校阅。(七)该集团军之各部队，应限期集中使用；其集中以前，凡其在各战区内之部队，应归其所在地战区司令长官整训指挥。

　　乙、关于陕甘宁边区问题　(一)该边区之名称，定为陕北行政区。其行政机构，称为陕北行政公署。(二)该行政区区域，以其现在地区为范围，但须经中央派员会同勘定。(三)该行政区公署，直隶行政院。(四)该行政区须实行中央法令，其因地方特殊情形而需要之法令，应呈报中央核定施行。(五)该行政区之主席，由中央任免；其所辖专员、县长等，得由该主席提请中央委派。(六)该行政区之组织与规程，应请中央核准。(七)该行政区预算，逐年编呈中央核定。(八)该行政区暨十八集团军所属部队，概不得发行钞票；其既发之钞票，应与财政部妥商办法处理。(九)其他各地区，所有中共自行设立之行政机构，应一律由各该省政府派员接管处理。

　　丙、关于党的问题　(一)在抗战期内，依照《抗战建国纲领》之规定办理。

在战争结束后,依照中央决议,召开国民大会,制定宪法,实施宪政,中国共产党与其他政党,遵守国家法律,享受同等待遇。(二)中国共产党,应再表示忠实实行其四项诺言。

此文面交后,林即从衣袋内取出一函,亦面交张、王。函内有《中国共产党中央委员会向中国国民党中央执行委员会提出关于解决目前若干急切问题的意见》文件。末押六月四日。原文不录。自是以后,两方面函件往来,迄无解决。九月十五日上午,林祖涵(共产党兼国民政府国民参政会参政员)在参政会第三届第三次大会之第十三次会议中,将商谈经过报告。下午,张、王二人亦出席报告。参政会讨论结果,由大会组织延安视察团赴延安视察,并于返渝后,向政府提出关于加强统一团结之建议。并推冷遹、胡霖、王云五、傅斯年、陶孟和为视察团团员。决议通过。夜写复汝照弟信一。

九月十八日　　晨雨。九时许转朗。十时又雨一阵。十一时又小雨。下午雨止。五时半表六十五度。

上午在寓续录胡编《总理事略》第三十四节。

《广州新军之战》(续十六日)

水师提督李准闻警,与张哲培率师出兵东郊,劝谕兵士,不听。李乃入城,调兵布防。袁树勋会商将军,闭城戒严,令旗兵运炮登城守御,并电催虎门各营兵来援。倪映典见李准入城,即下令向东城轰击,有一弹掠清都统〔将军〕增祺头顶而过。增祺怒,令守城兵放枪,炮火烈甚,新军不支,退走燕塘。初三日,李准令防营统领吴宗禹、管带董常标、太永宽、李得铭、李景廉、齐汝汉等,各率二千人,由大东门、大北门、小南门三路进攻。两军相遇,吴宗禹劝新军弃械归降。倪映典驰马摇手以示拒绝,且鼓励其众。而新军首领王占魁亦驰马出阵,反说吴军归顺。往返磋商,四次未决。谈判破裂,遂行开战。齐汝汉为倪军所杀。时宗禹占有四山,步队隐于前,炮兵藏于后,踞高临下,伏山射击。倪映典中弹被擒，死于牛王庙。新军仍奋勇前进，混战数时，阵亡百馀人，伤者十数，馀均散走。其直趋燕塘逃回故垒者，约三百馀人，并于是夜九时，纵火焚营，以声东击西之法，向吴军猛扑。终以众寡悬殊，为吴所败，被杀三十馀人。当未举火时，王占魁易服至吴营侦探，乘隙运动倒戈，为吴识破，遂遭擒就义。初四日，新军向白云山、石牌、东圃一带退却。清军分队四出搜剿。分电各路截击，更于中午将一标内之二营焚烧，以免藏匿。此役也，损失之巨，死难之惨，为革命以来最大之流血，即先生自谓九次之失败也。

当战事方烈时，先生由美东行，筹措款项与枪械，以济新军。并约香港同志，另谋起各府县之兵为响应，使得如期进城，一鼓而下。至三藩市，得新军败耗，甚为惋惜。然幸二三两标，尚能保全无恙，仍可留作后用，以勉同志。

（馀略不录。按原文字句间有错误、事实亦欠详实，但可作参考用。）

又录该编遗墨映〔照〕片如左：

誓约 641

立誓人孙文，为救中国危亡，拯生民困苦，愿牺牲一己之身命、自由权利，统率同志，再举革命，务达民权民生两主义，并创制五权宪法，使政治修明，民生乐利，措国基于巩固，维世界之和平，特诚谨矢誓如左：

一、实行主旨。

二、慎施命令。

三、尽忠职务。

四、严守秘密。

五、誓共生死。

从兹永守此约，至死不渝。如有贰心，甘受殛刑。

中华民国广东省香山县 孙文

民国三年七月八日立。（日记眉注：依照片每行划段。原片似为十行格纸所写，四与五之间相隔颇远。上十行为纸之一面，下四行为纸之一面。又守字与共字相向有直行隐隐可认，如左图"四、严守秘密""五、誓共生死"为格纸转面之符号——为折痕。）按此系中华革命党在日本东京成立时所书。本会《总理全书》似已采入（余编《总理史迹》亦已采入），惟照片未知档库有否。

下午三时到办公处，封发昨夜各信。与姜伯彰、冯绍苏商量照弟辞职事，姜冯均主张辞呈可缓送，仍续假至念一日，至发生活费领费后辞职即无问题。补阅昨日《大公报》及本日《中央》、《大公》报。又与王伯勋谈照弟辞职事，亦与姜冯同主张。夜写致照弟信一。

九月十九日　　晴。微阴。午表七十度。下午五时半表仍七十度。

上午九时到总纂办公处。接中图审会来函，以余前代审查《新中国三字经》等史稿五种，特送审查费四百元。附邮汇票一纸。此等稿余已表示不受审查费，忽又见送，但为数无多，受之亦不过分；且寓内正乏用，本拟往会借钱，乃携汇票往会，向罗本初商即贴现四百元，不另向会计商借。又代收照弟信一。返处写致省行谭传懿小姐信。询玉新侄女有到访否？及通讯处工友有向领肥皂否？下午三时到办公处，复印维廉信一。附收据。查阅总谱增修本（九）一过，略修字句。现因照弟他往，无人可代清稿，只得暂存。接亮儿十四日信，桂林黄耿来信。又代收汝照弟信。似一声甥来者，即代拆。阅本日《大公报》。夜写致照弟信，并转代收信二。复亮儿信。附照弟十四日来信。

九月廿日　　晴。微阴。午表七十二度弱。下午日色好。五时半表七十二度。

上午九时到总纂办公处，开区分部会议，接开小组会议。张委员来，面交照弟辞职呈文后，为斟酌所作诗，五律，十首。题为《夏日宝光寺步杜工部何将军园林诗原韵》。接权超侄十六早快信，附邮汇票一纸，计千元。言小庭兄遗柩定廿四日旧历八月初八日。安葬，催速寄祭文。想余十七夜所作祭文十八日寄出，此时必已到矣。小庭兄嫂拟请作一墓表文，以备他日将遗骨携回原籍再安葬时刻石应用。现在成都刻石工费太贵，闻需一二万元。暂只竖碑不刻表文也。兹并将其前函及此函述小庭兄生前事迹录左，作为墓表及传之预备。其他事迹须余从记忆所及写出补充之。

小庭兄事迹（权超侄八月卅一日函述）

林世瀚　清光绪四年阴历二月十四日午时，生于广东嘉应州丙村金盘堡竹桐村。民国卅三年阳历二月十九日上午三时半（阴历正月廿六日）卒于四川成都商业街廿号内二号寓所。（日记眉注：卅三年九月廿五日午十一时卅分葬成都市外东下沙河铺董家山。）

传略　六岁就学。十三岁父耀庭公逝世，家贫辍学经商。十六岁往爪哇经商，水土不服，于翌年回里。十九岁往山海关，投亲，与未婚妻结婚（原配为嘉应州雁洋李氏）。廿一岁至天津林复鹏家教读，凡五载。廿二岁原配李氏病逝，未生子女。廿五岁辞馆，入天津警官学校就学。廿七岁毕业，奉派至吉林省城，开办警察。历充区官、巡官、总巡官。卅岁升充吉林警察局局长。卅一岁任长春商埠局总办，长春始开商埠。卅二岁与继配陈夫人结婚（吉林巡抚陈昭常之女，广东新会县人）。卅三岁吉林巡抚陈昭常奏保以知府留省补用。卅四岁（宣统三年）实授滨江厅同知。民国以后，历任滨江、桦甸、双阳、双城、珲春等县知事。民国九年退休。"九一八"事变后，愤日寇之横暴，于民国廿六年春挈眷南下，止于杭州。"八一三"变作，由杭经赣湘入川。小住重庆，旋居内江。卅年移居成都。

又权超侄九月十六日续函述如左：（寓内存件查得如左）

宣统三年，任滨江厅同知。时与故伍连德先生举办防疫事宜，得俄国沙皇奖章。（日记眉注：民国三年厅改为县，连任为县知事。卸任时绅民赠地三晌。）

民国四年五月三日，大总统令荐字第三四五二号，任吉林桦甸县知事。十一月七日调双阳县。

民国七年十一月十四日，大总统令荐字第三〇九二六号，任吉林双城县知事。九年调珲春县,未到任。

　　民国十一年四月□日,大总统令,简字第二五七号准以简任职交国务院存记。

　　民国十一年九月廿日,大总统令,支字第一三四号奖给四等嘉禾勋章。

　　原配李氏之父,曾任山海关城守千总,佚名。其子敬堂又名敬甫,曾为汕头广发公司老板。

　　林复鹏,广州人,曾任天津道台,其妻嘉应州人,姓佚。

　　民国廿六年,在杭州西湖边郭家河头购地一亩二分,尚未筑屋。

　　子江超廿八岁。今夏毕业武汉大学土木工程学系。沉超廿五岁。经商爪哇。淇超廿四岁。从军后无消息。均超十九岁。今夏毕业成都蜀华高级中学。

　　女楚芳卅二岁。适福州罗孝然,唐山交通大学毕业生,现充全裕工程公司经理。楚华卅一岁,适四川井研王秉中,中央陆军军官学校第八期毕业生。曾任远征军巡回教育组副组长。现在汉中第一战区,职任未定。楚茗廿五岁。适吉林韩行鹏,日本早稻田大学毕业,近况不明。楚芒十九岁。家居。楚薏十四岁。随楚芳在荣昌读书。

　　继配陈夫人,名奕兰四十九岁。广东新会人。江超、沉超、均超、楚华,皆陈出。

　　姜王氏名秀蓉。十六岁归小庭先生,卅八岁逝世。古北口人,殁后葬滨江县。楚芳、楚茗、楚芒、楚薏、淇超皆王出。

　　侄吉超、杏超、孟超、权超、仲超、季超、鉴超、万超、粦超、可超、德超。

　　侄孙肇凤、肇发、肇南。

　　略阅本日《大公报》。夜写复权超信一。

　　九月廿一日　　　　晴。午表七十七度。下午五时半表七十五度。

　　上午十时到总纂办公处,写致李翼中信一。下午三时到办公处,阅中华民国宪法草案说明书,并摘录其内傅秉常所述"中华民国宪法草案起草经过"如左:

一、廿一年十二月，第四届三中全会在南京开会，通过中委孙科等二十七人所提集中国力挽救危亡案，其中关于宪政有三项决议：(一)为集中民族力量彻底抵抗外患挽救危亡，应于最近期间积极遵行建国大纲所规定之地方自治工作，以继续宪政开始之筹备。(二)拟定民国二十四年三月召开国民大会，议决宪法，并决定宪法颁布日期。(三)立法院应从速起草宪法草案并发表之，以备国民之研讨。

此为立法院起草宪法之由来。

二、廿二年一月，孙科就立法院院长职，于一月下旬组织宪法草案起草委员会，委员长为院长兼任，副委员长为吴经熊、张知本。委员焦易堂、戴修骏、陈肇英、马超俊、傅汝霖、黄季陆、刘盥训、徐元诰、冯自由、马寅初、邓召荫、吴尚鹰、史尚宽、楼桐孙、黄右昌、史维焕、罗鼎、程中行、陈茹玄、盛振为、瞿曾泽、王昆仑、邓公玄、钟天心、丁超五、吕志伊、傅秉常、林彬、狄膺、杨公达、刘克隽、赵琛、董其政、周一志、陶玄、王孝英、卫挺生等三十七人。顾问戴传贤、伍朝枢、覃振、王世杰。秘书吴孝勉、萧淑宇。专员黄公觉、邓克愚、胡去非、杨赫坤。纂修金鸣盛、袁晴晖。

一月九日至廿三日开会三次，决定起草程序，拟具起草要点。三月二日至四月廿日，会议九次，议决起草原则二十五点。孙委员长先后指定副委员长张知本、吴经熊，委员傅秉常、焦易堂、陈肇英、马寅初、吴尚鹰七人为初稿主稿委员。主稿委员开会推定吴经熊担任初步起草工作。六月初，吴经熊将初步稿件拟成。全文分五篇二百一十四条，称为"中华民国宪法草案初稿试拟稿"。六月八日，在报纸发表。后立法院收到各方评论意见二百馀件，而委员张知本、陈长蘅、(日记眉注：按上列委员只有陈肇英、陈茹玄二人为陈姓，并无陈长蘅之名。)陈肇英亦各拟初稿条文。主稿委员乃以吴经熊试拟稿为底本，参酌各方评论意见，及张、陈、陈所拟稿，开会审查。并请林彬、史尚宽、陈长蘅、卫挺生列席。自八月卅一日至十一月十六日，开会十八次。均由孙兼委员长主席。拟成"中华民国宪法草案初稿草案"。全文十章一百六十六条。

宪法草案初稿草案拟成后,提出宪法草案起草委员会。自十一月卅日至二十三年二月二十三日,开会十一次,修正通过。称为"中华民国宪法草案初稿"。全文十章一百六十条。

三、廿三年三月一日,立法院将"中华民国宪法草案初稿"在报纸刊布,正式征求国人意见。宪法草案起草委员会即行结束。三月廿二日,孙院长另派傅秉常、马寅初、焦易堂、吴尚鹰、吴经熊、马超俊、林彬、史尚宽、陈长蘅、卫挺生、罗鼎、史维焕、郑朝俊、吕志伊、戴修骏、陶玄、梁寒操、谷正纲、程中行、陶履谦、徐元诰、陈茹玄、钟天心、杨公达、萧淑宇、周一志、方觉慧、王祺、张志韩、朱和中、刘盥训、陈肇英、赵乃博、何遂、李仲公、黄右昌三十六人为宪法草案初稿审查委员,并指定傅秉常为召集人。

阅本日《大公报》。夜写致照弟信一。

九月廿二日　　晴。午表八十度弱。下午三时表八十五度。五时半八十度。

上午九时到总纂办公处,续录"中华民国宪法草案起草经过"如左:

四、廿三年三月卅日,宪法草案初稿审查委员会召开第一次会议,推定傅秉常、林彬、陶履谦三人为初步审查委员,更调派秘书鲍德澂,专员黄公觉、翟楚、裔寿康,纂修金鸣盛、张毓昆,科员徐彝尊,协助工作。自宪法草案初稿宣布后,立法院收到各方意见书及采自报纸杂志之评论共二百八十一件。四月五日至六月五日,初步审查委员开会八次,议决采印此种意见、评论凡二百一十六件,以资参考。后召开宪法草案初稿审查委员会第二次会议。自六月十三日至卅日共开会九次,将草案初稿修正成"宪法草案初稿审查修正案"。全文十二章一百八十八条,并于条文之首增列弁言。七月九日在报纸披露。

五、廿三年九月十四日,立法院开第三届六十六次会议,将"宪法草案初稿审查修正案"提出讨论。各方对该修正案之意见评论,由傅秉常、林彬、陶履谦三人审查决定采印二十一件备考。立法院自九月二十一至十月十六日,开会七次,将修正案重加修正,三读通过。全文十二章一百七十八条,冠以弁言,是为立法院第一次议订之"中华民国宪法草案",十一月九日呈报国民政府。

六、廿三年十二月十日,中国国民党第四届五中全会开会,将立法院议订之"宪法草案"提出讨论,议决交付初步审查。十二月十四日会议决议:"中华民国宪法草案应遵奉总理之三民主义,以期建立民有民治民享之国家,同时应密察中华民族目前所处之环境及其危险,斟酌实际政治经验,以造成运用灵敏能集中国力之制度。本草案应交常会,依此原则郑重核议。"

七、廿四年十月十七日,中央常务委员会第一九二次会议,宪法草案审查完竣,议决原则五项:

(一)为尊重革命之历史基础,应以三民主义,建国大纲及训政时期约法之精神,为宪法草案之所本。

(二)政府之组织,应斟酌实际政治经验,以造成运用灵敏能集中国力之制度,行政权行使之限制,不宜有刚性之规定。

(三)中央政府及地方制度,在宪法草案内,应于职权上为大体规定,其组织以法律定之。

(四)宪法草案中有必须规定之条文,而事实上有不能即时施行、或不能同时施行于全国者,其实施程序应以法律定之。

(五)宪法条款,不宜繁多,文字务求简明。

立法院接奉上项原则,立即指派傅秉常、吴经熊、马寅初、吴尚鹰、何遂、梁寒操、林彬七人为审查委员,将宪法草案重加审查。各审查委员于一星期内连开会议,审查完竣,拟成修正草案。十月二十四日,立法院第四届第三十四次会议提出讨论。次日,第三十五次会议三读修正通过。全文分八章一百五十条。是为立法院第二次议订之"中华民国宪法草案",呈送中央。

下午三时到办公处,续录上件如左:

八、廿四年十一月一日,中国国民党第四届六中全会开会,即将"宪法草案"提出讨论。十一月五日决议:"本会同人认为,立法院最近修正之宪法草案,大体均属妥善。惟为适应国家现实情势,及便于实施起见,似尚应有充分期间,加以详尽之研究与讨论。但现距代表大会,为日无多,且代表大会会期甚短,恐亦无暇逐条详商,为最后之决定。因此,拟请六中全会将上列理由,连同本宪法草案,送请第五次全国代表大会,请将宣布宪法草案及召集国民大会日期,先行决定;并对于宪法草案,加以大体审查,指示纲领,再行授权于下届中央执行委员会,为较长时间之精密讨论后,提请国民大会议决颁布之。"

十一月十二日,第五次全国代表大会在南京开会。十八日,会议通过召集国民大会及宣布"宪法草案"案。二十一日,会议决议:(一)宣布宪法草案及召集国民大会日期,由大会授权第五届中央执行委员会决定之。惟须于民国二十五年以内施行。(二)宪法草案由大会接受之,但应由第五届中央执行委员会依据大会通过之重要宪法草案各提案修正之。(三)其馀有关各案由大会交第五届中央执行委员会于修正宪法草案时积极采用。

九、二十四年十二月四日,第五届中央执行委员会决议:(一)中华民国二十五年五月五日宣布宪法草案。十一月十二日开国民大会。国民大会代表之选举,应于十月十日以前办竣。(二)设宪法草案审议委员会,指定委员叶楚伧、李文范等十九人组织。负责审议草案及经大会认为应予采纳之提案,于两个月内拟定修正案,呈由中央常会发交立法院再为条文之整理。

中央宪法草案审议委员会迭次召集会议,议决审议意见二十三点:(一)第八章附则二字,应改为宪法之施行与修正。(二)在宪法之施行与修正一章内,对于原草案内不能即时实施之条文,应另定过渡条款。(三)原草案第二十二条人民有依法律服兵役之义务,应于"服兵役"三字下加"及工役"三字。(四)国民代表任期改为六年。(五)国民大会改为三年召集一次。由总统召集之。(六)原第三十一条第二项改为国民大会经五分之二以上代表之同意得自行召集临时国民大会,并应另加总统得召集临时国民大会及国民大会开会地点必须在中央政府所在地二项。(七)选举、罢免、创制、复决四权之行使,另以法律定之。在国民大会章另加一条。(八)总统副总统任期均定为六年。(九)五院各设副院长一人。(十)各院院长副院长(除行政院外)及立法监察两院委员之任期均定为三年。立法、监察两院院长及委员连选得连任。（十一）原第三十八条依法二字应删，并应将此条移置于第三十六条之后。（十二）原第四十四条应删。（未完）

阅本日《大公报》。往合作社看新到布匹并商派人代往邮局领取汇款。夜写致张仲纬信一。

九月廿三日 晴。午表八十六度强。下午五时半八十六度弱。

上午九时偕杨氏、抗曾往会。余参加区党部召集宪草研讨会。杨氏母子为买布而往，乃因开会，李治中与合作社卖手均出席，钱在治中手，布在合作社，杨氏不能久待，先带抗曾回家。余候李退席，询汇票未向兑，只将原汇票交合作社使用，取回灰布白布各一段。到总纂办公处已近十一时。孙镜交小旬报一张，内有灯谜多则。余无猜谜兴趣，姑阅而已。续录"中华民国宪法草案起草经过"如左：

（续昨）（十三）在原第四十三条后增加两条：一、规定总统有发布紧急命令及为紧急处分之权（附拟条文）。国家遇有紧急情形或国家经济上有重大变故，须为紧急处分时，总统得经行政会议之议决，发布紧急命令为必要之处置。前项命令中如有须经立法院之议决者，应于发布命令后三个月内提交立法院追认。二、总统得召集五院院长会议，解决关于两院以上事项及总统交议事项。

（十四）行政院政务委员仍照原草案不规定名额，但应规定不管部之委员不得超过管部者之半数。（十五）原第五十九条改为行政院行政会议由行政院院长、副院长及政务委员组织之，以行政院院长为主席。原第六十一条总统交议之事项，改为总统或行政院院长交议之事项。（十六）原第六十七条关于立法委员之产生，应改为全数选举在宪法之施行章内规定一过渡办法，半数选举、半数由立法院院长呈总统任命。（未完）

接启鹏侄廿一日来信。附一声致他信。下午三时到办公处，续上午未完稿如左：

（十七）关于监察委员之产生，应在宪法之施行章内规定一过渡办法，半数选举、半数由监察院院长呈请总统任命。（十八）原第一百零五条应修正如左：凡事务有因地制宜之性质者，属地方自治，地方自治事项，以法律规定之。（十九）在宪法之施行章内，应规定未完成自治之县，其县长由中央任命之。（市亦同。）（廿）原第一百四十六条第一项，关于违宪问题，应规定只能由监察院提出，并规定其提出时间之限制（例如法律施行后六个月，即不能提出谓其为违宪）及其详以法律定之。（廿一）原第一百五十条，应删另定施行日期。（廿二）在宪法之施行章内，应规定一条，第一届国民大会职权由制定宪法之国民大会行使之。（廿三）下列各条拟请交立法院再行审议整理：甲、原第二十四条、第二十五条；乙、原第三十二条第六款；丙、原第一百三十九条、第一百四十四条。

十、二十五年四月二十三日，中央常务委员会会议决议，照审议意见通过，交立法院，并删去原草案第七十六条公务员惩戒之规定。立法院奉命即指派傅秉常、吴经熊、马寅初、吴尚鹰、何遂、梁寒操、林彬、翟曾泽八人，依照中央意见，将宪法草案重加整理修正。五月一日，立法院第四届第五十九次会议提出讨论，三读修正通过。全文仍分八章共一百四十八条。是为立法院第三次议订之"中华民国宪法草案"。五月五日，国民政府明令宣布。

十一、二十六年四月二十二日，中央常务委员会会议决议，将"中华民国宪法草案"删去第一百四十六条"第一届国民大会之职权由制定宪法之国民大会行之"。立法院奉命于四月三十日会议议决"中华民国宪法草案"第一百四十六条删除全文，改为一百四十七条。呈报国民政府。五月十八日，国民政府明令宣布。（完）

阅本日《大公报》。

九月廿四日 星期 晨阴。上午晴。下午转阴。晚复晴，夜有星月。是日为旧八月初八，上弦月也。

上午在寓补入杨衢云、温宗尧、容星桥三人事于已成之总谱增修本内。十时到总纂办公处，偕孙铁元往罗本初家道喜，其妻生子也。旋回寓。照弟由农林部来，谈至午饭后别去。小睡至二时半，洗澡。杨氏偕兆先、抗曾往李树藩家庆寿，李君生日。至五时未返。小女孩失乳啼哭，乃往至小店子以下，欲至李家唤回，中途已来，同返。余即折往办公处，阅本日《大公报》。夜写致元龙、芬子信共一封。

九月廿五日　　晴。雾。午表九十度弱。下午五时半表八十六度。

上午九时到总纂办公处。旋往会，看时事照片展览会。十一时馀阅毕。入秘书办公室取笠杖，不意张溥老在座。出示近作七绝一首。徐忍茹正为更改。但余觉改更不妥，未便置词而出。到庶务科交一千元托罗本初买米二斗。返处摘录昨日《大公报》载张道藩所拟《谭赞同志传略》，有关史料处如左：

一八九八年（民国前十三年），总理在檀香山办《隆记报》周刊，鼓吹革命。总理自任编辑，谭同志担负排字。（原文上段有"自十四岁追随总理参加革命，担任檀香山《隆记周刊》印刷工作"句，盖排字工人也。）一九〇六年（民国前四年）《隆记报》改组为商办《民生日报》，报馆主人以鼓吹言论过激，表示不满。谭同志愤而联合同志，另集美金千元，创办《自由新报》，此报至今继续出版。一九〇九年，总理自德赴美，谭同志追随总理，奔走各埠，宣传革命，在纽约组织同盟会，为同盟会在美国设立之至早者。总理自到美，奔起革命，为宽筹军饷起见，发起组织银会，预筹美金一百万元，得谭同志赞襄之力最多。一九一一年辛亥革命武昌起义，总理适在芝加哥，银会因革命已经成功，中途宣布停止。总理取道欧洲返国，并运动欧洲各国承认中华民国。谭同志即与当地同志筹集五千金为总理作旅费。是年，他在芝城创设罐头面粉厂，即卜居该地，以迄于今。一九一五年结婚，证婚人为林前主席。一九三〇年，创办芝城《三民晨报》，自开办迄现在，由〔有〕赖谭捐资支持。民国卅一年十一月，以参政员资格返国出席，后仍赴芝。本年九月三日，在芝病逝，年六十岁。二十三日,渝市各界在夫子池新运服务所公祭。蒋主席颁挽"功在党国"四字。中央执行委员会挽曰:"宣劳海外,参政中枢,卓有勋名辉简册;攘利不先,赴美〔义〕恐后,长昭党德式群伦。"

接李翼中、黎少达信各一。下午三时到办公处,查阅增修总谱已成稿(九)未见有民国前十三年总理在檀香山办《隆记报》周刊事,似张道藩文有误,俟再查考。此等事最好由编辑处特种考订科考订。阅本日《大公报》。夜写致十弟信一。

九月廿六日　　晴。午表九十二度弱。下午六时表八十八度。

上午九时半到总纂办公处,阅"中华民国宪法草案说明书"第一章二条。下午四时到办公处,阅本日《大公报》。又阅"宪法草案说明书"五条。说明书第一章总纲。第一条,中华民国为三民主义共和国。二、中华民国之主权属于国民全体。三、具有中华民国之国籍者为中华民国国民。四、中华民国领土为江苏、浙江、安徽、江西、湖北、湖南、四川、西康、河北、山东、山西、河南、陕西、甘肃、青海、福建、广东、广西、云南、贵州、辽宁、吉林、黑龙江、热河、察哈尔、绥远、宁夏、新疆、蒙古、西藏等固有之疆域。中华民国领土非经国民大会议决,不得变更。五、中华民国各民族均为中华国族构成分子,一律平等。六、中华民国国旗定为红地左上角青天白日。七、中华民国国都建于南京。俱阅毕。应参考邹著《中国国民党史稿》第七十二页,说明云:国父在同盟会时代即主张沿用兴中会之青天白日旗。嗣复主张增加红色于上。注云见邹著《党史稿》也。夜写致黎少达信一。

九月廿七日　　晴。午表九十二度。下午六时八十七度。

上午九时到总纂办公处,阅《宪法草案说明书》第二章,人民之权利义务。第八条,中华民国人民在法律上一律平等。九、(日记眉注:九即第九条之简写,上下俱同。)人民有身体之自由,非依法律不得逮捕、拘禁、审问或处罚。人民因犯罪嫌疑被逮、捕拘禁者,其执行机关,应即将逮捕拘禁原因告知本人及其亲属,并至迟于二十四小时内移送于该管法院审问。本人或他人亦得声请该管法院于二十四小时内向执法机关提审。法院对于前项声请不得拒绝。执法机关对于法院之提审亦不得拒绝。（注二：提审法于民国二十四年六月二十一日公布，并通令自宪法公布日施行。）十、人民除现役军人外，不受军事裁判。十一、人民有居住之自由，其居住处所非依法律，不得侵入搜索或封锢。十二、人民有迁徙之自由，非依法律，不得限制之。十三、人民有言论著作及出版之自由，非依法律，不得限制之。（说明：凡思想之以口头发表者为言论，以文书图画发表者为著作，以印刷品发表者为出版。）十四、人民有秘密通讯之自由，非依法律，不得限制之。十五、人民有信仰宗教之自由，非依法律，不得限制之。十六、人民有集会结社之自由，非依法律，不得限制之。十七、人民之财产，非依法律不得征用征查封或没收。十八、人民有依法律请愿诉愿及诉讼之权。十九、人民有依法律选举、罢免、创制、复决之权。二十、人民有依法律应考试之权。共十三条。

接照弟廿五上、下午信各一，附玉新侄女廿日致照弟信，言渠于十五日午到海棠溪，住中国旅行社；下午过江找旅店。十六日早搬住旅店（未详何街何店）。昨天（似写信之先一日即十九）收父亲所交带王亚明之物由邮政包裹寄还。以后通信地址：白沙国立女子师范学院第五宿舍林玉新。印维廉廿五日复信一。前寄《国父轶文集》、《中国革命史》已收到。下午三时到办公处，复核编辑处拟革命先烈传记第二辑两卷。邹容、吴樾传。阅本日《中央报》。夜写致亮儿信一。

九月廿八日　　晴。午表九十度。下午五时半八十六度。夜九时馀闪电鸣雷。十二时许大雨，雷声益震。

上午九时到总纂办公处，复核革命先烈传记稿，陈天华、熊成基、倪映典。三篇。接谭传懿小姐廿六日复信一。下午三时到办公处，复核革命先烈传稿喻培伦、焦达峰、林时塽、宁调元。四篇。补阅昨日《大公报》。又阅本日《中央》、《大公》报。

九月廿九日　　雨。上午雨大。下午雨小天阴晦。夜又大雨。

上午在寓补入庚子总理在台湾事,及壬寅癸卯间张溥泉、赵声、邹容、林时塽、陈与燊等事于已成总谱增修本内。下午增修总谱四十岁。二节。

九月卅日　　雨。午天略朗,有晴意。旋转阴。

上午在寓拟代李翼中作应党史会征求史料稿,党史会向曾养甫征求,李为秘书,又转托余代笔。未成。先将已成总谱稿(九)内关于谢逸桥事略修改。因李君逐索同盟会梅属人之革命事迹也。下午工友送来廿九、卅两日《大公报》,补阅。又因午间为中秋节,拜祀先父母及故大姊,略倾酒小睡,代李稿竟未着手,约期已届,颇惶愧。接黎少达廿八日函,权超侄廿四日函,山洞农行通知张仲纬汇款函各一。又代收汝照弟信一。

十月一日　　星期　　雨。是日为中秋节,夜不见月,惟雨中天色尚明。

上午欲作李稿,再阅改总谱内谢逸桥、梁鸣九事迹一过。复照弟信。附指令一件,丙市来信一封。下午未作事,阅地图。

十月二日　　雨。上午九时后雨止旋阴。下午三时后阴沉如晦。五时半表六十度。夜雨有声。

上午在寓代翼中拟稿。未完。下午三时半到总纂办公处,接十弟九月廿八日信。附邮汇票二百元。阅《宪法草案说明书》。第二十一条,人民有依法律纳税之义务。廿二、人民有依法律服兵役及工役之义务。廿三、人民有依法律服公务之义务。廿四、凡人民之其他自由及权利不妨害社会秩序及公共利益者,均受宪法之保障,非法律不得限制之。廿五、凡限制人民自由及权利之法律,以保障国家安全、避免紧急危难、维持社会秩序或增进公共利益所必要者为限。廿六、凡公务员违法侵害人民之自由或权利者,除依法律惩戒外,应负刑事及民事责任,被害人民就其所受损害,并得依法律向国家请求赔偿。

询昨今两日（一、二日）报纸均未到，想因天雨路滑送报人不能行也。写复启鹏信一。晚昨日《大公报》到。略阅。

十月三日　　雨。夜雨有声。

上午在寓，续代翼中拟稿。未完。下午再续。完。但明日仍须修正。兆先女儿连日冒雨赴校，余甚虑其路滑失跌。今晨嘱勿往，不肯。下午五时回来，天已暗。据言今晨迟到，教员略斥，黄兰不服，几被罚跪。下午四时又补行纪念周，计六时方能散会，因与黄兰、黄杜径回。黄兰拟退学。余谓教员认真上课，原是甚好，今晨教员谓由沙坪坝来上课，走二三十里，你们仅走数里，何以迟到，云云。惟微嫌不谅小女儿走路艰难，自不能与男子相比，且彼不知由黑天池到振济学校实有十二三里，固不止数里耳。拟俟天晴余或杨氏往与校长商量速筹宿舍，如终无办法，再谋另就他校。此间走读，确不能也。然另就他校乃一大问题，不易解决。

十月四日　　雨。上午九时后雨止，天颇朗，有晴意。下午复阴。夜雨有声。

晨早起，写信致振济中学校长，声明由寓到校路远，雨中行路困难，请速多设架床，供学生寄宿。在床位未定以前，兆先因遇大雨不能行或行路艰危稍迟到校，以致旷课，请赐鉴原，免予责罚。即交兆先带去。上午在寓修改代翼中稿。下午续修并增一大段。完。明日似仍须再修并缮发。

十月五日　　雨。自晨至午雨渐止。下午一时天略朗。旋复阴。五时半表六十度。起北风。

上午在寓改代李稿，又增一大段，至午成。然觉其溢出范围，欲收不合矣。下午再改。未完。四时馀到总纂办公处，将张仲纬由农行汇款单托安处长加盖会章并十弟邮汇票并托饬人出山洞代

领。阅二、三、四日《大公报》，又本日报随到随阅。见湖南宝庆连
日巷战，守军虽奋斗毙敌二千，而全城被炮轰成焦土。福州口外倭
寇又登岸，令人愤郁。接玉新侄女一日来信一。

十月六日　雨。昨夜至今晨无雨。八时后又雨。午后天犹阴。

上午在寓将代李稿清录成四页，下午续录并修改。未完。工
友送来昨托安处长代领款共 531 百元，并本日《大公报》，照弟二日
来信，吴文辉三日来信各一。阅本日《大公报》。宝庆消息已断。
该报社评题目为《赶快开辟亚洲第二战场》，内容呼吁英、美派大军
分担对抗日本陆军之责任。吾极赞成。

十月七日　雨。下午雨止似将晴。夜无雨。

上午在寓，续改代李稿。未完。下午再续。完。晚间人觉不
适，腹痛，服保济丸，早寝。夜深闻空警。

十月八日　晨无雨。八时后又雨。夜雨有声。

上午在寓清录代李稿二页，并改昨下午稿。完。明日再清录。
李振宽来，询两日报纸无大要事。昨夜空警系二时发，未至三时即
解除。

十月九日　晨雨颇大。至午渐小如丝。下午阴晦。

上午在寓清录昨稿，完。题为《丘仓海先生之革命事略》。摘
录六日《大公报》一则题为《日本浪人领袖头山满死了》。文曰：东
京五日广播："在富士山麓静冈县骏东郡御殿场自邸静养已久之头山满，忽于
四日午后十一时三十分逝世。"按头山满生于一八五二年，现年八十九岁，为
福冈县士族简井免策之次子。明治六年至头山源六郎家为养子。后创办《福
陵新报》，倡导帝国主义。复纠合同志，组织玄洋社。当甲午、日俄两战役时，
极为活跃。又日言日本法西斯运动者，无不以玄洋社为嚆矢。嗣又在东京创
立浪人会，由头山自任会长。一八八九年十月，大隈重信之被刺受伤，即系由
头山所指使。头山为日本浪人之领袖，门徒遍朝野，广田弘毅即玄洋社之份

子。故日本一切右翼团体，殆无不与其有相当关系，且为日本政治舞台之幕后有力人物，在社会上有"国士"之称。此按语未知何人所按，是中央社所按耶？抑《大公报》所按耶？头山满与总理有交谊，在《总理全集》中可考见。余近年颇疑从前总理交结之日本友人，非尽善类，多有意图侵略中国、欲藉总理以窥探中国人民之秘密会党者。曾与张溥老言之，据言："确多人疑此。但宫崎寅藏则是好人。余则欲利用总理，而总理亦利用之也。"今观此按语，绝不提及与总理交谊，似有所忌讳，或彼实未知。然为今日之报馆主笔，宜无不知之理。中央通讯社人员亦不应不知也。至若其人果不善而总理与之交，亦无足异，何必忌讳。宫崎寅藏纵果好人，但其子宫崎龙介于"九一八"之役侵我沈阳，则非好人矣。又忆白浪滔天（即寅藏）辛亥、庚戌间（日记眉注：年月记忆不清，或为己酉冬，庚戌春，似非辛亥。）到汕头《中华新报》馆。余与楚伧、千仞、迪予招待。其人颇高，而多须，似燕鲁男子不似矮小之倭人。据言，闻谢良牧言，此报经济甚窘，是否？千仞实告曰然。彼则偕千仞往台湾银行接洽，许以信用借债办法，借给《中华新报》四千元（或五千），不用抵押。当时台湾银行凡汕商借款必须产业抵押。余故生疑，以宫崎一革命党，何能与财团发生关系如此？惜此事未以询请溥老精释。连日因作文废午睡，今日完成，如释重负。下午一时馀小睡，三时许冯绍苏来，带到革命先烈传记第二辑一册。余于上月廿七八等日正在复核，未完。兹拟明日复核之。接曾特七日来函，附曾伯谞革命事略件。中央革命勋绩审查委员会申请表一张。其背面印有中央执行委员会为党员证明曾致力国民革命经过办法（曾特函托转请楚伧证明，但查办法楚伧不合证明，俟日间函询。）权超侄四日来函。权超侄通讯地址为重庆关邮包税处。原函用笺及封面印明较往日所写为明显。夜写复李翼中信。附《丘仓海先生之革命史略》文一篇。此信与文均无人代抄存稿，可惜。

十月十日 雨。

是日国庆，以雨不能往会参加典礼。上午在寓，再阅《丘仓海先生之革命史略》稿，略改数字，即将昨夜致翼中信封发。下午无工友来寓，信不能发，将文稿录存如左：

丘仓海先生之革命事略

丘仓海先生名逢甲，原籍广东嘉应州镇平县，生长台湾。自幼颖异，七岁能诗，有神童之目。十五岁，考列台中府彰化县学生员。父潜斋先生，为台中府学廪生。台湾巡抚兼提学使唐景崧①（日记眉注：甲午台湾藩司唐景崧始奉清旨署理巡抚，此时系以藩司兼提学使耳。须加正。）以儿童凤慧，宜加学养，方成大器，请其父挈之居学使署，假以群书，恣其攻读，至极淹博。二十五岁，出应福建省乡试，中式举人。赴北京会试，联捷成进士。殿试二甲，授职工部主事。嗣见清廷百政紊乱，不乐仕宦，援例以亲老告归。主讲台中府衡文书院、台南府罗山书院、嘉义县崇文书院。益研览东西洋各种翻译图籍，洞明中外大势。甲午秋，中日战起，预测日本必窥台澎，言于唐抚，速治战备。景崧据以密奏，奉旨督办全台团练，并调广东南澳总兵刘永福赴台为军务会办。先生于是设立团局，简选丁壮，略仿往昔湘军体制，册编练勇一百六十馀营。乙未春，日海军果侵澎湖，守军撤退回台。清廷对日求和，有割台之议。先生愤，刺指血书"拒倭守土"四字。召集士绅，联名电争。电迭上，清廷不纳。和议成，先生倡议台湾独立，建共和国，合士绅公推景崧为大总统。集原驻台澎诸军守台北，永福所部守台南，先生为大将军守台中，改练勇为义军。五月，日海军陆战队进犯台中，不逞，转犯台北。守军忽哗变。先生得讯，率义军驰援，未半途，日军已至新竹。苦战廿馀日，旋闻台北陷，变兵纵火焚掠全城，唐总统踪迹不明，义军乃无斗志。先生进退俱穷，欲往深山中结寨固守，随从士绅泣阻，以乏粮，徒死何益。义军亦多自散，随从婉劝，吾人现况，确已失败，但义不屈服，惟有渡海暂归祖国。请其父率全家眷属合劝之。先生不得已，别馀众，浮大筏至厦门，入漳州，至汀州府属上杭县。上杭士绅邱复，聚族以迎，款留甚殷，欲卜宅居焉，未成。复入粤，至潮州府城。旅潮客商，为买宅于

---

① 应是福建巡抚丁日昌。因写作时间匆促且参考资料不足，《事略》中间有讹误。未逐一纠注。——整理者

北门外,并在嘉应会馆、镇平会馆为筹醵赀置业安家,皆敬惜先生文武才,因国事流离失所。顾其父不欲多受人惠,命先生暂寓镇平会馆,挈其母及弟,先归镇平,访求上代田园庐墓。邻里老人有仿佛知者,得其高曾以上故宅遗址于距城十馀里山溪间,葺而新之。先生乃归,名其地曰"淡定村",榜其宅曰"心太平草庐"。次年,湘乡曾国藩从孙曾广□任惠潮嘉道,闻其名,延聘为韩山书院山长。复莅潮。在书院以时务策论诗古文辞课士,摒弃八股试帖,首开岭东新学先河。时嘉应温太史仲和长潮州金山书院,方以朴学施教,遂成莫逆。戊戌八月,清廷政变,嘉应黄遵宪在湖南按察使任被谴,亦回籍,每以诗简投先生及太史唱和,或乘兴拿舟相就,时人有岭东三杰温、丘、黄之称。己亥,应南洋华侨林文庆、邱菽园约,往星加坡,居三年。康有为、梁启超在星,倡保皇会,屡邀加入,不允。唐才常至,与纵谈时局,先生曰,清廷猜忌汉人素深,南海遽进以维新变法,既不知量,何况又思保皇?(未完)天暗。夜写照弟信。附大定李缄一。

十月十一日　　雨。夜雨止。

上午在寓续录《丘仓海先生之革命事略》如左:

孙某所倡排满革命,名义甚正,然用会党防营以革命,亦不足恃。现今各地防营,无非湘淮旧勇,当台湾独立,台南北留用湘淮勇,不下四五万;台中义军,虽属新募,犹能死战,乃彼久练之兵,一与敌遇,土崩瓦解,真令人不胜愤懑。以后革命,其必先练十万学生军乎?练十万学生军,乃先生归国后所抱夙愿,与人谈言,或作诗写字,往往及之。庚子拳匪之变,辛丑和约之立,先生忧愤交迫,一惟发泄于诗。但自是清廷亦稍改故态,有准备各省兴学、练兵之议,一切文网渐弛。粤督陶模,尤喜新学。先生蹶然,与文庆、菽园商,在汕头兴学,为闽、粤诸道树之风声。会温太史亲戚谢逸桥至,其祖书玉、伯梦池,与戚张煜南、张鸿南,在大亚齐、槟榔屿、日里、棉兰等埠,为北京盛宣怀派员劝募昭信股票十馀万元,票在逸桥手,闻而悉数捐助,再分函商请他埠华侨殷富,集成巨款。先生乃返粤,请陶督令惠潮嘉道遵拨给公地。(时汕头海旁有前潮州镇方曜捐建公立医院一所,已成,为毗连洋商反对废而未用。)至汕,遂立岭东同文学堂,自任总理。当时名称如此。下设副理一人,会计、庶务各一人。请温太史任总教习。陶督为奏奉清廷谕旨照准。是时广东大学堂筹办未成,省城新立教忠学堂,丁仁长太史主之,办理不惬人意。余则虎门陆军学堂外,惟时敏学堂尚负声誉。然地域所限,省外府州县人士不易就学,故远近闻先生此举,属望至厚也。壬寅秋开学,以清学堂章程未布,先生与温太史斟订堂章,仿天津北洋学堂,分头、二、三、四班。头班生略如大学,二、三班如中学,第四班为小学。头班课程,有外国文、算学、格致、中外历史地理。二、三班重国文、本国历史地理,并课外国文、算学格致。四班亦称蒙学,另聘委任教习,或择头班生教之。先生任管理,堂规严肃。各班生寝兴上课、会食、会客,均依时刻。鸣钟吹号,不稍逾越。吸烟赌博暨不正当行为,稽察革逐。有图书室,陈列四部要书中外地图,广购各种新书新报,供学生课馀阅读。有体操场,早晚分班操二次,一为普通操,一为兵式操,聘留学英美毕业生、在汕英国教士、日本东亚同文会、退伍军官,与前韩金两书院绩学之士温廷敬等,分任教习。向惠潮嘉道秦炳直借洋枪,给学生练习射击。每练新式操时,先生必自临场监视。适际癸卯中国留日学生、上海爱国学社学生,鼓吹革命,风气正盛,同文诸生,争相起应,革命文字,见诸国文课卷,总教习虑祸,颇呵禁之。先生则绝不干涉,曰此天赋人民思想言论之自由权也。尝语学生,家有资财,应往东西洋留学,各国学堂教育美备,迥非中国目前能及。又曰,日本吾国仇也,然日本之所以能侮我者,由其学术胜耳,欲复仇而不求其学,何济?又嘱学生暨亲友子弟,投入陆军学堂。秦道初遣子入堂就学。是冬忽告退,且索还枪枝。或谣传有顽固劣绅,将控告同文学堂提倡革命。先生曰,纵有革命,亦非同文学堂提倡,岂能诬耶。俄副理某勾结劣绅,诬控会计,欲牵及先生,酿大狱。新任粤督岑春煊,派员密查得实,重惩劣绅,讼乃息。(未完)

　　总纂办公处工友送来九、十日《大公报》,即阅。湘桂路战事,我军阻敌于大溶江以东,尚无变化。

　　下午续录上稿。

甲辰秋,岑督聘先生为广东全省学务公所参议。时省城创立两级师范学堂,拟各府州县普遍兴学,俟学生毕业,于优级者派办中学,初级者办小学。其先已开办之中小学堂,亦派毕业生重加整顿。凡关学务,以公所为其枢纽,所设总办,以督署总文案张鸣岐兼任,设参议四员,事经拟议决定,总办申请总督行之。先生以为由此得藉大权兴学,夙愿可达,欣然应聘。同文学堂改以副理二人协同总教习照章接办。是冬离汕赴省。自是居省城者凡七年。先生初在学务公所,凡有拟议,俱为岑督张鸣岐所信用。未几,岑督他调,张出任桂臬司。广东设提学司,学务公所裁撤。先生转任广府中学监督。广州府知府陈望曾,闽人,先生旧友也。监督事权虽较全省学务参议为小,而后任各督暨各司道尊先生为祭酒,礼貌不衰。值各府州县普遍兴学之始,因觅校舍筹经费,任人员,纷纷争讼。或新学界与旧绅士争,或新学界与新学界争,或绅与官争,或官绅合而与学争,变幻倏张,风潮鼎沸,时称为学案。当局有所疑难,辄就咨询先生,为剖情析理,持正立言,尤以嘉应州丙村三堡学堂案为最激烈。校长江秉乾,初级师范毕业生,与旧绅争丙市公局及杂捐为校舍经费。自乙巳至己酉,缠讼五年不休,竟被诬为劫盗,先生始终护持。有人进劝曰:"此案现旧绅拥州之保安总局绅黄某为首。某实黄按察遵宪介弟,故州牧右之,惠潮嘉道亦右之,所谓官官相卫。先生与江非亲非故,何必如此?"先生曰:"然则,官绅朋比,覆盆之冤,新学萌芽,任受摧折,亦忍坐视不救耶?公度(按即遂宪)读书破万卷,交游遍四海,岂有庇一弟而误一州者哉?"卒以香港中国电报局总办温灏、南洋巴达维亚华侨商会长邱燮亭相助,江案始白。

乙巳秋,中国同盟会成立于日本。前同文学生之留学东洋者,多加入之。何天炯、何天瀚、刘维焘且居干部要职;谢逸桥、谢良牧入会后,是冬,随孙总理至香港。逸桥返汕,任潮汕铁路公司协理。丙午,联络许雪秋陈芸生谋革命,借筑路包工容纳党人。又拥其戚饶绅芙裳在松口办师范传习所及体育会,广招嘉应五属青年,宣传革命。丁未,许、陈在黄岗起义,内有李思唐、李次温、林国英等,皆前同文学生。黄岗事败,嘉应旧绅得松口师范传习所教员张谷山所编讲义,呈省并案告发,张亦前同文学生。省委刘铭伯密查该所,得讯,将讲义易稿。温太史家松口,以病辞同文总教习旋家。刘为太史旧友,至松,查无实据。又以潮汕铁路公司股东皆南洋富商,不便彻查,报省清案;惟奏办之同文学堂收归省办。先生以是种种,顿遭当局疑忌矣。逸桥复邀南洋华侨邱燮亭、梁映堂、廖煜光等集资办汕头《中华新报》,推梁千仞、陈迪予、林百举分任社长、经理、总编辑,聘陈去病、叶楚伧为主笔。是报明为岭东新学界喉舌,隐为中国同盟会机关。戊申出版。每揭贪官污吏劣绅豪侩,奸私贪污,豪劣环而伺隙,图倾陷。先生在省凡作诗文,辄寄报登载,寒暑假由广府中学返里,过汕必至报社,与楚伧千仞等和诗。因又有人劝以绝交远祸。先生曰:"世至今日,岂犹有文字之祸,甚如方正学十族之诛耶?林百举诚为同文学堂生与韩山书院生,其他诸友,余亦视为诗弟子,交何能绝?抑余所为,实故示亲密,冀杜小人倾陷之恶念耳!"其在广府中学于无形中保障党人、调护新学,事多类此。庚戌广州新军起义,在事姚雨平又为前同文学堂生,新军士兵且多为嘉应五属青年及松口体育会学生,为省委黄士龙往东江征兵而至者。嗣是,先生被嫌益重,水提李准、巡警道王秉义扬言:省城大绅有革命党。时张鸣岐升任粤督,先生不以李王之言为谓己,时与当局周旋如故,诗才敏捷,或于官绅茗谈酒叙,间援笔成诗,和韵至数十叠制。行又严谨,从无苟且竿牍一涉分外事。有族弟某为广府中学监学,冶游失检,被警拘押,请一刺保释,亦不予。以故,各当局虽疑之,转复生敬生畏。广东省咨议局成,先生褒然当选议长,疑忌者益不敢妄指。既任议长,即辞广府中学监督,专心庶政。辛亥三月廿九之役,革命党大败,王警道首示威于咨议局议员邹鲁所办《可报》,先生大言曰:"邹鲁,吾学生也,果有罪,可先办我!"王乃只禁报纸发行而止。(未完,天黑。)

夜写复十弟信一。

十月十二日 昨夜无雨,今晨又雨。午后雨止。五时表五十六度。寓门前小沟有水痕,想日昨曾流水。由大洞沟至总纂办公处门前沟水则仍通流。可见浃辰连雨,得水不少也。

上午在寓续录昨稿如左:

　　旋嘉应旧绅提名控告《中华新报》为革命党渊薮,与温生才关系尤深。张鸣岐由督署密令经饬惠潮嘉道封禁,亦止封屋而不拘人,盖碍于先生故云。至是,先生亲故益为惴惴,或又亟言曰:"祸至无日矣!甚哉,先生之爱友也,虽尽友道,何益于先生?假使以学务公所即入岑督幕中,勿预闻乡友事,岂患今权位不如张鸣岐?"词未毕,先生笑曰:"余不作是想。倘余不从工部告归,讵更早如岑春煊乎!"或续曰:"然则练十万学生军,今已如何?"先生曰:"是又不然。天下事一人倡之,众人成之。余倡兴学,今全省学堂已兴,安知十万学生军不于此中出哉?"至武汉起义,广东光复,都督胡汉民任先生为广东省教育司司长,更派为都督府代表,往上海开各省都督代表联合会议,组中央政府。嗣孙总理返国,被选为大总统,南京临时政府成立。胡都督复电推先生任临时参议院议员。抵南京。先生乃扬眉大快谒明孝陵,赋诗曰:郁郁钟山紫气腾,中华民族此重兴。江山一统看新定,大纛鸣箫谒孝陵。姚雨平统率广东北伐军亦至,惟参议院尚未开幕而先生病矣。亲故林鲁传等随护南返,至镇平里第,于民国元年□月□日逝世,年才四十有九。(完)

　　下午复核革命先烈传记第二辑,林述庆传。未完。四时馀到总纂办公处,阅十一日《中央》、《大公》报。夜写致楚伧信。附曾特生函并原附件:一、曾伯谔革命事略;二、中央勋绩审委会申请表。

　　十月十三日　　　　雨。夜雨声甚大。

　　上午在寓复核革命先烈传记第二辑,林述庆、蒋翊武、徐镜心、谭人凤。四传。完。从蒋翊武传摘录有关总理事如左:

　　民国二年癸丑三月,宋案发生。翊武由汉口返澧县辞亲,誓以保障共和为职责,否则,不再生还。旋湖口起义讨袁,长沙准备响应,促翊武赴长沙。乃又闻长沙独立取消,翊武欲赴广西谋活动。道经全州,为袁党拘捕,送桂林,十月九日被袁党秦步衢报奉袁令,杀于桂城西门丽泽门外,时年三十九。民国十年,总理督师桂林,于翊武就义处立碑纪念,题曰"开国元勋蒋翊武先生就义处　孙文敬题"。碑为方形。其三面为胡汉民所撰文,文曰:蒋公翊武，澧县人。蓄志革命，辛亥武昌发难，以公功为冠。以武昌防御使守危城，却强敌。事定即引去。当道縻以官爵，不受。癸丑讨袁，将有事于桂林，到全州，为贼将所得，遂戕公于桂林丽泽门外。今年大总统督师桂林，念公勋烈，特为公立碑，而命汉民书公事略，以诏来此。公之死事，与瞿、张二公不同，而其成仁取义之旨则一也。胡汉民记。（瞿、张二公即明末瞿式耜、张同敞也）夜写复曾特生函一。

十月十四日　　　晨雨。上午天转朗，略见日影。下午日影更多，有放晴之象。寓门前沟水涓涓，谅昨夜大雨畅流。大洞沟水亦加大。五时半表五十七度。

上午在寓审核中国国民党五十年大事记，十八年起廿年止。张镜影拟编稿一册。下午续审五十年大事记，十年至十四年。杨嘉猷拟编稿一册。四时半到总纂办公处，接照弟十一日来信。阅本日《大公报》。夜复权超侄函一。

十月十五日　　　星期　晨雨。上午天转朗，略见日影。

上午在寓将昨已审核之杨嘉猷稿复核一过，略有修改。午偕杨氏携抗儿往罗本初家食喜酒。下午照弟由农林部来寓，谈甚畅，并交还代领之款，夜宿于档案处。阅本日《扫荡报》。照弟带来。

十月十六日　　　晨又雨。上午天亦转朗。下午阴。五时半表六十二度。

上午在寓审核中国国民党五十年大事记，元年至九年。秦凤翔编稿。未完。下午续审完。四时到总纂办公处，将已审完之大事记三册送还龙铁元秘书。阅十六日《中央》、《大公》报。兆先女儿下午迁往振济中学寄宿。本上午龙铁元亲自带来国民党五十年大事记三册。张元群编审来访。

十月十七日　　　晨天色颇朗。上午阴。下午更阴。

上午在寓审核五十年大事记，卅一年至卅二年。**沈裕民编一册。** 下午在寓复核五十年大事记，贾道曾稿。未完。

十月十八日　　　晨阴。上午转朗见日影。

上午九时到总纂办公处，阅十七日《大公报》。访张元群。号仁甫，默君之弟。

十月十八日[①]　　　上午有晴意。下午复阴。夜有雨声。

自总纂办公处返寓，续核国民党五十年大事记贾道曾稿。未完。下午再续核，改甚多。仍未完。夜又改至十一时。仍未完。下午龙铁元秘书送来编大事记夜工津贴二千元。询九人连龙与余共十一人，均有津贴。

十月十九日　　　雨。下午雨止。夜又雨。

晨早起龙铁元送来柚一个，询系其女婿自梁山县购得，甚大，似潮州产物。今晨停练拳。上午在寓审核贾道曾稿。完。下午阅许师慎稿一本。完。此本未动一字。夜审核严济宽稿二本。又核一本。严稿共三本，俱完。

十月廿日　　　雨。是日旧历九月初四日。

晨早起，恢复练拳之半。审核本党五十年大事记曾介木稿。未完。上午续核曾稿。完。又核潘涵稿。未完。下午续核潘涵稿。完。适兆先女儿返寓，嘱送往总纂办公处。此项工作全了，心为一快。午间工友王汝伦来，已送曾稿。晨王工友来，先送严稿，本日共送二次。交到李翼中、曾特生、十弟函各一。本日为吾父忌辰（五十一周忌）在寓拜祀。

十月廿一日　　　晨雨。上下午无雨犹阴。下午五时半表五十六度。

---

①　该日记第十册最后已记十八日事。第十一册首条复记十八日事。照录。——整理者

夜雨有声。

晨恢复练拳三分之二。上午在寓将已增修之总谱第五本内乙未国内大事栏关于台湾事稍加修改。参以《丘仓海先生革命事略》。又将《事略》修正二字。将往日已改总谱四十岁。之另纸订入原本,并稍修正数字。此四十岁本即乙巳中国同盟会成立事实之本也。原稿错误太多,而余近因他项工作搁延,不及一气增修,兹乃继续久搁工作而为之。下午续修总谱,四十岁。一节。四时半到总纂办公处,阅十八、十九、廿日《大公报》。代收照弟信一。偶得诗一首,录如左:

《断酒》

客况艰难我自知,瓶罐空设复何为?几番拥被蒙头卧,细想婴孩断乳时。

十月廿二日　　　星期　雨。下午雨止犹阴。晚间又小雨,霏霏似雾。

晨完全恢复练拳。上午写致照弟信一。附桂钟缄一。检阅往年余所编《总理史迹》第三章关于同盟会成立时事,与年谱稿大不相同,拟参酌修订。先将史迹稿内所录之同盟会章程草案①另纸抄出备用。未完。下午续抄二页。仍未完。夜写致学亮儿信一。

十月廿三日　　　晨雨。八时后天转朗。午表五十九度。下午六时表五十八度。夜又有雨声。

晨续抄同盟会章程草案半页。纸尽搁笔。九时到总纂办公处。接亮儿十七晚来禀。开区分部党员大会,改选区分部委员。余写柳聘农、王伯勋、汤觉先三人。阅廿一二日《中央报》,美军已

---

①　此处(及后文)草案二字,当系衍文。——整理者

在菲律宾群岛中部之雷伊泰岛登陆。下午张主任着人来召,余即往总纂办公处,旋往会秘书办公室,主任委员在座,阅本党五十年大事记各人复抄稿。余亦就座阅贾道曾稿一本之大半。主任谓民国十八九年福建人民政府之变似不宜略。余赞同,稍说但碍于陈铭枢等,不宜详。即嘱曾介木将原被删之稿再摘要入之。候至天晚未见送来,主任谓不必等候。余乃返办公处即回寓。夜写复十弟信、李翼中信各一。

十月廿四日 晨雨。八时馀天忽朗日出。旋阴。下午五时表六十一度。夜雨颇大。

晨符学琳携来秦凤翔稿,有徐忍茹条,谓请将其内民国元年一月一日条,改为总理就临时大总统职,颁改元、易服令等语。余改为"颁行阳历以中华民国纪元","易服"二字不用,并批明剪辫令并非一月一日所发。定旗制实在总理后参议院始决议公布。秦稿原有定五色国旗制等语。许师慎着人送来本党五十年纪念集稿卅六篇。此昨下午张主任委员面嘱余为审定,并经主任委员先自删去数篇,有△为记。许言三日阅完。上午在寓续抄同盟会章程草案半页馀。完。即补入总谱增修本内。为乙巳七月二十日同盟会成立大会时之事。下午在寓续修总谱四十岁。一节。冯绍苏来,请填增修总谱第三季七八九三月份。工作进度表。余切实填报总理三十七至四十岁已详细增修,但此四年即壬寅、癸卯、甲辰、乙巳四年,总理史迹与革命事实甚繁,考核工作太多。又九月间助理干事以病辞职,无人襄助检查考校及清稿,致未能按照预定计划完成十五万字数,只能修完十二万字,原拟修至四十二岁,今乃仅完四十岁。计欠三万字。三时半到总纂办公处,阅本日《大公报》。

十月廿五日 晨阴。上午八时雨。夜无雨且见影。

上午在寓增修总谱四十岁。一节。阅《中国国民党成立五十周年纪念集》。《中国国民党之诞生与成长》(孙科)、《本党五十年来海外党务的认识与努力》(吴铁城)。下午续阅。《最初之兴中会与最后之兴中会》(冯自由)、《革命史实之回忆》(乔义生。内有黄冈事)、《革命之回忆》(柳聘农)、《法武官布加卑与吾党之关系》(胡毅生)、《庚戌新军一役之鳞爪》(刘纪文)、《报告几段黄花岗故事》(莫纪彭)、《民国政府成立回忆》(但焘)、《民初之国会》(邹鲁)、《二次革命湖口讨袁军纪略》(李烈钧)、《炸徐老虎记》(黄复生)。(日记眉注:孙稿内言邓荫南号松性,冯稿是邓松胜。总理甲午秋冬间往檀香山,系携同眷属,孙科时年四岁。自一八九四年至一九一二年之十七年间,总理往来世界周游,每二三年环绕地球一周,先后四五次。绕行的路线,总是从日本先到檀香山,在檀有相当时间耽搁,乃由檀到旧金山、到美国东部,渡大西洋到伦敦,有时也到比法各国,在欧洲以伦敦为大本营,常作较久逗留。每次由英东返,则乘船出地中海、红海,经庇能、星加坡、安南至香港。过港总在船上绕回横滨,长途往返,只彼一人。从东京出发,亦不多带旅费,只够一段短程的最低旅费,到达一地,即靠当地同志,并取给下段旅费。在伦敦常居康德黎家,各地亦居同志家。)

霪雨兼旬,积愁如痀,偶见历书,知今日为旧重阳节。口占一绝:河山破碎足心伤,忍复登高望远方。黄菊朱萸都不见,满天风雨说重阳。

十月廿六日 晨颇朗,有晴意。七八时忽转阴,又雨。至午止。下午转朗,日出。

上午在寓阅《肇和兵舰起义记》(杨虎)、《粤京庆祝大会记》(梅乔林)、《开创时期黄埔军校之组织》(钱大钧)、《棉湖战役之回忆》(何应钦)、《鳞爪集之鳞爪》(龙毓峻)、《东北国民革命之回忆》(宁武)。下午续阅《民元以前福建党务述要》(郑烈)、《福建光复前后纪要》(李树藩)△、《对于滦州光复之回顾》(凌钺)、《本党同志在山西革命与华北革命过程中之鳞爪》(阎志远)△,

《辛亥革命》(张知本)△、《记清末暗杀工作》(李熙斌)、《中国海军与国民革命》(陈绍宽)。五时到总纂办公处，阅本日《中央报》。美日海军在菲律宾海面开战，倭海军久匿避战，今因美军在菲登岸，乃迫令出战矣。夜七八时闻空袭警报，至九时半未闻紧急，亦未闻解除。

十月廿七日　　　晴。晨日色颇佳。上午略阴。旋复晴。下午日色好。五时半表六十四度。夜初月明。十二时后又雨。

上午在寓阅《国民革命军首都革命及前后奋斗经过》(冯玉祥)、《第四路军革命史略》(何键)、《国民革命与福建》(宋渊源)、《总理创立兴中会五十周年纪念文》(姚荐楠)△、《总理绘制国旗图案》(梅乔林)。下午续阅《总理治胃病甚得力于芥菜》(谢心准)、《廖平子先生最后之书函》(谢心准)、《革命文人程善之先生》(洪兰友)、《刘祥革命事略》(刘维炽)、《贵州李元著同志事迹》(谢百城)、《总理为杨衢云死事致谢缵泰感言》(陈春生)△。完了。三时到总纂办公处，旋到会，将已阅完之本党成立五十周年纪念集稿卅六篇一大包，亲交秘书室龙秘书接收。询张主任委员前日已去歌乐山，今日或回会。即在秘书室阅本日《中央报》。在会签到全区党员大会。旋返办公处。又阅《大公报》、《新民报》。美海军在菲律宾已获得决定性之胜利，初步报告已击沉倭军舰三十艘。倭海军于廿三日出战，廿四日即溃逃，美海军在追击中。接兆先女儿廿四日自振济中学来信，谓本星期六不返寓，十一月七八日教育局调各中学在山洞圣光学校举行甄别考试，校长嘱各学生留心温习各课云云。夜八九时闻空警，旋解除。

十月廿八日　　　雨。自晨至晚淋漓不已。

上午在寓复查总谱增修稿(九)内关于华兴会及杨守仁等北上行刺事略，略加修改。因日昨复核本党五十年大事记，张主任委员面言，由北京八月返沪后仍往长沙助华兴会。又复核五十周年纪念集柳聘农亦有言华兴会事。下午将总谱增修本(九)内修改太多处清录二页半。未完。昨向档案处调小本《同盟会革命方略》，今下午工友送来乃《中华革命党革命方略》，令人失望。总谱四十岁。增修工作又为停顿。兆先女儿冒雨返寓取书籍。

十月廿九日 星期 雨。昨夜雨止。今晨亦无雨。上午九时后又雨，且甚寒。下午雨止。晚间云渐散。夜月出甚明。

上午在寓续修总谱增修本（九）二页。下午续录半页。未完，而格纸已罄，停笔。此清录工作往时由汝照弟代办，今不得已自任。今日因同盟会方略未调到，借此遣闷，免枯坐无聊之苦，亦善。夜九时闻空警，至十二时始解除，但无紧急警报，谅如廿六七夜之空警，寇机扰成都而自渝斜过也。闻成都无防空洞，拟函询权超侄一家可安好？

十月卅日 大雾。晨对面山不见。午始开。下午日出颇明。五时半表五十五度。午未看表。夜月甚明。门前小沟及大洞沟均有水流。想见前日雨量之大。

上午九时半到总纂办公处。接照弟二十八日信。阅廿九日《大公报》，寇兵已向桂林外围进犯。复核新征史料。一、陈春生《革命史拾遗录》。二、十三年九月十四日大元帅签名令。三、陆丹林《民元总理就大总统职谨记》（有云辛亥十一月初六日总理莅沪，黄宗仰恭迎至静安寺路爱俪园寄寓，园主哈同供应优渥。）四、《山西河东革命军史略》。五、徐统雄之革命信札抄稿与星加坡民生栈。又接照弟廿八日信。附照片。下午三时到办公处，复核新征史料五件。内有二件未详阅，记题目，明日补完。

十月卅一日 阴。上午九时小雨。午表五十四度。下午五时表五十六度。夜雾中有月色。是日为旧九月望。

上午九时到总纂办公处，旋往会，与李治中罗本初商送米二斗到振济学校。只晤罗本初，谓学校米向于十日以后、十五日以前始送，可勿念。余告以已于昨日函李治中饬送，倘其女咸芬之米果可

缓至十日以后,则余份亦自可放缓。时李开会,不在室,余不能久候,即回办公处。续阅昨日未完之新征史料。先记其题如左:

一、冯玉祥签注中国国民党简史初稿之意见。二、总理签宝熙书——关于溥仪出宫。三、邓慕韩之《国父家世源流考正》。四、宋教仁著《我之历史》,二三六册三本。第二册内记乙巳七月十三日留日学生全体开欢迎总理大会,略如下:下午一时总理到会,宋教仁致欢迎词。众大拍掌。次请总理演说。到者六七百人。后来者络绎不绝,门外拥挤不通。四时演说毕,程家柽、蒯□□相继演说。宫崎、末永节来宾亦演说。五时散会。又记七月廿日中国同盟会开正式成立会事如下:"廿日,阴。是日为□□□□会成立开会,发布章程之期。会场在赤坂区灵南坂坂本珍弥邸。午后一时,余到会,时到会者约百人。二时开会,黄鏖午宣读章程共三十条。读时会员有不然者,间有所增减。读讫,乃公举总理及职员、议员。众皆举得□□□为总理;举得□□□等八人为司法部职员;举得□□□等廿人为议员。其执行部职员则由总理指任。当即指任□□□等八人为之。讫,总理复传授□□。末乃由黄鏖午提议谓《二十世纪之支那》杂志社同人半皆已入本会,今该社员愿将此杂志提入本会,作为机关报,何如?众皆拍手赞成。议决俟下次再商办法。会毕乃大呼万岁而散,时已酉初矣。"又记二十三日总理演说各国能否瓜分中国问题。二十一日,华兴会议交代《二十世纪之支那》事。二十七日,同盟会议《二十世纪之支那》交代事。两方各举一人为代表,一移交一接收。黄鏖午为接收者,宋教仁为移交者。未刻即交收讫。是夜,所存之已印刷装成册第二号杂志,忽为警吏押收。神田区警吏到时,宋教仁与辩。据言,此杂志有害日本公安。教仁谓,本杂志五月已出,何内务大臣不知,而至今乃始禁止耶!盖内务大臣示称,《二十世纪之支那》第二号妨害安宁秩序,禁止颁布发卖,而误号第一篇文为"日本政客之经营中国谈",所谓妨害公安即此也。九月(阳历,即阴历八月)廿一日,黄鏖午言,《二十世纪之支那》停办后,另拟办之报名《民报》,下礼拜日开会商办法。此册即于九月廿一日止,其下应有十至十二月(阳历),俱无。余正欲查同盟会之革命方略为何人手笔,乃不可得。再阅第二册,内记七月(即阴六月)十九日宫崎告宋言,孙逸仙不日将来日本,来时余当为介绍君等。二十五,程家柽告宋言,孙逸仙已至东京,君可与晤面。二十八日,程致宋信,言孙逸仙约宋今日下午至《二十世纪之支那》社晤面。未初(即下午一时),宋至社,孙逸仙与宫崎已先在。陈天华亦在座。孙询此间同志几人?天华乃述去岁湖南风潮事稍谈一二,讫,孙纵谈云云。(日记眉注:纵谈革命须联合,已见余稿中。)下午三时到办公处,续摘录宋教仁日记内有关党史处。又阅五、吴铁城补述本党改组时期史实函。此工作已完,即将前昨及今日核完之十件并交王伯勋盖章。阅本日《中央报》。

十一月一日　　　阴。上午八时馀小雨一阵。午表五十八度。下午五时半表如上。

上午九时到总纂办公处。复照弟信一。附亮儿十月十七晚来信。因昨夜闻李振宽言,日前倭机飞成都有五百架之多,特复各报,均无此事。午饭间偶得断酒诗如下:六十年华半醉过,旧交红友最情多。乘潮入梦犹如昨,一醒无踪奈汝何。下午三时到办公处。接李翼中兄十月廿八日信一。知代撰《丘仓海先生革命事略》稿已经曾养甫兄看过,正缮写寄会云。写致启鹏侄信一。阅本日《大公报》。夜写致亮儿信一。附照弟上月廿八日信。

十一月二日　　　阴。上午八时馀小雨一阵。午后大雨一阵。

上午在寓清录总谱增修稿(九)一页馀。下午续录并加修改关于万福华刺王之春事。二页。接李翼中卅一日函并缮正《丘仓海先生革命事略》文一篇,托余代送本会,俟明日照送。枕上又作断酒诗一首:中夜呶呶向妇咻,御冬旨蓄岂无谋? 偏教一瓮云消散,正是千丝雨织愁。

十一月三日　　　雨。晨雨淋淋。将午渐止。午后又雨。夜雨声不断。

上午在寓将曾养甫寄来之稿略为修改(函面书曾字内署李翼

中名),适龙铁元来,即交他带会。询前余阅过之纪念集,因候汇稿未齐,尚不定何时付印,而五十年大事记稿,尚在中央常会审查,亦未通过云。龙铁元交来自撰之《鳞爪集》一本,余拟存备采用。阅《鳞爪集》十五页。下午续阅《鳞爪集》廿一页。续清录总谱增修稿(九)一页。夜阅《鳞爪集》十二页。完。

十一月四日 雨。甚寒。加穿骆驼绒袍。夜雨又彻宵不断。

上午在寓清录总谱增修稿(九)一页,并重新装订成本,加读一过,似疵累较少矣。下午在寓阅二、三日《大公报》。总纂办公处工友送来。接照弟卅一日来信。下午复修总谱四十岁。数节。皆乙巳秋同盟会成立之事,据《宋教仁日记》参考修之。

十一月五日 星期 晨阴雨止。檐溜未全止。上午九时又小雨。仍寒。午雨止。下午三四时又小雨。夜仍小雨。

上午在寓复阅龙铁元之《鳞爪集》十页。下午续阅《鳞爪集》十一页。夜又作断酒诗一绝。另纸录改,以免此日记本内太糊涂难入目(前日作亦仍须改)。

十一月六日 雨。晨雨一阵颇大。上午雨小檐溜未绝。下午雨始止。五时表五十度弱。

上下午在寓改诗,并续成六首,共得断酒诗十首。下午四时馀往总纂办公处,阅四、五两日《大公》、《中央》报。龙陵完全克复,滇西战事告一段落。惟龙陵以东芒市未肃清。桂林战事已近北郊。回寓顺道访许师慎,询本党五十年大事记稿,叶楚伧、梁寒操、潘公展三人审查中。纪念集近日续收到居正、王宠惠二稿。于右任、戴传贤函允拟稿,未到。吴敬恒近患腰疼,恐未能作。曾养甫稿决加入云云。夜复李翼中信。附录断酒诗十首之一。

十一月七日 晨雨旋止。上午九时后天转朗。下午复阴。五时表五十度。

上午在寓将断酒诗略改。旋阅《鳞爪集》十一页。下午四时到总纂办公处,欲阅报,未到。将断酒诗清录一次,但觉仍有须改处。接权超侄一日来信。又代收照弟信一。夜改诗。

十一月八日　　　　晨雨。午天小雨。下午阴。

上午改诗。下午清录诗一次。欲往办公处,见路极滑,不果。询敖凤雏,知六、七日报已到。桂战无变化。

十一月九日　　　　晨细雨霏霏似雾。上午阴。下午转晴日出。五时半表五十一度。

上午在寓改诗,又清录一次。下午四时到总纂办公处,阅六、七、八、九日《中央报》。桂林战局尚稳,已十次却敌。但旁邑失去甚多。七日美国大选举揭晓,罗斯福当选,第四次连任大总统。接启鹏侄五日来信一。代收照弟信一。

十一月十日　　　　晴。晨大雾。上午九时后始见日影。十时后日色甚佳。午表五十度。下午五时表五十三度。

上午十时到总纂办公处,补阅昨日《中央》、《大公》报。因昨下午阅报太多,未详细也。下午三时到办公处,与姜、汤二纂修闲谈。候至四时半报纸到,阅《大公报》。桂林四郊战仍激烈相持。柳州之北亦已有战事。精神不振。夜十一时馀闻空警,旋有紧急报,约三时始解除。

十一月十一日　　　　阴。午表五十三度。

上午十时到总纂办公处。旋往会。欲请欧先生为抗儿诊脉,乃未来会。托安处长下午饬人往请。返处写致照弟信一。附代收一信一报纸。下午在寓改诗,又清录一过。欧克明医生来。搁笔未录完。抗曾夜服药已愈。

十一月十二日　　　星期　阴。未看表,似不甚寒。晨晚均大雾。

上午九时往会,欲参加总理诞辰典礼。将至门,小雨,各友已散。遂折回总纂办公处,询姜纂修言,到会者仅十六人。昨日报纸未到,即返寓。接亮儿七日来信,言已汇来五千元接济旅用,为一慰。补清录诗稿,仍略改注语。完。下午四时到总纂办公处阅昨日《中央》、《大公》报。知前晚空袭,寇机并未到渝。桂战颇紧,但我军尚有胜利,惟寇仍未溃退耳。夜阅诗稿又发现不妥处,改一首、增一首,此事误人不浅,拟不再看。

十一月十三日　　　晨雨。上午雨止,下午又雨。

上午在寓阅《鳞爪集》七页。摘录关于党史会史如左:(前日上午到会时,曾入秘书室,见龙铁元正作《鳞爪集序》,想不久要来取回原集稿也。)

(十九年)余至都,承胡展堂先生提出中央党史史料编纂委员会,聘余采访。(此条记于八月五日红军退后,未记明月日,当在秋冬间事。)

(二十三年)中央党史史料编纂委员会自十九年成立以来,征集品中颇有珍品。庋藏库既患狭小,且感不谨。去夏曾在党部展览,各界人士有建议长期展览者。于是中央乃有特建陈列馆之举。二十四年三月二十九日举行奠基典礼。(此条记在六月之后,并记此年事,足见此集为追记之作,非日记也。)

(二十五年)一月,中央党史史料编纂委员会改组,同人均仍旧贯。

胡展堂先生五月十二日以脑溢血逝世。先生高瞻远瞩,志力宏毅,笃厚故交,奖掖后进,吾党之师,国人之望也。忆十九年家毁于火,孑身入都,先生即以党史会采访相属。饮和食德,六年于兹矣。一旦长往,有恨何如!

十月十日,党史史料陈列馆举行落成典礼,设筵庆祝。

十二月十三日,党史会主任委员邵元冲在西安中弹逝世。自党史会改组,翼如先生即任主任委员,筹划建造陈列馆,至于开幕,几费经营,方观厥成,即罹国难,殊足悲矣。

(二十六年)二月十二日,党史会主任委员张继在陈列馆就职。

自倭寇发动卢沟桥事变,延及津保。月杪,竟欲在沪踵"一二八"故事。虽一时中止,终当不免。时从叔将率全家返湘,因决令妻女偕行,余父子则留都中,候服务机关进止。八月十三日,沪衅竟启。十四日,党史会主任委员张继,与余商史料运湘事,令余偕档案处科长许师慎,率职员四人、公役四人,护运第一批最要史料三十三箱,翌日首途。余本意眷属先行而余留,今余反先行,诚非所料也。余归,即夜摒挡行李(按是时龙寓南京鼓楼北四条巷四海里)。十五日午后,至党史史料陈列馆。一时半,忽闻空袭警报,继以紧急机声轧轧,自远而至,余荫树下仰望,见三机并飞,自东南来。机色黑,其形状素未经目,知是寇机首次来袭矣。寇机飞至机场上空,我高射炮发炮,三机作鸟兽散。顷之,第二批又至,机凡四,亦并飞盘旋附近上空五六次,乃散飞,莫审其数。一时都中高射炮机关炮万声齐发,若新年爆竹然。此次西华门机场落一弹,当是炸军校未中者。见弹离机顷,机身正当励志社上空也。以外言人人殊,非目击不足记。三时半解除。许师慎自下关归,并赁一卡车同来,正督公役搬运,紧急警报又鸣,仍来三机,少作盘旋即去。解除后,电问招商局差轮开期,讵忽拒不肯载。欲改由江南铁路,又需候车。据目前形势,以速行为上,于是商之卡车,直送芜湖,以法币六十元定局,即时开行。入安徽界即小雨,卡车无顶,诸人皆蹲行李上,其苦可知。同事均推余坐司机之侧,余惟荷荷而已。夜十时,到芜湖,直驶县署。县长高文伯,以军事倥偬,令其科长鲁士祯招待,谓近日大船过芜,多不停,小船但止大通。大通至安庆,安庆至九江,尚当分作二次短程,方能到达,如包送,或可行,亦但至九江,不能上汉口。时已翌晨二时。鲁谓不如来日招小轮公会经理商之。乃置史料行李于县署,由县令警士守护。余等乃出署附近辟小旅馆宿焉。十六日,闻县署云,今日都中为寇机滥炸。自念余以从公获免,妻孥在都,祸福未卜,且两儿一在中央军官学校,一在中央大学,危险尤甚,亦但能听从自然也。薄暮,小轮包运事方妥,运资三百八十元,到九江卸载。十七日正午开船,二十日薄暮到九江,

沿途幸平安。（未完）

下午续录《鳞爪集》如左：

泊船后，即偕师慎至招商局，问知上水船午夜方到，乃先运史料至趸船。十一时顷，空袭警报鸣。九江趸船无顶，史料包外裹绿油布。月光正照，异样鲜明，皆束手无策。余念此次护运史料，全责在余，苟有贻误，即令靦颜视息人间，亦何能忍神明之内疚？惟有谨守史料，祸福听之天命而已。因速诸人超避，余则傍史料露立。无何，见三机作品字形，回旋江南北者数匝。机飞甚高，注视始见，若明星然。江中泊小舰二，各向空鸣一炮，机乃低飞，投二弹，一落江中，一落纱厂。厂中死伤多人。余十五日在都中所见，寇机投弹系白昼，有黑星烟一团斜坠。此间为夜间，则见为红火耳。二十一日午前一时解除，二时船到。船上已无隙地可容史料。幸早由分局经理介识趸船主任，此时由主任介识船长，乃就特等室外一隅之地，安置史料。许师慎本先雇定运夫四十人，经警报后，无一至者。于是全由公役四人搬运。余及许君虽买特等仓票，餐台上亦有人横陈，苦无卧处，船弦〔舷〕虽阔，然风露侵肤，不敢假寐，坐以待旦。是夜九时顷，船过湛家矶，见武汉灯火辉煌，正相与欢忭，忽尔全灭，本船亦即熄灯下碇。三十分后，见天空有二明星移动，且闻轧轧之声，知果寇机又临武汉。二机凡投三弹，二落江南岸，一落江中，去船尾数十尺耳。船身震动，激水有声，再近，全船齑粉矣。午夜解除。船于翌日午前一时泊汉口。许师慎即时赁得驳船，运赁六圆，约天明，渡徐家棚，仍由公役搬运，舟子二人相助，二时半方毕。同行十人，有倦卧舱板下者，有露立者，余亦露立达旦，夜〔衣〕冠均沾濡，幸体健，能抗之耳。二十二日，乘午后八时通车，赴长沙。徐家棚车站，遇胡子靖表叔，与商史料暂存明德学堂，当承允诺。二十三日午前十时，到长沙，史料直运明德学校。未几，警厅介绍岳麓山张军长辉瓒墓庐，作久藏之计。乃于二十七日迁往，请得警士一班，驻山保护。三十日第二批史料运到，全部运藏张氏墓庐。至留都同人，直至十二月三日，始由副主任委员梅公任率领到长沙。（完）

十二月卅一日，又奉令，偕同人携全部史料，随副主任委员梅公任，赴汉转川。以午后四时齐集新河车站。八时顷，史料方自岳麓山运到，十一时方上车。

（二十七年）元旦午前一时，毕上。车小人多，诸人皆危坐达晓。机车久不至，余随梅委员坐站长室督促。九时始开。是夜又一夜不眠。二日午到中伙铺。站长云，武汉有警报。继又云前线汀泗桥撞车，尚未修复。停车待之。第三夜不眠矣。三日午前四时，车始开行。午到徐家棚，全部渡汉口。留汉八日，两遇空袭。（未完）

十一月十四日　　　　阴晴。下午未看表。

天阴不雨亦无日，此雾季之常也。路尚湿滑，不能出门。上午在寓续录《鳞爪集》如左：

以十一日夜登民生公司之"民贵"，史料则交民生公司包运重庆。余等十五日到宜昌，又需换船，留三日，于十八日登"民主"。宜万、万渝间，船小舱位少，乃定分批遄行之法。计第一批为余与汤增璧、杨静山、刘崛、时明荐、孙镜夫妇、梅乔林及其义儿妇孙女等。"民主"只到万县，已使人不快，船又泊江南，寻得需时，又以兵工厂机件运未毕，不许登。二次更往，则已无隙地。同人以梅君年最高，先为寻得一卧处，诸人大都坐行李上。余则倚厨门而立，少倦，则坐小藤包上。以厨室常有人出入，余乃时起时坐以应之。见侍役手餐盘茶壶过，饥渴交攻，实比过屠门尤为难忍。时孙镜尚未至，传语令其退票，作第二批行计。顷之，仍扬扬来，谓退票不可，不得不作一次"挤挤多士"。是日及十九日，又两夜不眠。二十日午后五时，到万县，留二日，以二十二日登"民裕"。二十六日到重庆。

二月十日，奉令偕时明荐护运史料至北温泉，假绍隆寺庋藏。是日，赁木船二，余与时君各护一船。时君先一日即宿船中。余欲晨五时出千斯门，门尚未启。重庆城早拆，所谓城门者，引绳以限出入，数卒守之，去绳即开门，古人划地为狱，殆近似之。六时天明，门始启。两船于九时开。是日泊磁器口，三十里耳，乃行半日，使乘汽艇，不知川江行舟之难也。十一日过童家溪。山水幽秀，允为嘉陵江之冠，宜唐玄宗返长安后思之不已，至令吴道子绘之殿壁也。舟过义难，艰险在诸滩之上，舟子谓此为滩王，诚不诬也。过滩后，至柳家咀，舟子以顷过滩艰苦，即欲泊舟，余等见是处荒凉，乃以犒赏鼓励，更趱行十馀里，泊悦来场。遇玩龙者，市人争以花炮灼之，玩者至赤膊不敢着衣，亦恶作剧之习俗矣。十二日到北温泉公园。温泉在温塘峡中，与下游之牛皮峡、上游之二隘峡，川人呼为小三峡云。史料定置绍隆寺，尚需山行七八里，翌日方能启运。此来舟行二日半，所过大小滩不下十馀处，纤夫十人，大舟六，小舟四，过滩时，临时增人，或增至十馀人。江流急处，皆俯身，手据地，作兽行。有滩处江干二三茅屋，皆居此辈。一呼即至，然每次所得，不过一圆国币百之四五，或仅百之二三，川民之苦可知。当其据地兽行时，每移动以寸计，流汗喘息，若不能胜。迨持桡而摇，则又噭然以歌，足踏船板，颇有节奏。然大都有声无辞，有一二人独起其群，竟作有辞之歌，歌辞典雅，歌声清晰，问知川中某名士所作，独怪是人能习而传之也。二日间，聆其三阕，一为伍子胥报公仇，一为关东诸侯讨董卓，一为隋亡唐兴故事。歌者得余辈奖饰，声益吭，摇益速，听者亦忘其在舟中已。温泉峡附近，本为绿林之豪所踞，同事川人谢百城，为余言民国初年事甚悉，当川中武人据地自雄时，皆弃而不顾，绿林亦渐坐困。有卢作孚者，请于武人，愿出私财，经营市场，得允。于是披荆棘，招流亡，绿林之豪，亦或乐与同作息，或去而之他，乃就温泉寺造公园一区，在温塘下游十里之北碚建市场，今日渐趋繁盛，已成游览之胜地矣。史料于十四日毕运，庋藏绍隆寺中殿。地处幽静，无虞空袭，且请得保安队士兵十人，武装守护，计出万全。余以任务既毕，十六日乘汽艇返渝。

　　余奉令赴绍隆寺，监理总务处交代，遂偕内子游温泉及缙云山缙云寺，登狮子峰顶，可谓西来之壮游矣。（按此条记在二月之后七月之前，未详月日。）下午三时半到总纂办公处，接山洞农行通知书，亮儿汇款已到。翼中十一日复信，启鹏侄十日信各一。旋到会，请安处长将通知盖会印，并顺与龙铁元一谈。返处阅十二日《大公》、《中央》报。桂林已巷战，柳州城郊亦激战中。此次犯桂之寇兵共达三十五万人之众。接经济弟四月廿四日来信一。

十一月十五日　　阴。黎明雨一阵。上午天色忽晴忽暗,曾见日二次。下午日色甚佳。

上午在寓续录《鳞爪集》如左:

七月间,奉令偕总务处相宅南岸磐溪各处,备迁置史料。八月,绍隆寺附近有劫掠发生,主任委员张继,曾约余同至民生公司探问,虽知事出偶然,终以绍隆寺太僻,迁地为宜。乃定磐溪石姓之培园别墅。命余赴绍隆寺,与总务、档案两处长筹备。于是,在渝则由总务处长周曙山督员接洽,在寺则由档案处长王培仁督员装箱封锁,史料十三种,凡一百箱:(一)总字三箱。(二)先字四箱。(三)寄字三箱。(四)新字三箱。(五)编字三箱。(六)档字三箱。(七)纂字一箱。(八)册字卅一箱。(九)普字三箱。(十)环字十箱。(十一)汉字廿箱。(十二)部字十四箱。(十三)征字二箱。外总务二箱、文书九箱、事务三箱、会计五箱、秘书一箱,计二十箱。全数合计百二十箱,装竣待发。以阴雨水涨,且候内政部拨派警士未定。直至九月廿九日,周处长返寺,问知内政部已派警士八人,由周姓班长率领,明早班沈裕民科长偕同来温泉。于是即夜召集夫役,三十日晨启运,以多岔增加犒鼓励,所有史料百二十箱,及驻船各人行李,均于日未落前,安达船中。先是,廿四五等日,在渝已定木船二艘,以气候不佳,且由渝上驶不易,废约,别令李治中干事上合川赁船,于二十八日已到温泉。故三十日启运尚觉从容也。十月一日凌晨,搬运行李家具,不崇朝而毕。警士已于前一日到,分护二船。当史料自山下运时,即令寺中原有保安队布岗护视。至航行事,沈裕民在渝已与民生公司商定,"民德"、"民视"各带一船。讵一日午后,"民视"竟泊北碚,不肯上温泉。二日凌晨,沈裕民再赴北碚交涉,仍以马力不足,深闭固拒。不得已,乃议决,重要者俟"民德"至,令其拖带,其一则自由下驶。当装运下船时,已分装最要之总、先、寄、新、编、档、纂、册、普、秘、会各件,计六十箱,安置第一号船,由余及许师慎、安怀音两科长又职员闵孝吉、韦鸿声、曾介木、黎光群七人监护。是日,以雾重之故,九时顷,"民德"方由合川开到。船上经理,犹拒不肯带,几经解说,始承诺,已九时半矣。第二船由周王二处长率其馀职员监护,已先一时许自由开行。第一船于正午到磐溪,许酬驾驶员重金,故停轮极缓,且送木船停江干,始解缆去。第二船于午后二时到,因运夫人少,仍以加犒鼓励。黄昏以前,史料均已运上,其行李家具,亦于月色朦胧中尽夜运毕。计史料迁运,去岁由京经皖赣鄂入湘,今岁由湘经鄂入蜀,余与许师慎无役不与,余笑谓师慎:他日返都,仍当与君从事护运,俾能有始有终也。

(二十八年)五月三日,偕党史会同人郑权,渡龙门浩相宅。归途闻警,返避煤矿隧道内。寇机在重庆投弹,煤厂亦为震动。(按此段所述重庆五三被炸事,非党史会事,不录。)四日巡视新丰街、太平门、储奇门火场,遂至九道门党史会通讯处。昨日大门外落一弹,未爆,亦险矣。(略)党史会同人郑权九日卒于渝寓。去年九月方夸楚囚,今年二月丧孔绍尧,与君而三矣。

党史史料自培园迁玉带山,更由玉带山迁老鹰岩之吴家大洞。余以假在温泉,均未与也。(按此条记在六月八日后,未详月日。)

(二十九日)党史会自史料置吴家大洞,各处亦随迁。培园广大,无所用之,乃于二十九年一月迁玉带山古寺也,杨柳溪桥,天然入画。寺成于明代,祀奉太守李冰兴水利利川民者也,川人呼为蜀主或称川主,非历代帝蜀者,所望实孚有功于民之祀典。迁入之后,借前殿作会场。余与刘静山、刘崛分居两厢,又作蜀主之配享,虽未撞击暮鼓晨钟,亦居然入定之老僧矣。

(附录一)余于暇日治理旧稿,成《庚辛》、《摄影》二集,明知不文,不忍弃去。况历经水火二劫,仍在案头,辑而存之,其事甚易也。《庚辛集》为庚子辛丑课艺,《摄影集》为自民国十三年以来摄影题跋。更就六十年来所历,草成《鳞爪集》,为余六十年之生活史。他如述见闻者有《闻见录》,记心得者有《一得录》,属草未成,尚俟异日之治理。至科学诸稿,则以无书参考,更非难中所能为之矣。(此条记在廿九年十二月廿九日以前似结处。)

下午偕杨氏出山洞到中农行领回汇款。久未行路,初甚辛苦,归时乃觉渐松,脚不疲软,惟汗出太多耳。

十一月十六日 大雾。上午略见日。午表五十度弱。今日为旧十月朔。下午甚阴。

上午九时到总纂办公处,补阅十三、四日《中央》、《大公》报。桂林于十日午后消息不明。柳州城郊正在激战。汪逆精卫十日在日本名古屋帝国大学医学部附属医院病死。据东京广播,其尸首已抵南京。按十二日广播云,汪死为十日下午四时,而尸首即已运抵南京,似非确讯。)又云,汪生于前清光绪九年五月四日,今年六十二岁。《大公报》社论略云:"汪兆铭是中国的国贼、显逆、逆贼而已,更无可诛之词。故于其死,除正名定论其为逆贼之外也,无多可论。"又云:"张季鸾先生曾云,'汪精卫亡华不足,灭日有馀'。今日汪逆虽死,而日本的灭亡业已摆在面前了。"《中央报》短评题为《死有馀辜的汪逆》。余意此后国人仍应有二件事须做者,(一)凡汪逆著作言论即在《民报》等之排满革命论文,均应一律禁止流传,党史中完全取消汪逆名字。此不惟洗涤历史污点,亦免使其遗留印象于后世国民之脑际。(二)汪尸是否葬在南京,虽不称戮尸之刑,亦必搜出深埋于十丈之下,免其血骨在地滋生草木,直接间接化气留毒传染于人。我中国竟生此类逆种,必宜彻底铲除也。中央社短评犹有将来铸铁以表示其为民族罪人之语。余不赞成此法,昔人以为示惩,其实反足为遗毒传染之反作用耳。下午睡约二小时之久,殆补昨日之困乏也。夜阅诗稿,略有修改。接照弟十一日信,又九月八日梅县报纸。

十一月十七日　　　　晨雨。上午阴。下午更阴。晚间始有晴意。雨后红霞见。夜有星。

上午在寓摘录《鳞爪集》如左:

(附录二)二十六年七月十九日,为旧历之六月十二,自外乘人力车归寓。仰视天空,见皓月有晕,约三倍月之直径。晕外更包有白色之环。环内蓝蓝净无纤云。白环直径,由肉眼推测,约为月球直径之六十倍乃至七十倍。心以为奇。归语内子,偕登晾台观之。余徘徊晾台者约一时有半。其光环在东北处,光极强。正北离光环约四倍光环半径距离之处,由一点出二光线,直插光环之内。半时后,南方光不渐模糊,环内渐有云气满布,且进趋东北。时月晕已隐。俄而正东及东北,各有白云一片,冲入光环。其正东之白云,极似海东三岛形状。未几,与南方推进之云气联合,渐归消灭。正北光环仍朗然,直至一小时半后,光环完全消灭,云气净尽,惟皎月一轮高悬蔚蓝之空际,真奇观也。(此条记在倭寇发动卢沟桥事变之前。)

(附录三)己酉暑假,省叔父逊斋公山西之安邑。自汉口乘京汉火车至郑州,转汴洛线。值巩县以西毁于水,买扁舟泛洛。至洛阳,又改乘旧式骡车,至陕州,由茅津渡河,经平陆,始至安邑。豫西之新安石壕,正少陵自洛入秦之路,不啻为杜诗增注释也。黄河中见无头尾舵之方船,即名曰"方",始悟诗"方之舟"之假名为动之本义。漫游可以豁心胸、增知识,信矣。此行全程不过三千里耳,交通之具,则有火车、轮船、帆船、肩舆、车骡及马之七种,而旅费则有外币及各省之银币、铜币、纸币、制钱、生银之别,宜我国人以远游为戒也。居安邑一月,仍循原途返。过平陆,值雨后冲洗,山路成坑。余乘两骡合扛之骡轿,叔父更遣四骑士伴送。以路损,骡不能扛,乃卸骡而易以人。余仍患其摇摆不安,乃下轿步行。不数步,闻后有巨响,返顾,灰尘迷目,停而谛视,则山土大崩,轿顶齑粉,轿杠亦断,使在轿中,成肉糜矣。轿不能用,乃编竹为窝(河南俗称),勉强启行。余易窝而骑,始见山路之险,盖一方陡崖,一方深谷,黝不见底,余更舍骑行焉。(按此条记在六月十五日后,由此可见,第一条所称暑假,当系五月也。又第二条与此条应互易方合。再按,第一条上有一条云"余以壬寅渡日本,戊申毕业工手学校土木科,方到长沙,受聘高等实业学堂土木科主任教员"。)

午饭间,李振宽偕刘伯奎来访,携黎少达介绍函。询为揭阳河婆人,在南洋英属婆罗洲生长,曾在汕聿怀中学读书,近在南洋研究所充研究员二年。由罗香林介绍来党史会,奉委总干事,但尚未派定何处。本月九日到会,暂在档案处食宿。年卅二岁,只懂客话,不能说潮州话。又询振宽,言展览会同人及史料本午回来一部分。下午三时到总纂办公处,阅十五、六日《中央》、《大公》报。柳州已失,倭寇宜山。夜饭毕,肇凤侄孙自贵阳来,携亮儿十二日信及淦弟寄助用二千元。询自衡阳海关疏散到柳州,近由柳至贵阳,沿途甚狼狈,卖衣物为旅费。昨抵海棠溪,今日在渝城见古元祥,古嘱他来找。所携被包寄在山洞川鄂茶旅社。因问警察,言亚光寺仅二里,因言语不通,彼言亚光寺,而警察以为新开寺。及到亚光寺询乡下人,指路而来,天已晚矣。未先返旅社取被包,只可明日再往取回。夜写复权超信。

十一月十八日　　　晨大雾。至十时馀渐开。下午日出。五时半表五十二度。夜有星。

上午杨氏偕肇凤往山洞川鄂茶旅社取回被包、手提包各一件,内物无失。惟作住客一夜,计宿费二百元。余在寓写致亮儿信一、玉新侄女信一。下午到总纂办公处,发寄信函三封。即权超、亮儿、玉新信。阅十六日《中央》、《大公》报。照弟从新店子来,适与肇凤晤谈。

十一月十九日　　　星期　晴。雾薄。

上午在寓写致古元祥信一,为肇凤介绍谋事。元祥现在林森路正和银行内任处长。下午洗脚修脚。未工作。

十一月廿日　　　晨雨。上午雨止。下午犹阴。五时表五十四度。夜有星光。

上午李振宽来,言南洋研究所大更动人员,似可为肇凤一荐。即写致萧吉珊函。附林肇履历一纸。下午三时邹器之来,谈党部服务必须有党证,以此肇凤决无法介入党史会。旋偕肇凤到总纂办公处,接启鹏侄十七日信、沈君甸十六日信、楚伦十五日信、权超侄十五日信、照弟十五日信,李希穆寄李君如《荣归集》一本,无信。阅十八九日《中央》、《大公》报。将《鳞爪集》面交还龙铁元秘书。夜写复权超侄信一。

十一月廿一日　　晨雾颇大,十时后日出。午表五十二度。下午日色甚佳。五时表五十四度。夜有星月。

上午九时到总纂办公处,阅廿日《中央》、《大公》报。下午三时到办公处,阅本日报。刘尊权午饭后来,谈此次桂战李济深在桂林坐镇,乃第卅一军不战而退,其高级军官夏威、韦云淞等均两粤著名战将,忽变态至此,令人心寒。夜七八时间空警,但无紧急,至十二时后解除。

十一月廿二日　　雾薄。日出,大放晴光。午表五十六度。下午五时半表五十五度。

上午九时到总纂办公处,旋往会,询煤及桐油事。合作社无人接洽,旋观各室人亦寥寥。自廿一至今,凡派赴展览会之役放假三天云。顺便请欧克明医士诊脉,并订制天王补心丹一服,约明日送到,价二百廿三元。返办公处复阅昨日《中央报》。滇西我军攻克芒市,突入八莫。广西宜山以南,寇犯都安东北九十里之拉烈街,忻城西北五十里之百旺街,正在我军堵击中。下午三时到办公处,肇凤侄孙抱抗儿随行在处剪发。

十一月廿三日　　阴。午表五十四度。下午三时表同上。

上午九时到总纂办公处,阅廿二日《中央报》。交王伯勋退还红皮《革命方略》一本。附单请李振宽换同盟会《革命方略》。又向调《太平杂志》一本。下午三时半到办公处,阅本日《大公报》。接照弟廿日函。夜七时馀空警,但无紧急,旋解除。

十一月廿四日　　阴。略见日影。午表五十二度。下午日出。五时表五十四度。

上午九时到总纂办公处,旋往会,与符学琳、沈裕民、龙毓峻、刘崛先后商照弟服务证明书事,由余代具呈文,交人事室主任邹永成代办。返处已十二时。向征集处取得日前本会在渝开史料展览会所出之史料目录一纸。下午三时到办公处,旋往档案处,检阅上海《民国日报》,欲查民国报创刊及被封改名之年月日,均未得。

十一月廿五日　　　　晴。雾薄。午表六十度弱。

上午九时到总纂办公处,拟作《五五宪草》研究论文。未完。前由市党部分发研究大纲八条,指定余作第三条。现定廿八日开会。午赴邹器之寿宴,饮酒颇醉,睡至夜始醒。下午事均不自知。据杨氏言,李振宽送来史料一大捆。

十一月廿六日　　　　星期　　晴。雾薄。下午五时表六十度。夜月甚明。

上午在寓阅李科长昨日送下史料,欲查《民国日报》创刊日期,均不可得。惟有三说可略用之。(一)民八建设杂志内《民国日报》社广告云:"本报在民国四年十二月袁世凯称帝的时候出版。"(二)《民国日报》抄稿第一册第二行云:"中华民国五年一月二十二日(一号)。"(三)民国八年九月二十八日《民国日报》所列号数为第一三二○号。据此推算,第一号应是出于民国五年二月十五日,即创刊日也。三说究以何者为确,殊难臆断。复君匋函一。下午三时到总纂办公处,阅廿四、五日《大公报》。接元龙弟廿来函、权超侄廿三日来函、附致肇凤一纸即转交。玉新侄女廿四日来函,楚伦力子联名公函邀廿七午在七星岗江苏旅渝同乡会集《民国日报》旅渝同人聚餐,商谈复刊办法。各一。晚访许师慎,托查《民国日报》事,据出戈公振所著报学〈史〉一书。天暗未能阅,仍请他代查。夜寓内被盗,肇凤失手电筒一个,他无损失。

十一月廿七日　　晨日出,旋阴雾。午表五十八度。下午雾重。五时表如上。夜月朦朦。夜半闻雨一阵。

上午十时到总纂办公处,阅廿六日《中央》、《大公》报。李振宽交来许师慎代查得民国报事如左:

(一)《民国日报》发刊于民国五年一月廿二日。其口号为拥护共和,发扬民治,唤起国民奋斗的精神。

(二)《民国日报》停刊于民国廿一年一月廿六日。

(三)《民报》发刊于民国廿一年五月四日。

复楚伧函一。接权超侄廿二日快信,附邮汇票一纸。又廿四日函各一。下午三时到办公处,阅本日《中央报》。孙铁人借去《五五宪章说明书》一册。

十一月廿八日　　阴。午未看表。下午五时表五十六度。夜月甚明。

上午九时到总纂办公处。本日区分部党员大会因会内开适龄志愿从军人员谈话会,时间冲突,展期明日下午补开。复权超侄函一。午饭间许师慎处长来,交阅所拟邵元冲先生年系一册,即略阅一过。下午三时到办公处,摘录《邵元冲先生年系》内关于党史会各节如左:

(一)四十岁。民国十八年己巳,西历一九二九年。春,当选为第三届中央执行委员会委员、中央政治会议委员,建议设立党史编纂机构,以发扬本党历史之精神,经一中全会通过,着手起草组织方案。

(二)四十一岁。民国十九年庚午,西历一九三〇年。中央党史史料编纂委员会成立,被推任常务委员,悉心擘划,规模粗具,并主编《总理年谱长编》及本党年鉴。

(三)四十三岁。民国廿一年壬申,西历一九三二年。冬,以党史史料编纂委员会所征集之珍贵史料,举行史料展览会于京中,发扬党史,收效至巨,遂有创建党史史料陈列馆之议。

(四)四十六岁。民国廿四年乙亥,西历一九三四年。春,主持中央党史史料陈列馆奠基典礼。冬,党史史料编纂委员会改组,任主任委员。

开区分部小组会议。关于研究《五五宪草》事,余未缴卷,日内必须补缴。切切记之。阅廿八日《中央报》。

十一月廿九日　　雾重。九时小雨。十一时日出而落。午表五十六度。下午五时表五十六度强。

上午九时到总纂办公处。致照弟信一。续摘《邵元冲先生年系》内关于党史会事如左:

(五)四十七岁。民国二十五年丙子,西历一九三六年。十月,主持中央党史史料陈列馆落成典礼。先生作记曰:史之职,非徒记事载言、不虚美溢恶而已,必广征旁搜,网罗幽隐,自文献典志,以逮符玺器物,罔非博览之资,然后事核文备,信而有征,乃足垂鉴诚而示民以轨躅,盖造述若是其难也。民国十六年夏,政府既定都于南京,越三载,中枢深维吾党自总理孙公发皇民族大谊,引伸为三民之旨,海内外志士,后先疏附,数十年中,临难奋节,百折不惩,遂夷帝政,而建民治。其间瑰节畸行,震铄古今,昭明之责,在于后来,即未遽言修史,而搜葺文献,整理考信,以待纂述,义亦未容稍缓,乃立党史史料编纂委员会以掌之。又以史材之义,文籍仅其一端,以言博征,则金石符玺遗器图像,莫非载笔攸资,而感兴所集,有逾文字,乃于廿三年一月议建党史史料陈列馆,以专储守而广群览。二十四年三月经始奠基,将作不惩,翌年夏,工告厥成,分别部居,累月确定。自总理以及开国诸先烈之图像遗墨符玺兵仗,乃至日用诸器、简牍档册,凡有资焉而昭芬烈者,罔不类别灿然,部居不杂,耿耿赫光,如在其上,俾览者肃然瞻对,怃然动仰止之忱,念缔造之艰难,共黾勉于卫国复兴,发扬光大之途,其无愧于先烈,则观感所及,建国之精神,志节将旁薄弥纶于举国之人心,共振厉而迈进,非徒任载笔之责者得资考证而蔚成信史已也。元冲典掌史箴,亦已有年,每念表彰潜德,张皇幽渺,既未敢以自懈,而时艰方棘,寇深堂奥,将欲奋民志而共完恢复之大业,尤非黾勉于发皇党史之精神不为功。故于落成之日,为阐其谊,勒石记辞,以志当世而告来者。

下午三时到总纂办公处,续摘《邵元冲先生年系》内非关党史会事如左:

(六)四十五岁。民国二十三年甲戌,西历一九三四年。一月,建议重设国史馆,其文曰:

吾国数千年来,文化之特色,在有数千年继续不断之记事,及断代之历史,并一切典章制度文化之史料,为世界任何国家所不能及,而总其成者,为历代中央政府所设之国史馆为之中枢。乃自北京政府时代,将国史馆停止,其原有国史馆之职务,则交北京大学办理。然北京大学亦未尝进行。因之,国史大业,停顿多年,等于中断。夫吾国之国史,不中断于数千年来君主之时代,乃中断于民国时期,不特将来一国之文献无征,而民国创造之艰难与夫开国之丰功伟烈,亦将渐就湮没。本党现负建之大任,对此与民族精神关系重大之国史机关,自应从速筹设,俾国史不致中断。(经四届四中全会议决通过。但卒以事不克举行。)

(七)四十四岁。民国廿二年癸酉,西历一九三三年。时在京在筑住宅玄圃成,辟一室藏历年集书数千卷,颜曰"百源书宬"。致力著述,主阐发心理建设之义。其治学自叙有曰:"要知现代惟智能优越之民族,乃能自求生存,大言壮语,悲愤激昂,于实际皆无济也。"又先生三十七岁,民国十五年丙寅,著《孙文主义总论》、《中国之革命运动及其背影》二书。(按先生字翼如,初名骥,一名庸舒,字伯理,浙江山阴人。丙午入中国同盟会。辛亥在上海与陈英士同发难,并参加武昌起义。)

开区分部党员大会,议办冬防事宜。夜写致元龙弟、亮儿函各一。

十一月卅日 阴。午表五十一度。午后小雨霏霏。五时表五十度。

上午九时到总纂办公处,阅廿九日《中央报》、《大公报》,下午三时半到办公处,阅本日《中央》、《大公》报。夜写致启鹏侄函一。

十二月一日　　　雨。夜甚寒。加毯一张。

上午续上月廿五日所作研究《五五宪草》文稿,成一大段。未完。下午雨,窗暗,且天甚寒,欲续稿,仍未成篇。肇凤冒雨往小店子买酒,顺道总纂办公处,借得本日《中央报》一份,内载军委会卅日战讯,广西方面,大山塘我军阵地受车河方面敌人威胁,于昨(廿九日)夜转移六寨东方预备阵地。宜山以北喇桥附近发现敌人数百,有向黎明关进犯模样。按六寨为黔桂交界,若六寨失,则黔门户启矣。前夜致元龙弟及亮儿信,余犹谓倭军目的在由滇入缅,不攻贵阳。今观此讯,似黔不免寇祸,惟能否犯贵阳未定耳。在桂所驻各军,究因何节节败退,且未见敌即先退,如所谓“受敌人威胁”即转移,成何说话?然则美海军攻至雷伊泰岛时,在马尼拉之日军非受威胁耶,彼日军何以不转移阵地?桂粤籍军人平日骄侈,一旦劣状全露,真令人愤恨至极!接张仲纬函一。

十二月二日　　　雨止。沉阴。下午三时后又小雨。

上午在寓续昨日稿。未成。午间李振宽来,谈张委员到会二日。星期四到。为会内职员适龄从军事大不满意。今上午与邹器之进城,邹将向中央报告原因。会内职员先有古映藜等四人自行报名自愿从军,而兵役署来文,以党史会适龄职员十八岁至卅五岁者。三十一人,应调六人从军。张委员意,既先有四人报名,则调二人,合之便可足额。乃召集各适龄人询问,愿往者签名,殊第一次竟无人签。第二次再召集劝导,谓签名后仍以抽签决定,只调二人。当时签名十五人,馀又不肯签,致十五人已签者亦声请取消无效;其拒绝签名者符学琳、孙堂信、任宪章、刘沪诗等共八九人。任宪章且面对许师慎说,宁被撤职开除党籍,决不从军云云。此言未知确否,若果敢出此言,乃一反动之人,党史会中竟有如此职员,难怪张委员之不满意矣。余闻至此,亦不觉勃然大怒,但未详询许君当时实情如何耳。下午正欲往总纂办公处,雨来,不果。四时嘱肇凤代往换得二日《中央报》。

十二月三日 星期 阴。天色略朗。夜有月色。

上午在寓阅昨日报毕,往许师慎家,详询会内职员不肯签名从军事,为之慨然。余谓,以私人资格分向反对者诸人劝导。彼谓,事由人事室主办,现邹永成即兼人事室主任。已入城报告中央,只好听中央盼示,不必私人劝导。午饭间,李振宽由新开市南洋研究所访萧吉珊回来,谓萧前日自城到所,昨复入城,未得见面。原托李询萧对肇凤意见。下午欲出门分访反对从军诸人,振宽又力阻,遂罢。五时肇凤往总纂办公处代换得三日《大公报》。夜阅报,我军克复遮放,进攻畹町。广西六寨却寇,但寇又从六寨东北之上寨迁回进犯,正阻击中。阅《李烈钧将军自传》。午由许师慎借来。

十二月四日 晴。晨日出。但上午仍阴。午表四十二度。下午日色甚朗。未看表。夜繁星见。

上午九时到总纂办公处,旋到会,参加区党部党员大会。议组为本区党员从军家属福利服务社事。返处,阅昨日《新民报》,与孙铁人谈时局,令人心乱。接权超侄廿九日函,附致肇凤一纸。十弟一日函。下午三时到办公处,姜伯彰以《李烈钧自传》一本见赠。因十弟函云闻贵阳曾被寇机惨炸伤亡甚多,而报纸未予披露,询亮侄有信来否等语,心为不安。剪发后阅本日《大公报》即回寓。肇凤上午往歌乐山照相片,亦返寓,将权超函交阅。《大公报》载六寨击退寇兵,但飞机侦察,独山以南已有寇兵二千之多,殊可骇。夜心绪不宁。复十弟信一,致照弟信一,附十弟信。复权超函一。

十二月五日　　雨。

上下午在寓修改前作《五五宪草》研究文,成。明日清录送区党部缴卷。下午肇凤往总纂办公处借得本日《中央报》阅之,徒乱人意。夜静思,倘有巨变,惟死而已,别无他策。接曾特来函。但函由渝发而言已到印度。

十二月六日　　晨雨中有雪珠,甚寒,始穿棉裤、棉鞋。下午雨止,但天犹阴。

上下午俱未作事。下午四时龙铁元以前领夜工津贴二千元,张主委只批千元,大家须退回千元。因彼时主委未到会,主任秘书又以展览在渝未回,由龙代理,曾经徐副主委批准。今张主委乃只批千元,龙不得不自认手续不完,负责赔偿。现拟各人收回前领二千元收条,改书一千元收条,其馀千元作为预借等语。余阅其所携许、严二处长,贾、杨、秦、潘四科长连龙本人,已将前领二千元收条改作预借千元,另书一千元收条,余自亦照行。五时,肇凤往总纂办公处,借得本日《中央报》,言大军已由渝城经过赴筑。黔境八寨克复,独山以南歼寇甚众。古映藜由城回言,昨日会内适龄从军同志卅二人往城听吴秘书长训话,同时各部分同志往者亦甚多。但只劝导签名,并未强迫立时抽签决定。会内纷争迄未解决,昨卅二人来往旅费徒耗去三万馀元公款云。

十二月七日　　阴晴。下午五时表卅八度。是日为旧历十月廿二日大雪节。

上午欲缮清《五五宪草》研究文稿送卷,乃又觉不惬意,修改一次,致未完成。下午三时到总纂办公处,接亮儿十一月廿七日来信、封面邮章为十二月二日。启鹏侄六日来信各一。藉知贵阳十日前尚甚镇静。有浙籍人孙尧年,任贵阳市放款委员会秘书,其妻盛珍宜为盛宣怀之裔。去年四月十八日生孪生子二人。其第三子小文已能唤爹爹妈妈及学行。因时局危急,该委员会拟疏散人员离筑。孩儿太多,沿途恐难照顾,特于十一月廿二日(旧十月初七日)由其夫妻亲自抱送给亮儿为子,立有送字,由律师钟焕新及广东省银行行员魏陵五华人,为李次温兄之婿。与谢笃材似丙村人,为江英志监理官部下,由桂林至筑者。为证人。貌清俊,与亮儿极亲热。此子初出世时,其父即曾说抱送亮儿,但亮儿未敢受。本年二三月间,又有此说,其母未允。今乃实行。现由瑞香媳妇抚养,命乳名曰小凡,为亮儿之前妻杨纯贞字非凡。纪念云。阅本日《大公报》。独山沦陷。

十二月八日　　　晴。但日色薄。午表四十度弱。下午五时表四十度。

上午九时到总纂办公处,阅七日《中央报》。致张仲纬函一、启鹏侄函一。接权超三日来函、照弟五日来函。下午三时到办公处,接曾迪先代曾特汇款之通知书、启鹏侄七日来信各一。致玉新侄女信一。阅李振宽查签闽省革命烈士林祖密、王荣光等史料。未完。夜复启鹏侄信交肇凤明早带去。

十二月九日　　　阴晴。午表四十度。下午五时表四十二度。

上午九时半到总纂办公处,阅八日《大公报》。黔省战事略好。我军克复八寨以南之三合县城,仍在追击中,又向独山攻击前进。又阅《中央报》。复核新征史料。(一)总理向中国国民党第一次全国代表大会提宣言补遗案手令。(二)总理暨革命先烈先进函牍。(三)大元帅任谭延闿兼任建国军北伐总司令手令。(四)党史拾遗录。(陈春生稿,有甲辰黄克强长沙脱险记。)(五)锐志回忆录。(未完)下午二时半到办公处,复核新征史料。(六)褚辅成撰辛亥浙江革命纪实。(七)陈春生述国初同盟会与各政党之形势。(八)党史拾遗录九。(以上俱三月份新征。完)往会，请安处长盖会章。为曾迪先汇款事，后日当往山洞取款。阅本日《中央》《大公》报。我军八日晨克复独山，三合县以南之荔波亦为我追击中，不日黔边即可肃清，为一慰。接亮儿四日晚来信，云奉密令准先携眷押运公物来渝，决明早(五日)起程，携同新立小孩偕行，拟暂住寓内云。夜写致沈珊、谭传懿小姐、启鹏侄信各一。

十二月十日　　　星期　阴。下午五时表三十六度。

上午往总纂办公处，将昨夜所写信交工友钱汉沈送出山洞投邮，冀明寄达渝。阅李基鸿投党史展览特刊稿一件。许师慎交来。即带还他。接十弟八日信。下午阅《太平杂志》第一卷第一号十页。夜阅《太平杂志》第三号五页。下午四时到总纂办公处，阅本日《大公报》。黔局渐定，我军已克复独山以南之上司。

十二月十一日　　　阴。午表四十度。下午五时表卅九度。

晨九时许往会，欲参加纪念周典礼，至则已散会矣。询张主任委员星六下午到会，星期下午复入城。将曾迪先汇款单请安处长盖会章后，交苏克温代饬人往山洞银行领取。与严处长谈谢宗元特种考订错误事。余查其考订时为二月及三月。其时文书科油印总谱未成，故仅根据初出版之总谱，以致错误，情有可原，允由严处长具签声明，余加签章证明之。返至总纂处，孙纂修交阅翼社同人传单，为十二月十四日在立法院大礼堂举行邵元冲先生殉国八周年纪念事。内有"承遗命续成民生主义"句，为之大骇。钟孝先、姜伯彰亦谓不能如此说。余谓此语关系甚大，总理遗命不可伪托，遗教不可伪造，邵先生为本会前任主委，与本会名誉攸关，应请张主委跟究何人所作。孙即嘱冯绍苏起草，以总纂办公处公呈行之。旋龙铁元秘书来，余并告之，并由冯收呈稿交龙签名照发。复核新征史料。(一)党史拾遗录十。(二)李天德《总理广州蒙难随卫记略》。(三)血花集(张天化编)。(四)中国国民党的定名(周曙山撰)。下午三时到办公处,接亮儿自息烽中正路四十号六日发来信,云于五日下午三时抵息烽,因机件损坏,停车,派司机回筑备置零件,何时方能开行,尚未可定等语。续核新征史料。(五)记吴禄贞、张绍曾辛亥企图反正始末。(六)关于兴中会成立时期最后商榷。(七)中国报沿革史。(八)国民党拥戴赵秉钧任内阁总理之原因。以上为五月份新征者。又复核六月份新征史料。(一)史坚如烈士家世调查。(二)杨虎撰总理广州蒙难记概要。阅本日《中央报》。黔边我军九日午攻克下司。下司距独山一百里,距六寨四十里。我军正向六寨攻击前进。夜写致启鹏信一。

十二月十二日　　　晴。晨即日色颇佳。午表四十四度。下午五时表四十三度。

上午九时到总纂办公处。查阅档案处查复宋渊源追述闽省参加革命事迹及经历纪要一案全卷。待复核。下午二时半到处,因闽省案尚有要卷未检全,下条致档案处再检。甫书条毕。亮儿忽至,询已于星期日平安抵渝,昨在省行住宿,因新得小孙有疾,媳妇仍抱孙留省行,彼先来一见,拟十六日原车返筑,媳妇与小孩则在寓暂住云。小孙余命名为震新。亮儿即往寓。余亦将所书条交冯绍苏饬送,即返寓。详询亮儿离筑前后各情,仍至处。徐忍茹来,余与谈翼社传单事。据答,彼未先看稿,张编审元群不承认起稿。孙姜等俱谓张起稿。徐谓只得将"承遗命续成民生主义"句改为"承遗命完成三民主义"。传单已发,不能收回,只得俟开纪念会时倘会场中有诘问者,即硬说被印刷工人排字错误。余谓亦只得如此。阅本日《扫荡报》。我军攻克六寨,并搜捕荔波残敌,黔边肃清,我军向南丹攻击前进。询亮儿言,桂战区司令长官张发奎在贵阳,汤恩伯部归其指挥,即现夺回独山等地者也。前闻张逃至昆明,不确。夜与亮儿谈至九时半,渠明日入城,如小孙平愈,明下午连媳妇同来。

十二月十三日 阴。午表四十二度(室中有炉火)。下午五时表同上。

晨,天甫明起床送亮曾出门后,练拳、盥洗及日常琐事毕,始用早粥。本年第一次早起。上午九时半到总纂办公处,档案处送来《黄鲁贻先生展云事略》一册,查阅一过,摘录如左:

黄展云于癸卯得邹容之《革命军》,读之慨然。以教育为救国之要务,集同人创设蒙学堂,课十六岁以上之青年。甲辰移越山,改名侯官小学堂,设立青年励志社、阅书报社,灌输革命思想。适闽督魏光焘莅任,考选游学,先生获选,习师范,即邀侯官小学高材生陈与燊、陈可钧、陈更新、黄光弼数人同往,分习法政及军事。(日记眉注:先生游日留学或丙癸卯,或为甲辰,可以魏督闽之时期为证。)值总理发起同盟会,侯官师生留日者十馀人俱入会。及回国,被人控告。侯官学堂被封,学之健者,分驰川蜀安南,依革命同志,实行从事革命。校亡而校之精神不与俱亡。后陈与燊、陈可钧、陈更新、林觉民、方声洞等,并为黄花岗烈士。辛亥福州光复,先生参与军事,与许崇智在于山督队,与旗兵大战。事定任教育司司长。民二去职,任《民报》主笔。袁氏帝制时,令都督孙道仁拘之狱,得释。民三李厚基又名捕之,间关走日本,奉总理委任中华革命党福建支部长。嗣又奉委往南洋劝募公债。民六护法政府成立于粤,奉委为秘书,曾参加黄花岗七十二烈士墓筑坟之役。民七随总理赴沪。其妹符卿工楷书,曾为总理抄录著作数月。妹及夫人林氏相继殁于沪寓。(日记眉注:总理在沪著书为民八矣。)民八往菲律宾各岛及暹罗。民十一许崇智在闽,成东路讨贼军,先生专任盐政。闽局又变,由厦潜往上海。十五年回闽,设立海滨中学,谋实施道尔顿教育,为周荫人拘捕入狱,被囚一年有半。至国民革命军东路军何应钦至闽,张毅出走,始得释,任福建政务委员会委员,倡议利用无线电播音机,推广教育办法。民十六,福建省政府改组,继任省委,兼农工厅长。民二十,在上海被选国难会议议员,往来京沪间。二十一年任党史史料编纂委员会名誉采访。二十四年国民政府任为侨务委员会委员。二十五年在重庆,患痢疾,至汉口天主堂医院就医。廿七年七月十日,病逝汉口天主堂医院,葬于襄河之潘家山。中央政府明令优恤。卒年六十有二。子东谞供职甘肃,以敏供职西康。为福建永泰人。兄翼云,亦于癸卯游学日本。

下午三时到办公处,复照弟信一。接元龙弟八日来信,贵阳已得独山克复捷讯,《中央报》幸未迁动。亮儿十一日在渝来信。人已到寓且复赴城,而前日来信今日始到,一笑。阅本日《中央报》。我军十一日下午连克芒场、南丹。

十二月十四日　　阴雨。晨小雨。上午雨止但阴寒。下午五时表四十度(有炉火)。

上午在寓写致玉新侄女信一。告知接乃父筑函,藉免忧念。下午三时到总纂办公处,核签闽省参加革命经历案。未完。此案中央秘书处来文请党史会查明核复,不易办。阅本日《中央报》。国军南进至河池县西北四十五里之车河。

十二月十五日　　雨雪。是日为旧历十一月朔。晨小雨,继雨中夹雪花。上午八九时雪花飘飘,惟不甚大。下午雨止。入夜又落雪珠,瓦面滴滴有声。

上午在寓写复十弟信一,告知亮儿到寓各情形及接元龙信。下午在门怅望良久,亮儿等不来,殊深惦念。夜阅《太平杂志》第三号之《革命闲话》及《中华民族医药废兴论》。田桐。

十二月十六日　　雪。昨夜不知何时下雪。晓窗甚明,启视,瓦面雪积约半寸,门外树枝皆然。上午雪渐溶〔融〕。下午又飘雪一阵。甚寒。

上下午在寓,阅《太平杂志》第三号田桐之建都篇、共产党成败论,玄石之天鹭论。四时杨氏代余往总纂办公处,借十五六日《中央》、《大公》报，及照弟十四日来信。阅十五日报载我军克复车河，向河池进迫。十六日报载，我军攻克河池西北约十六里之大山塘，另一部至河池东南约六十里之保平圩。

十二月十七日　　　星期　雪。上午大雪。

晨，瓦面雪几溶〔融〕尽。上午九时大雪一阵，雪花飘舞，似南京所见。约一时渐小而止，但瓦面地面不能堆积，惟诸山皆白，树木皆成琼林矣，亦美观也。十二时肇凤侄孙由城返寓，询昨下午到山洞，因天黑在旅馆开房。上午大雪，又不能行，故此时始到。携入亮儿皮箱一只，网篮一只。亮儿已于昨（十六）午十一时离渝，乘原车返筑。亮媳因小孙出痳，仍在省行养疗，俟日间肇凤晋城再同来云。带来启鹏侄信。未押日，似十四日所写。

十二月十八日　　　阴。晴。无日光，雪溶〔融〕甚寒。下午五时表卅七度。（炉火甫撤）。

上午在寓写复权超侄信一。肇凤午饭毕再入城，拟明早接亮媳及小孙来寓。下午二时半到总纂办公处，补阅昨（十七）《中央》、《大公》报。缅境八莫十五日为我军第卅八师攻克。桂境我军已攻迫河池近郊，其攻达保平圩部队亦有进展。美军在菲律宾群岛之明多罗岛登陆。接玉新侄女十五日来信一。阅本日《大公报》。我军攻抵河池近郊后，正向城垣攻击，已距城仅三里。另部攻克河池东南约卅里金城西南约四十里之五圩。明多罗登陆美军进展已夺寇机场二处。

十二月十九日　　　晴。晨即见日。午表卅八度（炉边）。下午五时表卅八度。

上午九时半到总纂办公处，阅许处长交来纪念特刊稿一篇。《中国国民党与云南起义》（李宗黄）。接元龙弟十二日来信。返寓时即将来稿交回许处长。在寓写复元龙弟信。告知款未收到,正函询黎守杰。午饭后亮媳抱小孙到寓,询肇凤,因车中挤拥,俟下一班车带行李来。又询悉亮儿十六日虽登车而未开行,是夜仍返省行住宿,十七日再登车开行。夜由綦江电话告知,一路平安无事。小孙疾未全愈,到寓或不惯,颇多啼。但观其貌,确甚清俊。三时后到总纂办公处,写致黎守杰信一。阅本日《大公报》,桂境我军攻克五圩后,已进至距金城江约二十里之地。河池城郊仍在战中。

十二月廿日　　　阴。午表卅六度(炉边)。下午转晴日出。五时表如上。

上午九时半到总纂办公处,清录前作《五五宪草》研究文,略加修饰。未完。昨夜八九时间空警,不闻警急及解除报。肇凤午间由山洞返寓(昨偕亮媳来,因搭下一班车,天黑方抵山洞,不能入山,即在旅馆寄宿),询约十二时解除。阅本日《中央报》,桂境我军仍攻河池,已占西郊布山重要据点,东南郊倭寇仍顽抗。欧洲西部德军三路反攻。中美空军向倭本土及我国各沦陷区卅始大攻势。中央广播电台廿日起每晚向沦陷区同胞特别广播,劝告远离目标,以免玉石俱焚。下午三时到办公处,续录《五五宪草》研究文。成。即交王伯勋,俟廿二日提出区分部小组会议后,将原稿交还。徐忍茹来处,交阅张默君函,与孙铁人同阅。内言日前翼社公启所称邵翼如先生"承遗命续成民生主义"一节,虽曾闻邵先生之及门弟子有此传说,但迄未见有此遗稿(似系代起草公启之人饰词),该公启在纪念场发出甚少,其大部已收回另改印云云。

十二月廿一日　　　晴。日光甚好。午表四十度。下午五时表卅八度。

上午九时到总纂办公处,阅福建辛亥光复史料郑祖荫(兰荪)著,

廿九年十月出版。廿五页。并与史料库中之郑著林斯琛（温如）传校
对。传中错字数处，签明。接照弟二十日来信。午间在寓整理亮儿
回筑时留在亮媳处之银行职员领物登记簿二百零四页。计已登记
者一百七十五页，空白未记者二十九页。分作二束包裹，交肇凤送山洞
邮局挂号寄去。至午后二时始包封完毕交肇凤。下午四时到办公
处。续阅《福建光复史料》廿四页。阅本日《大公报》。河池城郊我
军续攻。中美机联合大攻势，十八日开始在汉口投弹千吨，倭在华
主要基地粉碎。超级空中堡垒并炸上海南京。又中美混合机袭香
港。欧洲西线德军反攻，英美军事家批评其攻势虽猛，倾其后备力
量。仅能延迟盟军进度。

十二月廿二日　　　晴。是日冬至节（旧历十一月初八日）。午表四
十二度。下午五时表四十度。

上午九时到总纂办公处，开区分部党员大会。余介绍肇凤侄
孙入党。其名为林肇，廿五岁。《阅福建光复史料》廿二页。午在寓
拜祀考妣及故大姊。亮媳往歌乐山龙神凹亡媳李锦英墓拜扫。肇
凤送往。过振济中学时邀兆先女儿同行。余抱孙儿震新于考妣及
故大姊神前拜时，念明此为亮儿新立之子，但未写财包。往年每逢
年及节例祀均用写。饭后兆先与亮媳、肇凤同返寓，云在校请假一天
（明日星六假一天，今日则已课毕云。）接亮儿十八日晚自东溪来
函，谓十七日由海棠溪开车，晚宿綦江，卸所装酒精，十八下午三时
始卸货完毕，载运军队，六时抵东溪，定明晨七时半开往桐梓云。
下午三时到办公处，开小组会议。阅本日《大公报》。河池我军攻
薄城垣。另队先锋迫全城江。缅境我军续克据点十三处以上，现
距国境仅二英里。自中国基地起飞之美超级空中堡垒约三十架廿
一日白昼轰炸沈阳大连。

十二月廿三日　　　晴。午表四十二度。下午五时表同上（火边）。

上午十时到总纂办公处，阅《福建光复史料》。摘录汀州府乱事如左：（旧友刘蔼士，辛亥在汀州光复死难。余前在汕头《中华新报》曾纪其事。今阅卅馀年〈前〉报纸已不复可得，而脑中记忆不甚清楚，今见是书述及，乃亟摘录之。）

汀州府中学教员刘君蔼士，粤东人也。自担任该中学教席，极力提倡民国主义，故汀虽山府，一般学生，光复之思想，已达极点。一闻闽省独立之信，刘君首率全体学生，向街市导劝欢祝新政府成立。顷刻间，城内外遍悬白旗。总兵崧煜、知府来秀，知大势已去，或逃或死，汀州府城，不烦一兵，不折一矢，立即光复者，刘君及学生之力也。讵自樊贼彪、易贼福盘据汀城，以诡计杀广东军政分部司令官李君宗尧全部，复搜捕无辜之人。十月十六日，刘君被搜出，即缚至东门外杀死，同时又在西门一带搜出无辜者数人，即出西门外杀死。噫！汀人何罪，遭至惨戮，樊、易二贼，虽寸磔不足以蔽其辜矣。（按此文语焉不详，仍待再查。）

阅《福建光复史料》廿八页。接玉新侄女十九日来信一。下午三时到办公处，复阅昨日《大公报》。内有于右任新词，录左：

满江红　　　平均　于右任

（十二月九日夜四时不寐，用白石之调写武穆之心，遂成此词。）

十万英雄，应运起，争赴战场。惊心是，执戈无我，祖国为殇。喜马高峰飞过去，怒江前线打回乡。看马前开遍自由花，天散香。新时代，新国防。新中国，寿无疆。把百年深痛，付太平洋。世界和平原有责，中华建设更应当。待短时告庙紫金山，祈宪章。

阅本日《大公报》。河池之敌增援顽抗。雷伊泰岛美军围歼溃敌。又阅本日《中央日报》与《大公报》同。代收军委会特检处致肇凤公文函，外书林肇同志亲启5148号。又省行沈珊小姐致亮媳函一。返寓分交。询悉肇凤奉委为上尉检查员。沈珊函系转亮儿信二封。

又言亮儿到松坎有电话至。但未言日期，想系十九日到松坎也。

十二月廿四日　　　晴。下午五时表四十一度（是日未起炉火）。

上午在寓阅《福建光复史料》廿四页。午间照弟由农林部来。询悉该部农业经济司内之科长曾拟调照弟往该司工作，惟统计室主任钟培元坚持不允，但钟将于本月廿八往台湾行政人员训练处受训，训练期四个月。恐钟主任一职或有变动，故拟乘其未动前仍托某君与商云云。又询照弟之资格审查公文已送主计处，约半年或一年方能得结果，在主计处铨叙部未决定资格之前，先如钟主任所请职级发俸（一等委任科员月薪一百八十。）余谓既系如此，暂不急辞钟主任，致伤感情。阅本日《大公报》，河池城郊战斗继续进行，战地无变化。夜阅陈宏谋《五种遗规》。

十二月廿五日　　　云南起义纪念日。阴。午表四十五度。下午五时表四十四度。

晨九时到总纂办公处，旋往会，参加纪念周。余以为报载中央常会决议恢复云南起义纪念典礼，本日亦必照行，乃门口悬党国旗而内仍未行。后开适龄从军同志抽签会。计适龄人员经过体格检查，合格者十人，开会时均不肯抽签，惟质问抽签办法是否中央规定，办法如何，应宣布。副主委徐忍茹、主秘刘崛、人事室邹永成等谓，中央办法应秘密不宣，各人终不肯抽，至十二时无结果，散会。照弟今晨返农林部。肇凤今晨往城向邮电检查处报到就职。余给盘费千元。返处后写致权超侄函。接黎守杰廿二日复函一、元龙弟十八日来函一、守杰不知元龙汇款数目。元龙未再提及汇款事。俱令人讶异不置。代收谢森中致肇凤函一。又接亮儿廿日自松坎致亮媳函，因被水渍，字迹模糊，询亮媳言，细察内谓廿日车在松坎过去若干公里，机件损坏，司机往东溪购零件，车在途候修。同行三车，

其一先往桐梓，一陪同坏车在途守候。下午三时到办公处，阅
《福建光复史料》廿八页。阅本日《大公报》，河池战事仍继续中，
寇增援后曾一度反扑，经我军击退。粤东我军克复揭阳。夜阅
《五种遗规》。

十二月廿六日　　　阴。午表四十七度(炉边)。下午五时表四十六
度(火未熄)。

上午九时到总纂办公处。许师慎面交代张委员撰《四十二年
前之知识青年从军》文一篇，即癸卯留日学生组织义勇队及军国民
教育会事也。写复守杰函一、元龙弟函一。阅本日《中央报》，河池
城郊战斗无变化，我军另一部袭击全县以西之百里村地区。下午
三时到办公处，阅《福建光复史料》卅二页。夜阅《五种遗规》训
俗篇。

十二月廿七日　　　阴。午表四十一度(炉边)。下午五时表四十度。

上午九时到会，合作社买物数件，并请欧克明医生。严处长托
题刘梦云从军纪念册，匆匆书"倭奴未灭男儿何以家为"十字应之。
刘君为河北人，本会职员，志愿从军首先报名者。接权超侄廿三日函一。
写致启鹏侄函一。附肇凤收函二件。下午三时到办公处，再题刘梦
云从军纪念册一绝：卢沟桥下水清涟，忽起狼烽迄九边；雪耻复仇
今仗汝，信有高唱凯歌旋。阅《福建光复史料》廿页。阅本日《中央
报》，桂境战事竟无消息。农工矿业出国人员放榜，启鹏侄取列中
等第四名。全榜计正取二三〇名，最优等二名，优等二六名，中等二〇五名
（人数似有错误）。致启鹏侄函贺捷，并约新年来寓叙别。夜阅《五种
遗规》。

十二月廿八日　　　阴。午表四十度。下午五时表四十度(炉边)。

上午九时到总纂办公处，写复权超侄信一。阅《福建光复史

料》十八页。接萧吉珊廿一日信、谢士宁廿六日信各一。下午三时到办公处,适汤公介接其友自兰州寄武则天像拓本并题词,与孙铁人同阅及辨认草书。但题词者为何人,不明,拓碑者漏去数行。武则天庙在陕西汉中广元,称皇泽寺。阅本日《大公报》、《中央报》。二报均无桂境战讯,奇怪。夜公宴古映藜、周仲初、傅相实三同志从军。古为党史会职员,周傅皆天池教员。是宴为敖风雏发起,余与安、邹二家及会内张镜影、符学琳、黄本忠参加。邹器之在城未返,其夫人代表入席,安则亲到演说。

十二月廿九日　　雨。

上午在寓阅《福建光复史料》廿页。下午续阅卅八页。

十二月卅日　　晨日出。旋阴。午表四十二度(炉旁)。下午五时表同上。

上午九时到总纂办公处。接十弟廿七日信,附致肇凤一纸。亮儿廿三日信。附致亮媳一纸。知亮儿已于廿二晚九时安抵贵阳,一慰。即复亮儿信一。接肇凤廿八日来信,知已于廿六日到特检处职。又启鹏廿八日信一,谓明年一月底二月初出国,现正办出国手续,新年未能来见。补阅昨日《中央日报》。桂境战讯仍无发表。下午三时到办公处,阅《福建光复史料》十页。又阅本日《大公报》。河池在我军围攻无变化。

十二月卅一日　　星期　阴。

上午在寓阅《五种遗规》数页。旋到总纂办公处。接农行通知,权超侄汇来款三千元。下午访闵孝吉,欲托他代购煤。据云可为转托他友向经济部燃料管理委员会设法。后到办公处,欲写信无笺函,未果。夜作送周仲初寓中前厅国民小学教员,此次志愿从军之一。从军诗一首:书生戎马事长征,只为宗邦致太平;他日相逢定何许,春风细柳亚夫营。又作送傅相实一首:(同上,兼天池小学校长,与周君俱为巴县人)话别巴山校舍中,忽知傅介好家风;归来应告诸生道,净扫倭氛东海东。又作送古映藜一首。古君党史会干事,亦巴县人,与傅亲戚,此次党史会从军四人之一。尝至天池小学、国民小学合校,故前晚敖凤雏发起公宴,即请三人也。冲冠一怒是男儿,握管挥戈各有时;处傍名山传党史,出为薄海靖倭夷。(按此诗被涂去。——整理者)后写者不用此,但临时所写为何,记不清楚矣。一月十一日记。

　　　附录　三十四年一月三日因见此日记有余纸,将《福建辛亥光复史料》内,有可采录之史料,摘录于此。

　　民国元年教育部改革学制之部电(南京元月廿一日来电)

　　黎副总统关外①各都督均鉴:民国既立,清政府之学制有必须改革者,都督府或省议会,鉴于学校之急当恢复,发临时学校令,以便推行,具见维持学务之苦心,本部深表同情。惟是省自为令,不免互有异同,将使全国统一之教育界,俄焉分裂。致为考虑,本部特拟《普通教育暂行办法》若干条,为各地方所不难通行者,电告贵处,望即宣布施行。至丁完全新学制,当征集各地方教育家意见,折衷厘定,正式宣布。印文及普通教育暂行课程表,随发。计开:一、从前各项学堂,均改称为学校,监督堂长,应一律通称校长。各州县小学校,应于元年三月初五日(即旧历壬子年正月十六日)一律开学。中学校、初级师范学校,视地方财力,亦以能开学为主。二、在新制未颁行以前,每年分二学期。阳历三月开学,至暑假为第一学期;暑假后开学至来年二月底为第二学期。三、初等小学可以男女同校。四、特设女学校章程,暂时照旧。五、凡各种教科书,务合乎共和民国宗旨。清学部颁行之教科书,一律禁用。六、凡民间通行之教科书,其中如有尊崇满清朝廷及旧时官制军制等课,并避讳、抬头字样,应由各该书局自行修改,呈送样本于本部及本省民

―――――――――――

　　① 原文如此。——整理者

政司、教育总会存查。如学校教育遇有教科书中不合共和宗旨者,亦可指出,呈请民政司或教育会,通知该书局改正。七、小学读经科,一律废止。八、小学手工科,应加注重。九、高等小学以上体操科,应注重兵式。十、初等小学算术科,自第三年起,兼课珠算。十一、中学校为普通教育,实不必分科。十二、中学校、初级师范学校,均改为四年毕业,惟现在修业已逾一年以上,骤难照改者,得照旧办理。十三、废止旧时奖励出身,初高等小学毕业者,称初高等小学毕业生;中学校师范学校毕业者,称中学校师范学校毕业生。教育部。效。

孙大总统之布告(电达福建由孙都督布告)

今中华民国已完全统一矣。中华民国之建设专为拥护亿兆国民之自由权利,合汉、满、蒙、回、藏为一家,相与和衷共济,丕振实业,同共教育,推广全球之商务,维持世界之和平。俾五洲列国,益敦亲睦于我,视为唇齿兄弟之邦。因此,敢告我国民,而今而后,务当消融意见,蠲除畛域,以营私为无利,以公益为当谋。增祖国之荣光,造后民之幸福。文谨惓惓焉。中华民国元年二月十五日。(此布告似未入总理全书)

元年五月八日广东来电(卅四年一月十日录自《福建辛亥光复史料》)

都督府转彭寿松先生:过闽快谈,至今在念。闻公以中央官制将次发表,首先电请取消政务院制度,洁身引退,以明素志,令人倾慕。惟民国新立,建设方始,兴废举措,端赖贤能。倘善类潜藏,不肖竞进,政界滔滔,难望澄清。民国初基,因以摇动,地方责任,岂在他人?务祈协助孙都督,力任巨艰,使闽省人民,早享和平幸福为望。谨此劝驾,惟希采纳。孙文、胡汉民。敬。(按右电末敬字是电码押日期之用,并非敬启敬肃之意。敬即廿四日也。而题目为五月初八日,似有错误。岂广州四月廿四日致福州电,乃于五月初八日始至乎?抑五月初八日为旧历乎?应考。)

孙中山先生入闽(摘录《福建辛亥光复史料》二七四页。卅四年一月十一日录。)

　　孙总统既辞职,遂于南京参议院迁移北京之后,决定先行来闽,然后转粤。闽都督府闻悉后,派员赴沪迎接。四月十八早,先生由沪乘泰顺轮来闽,带随员四十人,并有女眷。省中早经预备招待,并派兵轮赴妈祖澳候接。而各界预备欢迎,亦异常热烈。先生于十九晚到马江,二十早抵南台。以桥南社为福建革命之策源地,乃首至桥南社,受诸同盟之欢迎。演讲之后,并书"独立厅"三字额于社所而去。次至广东会馆,受同乡之欢迎。下午五时始进城,顺途莅明伦堂,受国民协会暨各社会欢迎。次到咨议局旧址,受政界欢迎。七时进都督府、政务院,后到旅闽共和实进会之欢迎会。历次演说,大旨不抛三民主义,云现民族民权革命,已同时成功,而将来所须研究者民生问题。援引欧洲近事,社会革命方始,惟彼或出于激烈,民国蕲而进之和平。此后毅力,端在同胞。次随员胡汉民君演说,确能阐先生言外之意。次晚即搭原轮而行。孙先生离闽入粤后,于二十五日电闽都督府政务院,暨军警商学各界各社团云:"文于今午抵粤,在闽荷公等隆厚之待遇,情犹感不能忘,谨此电谢。"云云。